學測國文讀力關鍵

15級分必讀經典小說52篇

國學大家
鄧鵬飛◆著

▲明代陳洪綬《水滸葉子》
智多星、吳學究吳用

▲明代陳洪綬《水滸葉子》
豹子頭林沖

▲明代陳洪綬《水滸葉子》
花和尚魯智深

▲明代陳洪綬《水滸葉子》
行者武松

▲明代《精鐫合刻三國水滸全傳》
議定三分

▲明代《精鐫合刻三國水滸全傳》
用苦肉計

▲明代《精鐫合刻三國水滸全傳》
單刀赴會

▲明代《精鐫合刻三國水滸全傳》
刮骨療病

▲明代《李卓吾先生批評西遊記》
八戒大戰流沙河

▲明代《李卓吾先生批評西遊記》
萬壽山大仙留故友

▲明代《李卓吾先生批評西遊記》
屍魔三戲唐三藏

▲明代《李卓吾先生批評西遊記》
唐三藏路阻火焰山

▲明代《新刻鍾伯敬先生批評封神演義》
紂王無道造炮烙

▲明代《新刻鍾伯敬先生批評封神演義》
妲己設計害比干

▲明代《新刻鍾伯敬先生批評封神演義》
紂王敲骨剖孕婦

▲明代《新刻鍾伯敬先生批評封神演義》
摘星樓紂王自焚

▲明代《新刻繡像批評金瓶梅》
李桂姐趨炎認女

▲明代《新刻繡像批評金瓶梅》
潘金蓮懷妒驚兒

▲明代《新刻繡像批評金瓶梅》
王六兒棒槌打搗鬼

▲明代《新刻繡像批評金瓶梅》
潘金蓮雪夜弄琵琶

▲明代《新刻繡像批評金瓶梅》
請巡按屈體求榮

▲明代《新刻繡像批評金瓶梅》
遇胡僧現身施藥

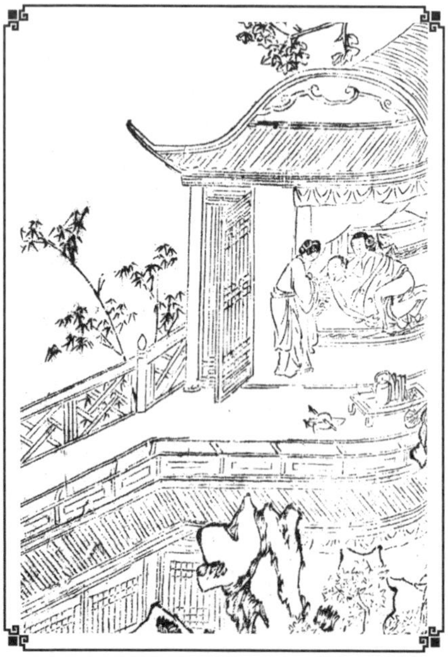

▲明代《新刻繡像批評金瓶梅》
西門慶貪欲喪命

▲明代《新刻繡像批評金瓶梅》
吳月娘失偶生兒

▲清代《聊齋志異》
黄九郎

▲清代《聊齋志異》
蟄龍

▲清代《聊齋志異》
戲縊

▲清代《聊齋志異》
連瑣

▲清代《紅樓夢圖詠》，改琦繪
林黛玉

▲清代《紅樓夢圖詠》，改琦繪
賈寶玉

▲清代《紅樓夢圖詠》，改琦繪
賈元春

▲清代《紅樓夢圖詠》，改琦繪
薛寶釵

▲清代《紅樓夢圖詠》，改琦繪
王熙鳳

▲清代《紅樓夢圖詠》，改琦繪
妙玉

▲清代《紅樓夢圖詠》，改琦繪
李紈

▲清代《紅樓夢圖詠》，改琦繪
賈迎春

▲清代《鏡花緣》
林之洋，三位男主角之一

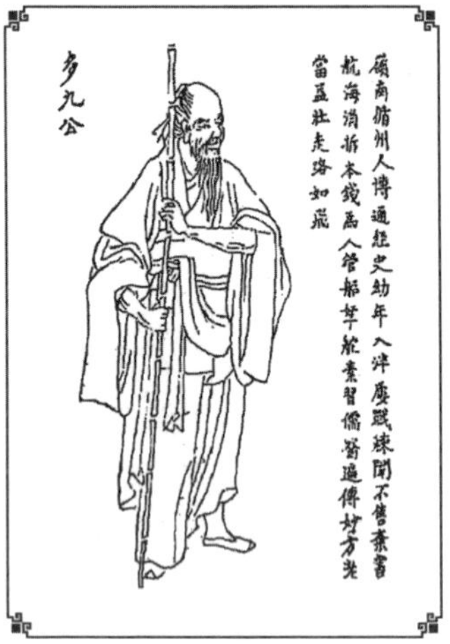

▲清代《鏡花緣》
多九公，三位男主角之一

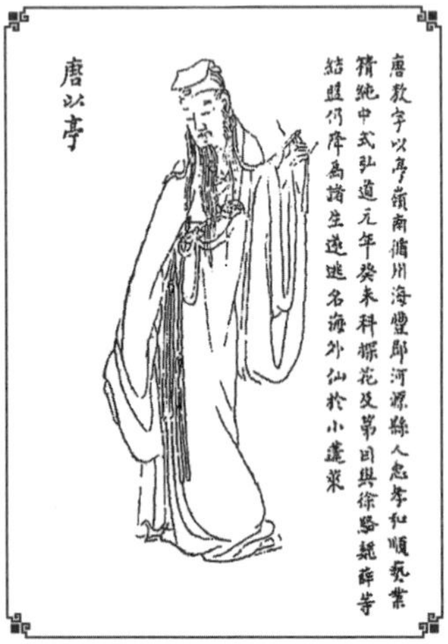

▲清代《鏡花緣》
唐敖，字以亭，三位男主角之一

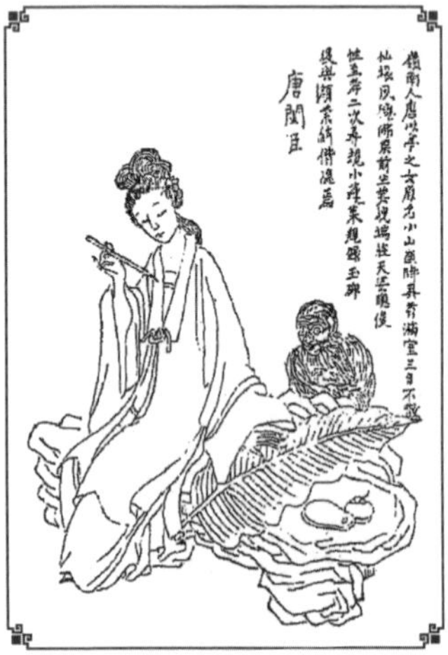

▲清代《鏡花緣》
司百花仙子第十一名才女
「夢中夢」唐閨臣

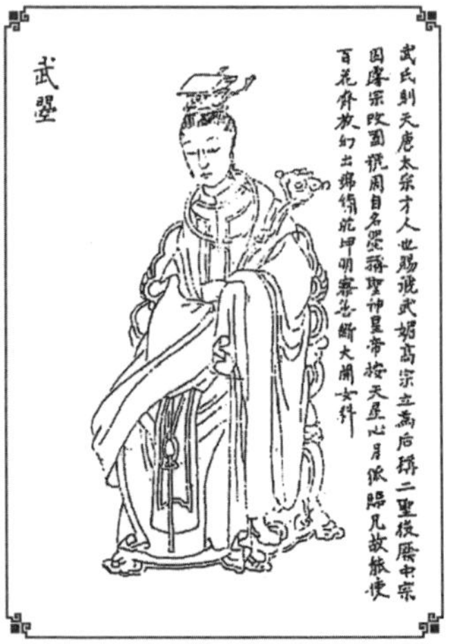

▲清代《鏡花緣》
武則天，又名武曌

橫看成嶺側成峰，遠近高低各不同

中國的「小說」一詞，最早見於《莊子．外物》：「飾小說以干縣令，其於大達亦遠矣。」此處所說的小說，是指瑣碎的言談、微小的道理，與現在所說的小說相差甚遠。東漢班固的《漢書．藝文志》提到：「小說家者流，蓋出於稗官，街談巷語、道聽塗說者之所造也。」此處所說的小說，是指街頭巷尾的民間雜談，也還未具有現代小說的意義，一直到漢以前皆爲如此。

到了魏晉南北朝，開始出現筆記小說。其中，志人的筆記小說有南朝宋劉義慶主編的《世說新語》；志怪的筆記小說則有東晉干寶的《搜神記》、西晉張華的《博物志》等等，這些著作皆深受民間神話傳說影響，內容已初具小說雛形。在隋唐兩代，開始出現名爲「傳奇」的文體，已算是具有完整情結、深刻主題及敘事技巧的文言短篇小說。傳奇大致分爲四類，分別有愛情類，如元稹的《鶯鶯傳》；俠義類，如杜光庭的《虬髯客傳》；神怪類，如沈既濟的《枕中記》；歷史類，如陳鴻的《長恨歌傳》。

宋代經濟快速成長，富有的民眾增多。在有了閒錢之餘，便開始流行到茶館喝茶，順便聽聽說書。這些說書人所做的話本，內容多以口語白話文寫作，以便講解，而這些話本的故事內容也被後世章回小

說參照，成爲日後古典小說的基礎，深深影響古典小說的發展進程。

古典白話小說之代表爲章回小說，在元代開始有具體的形式，到了明清成爲小說主流。明清兩代是古典小說發展最爲蓬勃的時期，在這個階段，明代有施耐庵的《水滸傳》、吳承恩的《西遊記》、蘭陵笑笑生的《金瓶梅》、羅貫中的《三國演義》，又被後世稱爲「四大奇書」；到了清代乾隆、嘉慶年間，文壇橫空出世一部淒美豔絕的巨著——《紅樓夢》。此書一出，立即取代《金瓶梅》的地位，和另外三部小說同時並列爲「四大名著」。而到了清朝晚期，由於外國列強入侵，以及國家內部腐敗等因素，小說出現諷刺時政的內容，被稱爲「譴責小說」，如劉鶚的《老殘遊記》等書。

其實，古典小說雖是自明清時期開始大放異彩，其由來卻可以追溯到上古神話，再依序漸次發展，至唐時出現一個高峰；至宋元再出現一個高峰；到了明清，體裁、內容、技巧更是高度發展，文人創作也大大提升了作品的內涵與藝術價值。古典小說可以說是中國文學中的瑰麗珍寶，也是華文世界中，每位讀者一生必備的文學養分。

面對這些流傳千年的浩瀚文學，每個時代的人都有各自的讀書方法，每個人對於經典也都有各自的體悟和領會。就如同宋代文豪蘇軾所說：「橫看成嶺側成峰，遠近高低各不同。」同一座廬山，在不同的人看來，形狀皆各不相同、千變萬化，閱讀經典亦是如此。那讀者究竟該如何閱讀古典小說呢？在這茫茫的小說海之中，又該如何揀選經典呢？爲此，編者精心編撰了此本雅俗共賞的《古典小說好好讀》。

全書以十本古典小說爲主幹，根據學測、指考的出題範圍，精選大考必中名篇；再集結各冊教科書選文；最後輔以現代文學開山祖師魯迅於《中國小說史略》中所推薦的篇章，共收錄五十二篇重要回目。而在每一單元中，首先詳細介紹該書的創作背景、內容梗概、作者生平、版本主旨等基本知識，讓讀者對此本小說有全面且深入的瞭解；再擷取其中的重要回目，輔以生僻單詞的注解，讓讀者不必閱讀過於冗長的原文，便可以輕鬆解讀經典；再加上對於該著作的賞析，讓我們可以更加深入地貼近作者，了解古典小說廣闊無垠的世界；最後，附上廣大菁菁學子最迫切需要的學測、指考等大考試題，讓青年學生在休閒閱讀之餘，在考場上也能百戰百勝。

毫無疑問，這些歷經大浪淘盡的古典小說，皆具有永恆的藝術魅力，它們蘊含了人生的眞知灼見，且情節生動，或神奇，或恢弘，或詭譎，或撲朔迷離，或悲壯激昂，五彩繽紛，令人目不暇給。當讀者在閱讀時，或可以將作品彼此相互映照，當可見識這些經典的動人內涵，也可從中看見，古代人們對政治、社會、人生、情感、道德、理想的體悟和追尋。

編者　謹識

中國小說的歷史變遷（節選）

第五講

明小說之兩大主潮

上次已將宋之小說講了個大概。元呢，它的詞曲很發達，而小說方面，卻沒有什麼可說。現在我們就講到明朝的小說去，明之中葉，即嘉靖前後，小說出現的很多，其中有兩大主潮：一、講神魔之爭的；二、講世情的。現在再將它分開來講：

一、講神魔之爭的

此思潮之起來，也受了當時宗教、方士之影響的。宋宣和時，即非常崇奉道流；元則佛道並奉，方士的勢力也不小；至明，本來是衰下去的了，但到成化時，又抬起頭來，其時有方士李孜省、釋繼曉，正德時又有色目人于永，都以方技雜流拜官，因之妖妄之說日盛，而影響及於文章。況且歷來三教之爭，都無解決，大抵是互相調和，互相容受，終於名爲「同源」而後已。凡有新派進來，雖然彼此目爲

外道，生些紛爭，但一到認爲同源，即無歧視之意，須俟後來另有別派，它們三家才又自稱正道，再來攻擊這非同源的異端。當時的思想是極模糊的，在小說中所寫的邪正，並非儒和佛，或道和佛，或儒道釋和白蓮教，單不過是含糊的彼此之爭，我就總括起來給它們一個名目，叫作神魔小說。

此種主潮，可作代表者，有三部小說：（一）《西遊記》；（二）《封神傳》；（三）《三寶太監西洋記》。

（以下列舉前兩本書）

（一）《西遊記》

《西遊記》世人多以爲是元朝的道士邱長春作的，其實不然。邱長春自己另有《西遊記》三卷，是紀行，今尚存《道藏》中，唯因書名一樣，人們遂誤以爲是一種。加以清初刻《西遊記》小說者，又取虞集所作的《長春眞人西遊記序》冠其首，人更信這《西遊記》是邱長春所作的了。實則作這《西遊記》者，乃是江蘇山陽人吳承恩，此見於明時所修的《淮安府誌》，但到清代修誌卻又把這記載刪去了。《西遊記》現在所見的是一百回，先敘孫悟空成道，次敘唐僧取經的由來，後經八十一難，終於回到東土。

這部小說，也不是吳承恩所創作，因爲《大唐三藏法師取經詩話》，在前邊已經提及過，已說過猴行者、深河神，及諸異境。元朝的雜劇也有用唐三藏西天取經做材料的著作。

此外，明時也別有一種簡短的《西遊記傳》，由此可知玄奘西天取經一事，自唐末以至宋元已漸漸演成神異故事，且多作成簡單的小說，而至明吳承恩，便將它們彙集起來，以成大部的《西遊記》。承恩本善於滑稽，他講妖怪的喜、怒、哀、樂都近於人情，所以人都喜歡看！這是他的本領。而且叫人看了，無所容心，不像《三國演義》，見劉勝則喜，見曹勝則恨；因為《西遊記》上所講的都是妖怪，我們看了，但覺好玩，所謂忘懷得失，獨存賞鑑了，這也是他的本領。至於說到這書的宗旨，則有人說是勸學；有人說是談禪；有人說是講道，議論很紛紛。但據我看來，實不過出於作者之遊戲，只因為他受了三教同源的影響，所以釋迦、老君、觀音、眞性、元神之類，無所不有，使無論什麼教徒，皆可隨宜附會而已。如果我們一定要問它的大旨，則我覺得明人謝肇淛所說的：「《西遊記》……以猿為心之神，以豬為意之馳，其始之放縱，上天下地，莫能禁制，而歸於緊箍一咒，能使心猿馴伏，至死靡他，蓋亦求放心之喻。」這幾句話，已經很足以說盡了。後來有《後西遊記》及《續西遊記》等，都脫不了前書窠臼。至董說的《西遊補》，則成了諷刺小說，與這類沒有大關係了。

（二）《封神傳》

《封神傳》在社會上也很盛行，至為何人所作，我們無從而知。有人說，作者是一窮人，他把這書作成賣了，給他女兒作嫁資，但這不過是沒有憑據的傳說。

它的思想，也就是受了三教同源的模糊影響。所敘的是帝辛進香女媧宮，題詩黷神，神因命三妖惑紂以助周。上編多說戰爭，神佛雜出，助周者為闡教；助殷者為截教。我以為這「闡」是明的意思，「闡教」就是正教；「截」是斷的意思，「截教」或者就是佛教中所謂斷見外道。總之是受了三教同源的影響，以三教為神，以別教為魔罷了。

二、講世情的

當神魔小說盛行的時候，講世情的小說也就起來了，其原因當然也離不開那時的社會狀態，而且有一類還與神魔小說一樣，和方士是有很大的關係的。這種小說，大概都敘述些風流放縱的事情，間於悲歡離合之中，寫炎涼的世態。其最著名的是《金瓶梅》，書中所敘是借《水滸傳》中之西門慶做主人，寫他一家的事跡。西門慶原有一妻三妾，後復愛潘金蓮，鴆其夫武大，納其爲妾；又通金蓮婢春梅；復私了李瓶兒，也納爲妾了。後來李瓶兒、西門慶皆先死，潘金蓮又爲武松所殺，春梅也因淫縱暴亡。至金兵到清河時，慶妻攜其遺腹子孝哥，欲到濟南去，路上遇著普淨和尙，引至永福寺，以佛法感化孝哥，終於使他出了家，改名明悟。因爲這書中的潘金蓮、李瓶兒、春梅，都是重要人物，所以書名就叫《金瓶梅》。明人小說之講穢行者，人物每有所指，是借文字來報盡仇的。像這部《金瓶梅》中所說的西門慶，是一個紳士，大約也不外作者的仇家，但究屬何人，現在無可考了。至於作者是誰，我們現在也還未知道。有人說，這是王世貞爲父報仇而作的，因爲他的父親王忬爲嚴嵩所害，而嚴嵩之子世蕃又勢盛一時，凡有不利於嚴嵩的奏章，無不受其壓抑，不使上聞。王世貞探得世蕃愛看小說，便作了這部書，使他得沉湎其中，無暇他顧，而參嚴嵩的奏章，就得以上去了。所以清初的翻刻本上，就有《苦孝說》冠其首。

但這不過是一種推測之辭，不足信據。《金瓶梅》的文章作得尙好，而王世貞在當時最有文名，所以世人遂把作者之名嫁給他了。後人之主張此說，並且以《苦孝說》冠其首，也無非是想減輕社會上的攻擊手段，並不是確有什麼王世貞所作的憑據。

第六講

清小說之四派及其末流

清代的小說之種類及其變化，比明朝比較的多，但因爲時間關係，我現在只可分作四派來說一個大概。這四派便是：一、擬古派；二、諷刺派；三、人情派；四、俠義派。（以下列舉前三個派別）

一、擬古派

所謂擬古者，是指擬六朝之志怪，或擬唐朝之傳奇者而言。唐人的小說單本，到明時十九散亡了，偶有看見模仿的，世間就覺得新異。元末明初，先有錢塘人瞿佑仿了唐人傳奇，作《剪燈新話》，文章雖沒有力，而用些艷語來描畫閨情，所以特爲時流所喜，仿效者很多，直到被朝廷禁止，這風氣才漸漸的衰歇。但到了嘉靖間，唐人的傳奇小說盛行起來了，從此模仿者又在在皆是，文人大抵喜歡作幾篇傳奇體的文章。其專作小說合爲一集的，則《聊齋志異》最有名。《聊齋志異》是山東淄川人蒲松齡作的，有人說他作書以前，天天在門口設備茗煙，請過路的人講說故事，作爲著作的材料。但其實多由他的朋友那裡聽來的，有許多是從古書，尤其是從唐人傳奇變化而來的，如《鳳陽士人》、《續黃粱》等就是，所以列它於擬古。書中所敘，多是神仙、狐鬼、精魅等故事，和當時所出同類的書差不多，但其優點在：

（一）描寫詳細而委曲，用筆變幻而熟達。

（二）說妖鬼多具人情、通世故，使人覺得可親，並不覺得很可怕。不過用古典太多，使一般人不容易看下去。

《聊齋志異》出來之後，風行約一百年，這其間模仿和讚頌它的非常之多。但到了乾隆末年，有直隸獻縣人紀昀（紀曉嵐）出來和他反對了，紀昀說《聊齋志異》之缺點有二：

（一）體例太雜。就是說一個人的一個作品中，不當有兩代的文章體例，這是因爲《聊齋志異》中有長的文章是仿唐人傳奇的，而又有些短的文章卻像六朝的志怪。

（二）描寫太詳。這是說他的作品是述他人的事跡，而每每過於曲盡細微，非自己不能知道。其中有許多事，本人未必肯說，作者何從知之？

紀昀爲避此兩缺點起見，所以他所作的《閱微草堂筆記》就完全模仿六朝，尙質黜華，敘述簡古，力避唐人的作法。其材料大抵自造，多借狐鬼的話，以攻擊社會。據我看來，他自己是不信狐鬼的，不過他以爲對於一般愚民，卻不得不以神道設教。但他很有可以佩服的地方：他生在乾隆間法紀最嚴的時代，竟敢借文章以攻擊社會上不通的禮法、荒謬的習俗，以當時的眼光看去，眞算得很有魄力的一個人。可是到了末流，不能了解他攻擊社會的精神，而只是學他以神道設教一面的意思，於是這派小說差不多又變成勸善書了。

擬古派的作品，自從以上二書出來以後，大家都學它們。一直到了現在，即如上海，就還有一群所謂文人在那裡模仿它，可是並沒有什麼好成績，學到的大抵是糟粕，所以擬古派也已經被踏死在它的信徒腳下了。

二、諷刺派

小說中寓譏諷者，晉唐已有，而在明之人情小說爲尤多。在清朝，諷刺小說反少有，有名而幾乎是唯一的作品就是《儒林外史》。《儒林外史》是安徽全椒人吳敬梓作的，敬梓多所見聞，又工於表現，故凡所有敘述，皆能在紙上見其聲態；而寫儒者之奇形怪狀，爲獨多而獨詳。當時距明亡沒有百年，明季的遺風，尚留存於士流中，八股而外，一無所知，也一無所事。敬梓身爲士人，熟悉其中情形，故其暴露醜態，就能格外詳細。其書雖是斷片的敘述，沒有線索，但其變化多而趣味濃，在中國歷來作諷刺小說者，再沒有比他更好的了。

一直到了清末，外交失敗，社會上的人們覺得自己的國勢不振了，極想知其所以然，小說家也想尋出原因的所在，於是就有李寶嘉歸罪於官場，用了南亭亭長的假名字，作了一部《官場現形記》。這部書在清末很盛行，但文章比《儒林外史》差得多了，而且作者對於官場的情形也並不很透徹，所以往往有失實的地方。嗣後又有廣東南海人吳沃堯歸罪於社會上舊道德的消滅，也用了我佛山人的假名字，作了一部《二十年目睹之怪現狀》。這部書也很盛行，但他描寫社會的黑暗面，常常張大其詞，又不能穿入隱微，但照例的慷慨激昂，正和南亭亭長有同樣的缺點。這兩種書都用斷片湊成，沒有什麼線索和主角，是同《儒林外史》差不多的，但藝術的手段卻差得遠了。最容易看出來的就是，《儒林外史》是諷刺，而那兩種都近於謾罵。

諷刺小說是貴在旨微而語婉的，假如過甚其辭，就失了文藝上的價值，而它的末流都沒有顧到這一點，所以諷刺小說從《儒林外史》而後，就可以謂之絕響。

三、人情派

此派小說，即可以著名的《紅樓夢》作代表。《紅樓夢》其初名《石頭記》，共有八十回，在乾隆中年忽出現於北京。最初皆抄本，至乾隆五十七年，才有程偉元刻本，加多四十回，共一百二十回，改名叫《紅樓夢》。據偉元說，乃是從舊家及鼓擔上收集而成全部的。至其原本，則現在已少見，唯現有一石印本，也不知就是原本與否。《紅樓夢》所敘爲石頭城中之事，未必是今之南京賈府的事情。其主要者爲榮國府的賈政生子寶玉，聰明過人，而絕愛異性。賈府中實亦多好女子，主從之外，親戚也多，如黛玉、寶釵等，皆來寄寓，史湘雲亦常來。而寶玉與黛玉愛最深，後來政爲寶玉娶婦，卻迎了寶釵，黛玉知道以後，吐血死了。寶玉亦鬱鬱不樂，悲嘆成病。其後，寧國府的賈赦革職查抄，累及榮府，於是家庭衰落，寶玉竟發了瘋，後又忽而改行，中了舉人。但不多時，忽又不知所往了。後賈政因葬母路過毗陵，見一人光頭赤腳向他下拜，細看就是寶玉。正欲問話，忽來一僧一道，拉之而去，追之無有，但見白茫茫一片荒野而已。

《紅樓夢》的作者，大家都知道是曹雪芹，因爲這是書上寫著的。至於曹雪芹是何等樣人，卻少有人提起過。現經胡適之先生的考證，我們可以知道大概了。雪芹名霑，一字芹圃，是漢軍旗人。他的祖父名寅，康熙中爲江寧織造，清世祖南巡時，即以織造局爲行宮，其父顒，亦爲江寧織造。我們由此就知道，作者在幼時實在是一個大世家的公子，他生在南京，十歲時，隨父到了北京，此後中間不知因何變故，家道忽落。雪芹中年，竟至窮居北京之西郊，有時還不得飽食。可是他還縱酒賦詩，而《紅樓夢》的創作也就在這時候。可惜後來他因爲兒子夭殤，悲慟過度，也竟死掉了，年四十餘。《紅樓夢》也未得做完，只有八十回。後來程偉元所刻的，增至一百二十回，雖說是從各處搜集的，但實則其友高鶚所續成，並不是原本。

對於書中所敘的意思，推測之說也很多。舉其較爲重要者而言：

（一）是說記納蘭性德的家事。所謂金釵十二，就是性德所奉爲上客的人們。這是因爲性德是詞人，是少年中舉，他家後來也被查抄，和寶玉的情形相仿佛，所以猜想出來的。但是查抄一事，寶玉在生前，而性德則在死後，其他不同之點也很多，所以其實並不很相像。

（二）是說記順治與董鄂妃的故事，而又以鄂妃爲秦淮舊妓董小宛。清兵南下時，掠小宛到北京，因此有寵於清世祖，封爲貴紀。後來小宛夭逝，清世祖非常哀痛，就出家到五台山做了和尚。《紅樓夢》中，寶玉也做和尚，就是分明影射這一段故事。但是董鄂妃是滿洲人，並非就是董小宛，清兵下江南的時候，小宛已經二十八歲了，而順治方十四歲，絕不會有把小宛做妃的道理。所以這一說也不通的。

（三）是說敘康熙朝政治的狀態，就是以爲《石頭記》是政治小說。書中本事，在弔明之亡，而揭清之失。如以「紅」影「朱」字，以「石頭」指「金陵」，以「賈」斥僞朝，即斥「清」，以「金陵十二釵」

讖「降清之名士」。然此說未免近於穿鑿，況且現在既知道作者是漢軍旗人，似乎不至於代漢人來抱亡國之痛的。

（四）是說自敘。此說出來最早，而信者最少，現在可是多起來了。因爲我們已知道雪芹自己的境遇，很和書中所敘相合。雪芹的祖父、父親都做過江寧織造，其家庭之豪華，實和賈府略同；雪芹幼時又是一個佳公子，有似於寶玉；而其後突然窮困，假定是被抄家或近於這一類事故所致，情理也可通。由此可知，《紅樓夢》一書，說尾大部分爲作者自敘，實是最爲可信的一說。

至於說到《紅樓夢》的價值，可是在中國的小說中實在是不可多得的。其要點在敢於如實描寫，並無諱飾，和從前的小說敘好人完全是好，壞人完全是壞的，大不相同，所以其中所敘的人物，都是眞的人物。總之，自有《紅樓夢》出來以後，傳統的思想和寫法都打破了。它那文章的旖旎和纏綿，倒是還在其次的事，但是反對者卻很多，以爲將給青年以不好的影響。這就因爲中國人看小說，不能用賞鑑的態度去欣賞它，卻自己鑽入書中，硬去充一個其中的角色。所以青年看《紅樓夢》，便以寶玉、黛玉自居；而年老人看去，又多占據了賈政管束寶玉的身分，滿心是利害的打算，別的什麼也看不見了。

依年代區分

明代

《水滸傳》

《三國演義》

依年代區分

《西遊記》

《封神演義》

《金瓶梅》

清代

《聊齋志異》

《紅樓夢》

《儒林外史》

依年代區分

依類型區分

神魔小說

《西遊記》

《封神演義》

《聊齋志異》

依類型區分

言情小說

依類型區分

歷史小說

依類型區分

諷刺小說

《儒林外史》

譴責小說

《老殘遊記》

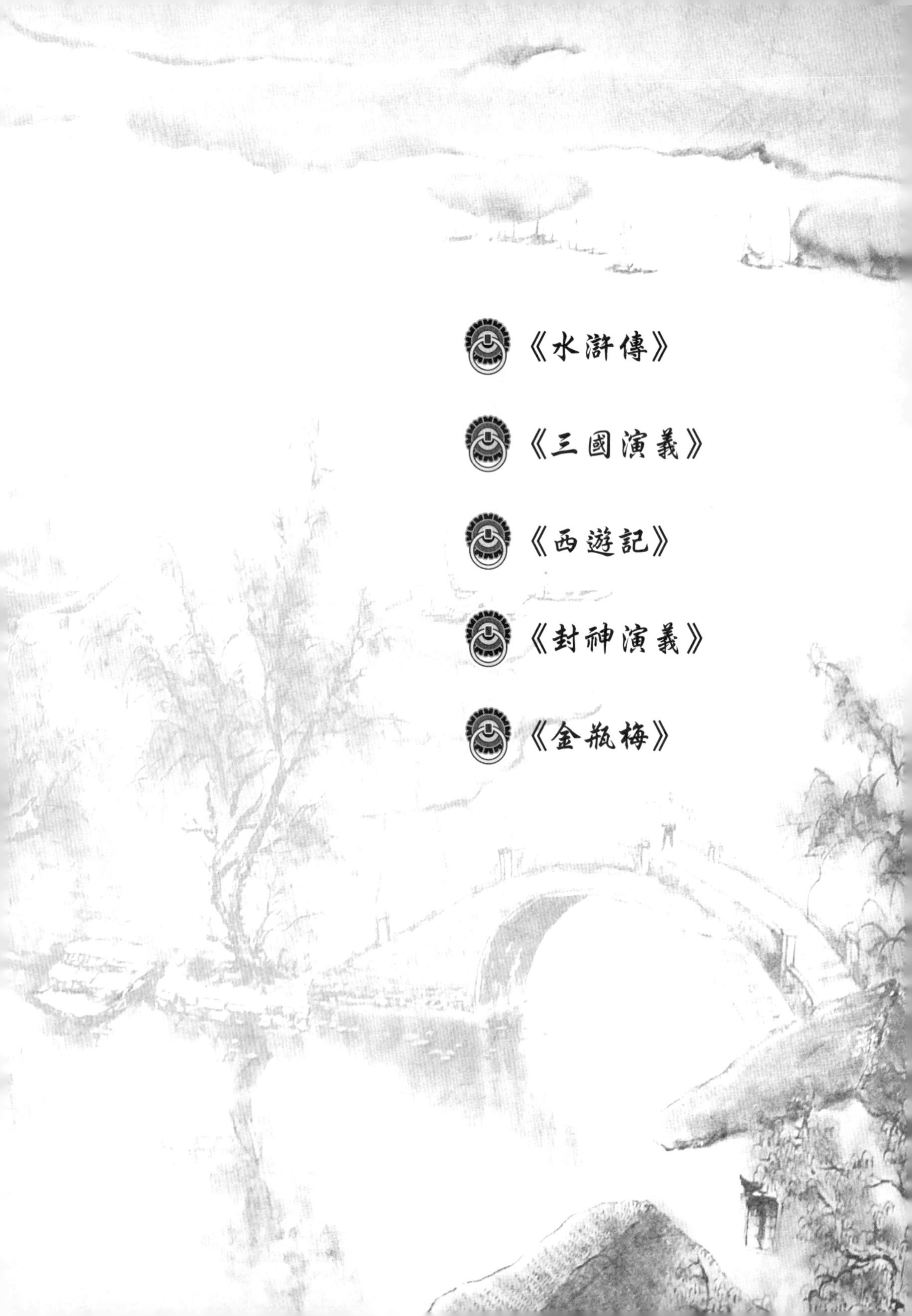

- 《水滸傳》
- 《三國演義》
- 《西遊記》
- 《封神演義》
- 《金瓶梅》

明代

水滸傳

施耐庵

紛紛五代亂離間，一旦雲開復見天。草木百年新雨露，車書萬里舊江山。
尋常巷陌陳羅綺，幾處樓台奏管弦。人樂太平無是日，鶯花無限日高眠。

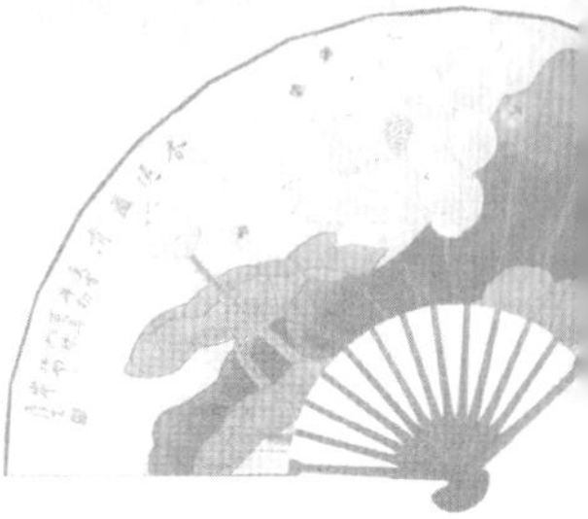

作品通覽

《水滸傳》在古典文化發展史中一直占有重要地位，深受廣大讀者的熱愛，和《紅樓夢》、《三國演義》、《西遊記》並稱爲「四大文學名著」。《水滸傳》是古典文學中，英雄小說的代表作，書中的人物不再是神鬼怪異，開始發展出有個性、有色彩、普通平凡的生活經歷，是小說藝術發展中的一個重要里程碑。

❖眞實歷史

書中的「宋江起義」發生在北宋末年，實有其事，《宋史》曾記載有宋江等三十六人的姓名和綽號。從南宋起，這一事件便演變爲故事，在民間廣爲流傳並進入說唱文學的領域，成爲久演不衰的舞台曲目。

一開始，有關「宋江起義」故事都是獨立的片段，如《青面獸》、《花和尙》、《武行者》等。直到元朝初年，才出現《水滸傳》的粗略梗概，前半部有楊志賣刀、智取生辰綱和宋江殺惜，後半部則有招安、征方臘和宋江封節度使等。同時，元朝初年的雜劇中，水滸戲也進入全盛時期，存目有三十六種之多，宋江等三十六人發展爲一百零八人，主要人物的形象也日趨飽滿，如宋江、李逵、魯智深等。

而後，在這些民間故事、傳奇小說、宋元雜劇的基礎上，由文人參與創作的長篇古典小說《水滸傳》終於誕生了。從故事流傳到成書，前後共歷經四百多年的漫長歲月，是衆多賣藝人、文人參與創作的結果，是多種文化、風格、主題的複雜融合，彰顯古典小說從未有過的豐富色彩。

❖作者爭議

《水滸傳》的作者其實一直頗有爭議，一般認爲是施耐庵所作，也有學者認爲是施耐庵和羅貫中共同完成，學術界至今無法定論。施耐庵的生平記載極少，多說他是元末明初錢塘人，也有人提出他是蘇北人，但證據不足。關於羅貫中的記載更只有寥寥數語，僅有一點確鑿無疑，他是《三國演義》的作者。

事實上，現在對於古典小說作者生平的模糊不清，和當時明代社會的價值取向有關。元明時期，由於商品經濟發達，文化藝術活動相對繁盛，但對於從事此職業的人，大衆仍抱有鄙薄態度，不予計載入史，所以後人便難以找到關於著作者的準確紀錄。

❖版本演變

《水滸傳》是古典小說中，版本最爲複雜的，大概可分爲簡本（文字較簡單、細節描寫較少）和繁本（文字較細緻、流傳較廣）兩種。繁本又分為一百回本、一百二十回本和七十回本三種；簡本有一百回本、一百一十五回本等。書名也有《忠義水滸傳》、《英雄譜》、《忠義水滸傳全書》、《水滸全傳》等，其中以清代金聖歎評點的七十回本《水滸傳》最為流行，本書（《古典小說好好讀》）即是以此版本為主。

❖悲劇結尾

民間流傳的水滸有不少精彩片段，元雜劇中也有不少受人們喜愛的水滸英雄形象。施耐庵在《水滸傳》中不僅保留這些民間文化的精華，更對其進行加工改造，或改頭換面，或移花接木，或增或刪，使主題深化，使英雄人物得以豐滿。

反惡霸欺壓是元雜劇常見的主題，大多數的情節是調戲婦女或淫婦通姦，為了迎合觀眾，也常常夾雜不少庸俗淺薄的內容。例如，《水滸傳》中，高衙內調戲林沖妻子的情節，粗略看來與元雜劇相同，但作者將此事與殘酷的政治迫害串連在一起，將它轉化為林沖性格發展的一個重要環節，使得林沖成為一個有代表意義的典型人物，為「官逼民反」的社會塗抹下濃墨重彩的一筆。

施耐庵的厲害之處還在於他對故事情節的選擇和安排，施耐庵對傳統社會和揭竿起義有著深刻的感觸，他將「高俅發跡」放在開篇，就是為了闡釋農民起義的根源，表明奸臣誤國、「亂自上作」，人民不反將無以為生。此外，施耐庵在全書結構上採用先分後合的結構，先寫人物分散的個人反抗行為，然後逐步匯合，形成一支強大的起義軍，並且在最後保有起義軍的悲劇結局。作者深深了解百姓起義失敗是一種歷史必然，用這部作品唱一曲清醒又悲涼的輓歌。

歷朝歷代的起義失敗大約分爲三種，或成爲改朝換代的工具，或被官軍剿滅，或接受招安。施耐庵寫宋江起義走上最後一條路，在接受招安之後，又去攻打方臘、征討王慶，成爲朝廷的奴才。而當他們得勝還朝時，僅剩二十七人，這二十七人表面受到封賞，實際上仍一個個死於非命。一場轟轟烈烈的揭竿起義，最終土崩瓦解，終至煙消雲散。

❖ 多重主旨

《水滸傳》的思想內容複雜，關於它的主旨，人們一直衆說紛紜。其一，揭竿起義說：有人認爲此作品是起義的頌歌，也有人認爲是宣揚招安的作品。兩種意見雖然針鋒相對，但都肯定了《水滸傳》即以起義爲主體，以草莽英雄爲描繪對象的主旨。

其二，市民說：有人認爲此作品以反映宋元市民生活爲主旨，反映當時民衆的情緒和利益，強調百姓希望建立公平富足的社會秩序。

其三，忠奸鬥爭說：有人認爲此作品是反映社會內部忠、奸兩種觀念的對立，歌頌忠義思想，鞭撻奸臣誤國。其實，宋江的反叛一直是反貪官不反皇帝，這可以從他的許多言行中看見，例如，將聚義廳改爲忠義堂、時時盼望招安等等。另外，宋江和方臘雖同爲起義，但《水滸傳》對宋江大加讚頌，稱他「一生忠義」、「並無半點異心」，對方臘卻稱「亂臣賊子」、「十惡不赦」，因爲方臘一直希望南面稱王，建元改制，奪取天下。《水滸傳》中有兩個重要章節，一是梁山泊全體接受招安，二是悲劇結尾，施耐庵均花費大量心力與筆墨於這兩處，忠奸之說清晰可見。

第四回　小霸王醉入銷金帳，花和尚大鬧桃花村

且說魯智深自離了五台山文殊院，取路投東京來，行了半月之上，於路不投寺院去歇，只是客店內打火安身❶，白日間酒肆裡買吃。一日，正行之間，貪看山明水秀，不覺天色已晚，趕不上宿頭，路中又沒人作伴，那裡投宿是好。又趕了三二十里頭地，過了一條板橋，遠遠地望見一簇紅霞，樹木叢中閃著一所莊院，莊後重重疊疊都是亂山。魯智深道：「只得投莊上去借宿。」逕奔到莊前看時，見數十個莊家，急急忙忙，搬東搬西。魯智深到莊前，倚了禪杖，與莊客唱個喏❷。莊客道：「和尚，日晚來我莊上做甚的？」智深道：「洒家趕不上宿頭，欲借貴莊投宿一宵，明早便行。」莊客道：「我莊今晚有事，歇不得。」智深道：「胡亂借洒家歇一夜，明日便行。」莊客道：「和尚快走，休在這裡討死！」智深道：「也是怪哉，歇一夜打什麼不緊，怎的便是討死？」莊家道：「去便去，不去時便捉來縛在這裡！」魯智深大怒，道：「你這廝村人好沒道理！俺又不曾說甚的，便要綁縛洒家！」

莊客也有罵的，也有勸的，魯智深提起禪杖，卻待要發作，只見莊裡走出一個老人來。魯智深看那老人年近六旬之上，拄一條過頭拄仗，走將出來，喝問莊客：「你們鬧什麼？」莊客道：「可奈這個和尚要打我們。」智深便道：「洒家是五台山來的僧人，要上東京去幹事，今晚趕不上宿頭，借貴莊投宿一宵。莊家那廝無禮，要綁縛洒家。」那老人道：「既是五台山來的師父，隨我進來。」

智深跟那老人直到正堂上，分賓主坐下，那老人道：「師父休要怪，莊家們不省得師父是活佛去處來的，他作尋常一例相看。老漢從來敬信佛天三寶，雖是我莊上今夜有事，權且留師父歇一宵了去。」智深將禪杖倚了，起身唱個喏，謝道：「感承施主，洒家不敢動問貴莊高姓？」老人道：「老漢姓劉，此間喚作桃花村，鄉人都叫老漢作桃花莊劉太公。敢問師父法名，喚作什麼諱字？」智深道：「俺師父是智真長老，與俺取了個諱字，因洒家姓魯，喚作魯智深。」太公道：「師父請吃些晚飯，不知肯吃葷腥也不？」魯智深道：「洒家不忌葷酒，遮莫什麼渾清白酒都不揀選❸，牛肉、狗肉，但有便吃。」太公便道：「既然師父不忌葷酒，先叫莊客取酒肉來。」沒多時，莊客掇張桌子，放下一盤牛肉、三四樣菜蔬、一雙箸，放在魯智深面前。智深解下腰包、肚包，坐定。那莊客旋了一壺酒，拿一支盞子，篩下酒與智深吃。這魯智深也不謙讓，也不推辭，無一時，一壺酒、一盤肉，都吃了。太公對席看見，呆了半晌。莊客搬飯來，又吃了。

抬過桌子，太公吩咐道❹：「胡亂教師父在外面耳房中歇一宵❺。夜間如若外面熱鬧，不可出來窺望。」智深道：「敢問貴莊今夜有甚事？」太公道：「非是你出家人閒管的事。」智深道：「太公，緣何模樣不甚喜歡？莫不怪洒家來攪擾你麼❻？明日洒家算還你房錢便了。」太公道：「師父聽說，我家時常齋僧布施，那爭師父一個。只是我家今夜小女招夫，以此煩惱。」魯智深呵呵大笑道：「男大須婚，女大須嫁，這是人倫大事，五常之禮，何故煩惱？」太公道：「師父不知，這頭親事不是情願與的。」智深大笑道：「太公，你也是個痴漢！既然不兩相情願，如何招贅做個女婿？」太公道：「老漢只有這個小女，如今方得一十九歲。此間有座山，喚作桃花山，近來山上有兩個大王，紮了寨柵，聚集著五七百人，打家劫舍，此間青州官軍捕盜，禁他不得。因來老漢上討進奉[7]，見了老漢女兒，撇下二十兩金子、一疋紅錦為定禮，選著今夜好日，晚間來入贅。老漢莊上又和他爭執不得，只得與他，因此煩惱，非是爭師父一個人。」智深聽了，道：「原來如此！洒家有個道理教他回心轉意，不要娶你女兒，如何？」太公道：「他是個殺人不眨眼魔君，你如何能夠得他回心轉意？」智深道：「洒家在五台山真長老處學得說因緣，便是鐵石人也勸得他轉。今晚可教你女兒別處藏了，俺就在你女兒房內說因緣，勸他回心轉意。」太公道：「好卻甚好，只是不要捋虎鬚。」智深道：「洒家的不是性命？你只依著俺行。」太公道：「卻是好也！我家有福，得遇這個活佛下降！」

莊客聽得，都吃一驚。太公問智深：「再要飯吃麼？」智深道：「飯便不要吃，有酒再將些來吃。」太公道：「有！有！」隨即叫莊客取一支熟鵝，大碗將酒斟來，叫智深盡意吃了三二十碗，那支熟鵝也吃了。叫莊客將了包裹，先安放房裡，提了禪杖，帶了戒刀，問道：「太公，你的女兒躲過了不曾？」太公道：「老漢已把女兒寄送在鄰舍莊裡去了。」智深道：「引小僧新婦房裡去。」太公引至房邊，指道：「這裡面便是。」智深道：「你們自去躲了。」太公與眾莊客自出外面安排筵席。智深把房中桌椅等物都掇過了，將戒刀放在床頭，禪杖把來倚在床邊，把銷金帳子下了，脫得赤條條的，跳上床去坐了。

太公見天色看看黑了，叫莊客前後點起燈燭熒煌[8]，就打麥場上放下一條桌子，上面擺著香花燈燭；一面叫莊客大盤盛著肉，大壺溫著酒。

約莫初更時分，只聽得山邊鑼鳴鼓響。這劉太公懷著胎鬼，莊家們都捏著兩把汗，盡出莊門外看時，只見遠遠的四五十火把，照耀如同白日，一簇人飛奔莊上來。劉太公看見，便叫莊客大開莊門，前來迎接。只見前遮後擁，明晃晃的都是器械旗槍，盡把紅綠絹帛縛著，小嘍囉頭上亂插著野花，前面擺著四五對紅紗燈籠，照著馬上那個大王：頭戴撮尖干紅凹面巾；鬢旁邊插一枝羅帛像生花；上穿一領圍虎體挽金繡綠羅袍；腰繫一條狼身銷金包肚紅搭膊；著一雙對掩雲跟牛皮靴；騎一匹高頭捲毛大白馬。那大王來到莊前下了馬，只見眾小嘍囉齊聲賀道：「帽兒光光，今夜做個新郎；衣衫窄窄，今夜做個嬌客。」劉太公慌忙親捧台盞，斟下一杯好酒，跪在地下，眾莊客都跪著。那大王把手來扶，道：「你是我的丈人，如何倒跪我？」太公道：「休說這話，老漢只是大王治下管的人戶。」那大王已有七八分醉了，呵呵大笑道：「我與你做個女婿，也不虧負了你。你的女兒匹配我，也好。」劉太公把了下馬杯，來到打麥場上，見了花香燈燭，便道：「泰山❾，何須如此迎接？」那裡又飲了三杯，來到廳上，喚小嘍囉教把馬去繫在綠楊樹上，小嘍囉把鼓樂就廳前擂將起來。

大王上廳坐下，叫道：「丈人，我的夫人在那裡？」太公道：「便是怕羞不敢出來。」大王笑道：「且將酒來，我與丈人回敬。」那大王把了一杯，便道：「我且和夫人廝見了，卻來吃酒未遲。」那劉太公一心只要那和尚勸他，便道：「老漢自引大王去。」拏了燭台❿，引著大王轉入屏風背後，直到新人房前。太公指與道：「此間便是，請大王自入去。」太公拏了燭台一直去了，未知凶吉如何，先辦一條走路。

那大王推開房門，見裡面洞洞的。大王道：「你看，我那丈人是個做家的人，房裡也不點盞燈，由我那夫人黑地裡坐著。明日叫小嘍囉山寨裡扛一桶好油來與他點。」魯智深坐在帳子裡都聽得，忍住笑不作一聲。那大王摸進房中，叫道：「娘子，你如何不出來接我？你休要怕羞，我明日要你做壓寨夫人。」一頭叫娘子，一頭摸來摸去；一摸，摸著金帳子，便揭起來；探一隻手入去摸時，摸著魯智深的肚皮，被魯智深就勢劈頭揪住巾帶角兒，一按，按將下床來，那大王卻待掙扎，魯智深右手捏起拳頭，罵一聲：「直娘賊！」連耳根帶脖子只一拳。那大王叫一聲道：「做什麼便打老公！」魯智深喝道：「教你認得老婆！」拖倒在床邊，拳頭腳尖一齊上，打得大王叫：「救人！」劉太公驚得呆了，只道這早晚正說因緣勸那大王，卻聽得裡面叫救人。太公慌忙把著燈燭，引了小嘍囉，一齊搶將入來。眾人燈下打一看時，只見一個胖大和尚，赤條條不著一絲，騎翻大王在床面前打。為頭的小嘍囉叫道：「你眾人都來救大王！」眾小嘍囉一齊拖槍拽棒入來救時，魯智深見了，撇下大王，床邊綽了禪杖，著地打將出來。小嘍囉見來得兇猛，發聲喊，都走了，劉太公只管叫苦。

打鬧裡，那大王爬出房門，奔到門前，摸著空馬，樹上析枝柳條，托地跳在馬背上，把柳條便打那馬，卻跑不去。大王道：「苦也！這馬也來欺負我！」再看時，原來心慌，不曾解得韁繩，連忙扯斷了，騎著馬飛走，出得莊門，大罵劉太公：「老驢休慌！不怕你飛了去！」把馬打上兩柳條，撥喇喇地馱了大王山上去⓫。

劉太公扯住魯智深，道：「師父！你苦了老漢一家兒了！」魯智深說道：「休怪無禮，且取衣服和直裰來⓬，洒家穿了說話。」莊家去房裡取來，智深穿了。太公道：「我當初只指望你說因緣，勸他回心轉意，誰想你便下拳打他這一頓，定是去報山寨裡大隊強人來殺我家！」智深道：「太公休慌，俺說與你。洒家不是別人，俺是延安府老种經略相公帳前提轄官，為因打死了人，出家做和尚。

休道這兩個鳥人，便是一二千軍馬來，洒家也不怕他。你們眾人不信時，提俺禪杖看。」莊客們那裡提得動。智深接過手裡，一似捻燈草一般使起來，太公道：「師父休要走了去，卻要救護我們一家兒使得！」

智深道：「恁麼閒話！俺死也不走！」太公道：「且將些酒來師父吃，休得要抵死醉了。」魯智深道：「洒家一分酒只有一分本事，十分酒便有十分的氣力！」太公道：「恁的是最好，我這裡有的是酒肉，只顧教師父吃。」

且說這桃花山大頭領坐在裡，正欲差人下山來打聽做女婿的二頭領如何，只見數個小嘍囉，氣急敗壞，走到山寨裡，叫道：「苦也！苦也！」大頭領連忙問道：「有什麼事，慌作一團？」小嘍囉道：「二哥哥吃打壞了！」大頭領大驚，正問備細⑬，只見報道：「二哥哥來了！」大頭領看時，只見二頭領紅巾也沒了，身上綠袍扯得粉碎，下得馬，倒在廳前，口裡說道：「哥哥救我一救！」只得一句。大頭領問道：「怎麼來？」二頭領道：「兄弟下得山，到他莊上，入進房裡去，叵耐那老驢把女兒藏過了⑭，卻教一個胖大和尚躲在女兒床上。我卻不提防，揭起帳子摸一摸，吃那廝揪住，一頓拳頭腳尖，打得一身傷損！那廝見眾人來救應，放了手，提起禪杖，打將出去，因此，我得脫了身，拾得性命。哥哥與我作主報仇！」大頭領道：「原來恁的，你去房中將息，我與你去拿那賊禿來。」喝叫左右：「快備我的馬來！」眾小嘍囉都去。大頭領上了馬，綽槍在手，盡數引了小嘍囉，一齊吶喊下山來。

說文解字

❶打火：行人在旅途中生火做飯或吃飯。也作「打伙」、「打夥」。❷唱個喏：一面作揖，一面出聲致敬。❸遮莫：不論、不管。❹太公：對老年人的尊稱。❺耳房：正房兩旁的小屋。❻麼：疑問語氣，同「嗎」。❼進奉：向地位較高者進獻物品。❽燈燭熒煌：燈火光明輝煌貌。❾泰山：岳父的別稱。❿拏：執持。⓫撥喇喇：形容馬的疾走聲。⓬直裰：宋朝服飾，多爲僧侶穿著，也有少數文人穿著。⓭備細：詳盡。⓮叵耐：指不可容忍、可恨、可惡。

第九回　林教頭風雪山神廟，陸虞候火燒草料場

且把閒話休題，只說正話。光陰迅速，卻早冬來，林沖的綿衣裙襖都是李小二渾家整治縫補。忽一日，李小二正在門前安排菜蔬下飯，只見一個人閃將進來酒店裡坐下，隨後又一人閃入來。看時，前面那個人是軍官打扮，後面這個走卒模樣，跟著也來坐下。李小二入來問道：「可要吃酒？」只見那個人將出一兩銀子與李小二，道：「且收放櫃上，取三四瓶好酒來。客到時，果品酒饌只顧將來，不必要問。」李小二道：「官人請甚客？」那人道：「煩你與我去營裡請管營、差撥兩個來說話❶。問時，你只說：『有個官人請說話，商議些事務，專等，專等。』」李小二應承了，來到牢城裡，先請了差撥，同到管營家裡請了管營，都到酒店裡。只見那個官人和管營、差撥兩個講了禮，管營道：「素不相識，動問官人高姓大名？」那人道：「有書在此，少刻便知，且取酒來。」李小二連忙開了酒，一面鋪下菜蔬、果品、酒饌。那人叫討副勸盤來❷，把了盞，相讓坐了，小二獨自一個攛梭也似服侍不暇❸。那跟來的人討了湯桶，自行燙酒，約計吃過數十杯，再討了按酒鋪放桌上❹。只見那人

說道：「我自有伴當燙酒，不叫，你休來。我等自要說話。」

李小二應了，自來門首叫老婆，道：「大姐，這兩個人來得不尷尬❺！」老婆道：「怎麼的不尷尬？」小二道：「這兩個人語言、聲音是東京人，初時又不認得管營，向後我將按酒入去，只聽得差撥口裡吶出一句『高太尉』三個字來，這人莫不與林教頭身上有些干礙？我自在門前理會，你且去閣子背後聽說什麼。」老婆道：「你去營中尋林教頭來認他一認。」李小二道：「你不省得，林教頭是個性急的人，摸不著便要殺人放火。倘或叫得他來看了，正是前日說的什麼陸虞侯，他肯便罷？做出事來須連累了我和你，你只去聽一聽，再理會。」老婆道：「說得是。」便入去聽了一個時辰，出來說道：「他那三、四個交頭接耳說話，正不聽得說什麼。只見那一個軍官模樣的人，去伴當懷裡取出一帕子物事，遞與管營和差撥。帕子裡面的莫不是金錢？只聽差撥口裡說道：『都在我身上，好歹要結果他生命！』」正說之時，閣子裡叫：「將湯來。」李小二急去裡面換湯時，看見管營手裡拿著一封書，小二換了湯，添些下飯。又吃了半個時辰，算還了酒錢，管營、差撥先去了。次後，那兩個低著頭也去了。

轉背不多時，只見林沖走將入店裡來，說道：「小二哥，連日好買賣？」李小二慌忙道：「恩人請坐，小二卻待正要尋恩人，有些要緊話說。」林沖問道：「什麼要緊的事？」李小二請林沖到裡面坐下，說道：「卻才有個東京來的尷尬人，在我這裡請管營、差撥吃了半日酒。差撥口裡吶出『高太尉』三個字來，小二心下疑惑，又著渾家聽了一個時辰。他卻交頭接耳，說話都不聽得，臨了只見差撥口裡應道：『都在我兩個身上，好歹要結果了他！』那兩個把一包金銀遞與管營、差撥，又吃一回酒，各自散了，不知什麼樣人。小人心疑，只怕在恩人身上有些妨礙。」林沖道：「那人生得什麼模樣？」李小二道：「五短身材，白淨面皮，沒甚髭鬚，約有三十餘歲。那跟的也不長大，紫棠色面皮。」林沖聽了大驚道：「這三十歲的正是陸虞侯！那潑賤敢來這裡害我，休要撞我，只教他骨肉為泥！」店小二道：「只要提防他便了，豈不聞古人云：『吃飯防噎，走路防跌。』」

林沖大怒，離了李小二家，先去街上買把解腕尖刀帶在身上，前街後巷一地裡去尋。李小二夫妻兩個捏著兩把汗，當晚無事。

林沖次日天明起來，洗漱罷，帶了刀，又去滄州城裡城外，小街夾巷，團團尋了一日，牢城營裡都沒動靜。又來對李小二道：「今日又無事。」小二道：「恩人，只願如此，只是自放仔細便了。」林沖自回天王堂過了一夜。街上尋了三五日，不見消耗，林沖也自心下慢了。

到第六日，只見管營叫喚林沖到點視廳上，說道：「你來這裡許多時，柴大官人面皮，不曾抬舉得你。此間東門外十五里有座大軍草料場，每月但是納草料的，有些貫例錢取覓，原來是一個老軍看管。如今我抬舉你去替老軍來守天王堂，你在那裡尋幾貫盤纏，你可和差撥便去那裡交割。」林沖應道：「小人便去。」當時離了營中，徑到李小二家，對他夫妻兩個說道：「今日管營撥我去大軍草料場管事，卻如何？」李小二道：「這個差使又好似天王堂，那裡收草料時有些貫例錢鈔。往嘗不使錢時，不能夠這差使。」林沖道：「卻不害我，倒與我好差使，正不知何意？」李小二道：「恩人休要疑心，只要沒事便好了。正是小人家離得遠了，過幾時那工夫來望恩人。」就在家裡安排幾杯酒請林沖吃了。

話不絮煩，兩個相別了，林沖自到天王堂，取了包裹，帶了尖刀，拿了條花槍，與差撥一同辭了管營，兩個取路投草料場來。正是嚴冬天氣，彤雲密布，朔風漸起，卻早紛紛揚揚，捲下一天大雪來。林沖和差撥兩個在路上又沒買酒吃處，早來到草料場外。看時，周遭有些黃土牆，兩扇大門，推開看裡面時，七八間草屋做著倉廒❻，四下裡都是馬草堆，中間兩座草廳。到那廳裡，只見那老軍在裡面向火。差撥說道：「管營差這個林沖來替你回天王堂看守，你可即便交割。」老軍拿了鑰匙，引著林沖，吩咐道：「倉廒內自有官府封記，這幾堆草，一堆堆都有數目。」老軍都點見了堆數，又引林沖到草廳上。老軍收拾行李，臨了說道：「火盆、鍋子、碗碟都借與你。」林沖道：「天王堂內，我也有在那裡，你要便拿了去。」老軍指壁上掛一個大葫蘆，說道：「你若買酒吃時，只出草場投東大路去二三里便有市井。」老軍自和差撥回營裡來。

只說林沖就床上放了包裹被臥，就床邊生些焰火起來，屋後有一堆柴炭，拿幾塊來，生在地爐裡。仰面看那草屋時，四下裡崩壞了，又被朔風吹撼，搖振得動。林沖道：「這屋如何過得一冬？待雪晴了，去城中喚個泥水匠來修理。」向了一回火，覺得身上寒冷，尋思：「卻才老軍所說，二里路外有那市井，何不去沽些酒來吃？」便去包裹裡取些碎銀子，把花槍挑了酒葫蘆，將火炭蓋了，取氈笠子戴上，拿了鑰匙出來，把草廳門拽上。出到大門首，把兩扇草場門反拽上鎖了，帶了鑰匙，信步投東，雪地裡踏著碎瓊亂玉，迤邐背著北風而行。那雪正下得緊，行不上半里多路，看見一所古廟，林沖頂禮道：「神明庇佑，改日來燒紙錢。」又行了一回，望見一簇人家，林沖住腳看時，見籬笆中挑著一個草帚兒在露天裡。林沖徑到店裡，主人道：「客人那裡來？」林沖道：「你認得這個葫蘆兒？」主人看了道：「這葫蘆是草料場老軍的。」林沖道：「原來如此。」店主道：「即是草料場看守大哥，且請少坐。天氣寒冷，且酌三杯，權當接風。」店家切一盤熟牛肉，燙一壺熱酒請林沖吃。又自買了些牛肉，又吃了數杯，就又買了一葫蘆酒，包了那兩塊牛肉，留下些碎銀子，把花槍挑著酒葫蘆，懷內揣了牛肉，叫聲：「相擾。」便出籬笆門，仍舊迎著朔風回來，看那雪到晚越下得緊了。

再說林沖踏著那瑞雪，迎著北風，飛也似奔到草場門口，開了鎖，入內看時，只叫得苦。原來天理昭然，佑護善人義士，因這場大雪救了林沖的性命，那兩間草廳已被雪壓倒了。林沖尋思：「怎的好？」放下花槍、葫蘆在雪裡，恐怕火盆內有火炭延燒起來，搬開破壁子，探半身人去摸時，火盆內火種都被雪水浸滅了。林沖把手床上摸時，只拽得一條絮被。林沖鑽將出來，見天色黑了，尋思：「又沒打火處，怎生安排？」想起離了這半里路上有個古廟可以安身，「我且去那裡宿一夜，等到天明，卻作理會。」把被捲了，花槍挑著酒葫蘆，依舊把門拽上，鎖了，望那廟裡來。入得廟門，再把門掩上，旁邊正有一塊大石頭，撥將過來靠了門。入得裡面看時，殿上塑著一尊金甲山神，兩邊一個判官，一個小鬼，側邊堆著一堆紙。團團看來，又沒鄰舍，又無廟主。林沖把槍和酒葫蘆放在紙堆上，將那條絮被放開，先取下氈笠子把身上雪都抖了，把上蓋白布衫脫將下來，早有五分濕了，和氈笠放供桌上，把被扯來蓋了半截下身，卻把葫蘆冷酒提來慢慢地吃，就將懷中牛肉下酒。

正吃時，只聽得外面必必剝剝地爆響。林沖跳起身來，就壁縫裡看時，只見草料場裡火起，刮刮雜雜地燒著。當時林沖便拿了花槍，卻待開門來救火，只聽得外面有人說將話來，林沖就伏門邊聽時，是三個人腳步響，直奔廟裡來，用手推門，卻被石頭靠住了，再也推不開。三人在廟簷下立地看火，數內一個道：「這一條計好麼？」一個應道：「端的虧管營、差撥兩位用心！回到京師，稟過太尉，都保你二位做大官，這番張教頭沒得推故了！」一個道：「林沖今番直吃我們對付了！高衙內這病必然好了！」又一個道：「張教頭那廝！三四五次託人情去說：『你的女婿沒了。』張教頭越不肯應承，因此衙內病患看看重了，太尉特使俺兩個央浼二位幹這件事❼，不想而今完備了！」又一個道：「小人直爬入牆裡去，四下草堆上點了十來個火把，待走那裡去！」那一個道：「這早晚燒個八分過了。」又聽得一個道：「便逃得性命時，燒了大軍草料場，也得個死罪！」又一個道：「我們回城裡去罷。」一個道：「再看一看，拾得他兩塊骨頭回京，府裡見太尉和衙內時，也道我們也能會幹事。」

林沖聽那三個人時，一個是差撥，一個是陸虞侯，一個是富安，自思道：「天可憐見，林沖！若不是倒了草廳，我准定被這廝們燒死了！」輕輕把石頭掇開，挺著花槍，左手拽開廟門，大喝一聲：「潑賊那裡去！」三個人都急要走時，驚得呆了，正走不動，林沖舉手，胳察的一槍❽，先搠倒差撥❾。陸虞侯叫聲：「饒命。」嚇得慌了手腳，走不動。

那富安走不到十來步，被林沖趕上，後心只一槍又搠倒了。翻身回來，陸虞侯卻才行得三四步，林沖喝聲道：「奸賊！你待那裡去！」劈胸只一提，丟翻在雪地上，把槍搠在地裡，用腳踏住胸脯，身邊取出那口刀來，便去陸謙臉上擱著，喝道：「潑賊！我自來又和你無什麼冤仇，你如何這等害我！正是『殺人可恕，情理難容。』」陸虞侯告道：「不干小人事，太尉差遣，不敢不來。」林沖罵道：「奸賊！我與你自幼相交，今日倒來害我！怎不干你事？且吃我一刀！」把陸謙上身衣扯開，把尖刀向心窩裡只一剜，七竅迸出血來，將心肝提在手裡。回頭看時，差撥正爬將起來要走，林沖按住，喝道：「你這廝原來也恁的歹，且吃我一刀！」又早把頭割下來，挑在槍上。回來把富安、陸謙頭都割下來，把尖刀插了，將三個人頭髮結作一處，提入廟裡來，都擺在山神面前供桌上。再穿了白布衫，繫了搭膊，把氈笠子戴上，將葫蘆裡冷酒都吃盡了，被與葫蘆都丟了不要，提了槍，便出廟門投東去。走不到三五里，早見近村人家都拿了水桶、鉤子來救火，林沖道：「你們快去救應，我去報官了來！」提著槍只顧走。

那雪越下得猛，林沖投東去了。

說文解字

❶管營：古代邊遠地區管理流放罪犯的官吏。差撥：看守囚犯的差役。❷勸盤：放置小酒杯的盤子。❸攛梭：不停的穿梭。服侍：侍奉。❹按酒：下酒的菜餚，也作「案酒」。❺尷尬：行爲不正常，鬼鬼祟祟。❻倉廒：儲藏米穀的場所，也作「倉敖」。❼央浼：懇求、央求。❽胳察：形聲詞，多形容動刀動槍的聲音。❾搠：扎、刺。

第二十八回　施恩重霸孟州道，武松醉打蔣門神

且說施恩和武松兩個離了平安寨，出得孟州東門外來，行過得三五百步，只見官道旁邊，早望見一座酒肆，望子挑出在簷前，那兩個挑食擔的僕人已先在那裡等候。施恩邀武松到裡面坐下，僕人已先安下餚饌，將酒來篩。武松道：「不要小盞兒吃，大碗篩來，只斟三碗。」僕人排下大碗，將酒便

斟。武松也不謙讓，連吃了三碗便起身。僕人慌忙收拾了器皿，奔前去了。武松笑道：「卻才去肚裡發一發，我們去休！」兩個便離了這座酒肆，出得店來。此時正是七月間天氣，炎暑未消，金風乍起。兩個解開衣襟，又行不得一里多路，來到一處，不村不郭，卻早又望見一個酒旗兒，高挑出在樹林裡。來到林木叢中看時，卻是一座賣村醪小酒店❶，施恩立住了腳，問道：「此間是個村醪酒店，也算一望麼？」武松道：「是酒望，須飲三碗。若是無三，不過去便了。」兩個入來坐下，僕人排了酒碗果品，武松連吃了三碗，便起身走。僕人急急收了家火什物❷，趕前去了。兩個出得店門來，又行不到一二里，路上又見個酒店。武松入來，又吃了三碗便走。

話休絮繁，武松、施恩兩個一處走著，但遇酒店便入去吃三碗。約莫也吃過十來處酒肆，施恩看武松時，不十分醉。武松問施恩道：「此去快活林還有多少路？」施恩道：「沒多了，只在前面，遠遠地望見那個林子便是。」武松道：「既是到了，你且在別處等我，我自去尋他。」施恩道：「這話最好，小弟自有安身去處，望兄長在意，切不可輕敵。」武松道：「這個卻不妨，你只要叫僕人送我，前面再有酒店時，我還要吃。」施恩叫僕人仍舊送武松，施恩自去了。

武松又行不到三四里路，再吃過十來碗酒。此時已有午牌時分❸，天色正熱，卻有些微風。武松酒卻湧上來，把布衫攤開，雖然帶著五七分酒，卻裝作十分醉的，前顛後偃，東倒西歪，來到林子前，僕人用手指道：「只前頭丁字路口便是蔣門神酒店。」武松道：「既是到了，你自去躲得遠著。等我打倒了，你們卻來。」武松搶過林子背後，見一個金剛來大漢，披著一領白布衫，撒開一把交椅，拿著蠅拂子❹，坐在綠槐樹下乘涼。

武松假醉佯顛，斜著眼看了一看，心中自忖道：「這個大漢一定是蔣門神了。」直搶過去，又行不到三五十步，早見丁字路口一個大酒店，簷前立著望竿，上面掛著一個酒望子，寫著四個大字，道「河陽風月」。轉過來看時，門前一帶綠油欄杆，插著兩把銷金旗，每把上五個金字，寫道「醉裡乾坤大，壺中日月長」。一壁廂肉案、砧頭、操刀的家生❺；一壁廂蒸作饅頭燒柴的廚灶；去裡面一字兒擺著三隻大酒缸，半截埋在地裡，缸裡面各有大半缸酒；正中間裝列著櫃身子；裡面坐著一個年紀小的婦人，正是蔣門神初來孟州新娶的妾，原是西瓦子裡唱說諸般宮調的頂老❻。武松看了，瞅著醉眼，徑奔入酒店裡來，便去櫃身相對一付座頭上坐了，把雙手按著桌子上，不轉眼看那婦人。那婦人瞧見，回轉頭看了別處。

武松看那店裡時，也有五七個當撐的酒保。武松卻敲著桌子，叫道：「賣酒的主人家在那裡？」一個當頭酒保來看著武松道：「客人，要打多少酒？」武松道：「打兩角酒，先把些來嘗看。」那酒保去櫃上叫那婦人舀兩角酒下來，傾放桶裡，燙一碗過來，道：「客人，嘗酒。」武松拿起來聞一聞，搖著頭道：「不好！不好！換將來！」酒保見他醉了，將來櫃上，道：「娘子，胡亂換些與他。」那婦人接來，傾了那酒，又舀些上等酒下來。酒保將去，又燙一碗過來。武松提起來咂一咂，道：「這酒也不好！快換來便饒你！」酒保忍氣吞聲，拿了酒去櫃邊，道：「娘子，胡亂再換些好的與他，休和他一般見識。這客人醉了，只要尋鬧相似，便換些上好的與他罷。」那婦人又舀了一等上色的好酒來與酒保。酒保把桶兒放在面前，又燙一碗過來。

武松吃了道：「這酒略有些意思。」問道：「過賣❼，你那主人家姓什麼？」酒保答道：「姓蔣。」

武松道：「卻如何不姓李？」那婦人聽了道：「這廝那裡吃醉了，來這裡討野火麼❽！」酒保道：「眼見得是個外鄉蠻子，不省得了，在那裡放屁！」武松問道：「你說什麼？」酒保道：「我們自說話，客人你休管，自吃酒。」武松道：「過賣，叫你櫃上那婦人下來相伴我吃酒。」酒保喝道：「休胡說！這是主人家娘子！」武松道：「便是主人家娘子，待怎的？相伴我吃酒也不打緊！」那婦人大怒，便罵道：「殺才！該死的賊！」推開櫃身子，卻待奔出來。

武松早把土色布衫脫下，上半截揣在懷裡，便把那桶酒只一潑，潑在地上，搶入櫃身子裡，卻好接著那婦人。武松手硬，那裡掙扎得，被武松一手接住腰胯，一手把冠兒捏作粉碎，揪住雲髻，隔櫃身子提將出來望渾酒缸裡只一丟，聽得撲通的一聲響，可憐這婦人正被直丟在大酒缸裡。武松托地從櫃身前踏將出來，有幾個當撐的酒保，手腳活些個的，都搶來奔武松。武松手到，輕輕地只一提，提一個過來，兩手揪住，也望大酒缸裡只一丟，樁在裡面；又一個酒保奔來，提著頭只一掠，也丟在酒缸裡；再有兩個來的酒保，一拳一腳，都被武松打倒了。先頭三個人在三隻酒缸裡那裡掙扎得起；後面兩個人在酒地上爬不動，這幾個火家搗子打得屁滾尿流❾，乖地走了一個。武松道：「那廝必然去報蔣門神來，我就接將去，大路上打倒他好看，教眾人笑一笑。」

武松大踏步趕將出來，那個搗子徑奔去報了蔣門神。蔣門神見說，吃了一驚，踢翻了交椅，丟去蠅拂子，便鑽將來，武松卻好迎著，正在大闊路上撞見。蔣門神雖然長大，近因酒色所迷，掏虛了身子，先自吃了那一驚；奔將來，那步不曾停住；怎的及得武松虎一般似健的人，又有心來算他。蔣門神見了武松，心裡先欺他醉，只顧趕將入來。

說時遲，那時快，武松先把兩個拳頭去蔣門神臉上虛影一影，忽地轉身便走。蔣門神大怒搶將來，被武松一飛腳踢起，踢中蔣門神小腹上，雙手按了便蹲下去。武松一踅，踅將過來，那隻右腳早踢起，直飛在蔣門神額角上，踢著正中，望後便倒。武松追入一步，踏住胸脯，提起這醋缽兒大小拳頭，望蔣門神頭上便打。原來說過的打蔣門神撲手，先把拳頭虛影一影便轉身，卻先飛起左腳；踢中了便轉過身來，再飛起右腳；這一撲有名，喚作「玉環步，鴛鴦腳」。這是武松平生的真才實學，非同小可，打得蔣門神在地下叫饒。武松喝道：「若要我饒你性命，只要依我三件事！」蔣門神在地下，叫道：「好漢饒我！休說三件，便是三百件，我也依得！」武松指定蔣門神，說出那三件事來。

有分教：改頭換面來尋主，剪髮齊眉去殺人。

畢竟武松說出那三件事來，且聽下回分解。

說文解字

❶醪：本指酒釀，引申爲濁酒。❷家火什物：家火，器具。什物，各種常用的器具，也作「什器」。❸午牌：中午時分。❹蠅拂子：驅蠅的器具，也作「蠅拂」、「拂塵」。❺家生：家中器物的總稱，也作「傢生」。❻頂老：俳優、妓女。❼過賣：店鋪或酒店飯館中的夥計，也作「顧賣」。❽討野火：占便宜，惡意辱罵。❾搗子：光棍無賴、地痞流氓。

第五十一回　李逵打死殷天賜，柴進失陷高唐州

梁山泊前軍得高唐州地界，早有軍卒報知高廉，高廉聽了，冷笑道：「你這夥草賊在梁山泊窩

藏，我兀自要來剿捕你；今日你倒來就縛，此是天教我成功。左右快傳下號令，整點軍馬出城迎敵，著那眾百姓上城守護。」這高知府上馬管軍，下馬管民，一聲號令下去，那帳前都統、監軍、統領、統制、提轄軍職一應官員，各部領軍馬，就教場裡點視已罷，諸將便擺布出城迎敵。高廉手下有三百梯己軍士，號為「飛天神兵」，一個個都是山東、河北、江西、湖南、兩淮、兩浙選來的精壯好漢。知府高廉親自引了，披甲背劍，上馬出到城外，把部下軍官周回排成陣勢，卻將神軍列在中軍，搖旗吶喊，擂鼓鳴金，只等敵軍來到。

卻說林沖、花榮、秦明引領五千人馬到來，兩軍相迎，旗鼓相望，各把強弓硬弩，射住陣腳。兩軍吹動畫角❶，發起擂鼓，花榮、秦明帶同十個頭領都到陣前，把馬勒住。頭領林沖，橫丈八蛇矛，躍馬出陣，厲聲高叫：「姓高的賊，快快出來！」高廉把馬一縱，引著三十餘個軍官，都出到門旗下，勒住馬，指著林沖罵道：「你這夥不知死的叛賊！怎敢直犯俺的城池！」林沖喝道：「你這個害民的強盜！我早晚殺到京師，把你那廝欺君賊臣高俅碎屍萬段，方是願足！」高廉大怒，回頭問道：「誰人出馬先拿此賊去？」軍官隊裡轉出一個統制官，姓于，名直，拍馬輪刀，竟出陣前。林沖見了，徑奔于直。兩個戰不到五合，于直被林沖心窩裡一蛇矛刺著，翻筋斗下馬去。高廉見了大驚：「再有誰人出馬報仇？」軍官隊裡又轉出一個統制官，姓溫，雙名文寶，使一條長槍，騎一匹黃驃馬，鑾鈴響，珂佩鳴，早出到陣前，四隻馬蹄蕩起征塵，直奔林沖。秦明見了，大叫：「哥哥稍歇，看我立斬此賊！」林沖勒住馬，收了點鋼矛，讓秦明戰溫文寶。兩個約鬥十合之上，秦明放個門戶，讓他槍搠進來，手起棍落，把溫文寶削去半個天靈蓋❷，死放馬下，那馬跑回本陣去了。兩陣軍相對聲吶喊。

高廉見連折二將，便去背上掣出那口太阿寶劍來，口中念念有詞，喝聲道：「疾！」只見高廉隊中捲起一道黑氣，那道氣散至半空裡，飛沙走石，撼天搖地，颳起怪風，徑掃過對陣來。林沖、秦明、花榮等眾將對面不能相顧，驚得那坐下馬亂攛咆哮，眾人回身便走。高廉把劍一揮，指點那三百神兵從眾裡殺將出來。背後官軍協助，一掩過來，趕得林沖等軍馬星落雲散，七斷八續，呼兄喚弟，覓子尋爺。五千軍兵，折了一千餘人，直退回五十里下寨。高廉見人馬退去，也收了本部軍兵，入高唐州城裡安下。

卻說宋江中軍人馬到來，林沖等接著且說前事。宋江、吳用聽了大驚，與軍師道：「是何神術，如此利害❸？」吳學究道：「想是妖法，若能回風返火，便可破敵。」宋江聽罷，打開天書看時，第三卷上有「回風返火破陣之法」，宋江大喜，用心記了咒語並密訣，整點人馬，五更造飯吃了，搖旗擂鼓，殺進城下來。

有人報入城中，高廉再點得勝人馬並三百神兵，開放城門，布下吊橋，出來擺成陣勢。宋江帶劍縱馬出陣前，望見高廉軍中一簇皂旗，吳學究道：「那陣內皂旗便是使『神師計』的軍兵，但恐又使此法，如何迎敵？」宋江道：「軍師放心，我自有破陣之法，諸軍眾將勿得疑，只顧向前殺去。」高廉吩咐大小將校：「不要與他強敵挑鬥，但見牌響，一齊並力擒獲宋江，我自有重賞。」兩軍喊聲起處，高廉馬鞍上掛著那面聚獸銅牌，上有龍章鳳篆，手裡拿著寶劍，出到陣前。宋江指著高廉罵道：「昨夜我不曾到，兄弟誤折了一陣。今日我必要把你誅盡殺絕！」高廉喝道：「你這夥反賊快早早下馬受縛，省得我腥手汙腳！」言罷把劍一揮，口中念念有詞，喝聲道：「疾！」黑氣起處，早捲起怪風來。宋江不等那風到，口中也念念有詞，左手捏訣，右手提劍一指，喝聲道：「疾！」那陣風不望宋江陣裡來，倒望高廉神兵隊裡去了。宋江卻待招呼人馬，殺將過去。高廉見回了風，急取銅牌，把劍敲動，向那神兵隊裡捲一陣黃沙，就中軍走出一群怪獸毒蟲，直沖過來。宋江陣裡眾多人馬驚呆了，宋江撇了劍，撥回馬先走，眾頭領簇捧著，盡都逃命，大小軍校你我不能相顧，奪路而走。高廉在後面把劍一揮，神兵在前，官軍在後，一齊掩殺將來。宋江人馬大敗虧輸，高廉趕殺二十餘里，鳴金收軍，城中去了。

宋江來到土坡下，收住人馬，紮下寨柵，雖是損折了些軍卒，卻喜眾頭領都有。屯住軍馬，便與軍師吳用商議道：「今番打高唐州，連折了兩陣，無計可破神兵，如之奈何？」吳學究道：「若是這廝會使『神師計』，他必然今夜要來寨，可先用計提備。此處只可屯紮些少軍馬，我等去舊寨內駐紮。」宋江傳令，只留下楊林、白勝看寨，其餘人馬退去舊寨內將息。

且說楊林、白勝引人離寨半里草坡內埋伏，等到一更時分，只見風雷大作。楊林、白勝同三百餘人在草裡看時，只見高廉步走，引領三百神兵，吹風呼哨[4]，殺入寨中來，見是空寨，回身便走。楊林、白勝吶喊聲，高廉只怕中了計，四散便走，三百神兵各自奔逃，楊林、白勝亂放弩箭，只顧射去，一箭正中高廉左肩。眾軍四散，冒雨趕殺。高廉引領了神兵，去得遠了。楊林、白勝人少，不敢深入。少刻，雨過雲收，復見一天星斗，月光之下，草坡前搠翻射倒，拿得神兵二十餘人，解赴宋公明寨內，具說雷風雲之事。宋江、吳用見說，大驚道：「此間只隔得五里遠近，卻又無雨無風！」眾人議道：「正是妖法，只在本處，離地只有三四十丈，雲雨氣味是左近水泊中攝將來的。」楊林說：「高廉也是披髮仗劍，殺入寨中。身上中了我一弩箭，回城中去了。為是人少，不敢去追。」宋江分賞楊林、白勝，把拿來的中傷神兵斬了。分撥眾頭領，下了七八個小寨，圍繞大寨，提防再來劫寨，一面使人回山寨取軍馬協助。

且說高廉自中了箭，回到城中養病，令軍士：「守護城池，曉夜堤備❺，且休與他廝殺。待我箭瘡平復起來，捉宋江未遲。」

卻說宋江見折了人馬，心中憂悶，和軍師吳用商量道：「只這個高廉尚且破不得，倘或別添他處軍馬，並力來助，如之奈何！」吳學究道：「我想要破高廉妖法，只除非我如此此如此……。若不去請這個人來，柴大官人性命也是難救，高唐州城子永不能得。」

正是❻：要除起霧興雲法，須請誦天徹地人。

畢竟吳學究說這個人是誰，且聽下回分解❼。

說文解字

❶畫角：樂器名。吹奏時發出嗚嗚聲，高亢激昂，古代軍中用以警戒、振奮、傳令、指揮，也用於帝王出巡的前導。❷天靈蓋：頭蓋骨的上部，即指頭頂，也作「天靈」。❸利害：猛烈、高強，也作「厲害」。❹呼哨：把手指放入嘴裡，吹出像哨子的聲音。❺堤備：防備。❻正是：小說雜劇在一回或一齣結束詩詞前所用的套語。❼且聽下回分解：本是說書人的用語，表示故事尚未完結，請聽眾下次繼續聆聽。章回小說中則保留此種習慣用語，常在一回末尾使用，表示情節還未結束，請讀者繼續閱讀下一個章節。

❖藝術成就

《水滸傳》在中國古典小說中占有重要地位，不僅在於它有豐富深刻的思想內涵，也因爲它在塑造人物方面有重大的藝術突破。書中除了一百零八位英雄好漢外，其他還有很多有名有姓的人物，總計有八百多人。這些人物五光十色，應有盡有，包括社會上的各個階層，正如清代金聖歎曾說：「敘一百零八人，人有其性情，人有其氣質，人有其形狀，人有其聲口。」

《水滸傳》中的人物是古代英雄勇與力的象徵，充滿傳奇色彩，他們的主要征服對象是人類社會的邪惡勢力，他們蔑視皇權宗法，蔑視一切武裝力量，具有戰勝一切的豪邁氣概。另一方面，水滸人物又與廣闊的社會背景和生活環境緊密相連，他們各有不同的身分經歷，不同的性格特徵，他們的英雄行爲亦不是生來如此，而是在過程中逐步戰勝自己的弱點和缺陷，最終成長爲英勇豪傑。這一點是人物塑造單一化轉變爲多樣化的重要特徵，也是《水滸傳》的主要藝術成就。

《水滸傳》中的衆多英雄皆是被逼上梁山，但他們又各不相同，如林沖、魯智深、楊志都是武藝高強的軍官，但由於出身經歷不同、生活遭遇不同，走向梁山的道路也就不同，性格也有很大的差異。

例如，林沖由於地位優越、家庭和美，所以安於現狀、處處忍讓。高衙內兩次調戲他的妻子，如果說第一次有偶然成分，用不知他是何人搪塞：那第二次就是有心設下的圈套。而林沖先是懼怕得罪上司，後來得知眞相也只敢找陸謙報仇，拿著尖刀等了陸謙三天三夜。直到發配滄州時，他仍心存幻想，希望能重見天日，與妻子團聚，處處容忍二位公差的侮辱，大難將至仍執迷不悟。直到高俅派陸謙等人抵達滄州，放火燒毀草料場，林沖這才明白自己只有死路一條，便殺了陸謙等人，投奔梁山聚義。

至於楊志，因他是三代將門之後，故十分在意功名利祿，總是想「一刀一槍，博得個封妻蔭子，也與祖宗爭了口氣」。他的人生道路共出現兩次重大變故，一是失陷花石綱，二是失陷生辰綱，兩次失職使他的「封妻蔭子」成爲幻想，而且被置於緝拿治罪的生死關頭。這樣的人物也只有到了這步境地才肯落草爲寇，眞切又自然，水到渠成。

魯智深則是主動挑戰型的人物，金氏父女與他素不相識，林沖也只與他有一面之緣。他仗義救人，不僅惹出死罪，更失去官職、改當和尚，但他仍然不改初衷，最後連和尚也做不成，只能落草爲寇。和楊志、林沖相比，魯智深的俠義行爲更爲高尙，無私無欲，無所顧忌，也不圖後報，這都來自於他孤身一人又無牽無掛的背景，和疾惡如仇的個性。

總之，楊志和林沖的反抗是被迫的，魯智深的反抗則是自發的。而林沖和楊志又有許多差別，林沖安於現狀，楊志卻醉心功名。黃泥岡上，楊志鞭打責罵衆軍漢，並令衆人不許歇息、不許喝酒的那一幕，其狠毒和精明無人能比。楊志這麼做，爲的是報答梁中書的提攜之恩，也難怪衆人後來反誣他與賊人串通，使他有家難回、有國難投。

總之，《水滸傳》中塑造人物的手法是它重要的藝術成就之一，是古典小說從理想主義發展到現實主義的重要里程碑。水滸人物的個性皆具有發展性和變化性，與社會環境融爲一體，同時又特點鮮明，具有多側面和較複雜的內涵，已初具人物塑造多樣化的基礎。

❖語言特色

宋元時期，由於城市經濟不斷發展，市民階層空前活躍，與之相關聯的茶坊、勾欄、灑樓、曲藝也日趨繁華。另外，又因為政治腐敗、奸臣當道、皇帝昏庸，各種邪惡勢力蔓延，迫使衆多英雄好漢鋌而走險，落草山林為寇。施耐庵用通俗流暢的民間口語描繪出一幅民俗風情的長篇畫卷，既形象生動，又倍感親切，讀來如身歷其境。《水滸傳》和歐美西方文學截然不同，沒有大段的背景描寫，僅在開篇或中間某處用一句話帶過，在人物行為上多用筆墨，且以對話為主。

「樂觀幽默」也是《水滸傳》的語言特色之一，也是當時人民及作者的人生態度。在施耐庵筆下，水滸人物無論在什麼樣的艱難險阻之中，都保持著鎮靜和必勝的信心，即使在刀光劍影之中，也保持著幽默和諧的語調，同時又使用傳奇色彩濃重的誇張細節，形成作品中一個又一個精彩的篇章。

例如，魯智深拳打鎮關西一節，前後共用三拳：撲的只一拳，正打在鼻子上，打得鮮血迸流，鼻子歪在半邊，卻便似開了個油醬鋪，鹹的、酸的、辣的，一發都滾出來……提起拳頭來就眼眶際眉梢只一拳，打得眼棱縫裂，烏珠迸出，也似開了個彩帛鋪的，紅的、黑的、紫的，都綻將出來……又只一拳，太陽上正著，卻似做了一全堂水陸的道場，磬兒、鈸兒、鐃兒，一齊響。

第一拳突出的是感覺，第二拳突出的是顏色，第三拳突出的是聲音。生死搏鬥、鮮血淋漓的殘酷場面竟被作者寫得輕鬆痛快，用詞幽默，這在其他文學作品中是很少見的。

❖價值觀念

《水滸傳》體現宋元時期民衆的審美意識、道德觀念和價值取向。梁山一百零八位好漢大多形體魁偉、虎背熊腰、粗豪爽直、質樸純眞、武藝過人，是古代英雄力與美的象徵。魯智深「心地厚實、體格闊大」，李逵「一片天眞爛漫到底」，阮小七「心快口快，使人對之，齷齪都消盡」。

梁山英雄也表現出強烈的群體意識，「八方共域、異姓一家」，「千里面朝夕相見，一寸心死生可同」。在施耐庵筆下，三教九流、富豪將吏、獵戶漁人都兄弟相稱，不分貴賤，情同手足。每個人物都是英雄，但都離不開梁山泊這個英雄群體，在團體中均能和睦相處、平等相待，一樣酒筵歡樂，一樣拼力相前。

宋元時期，百姓的道德觀念是「忠義」。《水滸傳》中的文字、人物處處以此爲紐帶，許多人物都冠以「忠義」美名。其中以宋江爲最，言行舉止時時不離「忠義」，不知將「忠義」二字反反復復念了多少遍，最後終於成了「正果」。「義」是連結梁山衆好漢的軸心，「義」是衆人投奔梁山聚義的原因，仗義行俠，爲朋友兩肋插刀，是他們終生不渝的生活信條。這種「忠義」觀也影響了後來許多的文學作品，諸如《三國演義》等等，至今仍被人們推崇。

❖社會影響

《水滸傳》在社會上廣爲流傳，深受群衆喜愛，無論其成書前還是成書後，都對社會產生巨大的影響。

首先，衆多的英雄形象和反抗行爲不斷鼓舞著許多讀者。「說開日月無光彩，道破長江水倒流」，此種氣勢宏大的英雄氣概，指引著歷朝歷代的起義和反叛抗爭，例如，明清兩代的起義多以梁山好漢自居，借用梁山義軍的形式和經驗，有的甚至扛起「順天護國」的大旗。諸如白蓮教、太平天國，天地會、小刀會、義和團等，多有梁山起義的痕跡。而水滸人物的叛逆行爲及重大影響也引起統治者的恐慌，將其視爲「賊書」，屢加禁毀，企圖以《蕩寇志》抵消它的影響，但都適得其反，反使水滸人物更加深入人心，不可左右。

除了思想上的影響外，《水滸傳》對藝術領域也有著不可低估的重要性。在《水滸傳》之後，便有許多英雄小說依循其道路發展，如《說唐》、《楊家將》、《說岳全傳》等，也影響後世俠義小說，如《三俠五義》。

高手過招

1.（　）閱讀下文並選出敘述正確的選項。

《宣和遺事》一書把許多零散的水滸故事編綴起來，成為《水滸傳》的雛形。所謂水滸故事，大致有兩個主要的內容，一是行俠仗義，濟困扶危的故事；二是上山落草，反抗政府的故事。這些故事並非產生於同一時間，而是宋代、元代、明代都有。說書人把這些故事都編織到北宋（徽宗）宣和年間去，所以北宋的史書上就查不到有關史料。（改寫自史式《我是宋朝人》）

(A) 水滸故事可彌補北宋史書中缺少的史料。
(B)《宣和遺事》是以《水滸傳》為底本綴輯成書。
(C)《水滸傳》的素材是由不同時代的說書人匯集而成。
(D)《宣和遺事》記錄北宋至明代許多俠義人物反抗政府的史事。

2.（　）張潮《幽夢影》云：「□□□是一部怒書，□□□是一部悟書，□□□是一部哀書。」文中□□□處，依序指：

Ⓐ《水滸傳》《西遊記》《金瓶梅》

Ⓑ《金瓶梅》《水滸傳》《西遊記》

Ⓒ《水滸傳》《金瓶梅》《西遊記》

Ⓓ《西遊記》《金瓶梅》《水滸傳》

3.（　）有關《水滸傳》的敘述，下列何者正確？

Ⓐ「魯智深倒拔垂楊柳」的歇後語為：亂打一通；「好漢上梁山」的歇後語為：逼出來的。

Ⓑ「風靜了，我是／默默的雪。他在／敗葦間穿行，好落寞的／神色，這人一朝是／東京八十萬禁軍教頭／如今行船悄悄／向梁山落草／山是憂戚的樣子」歌詠的是「林沖」。

Ⓒ「那一路尾隨的莽和尚／使些風起，赤松子落／藤葉斷處，一條鐵禪杖／好個提轄出家花和尚／拳打□□□，落髮／五台山，捲堂散了選佛場／大鬧桃花村」□□□應填「孫二娘」。

Ⓓ「八方共域，異姓一家。天地顯罡煞之精，人境合傑靈之美。千里面朝夕相見，一寸心死生可同……其人則有帝子王孫、富豪將吏，並三教九流，乃至獵戶漁人、屠兒劊子，都一般兒哥弟稱呼，不分貴賤。」描述的是《水滸傳》。

Ⓔ「小霸王怒斬于吉，碧眼兒坐領江東」出自《水滸傳》的回目；《水滸傳》全書以「官逼民反」、「逼上梁山」為軸線，敘述北宋末年宋江等一百零八條江湖好漢，聚義於梁山泊，高舉替天行道的旗號，行俠仗義的故事。

4.（　）下列有關《水滸傳》的敘述，何者錯誤？

Ⓐ《水滸傳》中宋江確有其人，梁山泊確有其地。

Ⓑ全書採用淺近的通俗白話寫作。

Ⓒ「亂由上起」、「官逼民反」是《水滸傳》的核心內容。

Ⓓ金聖歎評論《水滸傳》：「無美不歸綠林，無惡不歸朝廷。」實為諷刺小說之傑作。

【解答】 1. C　2. A　3. B　4. D

三國演義

羅貫中

滾滾長江東逝水，浪花淘盡英雄。
是非成敗轉頭空，青山依舊在，幾度夕陽紅。
白髮漁樵江渚上，慣看秋月春風。
一壺濁酒喜相逢，古今多少事，都付笑談中。

作品通覽

❖作者生平

《三國演義》的作者是羅貫中，一般認爲他生於元末明初或明代。他的朋友賈仲名在《錄鬼簿續編》中提到：「羅貫中，太原人，號湖海散人。與人寡合，樂府隱語極爲清新，與余爲忘年交，遭時多故，天各一方。至正甲辰復合，別後又六十年，竟不知所終。」魯迅則在《中國小說史略》中提到：「貫中，名本，錢塘人，或云名貫，字貫中，或云越人，生洪武初，蓋元明間人。」據說，羅貫中曾與元末農民起義領袖張士誠有過連繫，擔任其幕客，是一位「有志圖王」的人。他的著作頗豐，除《三國演義》外，還有《隋唐兩朝志傳》、《殘唐五代史演義》、《三遂平妖傳》等，甚至還有人認為他也是《水滸傳》的作者。可見，羅貫中是當時一位擅長寫歷史演義小說的名家。

羅貫中的《三國演義》寫成於何時也有不同看法，或說是元代，或說是明初，或說是明代中葉。我們現在所見最早的是明弘治七年序、嘉靖元年刊印的版本，題為陳壽史傳，羅貫中編次。全書二十四卷，每卷十節（回），共兩百四十節（回），一般認為這是最接近羅貫中的原本。後來，清人毛綸、毛宗崗父子又加以修訂、評點，編成一百二十回本，並廣為流傳，本書（《古典小說好好讀》）亦是以此版本為主。

❖內容基礎

隋唐之際，三國以多種形式進一步流傳。據載，隋煬帝時，就有雜戲表演「劉備躍馬過檀溪」的故事。唐代詩歌也有許多以三國歷史為題材的作品，例如李白《讀諸葛武侯傳書，懷贈長安崔少府叔封昆季》，敘述漢末社會動蕩、群雄並起，劉備三顧茅廬並以蜀為據點，力圖統一天下的過程；杜甫《蜀相》一詩則概括了諸葛亮的一生功業；杜牧《赤壁》亦對赤壁之戰發表自己獨特的見解。可見，三國的歷史人物、事件等，早已成為詩人們詠誦的重要題材。

宋元時期，三國題材大量出現在詩、詞、文之中，例如蘇軾的詩《董卓》、詞《念奴嬌》、文《赤壁賦》，三國故事也成為當時說話、講史等演出活動的重要內容。孟元老《東京夢華錄》卷五中就記載了當時都城汴京瓦肆（宋代娛樂場所）中，說《三分》的霍四究。後來的南宋雖偏安江南，但這種風氣仍無衰減，吳自牧《夢粱錄》中亦記敘了當時的盛況。

此外，雜劇中搬演三國故事的劇目也逐漸增多，例如元刊雜劇《關張雙赴西蜀夢》、《關大王單刀會》等，這些雜劇題材都成爲日後《三國演義》中的重要內容與情節。

還有說書人爲了表演而整理的文字腳本（底本），也被稱爲「話本」，亦成爲《三國演義》的重要基石，《全相三國志平話》便是其中頗具代表性的作品。全書約八萬字，共分上、中、下三卷，起自黃巾起義，終於孔明病逝，建構了《三國演義》的大致框架。而且，《平話》具有強烈的故事性，情節生動，人物鮮明，書中的語言、敘述雖然還很粗糙，但卻使三國故事趨於完整，爲《三國演義》奠定基礎。

❖主旨爭議

《三國演義》作爲一部長篇歷史小說，反映了極爲豐富的社會內容，展現一個時代的廣闊歷史畫卷。故事描寫從東漢靈帝中平元年，到晉武帝太康元年間近百年的政治、軍事、外交等多方面狀況，作者以魏、蜀、吳三個統治集團爲中心，描寫其中複雜、曲折、激烈的鬥爭，深刻揭露當時社會的腐敗、黑暗與災難，暴露古代帝王爭權奪利的兇殘與醜惡，提供讀者認識社會和歷史的經驗和教訓。同時，《三國演義》也以其鮮明、眞實的人物形象和故事情節，成爲後來廣爲傳誦的生動歷史讀物和文學讀本。這些，都無疑使此書具有非一般歷史小說所能容涵的思想內容與藝術價值。

正因如此，評論家和讀者根據自己的生活體驗、社會歷史觀、文學修養等，對它所傳達的主旨產生許多不同的看法。以下列舉幾個代表性的說法：

一、擁劉反曹，即正統思想說。其認爲《三國演義》主要透過曹操與蜀漢間的鬥爭，歌頌以劉備爲代表，所謂「正統」地位的政治勢力，反對以曹操爲代表的「非正統」勢力。

二、悲劇說。其認爲《三國演義》是以蜀漢的悲劇結局，反映中華民族的悲哀。還有人認爲，故事中的悲劇是表達傳統社會中，知識分子的悲哀。

三、「合久必分，分久必合」和「天下歸一」說。從國家的分分合合，最後由分走向合的角度來解讀《三國演義》，反映「天下歸一」的思想。

四、三國興亡史說。其認爲《三國演義》描寫的就是魏、蜀、吳三國的興亡史，即從西元一八四年至西元二八〇年的一段眞實歷史。

五、反思說。其認爲《三國演義》是對歷史進行反思的產物，它從多方面總結歷史的經驗與教訓，傳達作者心中的理想社會。

其實，這些對《三國演義》的不同看法，大多言之成理；各種分歧，也是合乎情理。對這樣一部內容豐富、思想深刻、反映價值如此廣闊的古典文學名著來說，它的主旨本來就具有多向性和廣泛性，並不是某個單一說法所能概括的。但是，其中的「分合說」應是《三國演義》最主要的主旨之一。從整部《三國演義》來看，作者所要表現的就是漢末時期，由統一而分裂，經過三國之間的爭鬥和較量，最後又由分裂而統一的演變過程。書中各種人物的舉動和性格、若干次大小戰爭、許多歷史事件，以及作者的政治觀、歷史觀和思想傾向等，均圍繞著「合」運作。劉備作爲漢朝正統勢力的代表，爲了恢復漢室的一統輝煌而不斷努力；曹操則透過「挾天子以令諸侯」，實現自己的霸業；孫氏同樣不甘心居於東吳一隅，欲「別圖大事」，趁世亂而得天下土地。他們都在天下「合久必分」的原則下，按自己的意願達到「分久必合」的目的。這不僅反映中國歷史演變的主流，同時也概括了人類歷史發展的基本規律和趨勢。

全書開篇的卷頭詞，便表達出對歷史興亡盛衰和天下分合的感嘆，詞末「古今多少事，都付笑談中」傳達出深沉的歷史之感。第一回中首言「天下大勢，分久必合，合久必分」，是對三國之前歷史的回顧，而書末提出「此所謂『天下大勢，合久必分，分久必合』」，則是對三國由分裂而終歸統一的總結。前突出「分」，後強調「合」，兩句置換，精煉地點出這一歷史發展演變的過程。書末的七言古詩，從「高祖提劍入咸陽」到「司馬又將天下交」，是全書的縮影，勾畫出由分久必合（高祖劉邦討秦滅楚而立漢），到合久必分（獻帝時「四方資賊如蟻聚」），再到分久必合（司馬氏統一三國而晉立）的歷史循環體系。

以下節錄精彩章回

第一回　宴桃園豪傑三結義，斬黃巾英雄首立功

滾滾長江東逝水，浪花淘盡英雄。是非成敗轉頭空，青山依舊在，幾度夕陽紅。

白髮漁樵江渚上，慣看秋月春風。一壺濁酒喜相逢，古今多少事，都付笑談中。

話說天下大勢，分久必合，合久必分。周末七國紛爭，併入於秦。及秦滅之後，楚、漢紛爭，又併入於漢。漢朝自高祖斬白蛇而起義，一統天下。後來光武中興，傳至獻帝，遂分為三國。推其致亂之由，殆始於桓、靈二帝。桓帝禁錮善類，崇信宦官，及桓帝崩，靈帝即位，大將軍竇武、太傅陳蕃

共相輔佐。時有宦官曹節等弄權，竇武、陳蕃謀誅之，作事不密，反為所害，中涓自此愈橫❶。

建寧二年四月望日❷，帝御溫德殿。方升座，殿角狂風驟起，只見一條大青蛇，從梁上飛將下來，蟠於椅上。帝驚倒，左右急救入宮，百官俱奔避。須臾，蛇不見了，忽然大雷大雨，加以冰雹，落到半夜方止，壞卻房屋無數。建寧四年二月，洛陽地震，又海水泛溢，沿海居民盡被大浪捲入海中。光和元年，雌雞化雄。六月朔，黑氣十餘丈，飛入溫德殿中。秋七月，有虹見於玉堂，五原山岸，盡皆崩裂。種種不祥，非止一端。

帝下詔問群臣以災異之由，議郎蔡邕上疏，以為蜺墮雞化❸，乃婦寺干政之所致❹，言頗切直。帝覽奏歎息，因起更衣，曹節在後竊視，悉宣告左右，遂以他事陷邕於罪，放歸田里。後張讓、趙忠、封諝、段珪、曹節、侯覽、蹇碩、程曠、夏惲、郭勝十人朋比為奸❺，號為「十常侍」。帝尊信張讓，呼為阿父❻，朝政日非，以致天下人心思亂，盜賊蜂起。

時鉅鹿郡有兄弟三人：一名張角，一名張寶，一名張梁。那張角本是個不第秀才，因入山採藥，遇一老人，碧眼童顏，手執藜杖❼，喚角至一洞中，以天書三卷授之，曰：「此名《太平要術》。汝得之，當代天宣化，普救世人。若萌異心，必獲惡報。」角拜問姓名，老人曰：「吾乃南華老仙也。」言訖，化陣清風而去。

角得此書，曉夜攻習，能呼風喚雨，號為太平道人。中平元年正月內，疫氣流行，張角散施符水，為人治病，自稱大賢良師。角有徒弟五百餘人，雲遊四方，皆能書符念咒。次後徒眾日多，角乃立三十六方（大方萬餘人，小方六七千），各立渠帥，稱為將軍。訛言：「蒼天已死，黃天當立。」

又云：「歲在甲子，天下大吉。」令人各以白土，書「甲子」二字於家中大門上。青、幽、徐、冀、荊、揚、兗、豫八州之人，家家侍奉大賢良師張角名字。角遣其黨馬元義，暗齎金帛❽，結交中涓封諝，以為內應。角與二弟商議曰：「至難得者，民心也。今民心已順，若不乘勢取天下，誠為可惜。」遂一面私造黃旗，約期舉事；一面使弟子唐州，馳書報封諝。唐州乃逕赴省中告變，帝召大將軍何進調兵擒馬元義，斬之，次收封諝等一干人下獄。

張角聞知事露，星夜舉兵，自稱天公將軍，張寶稱地公將軍，張梁稱人公將軍。申言於眾曰：「今漢運將終，大聖人出，汝等皆宜順從天意，以樂太平。」四方百姓，裹黃巾從張角反者，四五十萬，賊勢浩大，官軍望風而靡。何進奏帝火速降詔，令各處備禦，討賊立功；一面遣中郎將盧植、皇甫嵩、朱儁，各引精兵，分三路討之。

且說張角一軍，前犯幽州界分。幽州太守劉焉，乃江夏竟陵人氏，漢魯恭王之後也。當時聞得賊兵將至，召校尉鄒靖計議。靖曰：「賊兵眾，我兵寡，明公宜作速招軍應敵。」劉焉然其說，隨即出榜招募義兵。榜文行到涿縣，乃引出涿縣中一個英雄。

那人不甚好讀書；性寬和，寡言語，喜怒不形於色；素有大志，專好結交天下豪傑；生得身長七尺五寸，兩耳垂肩，雙手過膝，目能自顧其耳，面如冠玉，唇若塗脂；中山靖王劉勝之後，漢景帝閣下玄孫；姓劉，名備，字玄德。昔劉勝之子劉貞，漢武時封涿鹿亭侯，後坐酬金失侯，因此遺這一枝在涿縣。玄德祖劉雄，父劉弘，弘曾舉孝廉，亦嘗作吏，早喪。玄德幼孤，事母至孝，家貧，販屨織蓆為業❾。家住本縣樓桑村，其家之東南，有一大桑樹，高五丈餘，遙望之，童童如車蓋。相者云：

「此家必出貴人。」

玄德幼時，與鄉中小兒戲於樹下，曰：「我為天子，當乘此車蓋。」叔父劉元起奇其言，曰：「此兒非常人也！」因見玄德家貧，常資給之。年十五歲，母使遊學，嘗師事鄭玄、盧植，與公孫瓚等為友。及劉焉發榜招軍時，玄德年已二十八歲矣。當日見了榜文，慨然長嘆，隨後一人厲聲言曰：「大丈夫不與國家出力，何故長嘆？」

玄德回視其人，身長八尺，豹頭環眼，燕頷虎鬚，聲若巨雷，勢如奔馬。玄德見他形貌異常，問其姓名。其人曰：「某姓張，名飛，字翼德。世居涿郡，頗有莊田，賣酒屠豬，專好結交天下豪傑。適才見公看榜而嘆，故此相問。」玄德曰：「我本漢室宗親，姓劉，名備。今聞黃巾倡亂，有志欲破賊安民，恨力不能，故長嘆耳。」飛曰：「吾頗有資財，當招募鄉勇，與公同舉大事，如何？」玄德甚喜，遂與同入村店中飲酒。

正飲間，見一大漢推著一輛車子，到店門首歇了，入店坐下，便喚酒保：「快斟酒來吃，我待趕入城去投軍。」玄德看其人，身長九尺，髯長二尺；面如重棗，唇若塗脂；丹鳳眼，臥蠶眉；相貌堂堂，威風凜凜。玄德就邀他同坐，叩其姓名。其人曰：「吾姓關，名羽，字壽長，後改雲長，河東解良人也。因本處勢豪倚勢凌人，被吾殺了，逃難江湖，五六年矣。今聞此處招軍破賊，特來應募。」玄德遂以己志告之，雲長大喜，同到張飛莊上，共議大事。

飛曰：「吾莊後有一桃園，花開正盛，明日當於園中祭告天地，我三人結為兄弟，協力同心，然後可圖大事。」玄德、雲長齊聲應曰：「如此甚好。」次日於桃園中，備下烏牛白馬祭禮等項，三人焚香，再拜而說誓曰：「念劉備、關羽、張飛，雖然異姓，既結為兄弟，則同心協力，救困扶危，上報國家，下安黎庶，不求同年同月同日生，但願同年同月同日死。皇天后土，實鑑此心，背義忘恩，天人共戮。」誓畢，拜玄德為兄，關羽次之，張飛為弟。祭罷天地，復宰牛設酒，聚鄉中勇士，得三百餘人，就桃園中痛飲一醉。

說文解字

❶中涓：宦官。❷望日：陰曆每月十五日。❸蜺墮雞化：前述「雌雞化雄、有虹見於玉堂」的簡稱，暗示國運衰微的徵兆。❹婦寺：婦人與宦官。❺朋比為奸：彼此勾結做壞事，也作「朋比作奸」、「朋比作仇」。❻阿父：對父親的稱呼，亦為伯父、叔父的自稱之詞。❼藜杖：以藜莖做成的手杖。❽金帛：金錢和布匹。❾販屨織蓆：編織草席、鞋子。用以形容工作粗賤、地位卑下。

第二十七回　美髯公千里走單騎，漢壽侯五關斬六將

雲長將曹操贈袍事告知二嫂，催促車仗前行❶。至天晚，投一村莊安歇，莊主出迎，鬚髮皆白，問曰：「將軍姓甚名誰？」關公施禮曰：「吾乃劉玄德之弟關某也。」老人曰：「莫非斬顏良、文醜的關公否？」公曰：「便是。」老人大喜，便請入莊。關公曰：「車上還有二位夫人。」老人便喚妻女出迎。

二夫人至草堂上，關公叉手立於二夫人之側。老人請公坐，公曰：「尊嫂在上，安敢就坐？」老

人乃令妻女請二夫人入內室款待，自於草堂款待關公。關公問老人姓名，老人曰：「吾姓胡，名華。桓時曾為議郎，致仕歸鄉。今有小兒胡班，在滎陽太守王植部下為從事。將軍若從此處經過，某有一書寄與小兒。」關公允諾。

次日早膳畢，請二嫂上車，取了胡華書信，相別而行，取路投洛陽來。前至一關，名東嶺關，把關將姓孔，名秀，引五百軍兵在土嶺上把守。當日關公押車仗上嶺，軍士報知孔秀，秀出關來迎。關公下馬，與孔秀施禮。秀曰：「將軍何往？」公曰：「某辭丞相，特往河北尋兄。」秀曰：「河北袁紹正是丞相對頭，將軍此去，必有丞相文憑。」公曰：「因行期忽迫，不曾討得。」秀曰：「既無文憑，待我差人稟過丞相，方可放行。」關公曰：「待去稟時，須誤了我行程。」秀曰：「法度所拘，不得不如此。」關公曰：「汝不容我過關乎？」秀曰：「汝要過去，留下老小為質。」

關公大怒，舉刀就殺孔秀。秀退入關去，鳴鼓聚軍，披掛上馬，殺下關來，大喝曰：「汝今敢過去麼！」關公約退車仗，縱馬提刀，竟不打話，直取孔秀。秀挺槍來迎，兩馬相交，只一合，鋼刀起處，孔秀屍橫馬下，眾軍便走。關公曰：「軍士休走，吾殺孔秀，不得已也，與汝等無干。借汝眾軍之口，傳語曹丞相，言孔秀欲害我，我故殺之。」眾軍俱拜於馬前。

關公即請二夫人車仗出關，望洛陽進發，早有軍士報知洛陽太守韓福。韓福急聚眾將商議，牙將孟坦曰❷：「既無丞相文憑，即係私行，若不阻擋，必有罪責。」韓福曰：「關公勇猛，顏良、文醜俱為所殺。今不可力敵，只須設計擒之。」孟坦曰：「吾有一計，先將鹿角攔定關口，待他到時，小將引兵和他交鋒，佯敗誘他來追，公可用暗箭射之。若關某墜馬，即擒解許都，必得重賞。」

商議停當❸，人報關公車仗已到。韓福彎弓插箭，引一千人馬排列關口，問：「來者何人？」關公馬上欠身言曰❹：「吾漢壽亭侯關某，敢借過路。」韓福曰：「有曹丞相文憑否？」關公曰：「事冗不曾討得。」韓福曰：「吾奉丞相鈞命，鎮守此地，專一盤詰往來奸細❺。若無文憑，即係逃竄。」關公怒曰：「東嶺孔秀已被吾殺，汝亦欲尋死耶？」韓福曰：「誰人與我擒之？」

孟坦出馬，輪雙刀來取關公，關公約退車仗，拍馬來迎。孟坦戰不三合，撥回馬便走，關公趕來，孟坦只指望引誘關公，不想關公馬快早已趕上，只一刀砍為兩段。關公勒馬回來，韓福閃在門首，盡力放了一箭，正射中關公左臂。公用口拔出箭，血流不住，飛馬徑奔韓福，衝散眾軍。韓福急閃不及，關公手起刀落，帶頭連肩，斬於馬下，殺散眾軍，保護車仗。

關公割帛束住箭傷，於路恐人暗算，不敢久住，連夜投沂水關來。把關將乃并州人氏，姓卞，名喜，善使流星鎚，原是黃巾餘黨，後投曹操，撥來守關。當下聞知關公將到，尋思一計，就關前鎮國寺中，埋伏下刀斧手二百餘人，誘關公至寺，約擊盞為號，欲圖相害。安排已定，出關迎接關公。公見卞喜來迎，便下馬相見，喜曰：「將軍名震天下，誰不敬仰！今歸皇叔，足見忠義！」關公訴說斬孔秀、韓福之事，卞喜曰：「將軍殺之是也，某見丞相，代稟衷曲❻。」關公甚喜，同上馬過了沂水關，到鎮國寺前下馬，眾僧鳴鐘出迎。原來那鎮國寺乃漢明帝御前香火院，本寺有僧三十餘人，內有一僧，卻是關公同鄉人，法名普淨。

當下普淨已知其意，向前與關公問訊，曰：「將軍離蒲東幾年矣？」關公曰：「將及二十年矣。」普淨曰：「還認得貧僧否？」公曰：「離鄉多年，不能相識。」普淨曰：「貧僧家與將軍家只隔一條河。」卞喜見普淨敘出鄉里之情，恐有走泄，乃叱之曰：「吾欲請將軍赴宴，汝僧人何得多言！」關公曰：「不然。鄉人相遇，安得不敘舊情耶？」

普淨請關公方丈待茶，關公曰：「二位夫人在車上，可先獻茶。」普淨教取茶先奉夫人，然後請關入方丈。普淨以手舉所佩戒刀，以目視關公，公會意，命左右持刀緊隨，卞喜請關公於法堂筵席。關公曰：「卞君請關某，是好意？還是歹意？」卞喜未及回言，關公早望見壁衣中有刀斧手❼，乃大喝卞喜曰：「吾以汝為好人，安敢如此！」

卞喜知事泄，大叫：「左右下手！」左右方欲動手，皆被關公拔劍砍之。卞喜下堂遶廊而走，關公棄劍執大刀來趕。卞喜暗取飛鎚擲打關公，關公用刀隔開鎚，趕將入去，一刀劈卞喜為兩段，隨即回身來看二嫂，早有軍人圍住，見關公來，四下奔走。關公趕散，謝普淨曰：「若非吾師，已被此賊害矣。」普淨曰：「貧僧此處難容，收拾衣鉢，亦往他處雲遊也。後會有期，將軍保重。」

關公稱謝，護送車仗，往滎陽進發。滎陽太守王植卻與韓福是兩親家，聞得關公殺了韓福，商議欲暗害關公，乃使人守住關口。待關公到時，王植出關，喜笑相迎。關公訴說尋兄之事，植曰：「將軍於路驅馳，夫人車上勞困，且請入城館驛中暫歇一宵，來日登途未遲。」

關公見王植意甚殷勤，遂請二嫂入城。館驛中皆鋪陳了當，王植請公赴宴，公辭不往，植使人送筵席至館驛。關公因於路辛苦，請二嫂膳畢，就正房歇定，令從者各自安歇，飽餵馬匹，關公亦解甲憩息❽。

卻說王植密喚從事胡班聽令曰：「關某背丞相而逃，又於路殺太守並守關將校，死罪不輕！此人武勇難敵，汝今晚點一千軍圍住館驛，一人一個火把，待三更時分，一齊放火，不問是誰，盡皆燒死！吾亦自引軍接應。」胡班領命，便點起軍士，密將乾柴引火之物搬於館驛門首，約時舉事。胡班尋思：「我久聞關雲長之名，不識如何模樣，試往窺之。」乃至驛中，問驛吏曰：「關將軍在何處？」答曰：「正廳上觀書者是也。」

胡班潛至廳前，見關公左手綽髯，於燈下几看書❾。班見了，失聲嘆曰：「真天人也！」公問何人，胡班入拜曰：「滎陽太守部下從事胡班。」關公曰：「莫非許都城外胡華之子否？」班曰：「然也。」公喚從者於行李中取書付班。班看畢，嘆曰：「險些誤殺忠良！」遂密告曰：「王植心懷不仁，欲害將軍，暗令人四面圍住館驛，約於三更放火。今某當先去開了城門，將軍急收拾出城。」

關公大驚，忙披掛提刀上馬，請二嫂上車，盡出館驛，果見軍士各執火把聽候。關公急來到城邊，只見城門已開，關公催車仗急急出城，胡班還去放火。關公行不到數里，背後火把照耀，人馬趕來。當先王植大叫：「關某休走！」關公勒馬，大罵：「匹夫！我與你無仇，如何令人放火燒我？」王植拍馬挺槍，徑奔關公，被關公攔腰一刀，砍為兩段。人馬都趕散，關公催車仗速行，於路感胡班不已。

行至滑州界首，有人報與劉延，延引數十騎，出郭而迎。關公馬上欠身而言曰：「太守別來無恙。」延曰：「公今欲何往？」公曰：「辭了丞相，去尋吾兄。」延曰：「玄德在袁紹處，紹乃丞相仇人，如何容公去？」公曰：「昔日曾言定來。」延曰：「今黃河渡口關隘，夏侯惇部將秦琪據守，恐不容將軍過去。」公曰：「太守應付船隻，若何？」延曰：「船隻雖有，不敢應付。」公曰：「我前者誅顏良、文醜，亦曾與足下解厄。今日求一渡船而不與，何也？」延曰：「只恐夏侯惇知之，必然罪我。」

關公知劉延無用之人，遂自催車仗前進。到黃河渡口，秦琪引軍出問來者何人？關公曰：「漢壽亭侯關某也。」琪曰：「今欲何往？」關公曰：「欲投河北去尋兄長劉玄德，敬來借渡。」琪曰：「丞相公文何在？」公曰：「吾不受丞相節制，有甚公文？」琪曰：「吾奉夏侯將軍將令，守把關隘，你便插翅也飛不過去！」關公大怒曰：「你知我於路斬戮攔截者乎？」琪曰：「你只殺得無名下將，敢殺我麼？」關公怒曰：「汝比顏良、文醜若何？」

秦琪大怒，縱馬提刀，直取關公。二馬相交只一合，關公刀起，秦琪頭落。關公曰：「當吾者已死，餘人不必驚走。速備船隻，送我渡河。」軍士急撐舟傍岸，關公請二嫂上船渡河，渡過黃河，便是袁紹地方。關公所歷關隘五處，斬將六員。後人有詩嘆曰：

掛印封金辭漢相，尋兄遙望遠途還。馬騎赤兔行千里，刀偃青龍出五關。
忠義慨然沖宇宙，英雄從此震江山。獨行斬將應無敵，今古留題翰墨間。

說文解字

❶車仗：車輛和擔仗，亦指行李和貨物。❷牙將：副將。❸停當：妥當、妥貼。❹欠身：身體稍斜傾向上提，好像要站起來的樣子。今多表示恭敬的樣子。❺盤詰：反復仔細地查問。❻衷曲：內心的情意，也作「衷腸」。❼壁衣：掛於室內，用以遮蓋牆壁的布幕。❽憩息：歇息。❾几：小桌子。

第三十八回　定三分隆中決策，戰長江孫氏報仇

卻說玄德訪孔明兩次不遇，欲再往訪之。關公曰：「兄長兩次親往拜謁，其禮太過矣。想諸葛亮有虛名而無實學，故避而不敢見，兄何惑於斯人之甚也？」玄德曰：「不然。昔齊桓公欲見東郭野人，五反而方得一面❶。況吾欲見大賢耶？」張飛曰：「哥哥差矣。量此村夫，何足為大賢？今番不須哥哥去，他如不來，我只用一條麻繩縛將來！」玄德叱曰：「汝皆不聞周文王謁姜子牙之事乎？文王且如此敬賢，汝何太無禮！今番汝休去，我自與雲長去。」飛曰：「既兩位哥哥都去，小弟如何落後？」玄德曰：「汝若同往，不可失禮。」

飛應諾，於是三人乘馬引從者往隆中。離草廬半里之外，玄德便下馬步行，正遇諸葛均❷。玄德忙施禮，問曰：「令兄在莊否？」均曰：「昨暮方歸，將軍今日可與相見。」言罷，飄然自去。玄德曰：「今番僥倖，得見先生矣！」張飛曰：「此人無禮，便引我等到莊也不妨，何故竟自去了！」玄德曰：「彼各有事，豈可相強？」

三人來到莊前叩門，童子開門出問。玄德曰：「有勞仙童轉報，劉備專來拜見先生。」童子曰：「今日先生雖在家，但現在草堂上晝寢未醒。」玄德曰：「既如此，且休通報。」吩咐關、張二人只在門首等著，玄德徐步而入，見先生仰臥於草堂几席之上，玄德拱立階下❸。

半晌，先生未醒。關、張在外立久，不見動靜，入見玄德猶然侍立。張飛大怒，謂雲長曰：「這先生如何傲慢！見我哥哥侍立階下，他竟高臥，推睡不起！等我去屋後放一把火，看他起不起！」雲長再三勸住，玄德仍命二人出門外等候，望堂上時，見先生翻身將起，忽又朝裡壁睡著，童子欲報，

玄德曰：「且勿驚動。」又立了一個時辰，孔明才醒，口吟詩曰：

大夢誰先覺？平生我自知。草堂春睡足，窗外日遲遲。

孔明吟罷，翻身問童子曰：「有俗客來否？」童子曰：「劉皇叔在此，立候多時。」孔明乃起身曰：「何不早報！尚容更衣。」遂轉入後堂。又半晌，方整衣冠出迎。玄德見孔明身長八尺，面如冠玉，頭戴綸巾，身披鶴氅❹，飄飄然有神仙之概。玄德下拜曰：「漢室末冑、涿郡愚夫久聞先生大名，如雷貫耳。昨兩次晉謁❺，不得一見，已書賤名於文几❻，未審得入覽否？」孔明曰：「南陽野人，疏懶性成，屢蒙將軍枉臨，不勝愧赧。」

二人敘禮，分賓主而坐，童子獻茶。茶罷，孔明曰：「昨觀書意，足見將軍憂民憂國之心，但恨亮年幼才疏，有誤下問。」玄德曰：「司馬德操之言❼，徐元直之語，豈虛談哉？望先生不棄鄙賤，曲賜教誨。」孔明曰：「德操、元直世之高士，亮乃一耕夫耳，安敢談天下事？二公謬舉矣，將軍奈何舍美玉而求頑石乎？」玄德曰：「大丈夫抱經世奇才，豈可空老於林泉之下？願先生以天下蒼生為念，開備愚魯而賜教。」孔明笑曰：「願聞將軍之志。」玄德屏人促席而告曰❽：「漢室傾頹，奸臣竊命，備不量力，欲伸大義於天下，而智術淺短，迄無所就。唯先生開其愚而拯厄，實為萬幸。」

孔明曰：「自董卓造逆以來，天下豪傑並起。曹操勢不及袁紹，而竟能克紹者，非唯天時，抑亦人謀也。今操已擁百萬之眾，挾天子以令諸侯，此誠不可與爭鋒；孫權據有江東，已歷三世，國險而民附，此可用為援，而不可圖也；荊州北據漢沔，利盡南海，東連吳會，西通巴蜀，此用武之地，非其主不能守。是殆天所以資將軍，將軍豈可棄乎？益州險塞，沃野千里，天府之國，高祖因之以成帝業。今劉璋闇弱，民殷國富，而不知存恤，智能之士，思得明君。將軍既帝室之胄，信義著於四海，總攬英雄，思賢如渴。若跨有荊益，保其巖阻，西和諸戎，南撫彝越，外結孫權，內修政理；待天下有變，則命一上將，將荊州之兵，以向宛洛；將軍身率益州之眾，以出秦川，百姓有不簞食壺漿以迎將軍者乎❾？誠如是，則大業可成，漢室可興矣。此亮所以為將軍謀者也，唯將軍圖之❿。」言罷，命童子取出畫一軸，掛於中堂，指謂玄德曰：「此西川五十四州之圖也。將軍欲成霸業，北讓曹操占天時，南讓孫權占地利，將軍可占人和。先取荊州為家，後即取西川建基業，以成鼎足之勢，然後可圖中原也。」

玄德聞言，避席拱手謝曰：「先生之言，頓開茅塞，使備如撥雲霧而睹青天。但荊州劉表、益州劉璋皆漢室宗親，備安忍奪之？」孔明曰：「亮夜觀天象，劉表不久人世。劉璋非立業之主，久後必歸將軍。」玄德聞言，頓首拜謝。只這一席話，乃孔明未出茅廬，已知三分天下，真萬古人不及也！後人有詩贊曰：

豫州當日嘆孤窮，何幸南陽有臥龍。欲識他年分鼎處，先生笑指畫圖中。

玄德拜請孔明曰：「備雖名微德薄，願先生不棄鄙賤，出山相助，備當拱聽明誨。」孔明曰：「亮久樂耕鋤，懶於應世，不能奉命。」玄德泣曰：「先生不出，如蒼生何？」言畢，淚沾袍袖，衣襟盡濕。孔明見其意甚誠，乃曰：「將軍既不相棄，願效犬馬之勞。」

玄德大喜，遂命關、張入拜獻金帛禮物，孔明固辭不受。玄德曰：「此非聘大賢之禮，但表劉備寸心耳。」孔明方受。於是，玄德等在莊中共宿一宵。次日，諸葛均回，孔明囑付曰：「吾受劉皇叔三顧之恩，不容不出。汝可躬耕於此，勿得荒蕪田畝，待吾功成之日，即當歸隱。」後人有詩嘆曰：

身未升騰思退步，功成應憶去時言。只因先主丁寧後，星落秋風五丈原。

又有古風一篇曰：

高皇手提三尺雪，芒碭白蛇夜流血。平秦滅楚入咸陽，二百年前幾斷絕。
大哉光武興洛陽，傳至桓靈又崩裂。獻帝遷都幸許昌，紛紛四海生豪傑。
曹操專權得天時，江東孫氏開鴻業。孤窮玄德走天下，獨居新野愁民危。
南陽臥龍有大志，腹內雄兵分正奇。只因徐庶臨行語，茅廬三顧心相知。
先生爾時年三九，收拾琴書離隴畝。先取荊州後取川，大展經綸補天手。
縱棋舌上鼓風雷，談笑胸中換星斗。龍驤虎視安乾坤，萬古千秋名不朽。

玄德等三人別了諸葛均，與孔明同歸新野。玄德待孔明如師，食則同桌，寢則同榻，終日共論天下之。孔明曰：「曹操於冀州做玄武池以練水軍，必有侵江南之意，可密令人過江探聽虛實。」玄德從之，使人往江東探聽。

說文解字

❶反：歸還、退還，同「返」。❷諸葛均：與諸葛瑾、諸葛亮爲同胞兄弟。其後由兄長諸葛亮引薦，投歸劉備。❸拱立：兩手合起站立，以表示恭敬。❹鶴氅：用鶴羽製成的外衣。❺晉謁：前往求見。❻文几：供讀書寫字用的桌子。❼司馬德操之言：司馬德操曾說：「伏龍、鳳雛兩人得一，可安天下。」司馬德操，司馬徽，字德操，稱號水鏡，東漢末期名士。伏龍，諸葛亮。鳳雛，龐統。❽屏：斥退。促席：坐席相靠近。❾簞食壺漿：百姓用簞盛飯、用壺盛湯以歡迎軍隊，形容軍隊受到群眾熱烈擁護。簞，盛飯的圓形竹器。❿自董卓造逆以來……唯將軍圖之：諸葛亮與劉備初次會面的談話內容，又稱爲《隆中對》、《隆中三策》。諸葛亮爲劉備分析天下形勢，提出先取荊州爲家，再取益州成鼎足之勢，繼而圖取中原的戰略構想。三顧茅廬後，諸葛亮出山成爲劉備的軍師，劉備集團後的種種戰略皆基於此。

第四十六回　用奇謀孔明借箭，獻密計黃蓋受刑

卻說魯肅領了周瑜言語，徑來舟中相探孔明，孔明接入小舟對坐。肅曰：「連日措辦軍務❶，有失聽教。」孔明曰：「便是亮亦未與都督賀喜。」肅曰：「何喜？」孔明曰：「公瑾使先生來探亮知也不知，便是這件事可賀喜耳。」諕得魯肅失色問曰❷：「先生何由知之？」孔明曰：「這條計只好弄蔣幹❸。曹操雖被一時瞞過，必然便省悟，只是不肯認錯耳。今蔡、張兩人既死，江東無患矣，如何不賀喜？吾聞曹操換毛玠、于禁為水軍都督，在這兩個手裡好歹送了水軍性命。」

魯肅聽了，開口不得，把些言語支吾了半晌，別孔明而回。孔明囑曰：「望子敬在公瑾面前勿言亮先知此事，恐公瑾心懷妒忌，又要尋事害亮。」魯肅應諾而去，回見周瑜，把上項事只得實說了。瑜大驚曰：「此人絕不可留！吾決意斬之！」肅勸曰：「若殺孔明，卻被曹操笑也。」瑜曰：「吾自

有公道斬之，教他死而無怨。」肅曰：「以何公道斬之？」瑜曰：「子敬休問，來日便見。」

次日，聚眾將於帳下，教請孔明議事。孔明欣然而至，坐定，瑜問孔明曰：「即日將與曹軍交戰，水路交兵，當以何兵器為先？」孔明曰：「大江之上，以弓箭為先。」瑜曰：「先生之言，甚合吾意。但今軍中正缺箭用，敢煩先生監造十萬枝箭，以為應敵之具❹。此係公事，先生幸勿推卻。」孔明曰：「都督見委，自當效勞。敢問十萬枝箭，何時要用？」瑜曰：「十日之內，可辦完否？」孔明曰：「操軍即日將至，若候十日，必誤大事。」瑜曰：「先生料幾日可辦完？」孔明曰：「只消三日，便可拜納十萬枝箭。」瑜曰：「軍中無戲言。」孔明曰：「怎敢戲都督！願納軍令狀❺，三日不辦，甘當重罰。」

瑜大喜，喚軍政司當面取了文書，置酒相待曰：「待軍事畢後，自有酬勞。」孔明曰：「今日已不及，來日造起，至第三日，可差五百小軍到江邊搬箭。」飲了數杯，辭去。魯肅曰：「此人莫非詐乎？」瑜曰：「他自送死，非我逼他。今明白對眾要了文書，他便兩脅生翅❻，也飛不去。我只吩咐軍匠人等，教他故意遲延，凡應用物件，都不與齊備，如此，必然誤了日期。那時定罪，有何理說？公今可去探他虛實，卻來回報。」

肅領命來見孔明，孔明曰：「吾曾告子敬，休對公瑾說，他必要害我。不想子敬不肯為我隱諱，今日果然又弄出事來。三日內如何造得十萬箭？子敬只得救我！」肅曰：「公自取其禍，我如何救得你？」孔明曰：「望子敬借我二十隻船，每船要軍士三十人，船上皆用青布為幔❼，各束草千餘個，分布兩邊，吾自有妙用，第三日包管有十萬枝箭。只不可又教公瑾得知，若彼知之，吾計敗矣。」

肅應諾，卻不解其意，回報周瑜，果然不提起借船之事，只言孔明並不用箭竹、翎毛、膠漆等物，自有道理。瑜大疑曰：「且看他三日後如何回覆我。」

卻說魯肅私自撥輕快船二十隻，各船三十餘人，並布幔、束草等物，盡皆齊備，候孔明調用。第一日卻不見孔明動靜，第二日亦只不動，至第三日四更時分，孔明密請魯肅到船中。肅問曰：「公召我來何意？」孔明曰：「特請子敬同往取箭。」肅曰：「何處去取？」孔明曰：「子敬休問，前去便見。」遂命將二十隻船用長索相連，徑望北岸進發。是夜，大霧漫天，長江之中霧氣更甚，對面不相見。孔明促舟前進，果然是好大霧。

當夜五更時候，船已近曹操水寨。孔明教把船隻頭西尾東，一帶擺開，就船上擂鼓吶喊，魯肅驚曰：「倘曹兵齊出，如之奈何？」孔明笑曰：「吾料曹操於重霧中必不敢出，吾等只顧酌酒取樂❽，待霧散便回。」

卻說曹操寨中聽得擂鼓吶喊，毛玠、于禁二人慌忙飛報曹操。操傳令曰：「重霧迷江，彼軍忽至，必有埋伏，切不可輕動，可撥水軍弓弩手亂射之。」又差人往旱寨內喚張遼、徐晃❾，各帶弓弩軍三千，火速到江邊助射。比及號令到來，毛玠、于禁怕南軍搶入水寨❿，已差弓弩手在寨前放箭。

少頃，旱寨內弓弩手亦到，約一萬餘人盡皆向江中放箭，箭如雨發。孔明教把船掉轉，頭東尾西，逼近水寨受箭，一面擂鼓吶喊。待至日高霧散，孔明令收船急回，二十隻船兩邊束草上排滿箭枝。孔明令各船上軍士齊聲叫曰：「謝丞相箭！」比及曹軍寨內報知曹操時，這裡船輕水急，已放回二十餘里，追之不及，曹操懊悔不已。

卻說孔明回船謂魯肅曰：「每船上箭約五六千矣，不費江東半分之力，已得十萬餘箭。明日即將來射曹軍，卻不甚便？」肅曰：「先生真神人也！何以知今日如此大霧？」孔明曰：「為將而不通天文，不識地利，不知奇門，不曉陰陽，不看陣圖，不明兵勢，是庸才也。亮於三日前已算定今日有大霧，因此敢任三日之限。公瑾教我十日完辦，工匠、料物都不應手，將這一件風流罪過，明白要殺我。我命繫於天，公瑾焉能害我哉！」

魯肅拜服。船到岸時，周瑜已差五百軍在江邊等候搬箭。孔明教於船上取之，可得十餘萬枝，都搬入中軍帳交納⓫。魯肅入見周瑜，備說孔明取箭之事。瑜大驚，慨然嘆曰：「孔明神機妙算，吾不如也！」後人有詩贊曰：

一天濃霧滿長江，遠近難分水渺茫。驟雨飛蝗來戰艦，孔明今日服周郎。

說文解字

❶ 措辦：籌措辦理。❷ 諕：恐嚇、使人害怕，同「唬」、「嚇」。❸ 這條計只好弄蔣幹：赤壁大戰前夕，曹操親率百萬大軍，意欲橫渡長江，直下東吳。東吳都督周瑜也帶兵與曹軍隔江對峙，雙方劍拔弩張。曹操手下的謀士蔣幹，因自幼和周瑜同窗，便向曹操毛遂自薦，過江到東吳去作說客，勸降周瑜。結果，反被周瑜設下計策，令蔣幹盜得假冒曹操水軍都督蔡瑁、張允寫給周瑜的降書，蔣幹獻書曹操，令斬了蔡瑁、張允，周瑜成功以反間計除去水軍心腹大患。❹ 具：器物、用器。❺ 軍令狀：在軍中具結保證，倘有違背，願依軍令處罪的文件。❻ 脅：胸部兩側，由腋下至肋骨盡處的部位，亦指肋骨。❼ 幔：布幕、帳幕。❽ 酌：斟酒、飲酒。❾ 旱寨：在旱地處所紮的寨，在地面上防禦用的柵欄和堡壘。❿ 水寨：水邊用於防衛的柵欄和營壘。⓫ 中軍帳：軍隊主帥所住的營帳。

第九十五回 馬謖拒諫失街亭，武侯彈琴退仲達

卻說馬謖、王平二人兵到街亭，看了地勢。馬謖笑曰：「丞相何故多心也？量此山僻之處，魏兵如何敢來！」王平曰：「雖然魏兵不敢來，可就此五路總口下寨❶，即令軍士伐木為柵，以圖久計。」謖曰：「當道豈是下寨之地？此處側邊一山，四面皆不相連，且樹木極廣，此乃天賜之險也，可就山上屯軍。」平曰：「參軍差矣，若屯兵當道，築起城垣，賊兵縱有十萬，不能偷過；今若棄此要路，屯兵於山上，倘魏兵驟至，四面圍定，將何策保之？」謖大笑曰：「汝真女子之見！兵法云：『憑高視下，勢如劈竹。』若魏兵到來，吾教他片甲不回！」平曰：「吾累隨丞相經陣，每到之處，丞相盡意指教。今觀此山，乃絕地也。若魏兵斷我汲水之道❷，軍士不戰自亂矣。」謖曰：「汝莫亂道！孫子云：『置之死地而後生。』若魏兵絕我汲水之道，蜀兵豈不死戰？以一可當百也。吾素讀兵書，丞相諸事尚問於我，汝奈何相阻耶？」平曰：「若參軍欲在山上下寨，可分兵與我，自於山西下一小寨，為犄角之勢。倘魏兵至，可以相應。」馬謖不從。

忽然山中居民成群結隊，飛奔而來，報說魏兵已到。王平欲辭去，馬謖曰：「汝既不聽吾令，與汝五千兵自去下寨。待吾破了魏兵，到丞相面前須分不得功！」王平引兵離山十里下寨，畫成圖本，星夜差人去稟孔明，具說馬謖自於山上下寨。

卻說司馬懿在城中，令次子司馬昭去探前路，若街亭有兵把守，即當按兵不行。司馬昭奉令探了一遍，回見父曰：「街亭有兵守把。」懿嘆曰：「諸葛亮真乃神人，吾不如也！」昭笑曰：「父親何故自隳志氣耶❸？男料街亭易取❹。」懿問曰：「汝安敢出此大言？」昭曰：「男親自哨見，當道並

無寨柵，軍皆屯於山上，故知可破也。」懿大喜曰：「若兵果在山上，乃天使吾成功矣！」遂更換衣服，引百餘騎親自來看。是夜，天晴月朗，直至山下周圍巡哨了一遍方回。馬謖在山上見之，大笑曰：「彼若有命，不來圍山。」傳令與諸將：「倘兵來，只見山頂上紅旗招動，即四面皆下。」

卻說司馬懿回到寨中，使人打聽是何將引兵守街亭。回報曰：「乃馬良之弟馬謖也。」懿笑曰：「徒有虛名，乃庸才耳！孔明用如此人物，如何不誤事！」又問：「街亭左右別有軍否？」探馬報曰：「離山十里有王平安營。」懿乃命張郃引一軍，當住王平來路[5]。又令申耽、申儀引兩路兵圍山，先斷了汲水道路，待蜀兵自亂，然後乘勢擊之。當夜調度已定，次日天明，張郃引兵先往背後去了。司馬懿大驅軍馬，一擁而進，把山四面圍定。馬謖在山上看時，只見魏兵漫山遍野，旌旗隊伍，甚是嚴整。蜀兵見之，盡皆喪膽，不敢下山。馬謖將紅旗招動，軍將你我相推，無一人敢動。謖大怒，自殺二將，眾軍驚懼，只得努力下山來衝魏兵。魏兵端然不動，蜀兵又退上山去。馬謖見事不諧，教軍緊守寨門，只等外應。

卻說王平見魏兵到，引軍殺來，正遇張郃，戰有數十餘合，平力窮勢孤，只得退去。魏兵自辰時困至戌時，山上無水，軍不得食，寨中大亂。嚷到半夜時分，山南蜀兵大開寨門，下山降魏，馬謖禁止不住。司馬懿又令人於沿山放火，山上蜀兵愈亂。馬謖料守不住，只得驅殘兵殺下山西逃奔。司馬懿放條大路，讓過馬謖。背後張郃引兵趕來，趕到三十餘里，前面鼓角齊鳴，一彪軍出，放過馬謖，攔住張郃。視之，乃魏延也，揮刀縱馬，直取張郃。郃回軍便走，延驅兵趕來，復奪街亭。趕到五十餘里，一聲喊起，兩邊伏兵齊出，左邊司馬懿，右邊司馬昭，卻抄在魏延背後，把延困在垓心[6]。張郃復來，三路兵合在一處。魏延左衝右突，不得脫身，折兵大半。正危急間，忽一彪軍殺入，乃王平也。延大喜曰：「吾得生矣！」二將合兵一處，大殺一陣，魏兵方退。二將慌忙奔回寨時，營中皆是魏兵旌旗。申耽、申儀從營中殺出，王平、魏延徑奔列柳城，來投高翔。

此時，高翔聞知街亭有失，盡起列柳城之兵前來救應，正遇延、平二人，訴說前事。高翔曰：「不如今晚去劫魏寨，再復街亭。」當時三人在山坡下商議已定。待天色將晚，兵分三路，魏延引兵先進，徑到街亭，不見一人，心中大疑，不敢輕進，且伏在路口等候。忽見高翔兵到，二人共說魏兵不知在何處，正沒理會，又不見王平兵到。忽然，一聲砲響，火光沖天，鼓聲震地，魏兵齊出，把魏延、高翔圍在垓心，二人盡力衝突，不得脫身。忽聽得山坡後，喊聲若雷，一彪軍殺入，乃是王平，救了高、魏二人，徑奔列柳城來。比及奔到城下時，城邊早有一軍殺到，旗上大書「魏都督郭淮」字樣。原來，郭淮與曹真商議，恐司馬懿得了全功，乃分淮來取街亭。聞知司馬懿、張郃成了此功，遂引兵徑襲列柳城，正遇三將，大殺一陣。蜀兵傷者極多，魏延恐陽平關有失，慌與王平、高翔望陽平關來。

卻說郭淮收了軍馬，乃謂左右曰：「吾雖不得街亭，卻取了列柳城，亦是大功。」引兵徑到城下叫門，只見城上一聲砲響，旗幟皆豎，當頭一面大旗，上書「平西都督司馬懿」。懿撐起懸空板，倚定護心木欄杆，大笑曰：「郭伯濟來何遲也？」淮大驚曰：「仲達神機，吾不及也！」遂入城，相見已畢，懿曰：「今街亭已失，諸葛亮必走，公可速與子丹星夜追之。」郭淮從其言，出城而去。懿喚張郃曰：「子丹、伯濟恐吾全獲大功，故來取此城池。吾非獨欲成功，乃僥倖而已。吾料魏延、王平、馬謖、高翔等輩必先去據陽平關，吾若去取此關，諸葛亮必隨後掩殺，中其計矣。兵法云：『歸師勿掩，窮寇莫追。』汝可從小路抄箕谷退兵，吾自引兵當斜谷之兵。若彼敗走，不可相拒，只宜中途截住，蜀兵輜重❼，可盡得也。」張郃受計，引兵一半去了。懿下令：「徑取斜谷，由西城而進。西城雖山僻小縣，乃蜀兵屯糧之所，又南安、天水、安定三郡總路。若得此城，三郡可復矣。」於是，司馬懿留申耽、申儀守列柳城，自領大軍斜谷進發。

卻說孔明自令馬謖等守街亭去後，猶豫不定。忽王平使人送圖本至，孔明喚入，左右呈上圖本。孔明就文几上折開視之，拍案大驚曰：「馬謖無知，坑陷吾軍矣！」左右問曰：「丞相何故失驚？」孔明曰：「吾觀此圖本，失卻要路，占山為寨。倘魏兵大至，四面圍合，斷汲水道路，不須二日，軍自亂矣。若街亭有失，吾等安歸？」長史楊儀進曰：「某雖不才，願替馬幼常回。」孔明將安營之法，一一吩咐與楊儀。正待要行，忽報馬到來，說街亭、列柳城盡皆失了。孔明跌足長嘆曰：「大事去矣！此吾之過也！」急喚關興、張苞，吩咐曰：「汝二人各引三千精兵，投武功山小路而行。如遇魏兵，不可大擊，只鼓譟吶喊❽，為疑兵驚之。彼當自走，亦不可追。待軍退盡，便投陽平關去。」又令張翼先引軍去修理劍閣，以備歸路。又密傳號令，教大軍暗暗收拾行裝，以備起程。又令馬岱、姜維斷後，先伏於山谷中，待諸軍退盡，方始收兵。又令心腹人分路與天水、南安、安定三郡官吏軍民，皆入漢中。又令心腹人到冀縣搬取姜維老母，送入漢中。

孔明分撥已定，先引五千兵去西城縣搬運糧草。忽然，十餘次飛馬報到，說司馬懿引大軍十五萬，望西城蜂擁而來。時孔明身邊並無大將，只有一班文官，所引五千軍，已分一半先運糧草去了，只剩二千五百軍在城中。眾官聽得這個消息，盡皆失色。孔明登城望之，果然塵土沖天，魏兵分兩路望西城縣殺來。孔明傳令：「教將旌旗盡皆藏匿，諸將各守城鋪，如有妄行出入及高聲言語者，立斬。大開四門，每一門上用二十軍士，扮作百姓，灑掃街道，如魏兵到時，不可擅動，吾自有計。」孔明乃披鶴氅、戴綸巾，引二小童，攜琴一張，於城上敵樓前憑欄而坐，焚香操琴。

卻說司馬懿前軍哨到城下，見了如此模樣，皆不敢進，急報與司馬懿。懿笑而不信，遂止住三軍，自飛馬遠遠望之。果見孔明坐於城樓之上，笑容可掬，焚香操琴，左有一童子，手捧寶劍；右有一童子，手執麈尾❾。城門內外有二十餘名百姓，低頭灑掃，旁若無人。懿看畢大疑，便到中軍，教後軍作前軍，前軍作後軍，望北山路而退。次子司馬昭曰：「莫非諸葛亮無軍，故作此態？父親何便退兵？」懿曰：「亮平生謹慎，不曾弄險，今大開城門，必有埋伏，我兵若進，中其計也。汝輩豈知，宜速退！」於是兩路兵盡退去。

孔明見魏軍遠去，撫掌而笑，眾官無不駭然。乃問孔明曰：「司馬懿乃魏之名將，今統十五萬精兵到此，見了丞相便速退去，何也？」孔明曰：「此人料吾平生謹慎，必不弄險。見如此模樣，疑有伏兵，所以退去。吾非行險，蓋因不得已而用之。此人必引軍投山北小路去也，吾已令興、苞二人在彼等候❿。」眾皆驚服曰：「丞相之玄機，神鬼莫測。若某等之見，必棄城而走矣。」孔明曰：「吾兵只有二千五百，若棄城而走，必不能遠遁。得不為司馬懿所擒乎？」後人有詩贊曰：

瑤琴三尺勝雄師，諸葛西城退敵時。十五萬人回馬處，後人指點到今疑。

言訖，拍手大笑曰：「吾若為司馬懿，必不便退也。」遂下令，教西城百姓隨軍入漢中，司馬懿必將復來。於是，孔明離西城望漢中而走。天水、安定、南安三郡官吏軍，陸續而來。

說文解字

❶下寨：駐兵紮寨。❷汲水：從井裡取水，亦泛指打水。❸隳：毀壞、損毀。❹男：兒子在父母前的自稱。❺當：匹敵、抵抗，同「擋」。❻垓心：戰場、圍困之中。❼輜重：指跟隨作戰部隊行動，並提供部隊後勤補給、後送、保養等支援的人員、裝備和車輛。❽鼓譟：古代出戰時擂鼓吶喊，用以擴張聲勢，也作「鼓噪」。❾麈尾：以麈的尾毛所做的拂塵，可用以驅趕蚊蠅。麈，動物名，頭似鹿，腳似牛，尾似驢，頸背似駱駝，俗稱「四不像」，也作「駝鹿」。❿興：關興，關羽的兒子。苞：張苞，張飛的兒子。

言外之意

《三國演義》在藝術創造上，達到了古典歷史演義小說的高峰。接下來，便從素材處理、人物塑造、戰爭描寫、結構藝術、語言運用方面，列舉其基本特色與成就。

❖藝術和真實的完美結合

正如前述，《三國演義》是根據《三國志》、裴松之注、民間傳說、講史話本等材料創作而成。因此，羅貫中得以站在一定的歷史高度，透過藝術加工和典型化，將真實歷史與虛構藝術完美融合，既沒有違背歷史的基本事實，而又不完全同於歷史。清代章學誠曾提出《三國演義》是「七分事實，三分虛構」，即所謂「七實三虛」。它的實，主要表現在小說的背景是眞實的，主要人物也眞有其人，主要事件也眞有其事。但羅貫中並不一味追求與史實相符，而是遵循藝術創造的基本規律，進行大量虛構。

例如書中的各種人物，除了一些主要人物於史傳可見外，許多人物都是無史可證，或是與史載不盡相同。像是貂蟬，在《三國志・呂布傳》中只提到，呂布「與卓侍婢私通，恐事發覺，心不自安」，並沒有說這位「卓侍婢」究竟爲何人。《漢書通志》雖提及貂蟬，但卻是曹操獻給董卓的。羅貫中將這個人物加工、創造：一是把他作爲王允府中的歌妓；二是使他成爲主動要求擔當離間卓、布關係的「女間諜」；三是由王允設計獻貂蟬；四是虛構卓、布對他的爭奪。如此一來，貂蟬便成爲王允、董卓、呂布三方鬥爭的焦點人物，並構成「連環計」，使故事情節更爲豐富生動。

❖人物塑造

《三國演義》全書縱跨近百年歷史，涉及人物高達四百多人。羅貫中以高超的藝術手法，處理了衆多人物之間的複雜關係，並塑造一連串鮮明生動、栩栩如生的人物形象。他準確地把握各種人物的不同個性、身分、經歷、地位及人際關係，從多方面刻畫人物獨特的性格特徵。這在古典小說史上，具有開創性的貢獻。

羅貫中透過故事情節的推進和矛盾的展開，藉由角色的活動顯現其自身的性格。例如，「赤壁大戰」就是書中吳蜀、曹魏之間矛盾鬥爭激烈化、白熱化的表現，在這一主要衝突之下，又有許多次要事件縱橫交織在一起，構成複雜的矛盾網。三方的主要人物皆透過此次事件充分展現自己的性格，像是第四十五回「群英會蔣幹中計」，藉由周瑜和蔣幹富有戲劇性的周旋，周瑜的機敏、僞詐；蔣幹的愚笨、輕信都生動地展現在讀者面前。第四十六回「用奇謀孔明借箭」，其中有兩重矛盾交叉，一是周瑜欲以造箭爲由殺孔明，是同盟內部的暗鬥；二是孔明冒險逼進曹操水寨借箭，是敵我雙方的明爭。作者將諸葛亮置於此生死攸關的衝突中，使其機智巧謀、料事如神、膽大鎮定的性格表露無遺。與此同時，又點出周瑜對孔明的妒嫉和陰狠，彰顯魯肅的誠實和膽小。

在塑造人物時，羅貫中也善於運用個性化的語言和動作，表現人物的內心世界。例如，第四回「謀董賊孟德獻刀」，在曹操獻刀引起董卓的懷疑後，他隨即逃到其父結義兄弟呂伯奢家中，在錯殺呂伯奢及其全家時說：「寧教我負天下人，休教天下人負我！」短短一句話便把曹操作爲「奸雄」的多疑、殘忍、不義的本性暴露無遺。

《三國演義》也善於以生動的細節刻畫人物，提煉生活中看似平常，而又最能體現內在眞實本性的隻字片語、一舉一動，開掘三國人物的形象和性格側面。例如，第五回寫關羽「溫酒斬華雄」，就以關羽兩句極隨意、輕鬆的短語，和「其酒尙溫」的細節，深刻表現關羽自信自負而又勇猛善戰的個性。第七十五回「關雲長刮骨療毒」，連續四次寫關羽的「笑」，又以「悉悉有聲」寫刮骨，皆充分表現關羽無所畏懼的英雄氣概。

❖戰爭場面

《三國演義》作爲歷史演義小說，是以三國爲中心展開的一場生死鬥爭。因此，描寫戰爭便成爲《三國演義》的一個重要內容。全書描寫大小戰爭共四十多次，其中有規模宏大、氣勢磅礡的戰役，也有地區性或局部性的爭戰；有千軍萬馬的廝殺，也有單槍匹馬的拼鬥；有戰略上的全面部署，也有某一戰爭的詳細經過；

有謀士的鬥智鬥巧，也有武將的鬥勇鬥雄；或用火燒，或以水淹，或以風攻；或以少勝多，以弱勝強；或由勝而敗，由敗轉勝；或施美人計，或設苦肉計、或用空城計，或以連環計；或將計就計，或兵不厭詐；或日戰，或夜戰，或水戰，或雪戰。總之，百般戰術、千種計謀都包羅萬象於《三國演義》之中，幾乎是一部古代各類兵書集大成。

例如，曹操與袁紹之間的官渡之戰，就是《三國演義》中的一次重大戰役。羅貫中重點描寫雙方之間幾次智謀與方略的對抗情節，使這場戰鬥有聲有色。一是袁紹於曹軍寨前築土山，以箭射曹營兵士；曹操則造發石車，用炮石擊打袁兵。二是袁紹派人暗挖地道，欲通曹營內，打個出奇不意，曹操得知其謀，則繞營寨掘長溝，使袁軍白費氣力。三是圍繞糧草所展開的一場鬥爭，結果曹操大敗袁紹。戰鬥過程層次清楚、事件集中、情節生動，而且整體戰鬥與分散戰爭相互交叉，構成一場大戰的完整始末。

除了這種大型戰爭場景外，書中寫到的小規模、小範圍的戰鬥也都各具特色，引人入勝。從整體上看，《三國演義》不愧是一幅豐富生動的古代戰爭畫卷。

❖ 嚴整有序的結構

《三國演義》共一百二十回，七十五萬餘字，篇制宏富，人物衆多，事件錯綜複雜，羅貫中以他的文學才華和創作能力，使全書結構嚴謹、組織細密、層次分明、脈絡清晰。

《三國演義》的構思框架是以魏、蜀、吳三國爭霸天下的鬥爭爲主體，以「合久必分，分久必合」的思想串起全書內容，統攝全書的傾向、人物的褒貶和事件的始末。三國之間的矛盾是互相交織，又不斷變化的，在三國成鼎足之勢前，曹操、袁紹、孫堅等人結成一個暫時、鬆散的聯盟，與董卓對抗；在董卓被殺後，又以曹操、袁紹對抗爲主，加之劉表、孫策、袁術等各懷異心，形成複雜交錯的關係。

與此相應，全書縱橫交錯，多線條交替展開，形成一個立體網路。《三國演義》是以時間順序，又以若干橫斷面爲重點。羅貫中從縱向的歷史中，描寫不同時期的主要事件和重要人物，如一顆顆明珠，組綴成一條絢麗的銀河。作者在按時間順序結構全書之餘，也採用了倒敘、插敘、追敘等，不僅沒有打亂基本框架結構，還使故事的來龍去脈更爲清楚。

在組織結構時，羅貫中始終將眞實的歷史作爲全書的經，以人物、事件作爲全書的緯，主次分明，詳略得當，繁簡宜體。這一特色與《三國演義》來源於講史有著密切關係，因爲講史必須以「敘」爲主，要求條理清楚，有主有次，才便於人們聽清聽懂。全書從事件上來說，幾次重大戰役是主，其他事件次之；從人物來說，三國集團的幾位決策者、指揮將領是主，其他人物次之。

❖語言特色

《三國演義》帶有民間文藝的形態、風情和意味，以半文半白爲特色，是民間語言和文人語言相結合的產物。羅貫中成功把這看似不統一、不諧調的語言，完美揉合在一起，形成自己獨特的語言風格。它的「文」並不艱深難懂，仍有通俗化的特色；它的「白」也不過分俚俗，仍具有文學語言的美感。

全書更大量採用韻文詩賦的形式，使語言散、韻相間，更爲豐富優美。又透過這些詩賦進一步突出小說的思想內容，更藉此表達作者的褒貶、愛憎。這些詩賦，或引用前人的作品，或假托「後人有詩」，或改纂他人之作。例如，第四十四回「孔明用智激周瑜」，引用曹植的《銅雀台賦》，但此賦在曹植集中題爲《登台賦》，文字也有許多不同之處。其中，作者爲了達到「智激」的目的，特地增加「攬二喬於東南兮」等幾句。第一〇四回中，諸葛亮死後，羅貫中連續引用假托唐代詩人杜甫、白居易、元稹之名的三首詩，讚美和歌頌諸葛亮。在《三國演義》中，絕大多數章回中皆運用了詩賦形式，開創古典長篇小說的通用體例，對後世古典小說發展產生重要影響。

高手過招（*為多選題）

1.（　）關於《三國志》、《三國志平話》及《三國演義》三本書，下列敘述何者正確？
Ⓐ三書皆為正史，並以曹魏為正統。
Ⓑ三書內容體裁皆有「紀」、「書」、「表」、「列傳」之分。
Ⓒ成書先後順序為《三國志平話》→《三國志》→《三國演義》。
Ⓓ《三國演義》目前通行本為清人毛宗崗所增刪改削之一百二十回本。
Ⓔ《三國志》、《三國志平話》及《三國演義》初為說書人的底稿，後來發展成章回小說。

*2.（　）以下有關《三國演義》的敘述，何者正確？
Ⓐ《三國演義》是流行最廣的章回小說，內容主要敘述東漢靈帝中平元年黃巾賊起，至西晉武帝太

康元年東吳滅亡，首尾九十七年間的史事。

(B)《三國演義》的內容與《三國志》並無二致，論述的史觀立場及史實幾乎完全雷同。

(C)《三國演義》是一本原創小說。

(D) 清代毛宗崗就羅貫中本《三國演義》加以增刪改削，即目前通行的一百二十回本《三國演義》。

(E)《三國演義》之內容奇詭而仍近乎人情，金聖歎譽為六才子書之一。

3.（　）下列關於《三國志》、《三國演義》兩書比較，何者正確？

(A)《三國志》屬紀傳體斷代正史；《三國演義》屬長篇歷史章回小說。

(B)《三國志》擁曹魏反蜀漢；《三國演義》則尊劉貶曹，以蜀為正統。

(C)《三國志》為陳壽所作，裴松之作注；《三國演義》為毛宗崗所撰。

(D)《三國志》為四史之一；《三國演義》被金聖歎評為六才子書之一。

(E)《三國演義》、《金瓶梅》、《西遊記》、《水滸傳》被合稱為「四大奇書」。

4.（　）關於《三國演義》和《三國志》的不同，下列敘述何者錯誤？

(A)《三國志》有三絕：曹操奸絕、關羽義絕、孔明智絕。

(B)《三國志》載赤壁之戰，大功臣是周瑜。

(C)「桃園三結義」、「煮酒論英雄」、「三顧茅廬」、「草船借箭」都是《三國演義》的精彩作品。

Ⓓ《三國演義》以蜀漢為正統，《三國志》以曹魏為正統。

5.（　）下文所用典故皆出自古典小說，請按提及之先後順序排列。

大江東去，浪淘盡，千古風流人物。且把兄弟肝膽、十萬軍機都換它一計空城沽酒去，與孔明對酌。他怡怡然撫琴頻頻頷首，說道：「天機至此甚明，那青埂峰下的頑石合該煉得一身靈秀了。只不過世間仍難逃一場情劫，縱有寶鑑照射千般風月，那一百零八個從黑獄中掙扎出來的魔君，正以野性活力扯開枷鎖、飛出樊籠、投向梁山泊的自由天地。便是諸法皆空，也須護持師父苦苦挨過八十一難，方得西方求經，修成正果。」

Ⓐ《三國演義》《西廂記》《水滸傳》《西遊記》

Ⓑ《三國演義》《紅樓夢》《水滸傳》《西遊記》

Ⓒ《水滸傳》《三國演義》《西遊記》《聊齋志異》

Ⓓ《世說新語》《三國演義》《紅樓夢》《封神榜》

【解答】 1. D　2. A D　3. A　4. A　5. B

西遊記

吳承恩

"混沌未分天地亂，茫茫渺渺無人見。自從盤古破鴻濛，開闢從茲清濁辨。覆載群生仰至仁，發明萬物皆成善。欲知造化會元功，須看西遊釋厄傳。"

作品通覽

《西遊記》是一部神話小說，繼承並發展了古代神話的優良傳統，爲讀者塑造出一個神奇莫測、動人心魄的神話世界。在此書中不僅可以看到作者創造的理想英雄人物，更深刻表現出主角們堅韌不拔的氣質、鮮明的愛憎、美好的追求、偉大的創造力和雄偉的氣魄，使《西遊記》成爲古典小說發展史上，浪漫主義著作的重要里程碑。

❖ 眞實歷史

《西遊記》創作於明代中葉，流傳至今已三百餘年，它的故事和人物可稱得上家喻戶曉。書中有關唐僧取經的故事，是確有其眞人眞事。所謂唐僧取經，原是發生在唐代初年的眞實歷史故事。唐僧，俗姓陳，名禕，法名玄奘。貞觀三年，他西行求法，往返費時十多年，歷百餘國，備嘗艱險，於貞觀十九年返回長安，帶回天竺佛教大小乘經律論數百部，受到唐太宗的禮遇。而後，他奉唐太宗召，口述求法途中所見，由其門徒輯錄成《大唐西域記》，廣泛記述西域諸國的山川物產、風土人情。這個富有傳奇色彩的空前壯舉震驚中外，漸漸地，傳說越來越神奇，離眞人眞事亦越來越遠。

發展到南宋時，話本《大唐三藏取經詩話》中，第一次出現猴行者的形象。他化身爲白衣秀士，一路降妖伏魔，保護唐僧西天取經。這個話本雖說內容簡單粗糙，但卻爲《西遊記》的發展奠定基礎。元代，取經故事迅速發展，不但具備主要情節，人物形象也更加豐滿。明代中葉，吳承恩在以往傳說、話本和雜劇的基礎上，進行改造和再創作，最後寫成《西遊記》。因此，《西遊記》所描寫的唐僧西天取經，並不是吳承恩的一次性創作，而是由眞實的歷史故事，歷經數百年的漫長歲月後，逐漸發展爲《西遊記》。它是集體智慧的結晶，同時也凝聚著個人的心血。

❖全書主旨

《西遊記》全書共一百回，可分爲三個部分。第一回至第七回，寫孫悟空出世和大鬧天宮，是全書的精彩部分；第八回至第十三回，寫唐僧的身世和取經的緣由，是全書承上啟下的部分；第十四回至第一百回，寫唐僧師徒西天取經，經歷九九八十一難，孫悟空一路上降妖伏魔，是全書的主體。

《西遊記》在「八十一難」的藝術構思中頗具匠心。唐僧師徒遇到的有自然界的困難，如「徑過八百里，亙古少行人」的通天河、「八百里火焰，四周圍寸草不生」的火焰山、「荊棘蓬攀八百里，古來有路少人行」的荊棘嶺；也有人爲的困難，如攔路搶劫的大王、無端要殺一萬個和尙的國王、預謀放火謀取袈裟的老僧、情願以國相許強邀成親的西梁女王等等。除此以外，更有無數的妖魔，有的欲吃唐僧肉想延年益壽，有的欲與唐僧結成配偶，「求取元陽」。在這一連串的事件中，讀者所關心的是佛經本身嗎？在《西遊記》中，使讀者驚嘆的並不是玄奘在西天取得的《涅經》等五千零四十八卷「眞經」。其實，「眞經」就象徵一切美好的事物，而一切美好事物都必須付出巨大代價才能獲得，這也是《西遊記》的主旨之一，宣揚「歷盡磨難，終成正果」的信念，從而鼓舞人們克服困難，勇往直前。

以下節錄精彩章回

第六回 觀音赴會問原因，小聖施威降大聖

真君與大聖鬥經三百餘合，不知勝負。那真君抖擻神威，搖身一變，變得身高萬丈，兩隻手舉著三尖兩刃神鋒，好便似華山頂上之峰，青臉獠牙，朱紅頭髮，惡狠狠望大聖著頭就砍。這大聖也使神通，變得與二郎身軀一樣，嘴臉一般，舉一條如意金箍棒，卻就是崑崙頂上擎天之柱，抵住二郎神。諕得那馬、流元帥戰兢兢❶，搖不得旌旗；崩、芭二將虛怯怯，使不得刀劍。這陣上，康、張、姚、李、郭申、直健傳號令，撒放草頭神，向他那水簾洞外縱著鷹犬，搭弩張弓，一齊掩殺。可憐沖散妖猴四健將，捉拿靈怪二三千。那些猴拋戈棄甲，撇劍丟槍，跑的跑，喊的喊，上山的上山，歸洞的歸

洞。好似夜貓驚宿鳥，飛灑滿天星，眾兄弟得勝不題。

卻說真君與大聖變作法天象地的規模，正鬥時，大聖忽見本營中妖猴驚散，自覺心慌，收了法象，掣棒抽身就走。真君見他敗走，大步趕上道：「那裡走？趁早歸降，饒你性命。」大聖不戀戰，只情跑起，將近洞口，正撞著康、張、姚、李四太尉，郭申、直健二將軍，一齊帥眾擋住道：「潑猴那裡走？」大聖慌了手腳，就把金箍棒捏作繡花針，藏在耳內，搖身一變，變作個麻雀兒，飛在樹梢頭釘住。那六兄弟慌慌張張，前後尋覓不見，一齊吆喝道：「走了這猴精也，走了這猴精也！」

正嚷處，真君到了，問：「兄弟們，趕到那廂不見了？」眾神道：「才在這裡圍住，就不見了。」二郎圓睜鳳目觀看，見大聖變了麻雀兒，釘在樹上，就收了法象，撇了神鋒，卸下彈弓，搖身一變，變作個鷂鷹兒❷，抖開翅，飛將去撲打。大聖見了，颼地一翅飛起去，變作一只大鶿老，沖天而去。二郎見了，急抖翎毛，搖身一變，變作一隻大海鶴，鑽上雲霄來嗛❸。大聖又將身按下，入澗中，變作一個魚兒，淬入水內。二郎趕至澗邊，不見蹤跡。心中暗想道：「這猢猻必然下水去也，定變作魚蝦之類，等我再變變拿他。」果一變，變作個魚鷹兒，飄蕩在下溜頭波面上，等待片時。那大聖變魚兒，順水正游，忽見一隻飛禽，似青鷂，毛片不青；似鷺鷥，頂上無纓；似老鸛，腿又不紅。「想是二郎變化了等我哩！」急轉頭，打個花就走。二郎看見道：「打花的魚兒，似鯉魚，尾巴不紅；似鱖魚，花鱗不見；似黑魚，頭上無星；似魴魚，鰓上無針。他怎麼見了我就回去了？必然是那猴變的。」趕上來，刷地啄一嘴。那大聖就攛出水中，一變，變作一條水蛇，游近岸，鑽入草中。二郎因嗛他不著，他見水響中，見一條蛇攛出去，認得是大聖，急轉身，又變了一隻朱繡頂的灰鶴，伸著一個長嘴，與一把尖頭鐵鉗子相似，徑來吃這水蛇。水蛇跳一跳，又變作一隻花鴇❹，木木樗樗的❺，立在蓼汀之上。二郎見他變得低賤（花鴇乃鳥中至賤至淫之物，不拘鸞、鳳、鷹、鴉，都與交群），故此不去攏旁❻，即現原身，走將去，取過彈弓，拽滿，一彈子把他打個躘踵❼。

那大聖趁著機會，滾下山崖，伏在那裡又變，變一座土地廟兒，大張著口，似個廟門；牙齒變作門扇；舌頭變作菩薩；眼睛變作窗櫺❽；只有尾巴不好收拾，豎在後面，變作一根旗竿。真君趕到崖下，不見打倒的鴇鳥，只有一間小廟。急睜鳳眼，仔細看之，見旗竿立在後面，笑道：「是這猢猻了，他今又在那裡哄我。我也曾見廟宇，更不曾見一個旗竿豎在後面的，斷是這畜生弄諠。他若哄我進去，他便一口咬住，我怎肯進去？等我掣拳，先搗窗櫺，後踢門扇。」大聖聽得心驚道：「好狠！好狠！門扇是我牙齒，窗櫺是我眼睛，若打了牙，搗了眼，卻怎麼是好？」撲得一個虎跳，又冒在空中不見。

真君前前後後亂趕，只見四太尉、二將軍一齊擁至，道：「兄長，拿住大聖了麼？」真君笑道：「那猴兒才自變作廟宇哄我，我正要搗他窗櫺，踢他門扇，他就縱一縱，又渺無蹤跡。可怪！可怪！」眾皆愕然，四望更無形影。真君道：「兄弟們在此看守巡邏，等我上去尋他。」急縱身駕雲，起在半空。見那李天王高擎照妖鏡❾，與哪吒住立雲端，真君道：「天王，曾見那猴王麼？」天王道：「不曾上來，我這裡照著他哩！」真君把那賭變化、弄神通、拿群猴一事說畢。卻道：「他變廟宇，正打處就走了。」李天王聞言，又把照妖鏡四方一照，呵呵地笑道：「真君，快去！快去！那猴使了個隱身法，走出營圍，往你那灌江口去也。」二郎聽說，即取神鋒，回灌江口來趕。

卻說那大聖已至灌江口，搖身一變，變作二郎爺爺的模樣，按下雲頭，徑入廟裡。鬼判不能相認，一個個磕頭迎接。他坐中間，點查香火，見李虎拜還的三牲、張龍許下的保福、趙甲求子的文書、錢丙告病的良願。正看處，有人報：「又一個爺爺來了。」眾鬼判急急觀看，無不驚心。真君卻道：「有個什麼齊天大聖，才來這裡否？」眾鬼判道：「不曾見什麼大聖，只有一個爺爺在裡面查點哩！」真君撞進門，大聖見了，現出本相道：「郎君不消嚷，廟宇已姓孫了。」這真君即舉三尖兩刃神鋒，劈臉就砍。那猴王使個身法，讓過神鋒，掣出那繡花針兒，幌一幌，碗來粗細，趕到前，對面相還。兩個嚷嚷鬧鬧，打出廟門，半霧半雲，且行且戰，復打到花果山，慌得那四大天王等眾，隄防愈緊。這康、張太尉等迎著真君，合心努力，把那美猴王圍繞不題❿。

說文解字

❶諕：恐嚇、使人害怕，同「唬」、「嚇」。❷鷂鷹：動物名，也作「鷂子」、「雀鷹」。❸嗛：嘴裡叼著東西。❹花鴇：一種像雁而背部有花色斑紋的鳥，古人認爲花鴇是最爲低賤的鳥。❺木木樗樗：形容痴呆、孤單的樣子。❻攏旁：接近。❼蹡踵：踉蹌欲跌倒的樣子。❽窗櫺：窗上以木條交錯製成的格子，也作「窗戶磴兒」。❾擎：持、拿。❿不題：章回小說用語，猶言按下不表。

第二十二回　八戒大戰流沙河，木叉奉法收悟淨

話說唐僧師徒三眾脫難前來，不一日行過了黃風嶺，進西卻是一脈平陽之地。光陰迅速，歷夏經

秋，見了些寒蟬鳴敗柳，大火向西流。正行處，只見一道大水狂瀾，渾波湧浪。三藏在馬上忙呼道：「徒弟，你看那前邊水勢寬闊，怎不見船隻行走，我們從那裡過去？」八戒見了道：「果是狂瀾，無舟可渡。」那行者跳在空中，用手搭涼篷而看❶，他也心驚道：「師父啊，真個是難！真個是難！這條河若論老孫去時，只消把腰兒扭一扭就過去了；若師父，誠千分難渡，萬載難行。」三藏道：「我這裡一望無邊，端的有多少寬闊？」行者道：「經過有八百里遠近。」八戒道：「哥哥怎的定得個遠近之數？」行者道：「不瞞賢弟說，老孫這雙眼，白日裡常看得千里路上的吉凶。卻才在空中看出，此河上下不知多遠，但只見這經過足有八百里。」長老憂嗟煩惱，兜回馬，忽見岸上有一通石碑。三眾齊來看時，見上有三個篆字❷，乃「流沙河」，腹上有小小的四行真字云：

八百流沙界，三千弱水深。鵝毛飄不起，蘆花定底沉。

師徒們正看碑文，只聽得那浪湧如山，波翻若嶺，河當中滑辣地鑽出一個妖精❸，十分兇醜：

一頭紅燄髮蓬鬆，兩隻圓睛亮似燈。不黑不青藍靛臉，如雷如鼓老龍聲。
身披一領鵝黃氅，腰束雙攢露白藤。項下骷髏懸九個，手持寶杖甚崢嶸。

那怪一個旋風，奔上岸來，徑搶唐僧，慌得行者把師父抱住，急登高岸，回身走脫。那八戒放下擔子，掣出釘鈀，望妖精便築，那怪使寶杖架住。他兩個在流沙河岸，各逞英雄。這一場好鬥：

九齒鈀，降妖杖，二人相敵河岸上。這個是總督大天蓬，那個是謫下捲簾將。
昔年曾會在靈霄，今日爭持賭猛壯。這一個鈀去探爪龍，那一個杖架磨牙象。
伸開大四平，鑽入迎風戧。這個沒頭沒臉抓，那個無亂無空放。
一個是久占流沙界吃人精，一個是秉教迦持修行將。

他兩個來來往往，戰經二十回合，不分勝負。

那大聖護了唐僧，牽著馬，守定行李。見八戒與那怪交戰，就恨得咬牙切齒，擦掌磨拳，忍不住要去打他，掣出棒來道：「師父你坐著，莫怕，等老孫和他耍耍兒來。」那師父苦留不住。他打個呼哨❹，跳到前邊。原來那怪與八戒正戰到好處，難解難分，被行者掄起鐵棒，望那怪著頭一下，那怪急轉身，慌忙躲過，徑鑽入流沙河裡。氣得個八戒亂跳道：「哥啊，誰著你來的？那怪漸漸手慢，難架我鈀，再不上三五合我就擒住他了。他見你兇險，敗陣而逃，怎生是好？」行者笑道：「兄弟，實不瞞你說，自從降了黃風怪下山來，這個把月不曾耍棍，我見你和他戰得甜美，我就忍不住腳癢，故就跳將來耍耍的。那知那怪不識耍，就走了。」

他兩個攙著手，說說笑笑，轉回見了唐僧。唐僧道：「可曾捉得妖怪？」行者道：「那妖怪不奈戰，敗回鑽入水去也。」三藏道：「徒弟，這怪久住於此，他知道淺深。似這般無邊的弱水，又沒了舟楫，須是得個知水性的引領引領才好哩！」行者道：「正是這等說。常言道：『近朱者赤，近墨者黑。』那怪在此，斷知水性。我們如今拿住他，且不要打殺，只教他送師父過河，再做理會。」八戒道：「哥哥不必遲疑，讓你先去拿他，等老豬看守師父。」行者笑道：「賢弟呀，這樁兒我不敢說嘴，水裡勾當，老孫不大十分熟。若是空走，還要捻訣，又念念避水咒，方才走得；不然，就要變化作什麼魚蝦蟹鱉之類，我才去得。若論賭手段，憑你在高山雲裡，幹什麼蹊蹺異樣事兒，老孫都會；只是水裡的買賣，有些兒榔杭❺。」八戒道：「老豬當年總督天河，掌管了八萬水兵大眾，倒學得知些水性。卻只怕那水裡有什麼眷族老小，七窩八代的都來，我就弄他不過，一時不被他撈去耶？」行者道：「你若到他水中與他交戰，卻不要戀戰，許敗不許勝，把他引將出來，等老孫下手助你。」八戒道：「言得是，我去耶。」說聲去，就剝了青錦直裰，脫了鞋，雙手舞鈀，分開水路，使出那當年舊手段，躍浪翻波，撞將進去，徑至水底之下，往前正走。

卻說那怪敗了陣回，方才喘定，又聽得有人推得水響。忽起身觀看，原來是八戒執了鈀推水，那怪舉杖當面高呼道：「那和尚，那裡走？仔細看打。」八戒使鈀架住道：「你是個什麼妖精，敢在此間擋路？」那妖道：「你是也不認得我。我不是那妖魔鬼怪，也不是少姓無名。」八戒道：「你既不是妖魔鬼怪，卻怎生在此傷生？你端的什麼姓名，實實說來，我饒你性命。」那怪道：

自小生來神氣壯，乾坤萬里曾遊蕩。英雄天下顯威名，豪傑人家做模樣。
萬國九州任我行，五湖四海從吾撞。皆因學道蕩天涯，只為尋師遊地曠。
常年衣缽謹隨身，每日心神不可放。沿地雲遊數十遭，到處閒行百餘趟。
因此才得遇真人，引開大道金光亮。先將嬰兒姹女收，後把木母金公放。

明堂腎水入華池，重樓肝火投心臟。三千功滿拜天顏，志心朝禮明華向。
玉皇大帝便加升，親口封為捲簾將。南天門裡我為尊，靈霄殿前吾稱上。
腰間懸掛虎頭牌，手中執定降妖杖。頭頂金盔晃日光，身披鎧甲明霞亮。
往來護駕我當先，出入隨朝予在上。只因王母降蟠桃，設宴瑤池邀眾將。
失手打破玉玻璃，天神個個魂飛喪。玉皇即便怒生嗔，卻令掌朝左輔相。
卸冠脫甲摘官銜，將身推在殺場上。多虧赤腳大天仙，越班啟奏將吾放。
饒死回生不點刑，遭貶流沙東岸上。飽時困臥此山中，餓去翻波尋食餉。
樵子逢吾命不存，漁翁見我身皆喪。來來往往吃人多，翻翻覆覆傷生瘴。
你敢行兇到我門，今日肚皮有所望。莫言粗糙不堪嘗，拿住消停剁鮓醬。

八戒聞言大怒，罵道：「你這潑物！全沒一些兒眼色。我老豬還掐出水沫兒來哩！你怎敢說我粗糙，要剁鮓醬❻？看起來，你把我認作個老走硝哩❼！休得無禮，吃你祖宗這一鈀。」那怪見鈀來，使一個「鳳點頭」躲過。兩個在水中打出水面，各人踏浪登波。這一場賭鬥，比前不同，你看那：

捲簾將，天蓬帥，各顯神通真可愛。那個降妖寶杖著頭輪，這個九齒釘鈀隨手快。
躍浪振山川，推波昏世界。兇如太歲撞幢幡，惡似喪門掀寶蓋。
這一個赤心凜凜保唐僧，那一個犯罪滔滔為水怪。
鈀抓一下九條痕，杖打之時魂魄敗。努力喜相持，用心要賭賽。

算來只為取經人，怒氣沖天不忍耐。
攪得那鯾鮊鯉鱖退鮮鱗，龜鱉黿鼉傷嫩蓋。紅蝦紫蟹命皆亡，水府諸神朝上拜。
只聽得波翻浪滾似雷轟，日月無光天地怪。

二人整鬥有兩個時辰，不分勝敗。這才是銅盆逢鐵帚，玉磬對金鐘。卻說那大聖保著唐僧，立於左右，眼巴巴地望著他兩個在水上爭持，只是他不好動手。只見那八戒虛幌一鈀，佯輸詐敗，轉回頭往東岸上走。那怪隨後趕來，將近到了岸邊，這行者忍耐不住，撇了師父，掣鐵棒，跳到河邊，望妖精劈頭就打。那妖物不敢相迎，颼地又鑽入河內。八戒嚷道：「你這弼馬溫，徹是個急猴子！你再緩些兒，等我哄他到了高處，你卻阻住河邊，教他不能回首啊，卻不拿住他也？他這進去，幾時又肯出來？」行者笑道：「獃子[8]，莫嚷，莫嚷。我們且回去見師父再來。」

八戒卻同行者到高岸上，見了三藏。三藏欠身道：「徒弟辛苦呀！」八戒道：「且不說辛苦，只是降了妖精，送得你過河，方是萬全之策。」三藏道：「你才與妖精交戰何如？」八戒道：「那妖的手段與老豬是個對手，正戰處，使一個詐敗，他才趕到岸上。見師兄舉著棍子，他就跑了。」三藏道：「如此怎生奈何？」行者道：「師父放心，且莫焦惱。如今天色又晚，且坐在這崖岸之上，待老孫去化些齋飯來，你吃了睡去，待明日再處。」八戒道：「說得是，你快去快來。」

行者急縱雲跳起去，正到直北下人家化了一鉢素齋，回獻師父。師父見他來得甚快，便叫：「悟空，我們去化齋的人家，求問他一個過河之策，不強似與這怪爭持？」行者笑道：「這家子遠得狠哩！相去有五七千里之路，他那裡得知水性？問他何益？」八戒道：「哥哥又來扯謊了，五七千里路，你怎麼這等去來得快？」行者道：「你那裡曉得，老孫的觔斗雲一縱有十萬八千里。像這五七千路，只消把頭點上兩點，把腰躬上一躬，就是個往回，有何難哉？」八戒道：「哥啊，既是這般容易，你把師父背著，只消點點頭，躬躬腰，跳過去罷了，何必苦苦的與這怪廝戰？」行者道：「你不會駕雲？你把師父馱過去不是？」八戒道：「師父的凡胎肉骨，重似泰山，我這駕雲的怎稱得起？須是你的觔斗方可。」行者道：「我的觔斗，好道也是駕雲，只是去的有遠近些兒。你是馱不動，我卻如何馱得動？自古道：『遣泰山輕如芥子，攜凡夫難脫紅塵。』像這潑魔毒怪，使攝法，弄風頭，卻是扯扯拉拉，就地而行，不能帶得空中而去。像那樣法兒，老孫也會使會弄，還有那隱身法、縮地法，老孫件件皆知。但只是師父要窮歷異邦，不能夠超脫苦海，所以寸步難行也。我和你只做得個擁護，保得他身在命在，替不得這些苦惱，也取不得經來；就是有能先去見了佛，那佛也不肯把經善與你我。正叫作『若將容易得，便作等閒看』。」那獃子聞言，喏喏聽受。遂吃了些無菜的素食，師徒們歇在流沙河東崖次之下。

說文解字

❶搭涼篷：指遠望時，手掌平遮在額前。❷篆字：指周朝、秦朝的一種字體，包括大篆、小篆。❸滑辣：狀聲詞，形容水聲。❹呼哨：手指放在嘴裡用力吹時，所發出的尖銳聲響。❺榔杭：形容笨拙、不靈活。❻鮓醬：肉醬。❼老走硝：用以比喻老而皮膚粗糙的人。走硝，醃豬肉時，必須添加朴硝才能保持皮軟肉嫩。走硝即硝性散失，皮肉又恢復粗硬。❽獃：痴愚，同「呆」。

第二十四回　萬壽山大仙留故友，五莊觀行者竊人參

卻說唐僧四眾在山遊玩，忽抬頭，見那松篁一簇❶，樓閣數層。唐僧道：「悟空，你看那裡是什麼去處？」行者看了道：「那所在不是觀宇，定是寺院。我們走動些，到那廂方知端的。」不一時，來於門首觀看，見那：

松坡冷淡，竹徑清幽。往來白鶴送浮雲，上下猿猴時獻果。
那門前池寬樹影長，石裂苔花破。宮殿森羅紫極高，樓台縹緲丹霞墮。
真個是福地靈區，蓬萊雲洞。清虛人事少，寂靜道心生。
青鳥每傳王母信，紫鸞常寄老君經。看不盡那巍巍道德之風，果然漠漠神仙之宅。

三藏離鞍下馬，又見那山門左邊有一通碑，碑上有十個大字，乃是「萬壽山福地，五莊觀洞天」。長老道：「徒弟，真個是一座觀宇。」沙僧道：「師父，觀此景鮮明，觀裡必有好人居住。我們進去看看，若行滿東回，此間也是一景。」行者道：「說得好。」遂都一齊進去，又見那二門上有一對春聯：「長生不老神仙府，與天同壽道人家。」行者笑道：「這道士說大話謊人。我老孫五百年前大鬧天宮時，在那太上老君門首，也不曾見有此話說。」八戒道：「且莫管他，進去，進去，或者這道士有些德行，未可知也。」

及至二層門裡，只見那裡面急急忙忙，走出兩個小童兒來。看他怎生打扮：

骨清神爽容顏麗，頂結丫髻短髮蓬。道服自然襟繞霧，羽衣偏是袖飄風。
環條緊束龍頭結，芒履輕纏蠶口絨。風采異常非俗輩，正是那清風明月二仙童。

那童子控背躬身，出來迎接道：「老師父，失迎，請坐。」長老歡喜，遂與二童子上正殿觀看。原來是向南的五間大殿，都是上明下暗的雕花格子。那仙童推開格子，請唐僧入殿處，只見那壁中間掛著五彩裝成的天地二大字，設一張朱紅雕漆的香几，几上有一副黃金爐瓶，爐邊有方便整香。

唐僧上前，以左手撚香注爐，三匝禮拜。拜畢，回頭道：「仙童，你五莊觀真是西方仙界。何不供養三清、四帝、羅天諸宰，只將『天地』二字侍奉香火？」童子笑道：「不瞞老師說，這兩個字，上頭的，禮上還當；下邊的，還受不得我們的香火，是家師父諂佞出來的❷。」三藏道：「何為諂佞？」童子道：「三清是家師的朋友；四帝是家師的故人；九曜是家師的晚輩；元辰是家師的下賓。」那行者聞言，就笑得打跌。八戒道：「哥啊，你笑怎的？」行者道：「只講老孫會搗鬼，原來這道童會綑風❸。」三藏道：「令師何在？」童子道：「家師元始天尊降簡，請到上清天彌羅宮聽講『混元道果』去了，不在家。」行者聞言，忍不住喝了一聲道：「這個臊道童，人也不認得，你在那個面前搗鬼，扯什麼空心架子？那彌羅宮有誰是太乙天仙？請你這潑牛蹄子去講什麼？」

三藏見他發怒，恐怕那童子回言，鬥起禍來，便道：「悟空，且休爭競，我們既進來就出去，顯得沒了方情。常言道：『鷺鷥不吃鷺鷥肉。』他師既是不在，攪亂他做甚？你去山門前放馬，沙僧看守行李，教八戒解包袱，取些米糧，借他鍋灶，做頓飯吃，待臨行送他幾文柴錢便罷了。各依執事

❹，讓我在此歇息歇息，飯畢就行。」他三人果各依執事而去。

那明月、清風暗自誇稱不盡，道：「好和尚，真個是西方愛聖臨凡，真元不昧。師父命我們接待唐僧，將人參果與他吃，以表故舊之情，又教防著他手下人囉唣。果然那三個嘴臉兇頑，性情粗糙。幸得就把他們調開了，若在邊前，卻不與他人參果見面？」清風道：「兄弟，還不知那和尚可是師父的故人。問他一問看，莫要錯了。」二童子又上前道：「啟問老師可是大唐往西天取經的唐三藏？」長老回禮道：「貧僧就是。仙童為何知我賤名？」童子道：「我師臨行，曾吩咐教弟子遠接。不期車駕來促，有失迎迓❺。老師請坐，待弟子辦茶來奉。」三藏道：「不敢。」那明月急轉本房，取一杯香茶獻與長老。茶畢，清風道：「兄弟，不可違了師命，我和你去取果子來。」

二童別了三藏，同到房中，一個拿了金擊子，一個拿了丹盤，又多將絲帕墊著盤底，徑到人參園內。那清風爬上樹去，使金擊子敲果，明月在樹下，以丹盤等接。須臾，敲下兩個果來，接在盤中，徑至前殿奉獻道：「唐師父，我五莊觀土僻山荒，無物可奉，土儀素果二枚❻，權為解渴。」那長老見了，戰戰兢兢，遠離三尺道：「善哉！善哉！今歲倒也年豐時稔❼，怎麼這觀裡作荒吃人？這個是三朝未滿的孩童，如何與我解渴？」清風暗道：「這和尚在那口舌場中，是非海裡，弄得眼肉胎凡，不識我仙家異寶。」明月上前道：「老師，此物叫作人參果，吃一個兒不妨。」三藏道：「胡說，胡說。他那父母懷胎，不知受了多少苦楚方生下來。未及三日，怎麼就把他拿來當果子？」清風道：「實是樹上結的。」長老道：「亂談，亂談。樹上又會結出人來？拿過去，不當人子❽。」

那兩個童兒見千推萬阻不吃，只得拿著盤子，轉回本房。那果子卻也蹺蹊，久放不得；若放多時，即僵了，不中吃。二人到於房中，一家一個，坐在床邊上，只情吃起。

噫！原來有這般事哩！它那道房與那廚房緊緊的間壁，這邊悄悄地言語，那邊即便聽見。八戒正在廚房裡做飯，先前聽見說取金擊子、拿丹盤，他已在心；又聽見他說唐僧不認得是人參果，即拿在房裡自吃。口裡忍不住流涎道：「怎得一個兒嘗新？」自家身子又狼犺⑨，不能夠得動，只等行者來，與他計較。他在那鍋門前更無心燒火，不時地伸頭探腦，出來觀看。不多時，見行者牽將馬來，拴在槐樹上，徑往後走。那獃子用手亂招道：「這裡來，這裡來。」行者轉身，到於廚房門首，道：「獃子，你嚷甚的？想是飯不夠吃，且讓老和尚吃飽，我們前邊大人家再化吃去罷。」八戒道：「你進來，不是飯少。這觀裡有一件寶貝，你可曉得？」行者道：「什麼寶貝？」八戒笑道：「說與你，你不曾見；拿與你，你不認得。」行者道：「這獃子笑話我老孫。老孫五百年前，因訪仙道時，也曾雲遊在海角天涯，那般兒不曾見？」八戒道：「哥啊，人參果你曾見麼？」行者驚道：「這個真不曾見，但只常聞得人說，人參果乃是草還丹，人吃了極能延壽。如今那裡有得？」八戒道：「他這裡有。那童子拿兩個與師父吃，那老和尚不認得，道是三朝未滿的孩兒，不曾敢吃。那童子老大憊懶⑩，師父既不吃，便該讓我們，他就瞞著我們，才自在這隔壁房裡，一家一個，嘓啅嘓啅地吃了出去⑪。就急得我口裡水泱，怎麼得一個兒嘗新？我想你有些溜撒⑫，去他那園子裡偷幾個來嘗嘗，如何？」行者道：「這個容易，老孫去，手到擒來。」急抽身，往前就走，八戒一把扯住道：「哥啊，我聽得他在這房裡說，要拿什麼金擊子去打哩！須是幹得停當，不可走露風聲。」行者道：「我曉得，我曉得。」

那大聖使一個隱身法，閃進道房看時，原來那兩個道童吃了果子，上殿與唐僧說話，不在房裡。行者四下裡觀看，看有什麼金擊子，但只見窗櫺上掛著一條赤金，有二尺長短，有指頭粗細，底下是一個蒜疙疸的頭子⑬，上邊有眼，繫著一根綠絨繩兒。他道：「想必就是此物叫作金擊子。」他卻取下來，出了道房，徑入後邊去，推開兩扇門，抬頭觀看，呀！卻是一座花園！那行者觀看不盡，又見一層門，推開看處，卻是一座菜園：

布種四時蔬菜，菠芹莙薘薑苔。筍薯瓜瓠茭白，蔥蒜芫荽韭薤。
窩蕖童蒿苦蕒，葫蘆茄子須栽。蔓菁蘿蔔羊頭埋，紅莧青菘紫芥。

行者笑道：「他也是個自種自吃的道士。」走過菜園，又見一層門。推開看處，呀！只見那正中間有根大樹，真個是青枝馥郁，綠葉陰森，那葉兒卻似芭蕉模樣，直上去有千尺餘高，根下有七八丈圍圓。那行者倚在樹下，往上一看，只見向南的枝上露出一個人參果，真個像孩兒一般。原來尾間上是個扢蒂⑭，看他丁在枝頭，手腳亂動，點頭幌腦，風過處似乎有聲。行者歡喜不盡，暗自誇稱道：「好東西呀！果然罕見，果然罕見。」他倚著樹，颼地一聲攛將上去，那猴子原來第一會爬樹偷果子，他把金擊子敲了一下，那果子撲地落將下來。他也隨跳下來跟尋，寂然不見，四下裡草中找尋，更無蹤跡。

行者道：「蹺蹊，蹺蹊。想是有腳的會走，就走也跳不出牆去。我知道了，想是花園中土地不許老孫偷他果子，他收了去也。」他就捻著訣，念一口「唵」字咒，拘得那花園土地前來，對行者施禮道：「大聖呼喚小神，有何吩咐？」行者道：「你不知老孫是蓋天下有名的賊頭，我當年偷蟠桃、盜御酒、竊靈丹，也不曾有人敢與我分用。怎麼今日偷他一個果子，你就抽了我的頭分去了？這果子是樹上結的，空中過鳥也該有分，老孫就吃它一個，有何大害？怎麼剛打下來，你就撈了去？」土地道：「大聖錯怪了小神也。這寶貝乃是地仙之物，小神是個鬼仙，怎麼敢拿去？就是聞也無福聞聞。」

行者道：「你既不曾拿去，如何打下來就不見了？」土地道：「大聖只知這寶貝延壽，更不知他的出處哩！」行者道：「有甚出處？」土地道：「這寶貝三千年一開花，三千年一結果，再三千年方得成熟。短頭一萬年，只結得三十個。有緣的，聞一聞就活三百六十歲；吃一個，就活四萬七千年，卻是只與五行相畏。」行者道：「怎麼與五行相畏？」土地道：「這果子遇金而落，遇木而枯，遇水而化，遇火而焦，遇土而入。敲時必用金器，方得下來。打下來，卻將盤兒用絲帕襯墊方可。若受些木器，就枯了，就吃也不得延壽。吃他須用磁器⑮，清水化開食用。遇火即焦而無用。遇土而入者，大聖方才打落地上，他即鑽下土去了。這個土有四萬七千年，就是鋼鑽鑽他也鑽不動些須，比生鐵也還硬三四分，人若吃了，所以長生。大聖不信時，可把這地下打打兒看。」行者即掣金箍棒築了一下，響一聲，迸起棒來，土上更無痕跡。行者道：「果然，果然。我這棍打石頭如粉碎，撞生鐵也有痕，怎麼這一下打不傷些兒？這等說，我卻錯怪了你了，你回去罷。」那土地即回本廟去訖。

大聖卻有算計，爬上樹，一隻手使擊子，一隻手將錦布直裰的襟兒扯起來，做個兜子等住，他卻串枝分葉，敲了三個果，兜在襟中，跳下樹，一直前來，徑到廚房裡去。那八戒笑道：「哥哥，可有麼？」行者道：「這不是？老孫的手到擒來。這個果子也莫背了沙僧，可叫他一聲。」八戒即招手叫道：「悟淨，你來。」那沙僧撇下行李，跑進廚房道：「哥哥，叫我怎的？」行者放開衣兜，道：「兄弟，你看這個是甚的東西？」沙僧見了道：「是人參果。」行者道：「好啊！你倒認得，你曾在那裡吃過的？」沙僧道：「小弟雖不曾吃，但舊時做捲簾大將，扶侍鑾輿赴蟠桃宴⑯，嘗見海外諸仙將此果與王母上壽。見便曾見，卻未曾吃。哥哥，可與我些兒嘗嘗？」行者道：「不消講，兄弟們一家一個。」

他三人將三個果個個受用。那八戒食腸大，口又大，一則是聽見童子吃時，便覺饞蟲拱動，卻才見了果子，拿過來，張開口，轂轆的囫圇吞嚥下肚⑰，卻白著眼胡賴⑱，向行者、沙僧道：「你兩個吃的是什麼？」沙僧道：「人參果。」八戒道：「什麼味道？」行者道：「悟淨，不要睬他。你倒先吃了，又來問誰？」八戒道：「哥哥，吃的忙了些，不像你們細嚼細嚥，嘗出些滋味。我也不知有核無核，就吞下去了。哥啊，為人為徹⑲，已經調動我這饞蟲，再去弄個兒來，老豬細細地吃吃。」行者道：「兄弟，你好不知止足⑳。這個東西，比不得那米食麵食，撞著儘飽。像這一萬年只結得三十個，我們吃它這一個，也是大有緣法，不等小可。罷罷罷，夠了。」他欠起身來，把一個金擊子，瞞窗眼兒，丟進他道房裡，竟不睬他。

說文解字

❶松篁：竹與松。❷諂佞：花言巧語、阿諛逢迎，亦指花言巧語、阿諛逢迎之人。❸絪風：瞎說、扯謊。❹執事：工作、職務。❺迎迓：迎接。❻土儀：作爲禮物餽贈的土產。❼年豐時稔：莊稼成熟，莊稼豐收。❽不當人子：表示歉

意或感謝，意爲罪過、不敢當。❾狼犺：形容物體龐大、笨重。❿憊懶：懶散、刁頑。⓫嘓啅嘓啅：狀聲詞，形容吞嚥食物的聲音。⓬溜撒：行動迅速、敏捷。⓭疙疸：皮膚上突起或肌肉上結成的硬塊，也作「疙瘩」。⓮扢蒂：瓜果和枝莖連接的部分。⓯磁器：也作「瓷器」。是由瓷石、高嶺土等組成，外表施有釉或彩繪的器物。⓰鑾輿：帝王的座車。⓱轂轆：車輪，引申爲迅速的樣子。⓲胡賴：任意抵賴。⓳爲人爲徹：指幫助別人，就幫助到底。徹，徹底。⓴不知止足：不知道該停止腳步，引申爲不知道滿足、貪得無厭。

第二十七回　屍魔三戲唐三藏，聖僧恨逐美猴王

卻說常言有云：「山高必有怪，嶺峻卻生精。」果然這山上有一個妖精，孫大聖去時，驚動那怪。他在雲端裡踏著陰風，看見長老坐在地下，就不勝歡喜道：「造化，造化。幾年家人都講東土的唐和尚取大乘，他本是金蟬子化身，十世修行的原體。有人吃他一塊肉，長壽長生，真個今日到了。」那妖精上前就要拿他，只見長老左右手下有兩員大將護持，不敢攏身❶。他說兩員大將是誰？說是八戒、沙僧。八戒、沙僧雖沒什麼大本事，然八戒是天蓬元帥，沙僧是捲簾大將，他的威氣尚不曾泄，故不敢攏身。妖精說：「等我且戲他戲，看怎麼說。」

好妖精，停下陰風，在那山凹裡搖身一變，變作個月貌花容的女兒，說不盡那眉清目秀，齒白唇紅。左手提著一個青砂罐兒，右手提著一個綠磁瓶兒，從西向東，徑奔唐僧。

三藏見了，叫：「八戒、沙僧，悟空才說這裡曠野無人，你看那裡不走出一個人來了？」八戒道：「師父，你與沙僧坐著，等老豬去看看來。」

那獃子放下釘鈀，整整直裰，擺擺搖搖，充作個斯文氣象，一直的覿面相迎❷。真個是遠看未實，近看分明，那女子生得：

冰肌藏玉骨，衫領露酥胸。柳眉積翠黛，杏眼閃銀星。
月樣容儀俏，天然性格清。體似燕藏柳，聲如鶯囀林。
半放海棠籠曉日，才開芍藥弄春晴。

那八戒見他生得俊俏，獃子就動了凡心，忍不住胡言亂語，叫道：「女菩薩，往那裡去？手裡提著是什麼東西？」分明是個妖怪，他卻不能認得。那女子連聲答應道：「長老，我這青罐裡是香米飯，綠瓶裡是炒麵筋。特來此處無他故，因還誓願要齋僧。」八戒聞言，滿心歡喜，急抽身，就跑了個豬顛風❸，報與三藏道：「師父，『吉人自有天報』。師父餓了，教師兄去化齋，那猴子不知那裡摘桃兒耍子去了。桃子吃多了，也有些嘈人❹，又有些下墜。你看，那不是個齋僧的來了？」唐僧不信道：「你這個夯貨胡纏，我們走了這向，好人也不曾遇著一個，齋僧的從何而來！」八戒道：「師父，這不到了？」

三藏一見，連忙跳起身來，合掌當胸道：「女菩薩，你府上在何處住？是甚人家？有甚願心來此齋僧？」分明是個妖精，那長老也不認得。那妖精見唐僧問他來歷，他立地就起個虛情，花言巧語來賺哄道：「師父，此山叫作蛇回獸怕的白虎嶺，正西下面是我家。我父母在堂，看經好善，廣齋方上遠近僧人。只因無子，求神作福，生了奴奴❺。欲扳門第，配嫁他人，又恐老來無倚，只得將奴招了一個女婿，養老送終。」三藏聞言道：「女菩薩，你語言差了。聖經云：『父母在，不遠遊，遊必有方。』你既有父母在堂，又與你招了女婿，有願心，教你男子還便也罷，怎麼自家在山行走，又沒個侍兒隨從，這個是不遵婦道了。」那女子笑吟吟，忙陪俏語道：「師父，我丈夫在山北凹裡，帶幾個客子鋤田。這是奴奴煮的午飯，送與那些人吃的。只為五黃六月，無人使喚，父母又年老，所以親來送。忽遇三位遠來，卻思父母好善，故將此飯齋僧，如不棄嫌，願表芹獻。」三藏道：「善哉！善哉！我有徒弟摘果子去了，就來，我不敢吃。假如我和尚吃了你飯，你丈夫曉得，罵你，卻不罪坐貧僧也？」那女子見唐僧不肯吃，卻又滿面春生道：「師父啊，我父母齋僧，還是小可；我丈夫更是個善人，一生好的是修橋補路，愛老憐貧。但聽見說這飯送與師父吃了，他與我夫妻情上，比尋常更是不同。」三藏也只是不吃。

旁邊卻惱壞了八戒，那獃子努著嘴，口裡埋怨道：「天下和尚也無數，不曾像我這個老和尚罷軟。現成的飯，三分兒倒不吃，只等那猴子來，做四分才吃。」他不容分說，一嘴把個罐子拱倒，就要動口。只見那行者自南山頂上摘了幾個桃子，托著缽盂，一觔斗，點將回來，睜火眼金睛觀看，認得那女子是個妖精，放下缽盂，掣鐵棒，當頭就打。諕得個長老用手扯住道：「悟空，你走將來打誰？」行者道：「師父，你面前這個女子，莫當作個好人，他是個妖精，要來騙你哩！」三藏道：「你這個猴頭，當時倒也有些眼力，今日如何亂道？這女菩薩有此善心，將這飯要齋我等，你怎麼說他是個妖精？」行者笑道：「師父，你那裡認得。老孫在水簾洞裡做妖魔時，若想人肉吃，便是這等：或變金銀，或變莊台，或變醉人，或變女色。有那等痴心的愛上我，我就迷他到洞裡，盡意隨心，或蒸或煮受用；吃不了，還要曬乾了防天陰哩！師父，我若來遲，你定入他套子，遭他毒手。」那唐僧那裡肯信，只說是個好人。行者道：「師父，我知道你了，你見他那等容貌，必然動了凡心。若果有此意，叫八戒伐幾棵樹來，沙僧尋些草來，我做木匠，就在這裡搭個窩鋪，你與他圓房成事，我們大家散了，卻不是件事業？何必又跋涉取甚經去？」那長老原是個軟善的人，那裡吃得他這句言語，羞得光頭徹耳通紅。

三藏正在此羞慚，行者又發起性來，掣鐵棒，望妖精劈臉一下。那怪物有些手段，使個「解屍法」，見行者棍子來時，他卻抖擻精神，預先走了，把一個假屍首打死在地下。諕得個長老戰戰兢兢，口中作念道：「這猴著然無禮，屢勸不從，無故傷人性命。」行者道：「師父莫怪，你且來看看這罐子裡是甚東西？」沙僧攙著長老，近前看時，那裡是甚香米飯，卻是一罐子拖尾巴的長蛆；也不是麵筋，卻是幾個青蛙、癩蝦蟆滿地亂跳。長老才有三分兒信了，怎禁豬八戒氣不忿，在旁漏八分兒唆嘴道[6]：「師父，說起這個女子，他是此間農婦，因為送飯下田，路遇我等，卻怎麼栽他是個妖怪？哥哥的棍重，走將來試手打他一下，不期就打殺了。怕你念什麼緊箍兒咒，故意的使個障眼法兒，變作這等樣東西，演幌你眼，使不念咒哩！」

三藏自此一言，就是晦氣到了。果然信那獃子攛唆[7]，手中捻訣，口裡念咒。行者就叫：「頭疼頭疼，莫念莫念，有話便說。」唐僧道：「有甚話說？出家人時時常要方便，念念不離善心，掃地恐傷螻蟻命，愛惜飛蛾紗罩燈。你怎麼步步行兇，打死這個無故平人，取將經來何用？你回去罷。」行者道：「師父，你教我回那裡去？」唐僧道：「我不要你做徒弟。」行者道：「你不要我做徒弟，只怕你西天路去不成。」唐僧道：「我命在天，該那個妖精蒸了吃，就是煮了也算不過。終不然，你救得我的大限？你快回去。」行者道：「師父，我回去便也罷了，只是不曾報得你的恩哩！」唐僧道：「我與你有甚恩？」那大聖聞言，連忙跪下叩頭，道：「老孫因大鬧天宮，致下了傷身之難，被我佛壓在兩界山。幸觀音菩薩與我受了戒行，幸師父救脫吾身。若不與你同上西天，顯得我知恩不報非君子，萬古千秋作罵名。」原來這唐僧是個慈憫的聖僧，他見行者哀告，卻也回心轉意，道：「既如此說，且饒你這一次，再休無禮。如若仍前作惡，這咒語顛倒就念二十遍。」行者道：「三十遍也由你，只是我不打人了。」卻才服侍唐僧上馬，又將摘來桃子奉上。唐僧在馬上也吃了幾個，權且充飢。

卻說那妖精脫命升空，原來行者那一棒不曾打殺妖精，妖精出神去了。他在那雲端裡咬牙切齒，暗恨行者道：「幾年只聞得講他手段，今日果然話不虛傳。那唐僧已是不認得我，將要吃飯。若低頭聞一聞兒，我就一把撈住，卻不是我的人了？不期被他走來，弄破我這勾當，又幾乎被他打了一棒。若饒了這個和尚，誠然是勞而無功也，我還下去戲他一戲。」

好妖精，按落陰雲，在那前山坡下搖身一變，變作個老婦人，年滿八旬，手拄著一根彎頭竹杖，一步一聲地哭著走來。八戒見了，大驚道：「師父，不好了，那媽媽兒來尋人了。」唐僧道：「尋甚人？」八戒道：「師兄打殺的定是他女兒，這個定是他娘尋將來了。」行者道：「兄弟莫要胡說，那女子十八歲，這老婦有八十歲，怎麼六十多歲還生產？斷乎是個假的，等老孫去看來。」

好行者，拽開步，走近前觀看，那怪物：

假變一婆婆，兩鬢如冰雪。走路慢騰騰，行步虛怯怯。
弱體瘦伶仃，臉如枯菜葉。顴骨望上翹，嘴唇往下別。
老年不比少年時，滿臉都是荷葉摺。

行者認得他是妖精，更不理論，舉棒照頭便打。那怪見棍子起時，依然抖擻，又出化了元神，脫真兒去了，把個假屍首又打死在山路旁之下。

唐僧一見，驚下馬來，睡在路旁，更無二話，只是把緊箍兒咒顛倒足足念了二十遍。可憐把個行者頭勒得似個亞腰兒葫蘆，十分疼痛難忍，滾將來哀告道：「師父莫念了，有甚話說了罷。」唐僧道：「有甚話說？出家人耳聽善言，不墮地獄。我這般勸化你，你怎麼只是行兇？把平人打死一個，又打死一個，此是何說？」行者道：「他是妖精。」唐僧道：「這個猴子胡說，就有這許多妖怪？你是個無心向善之輩，有意作惡之人，你去罷。」行者道：「師父又教我去？回去便也回去了，只是一件不相應。」唐僧道：「你有什麼不相應處？」八戒道：「師父，他要和你分行李哩！跟著你做了這幾年和尚，不成空著手回去？你把那包袱內的什麼舊褊衫[8]、破帽子分兩件與他罷。」

行者聞言，氣得暴跳道：「我把你這個尖嘴的夯貨[9]！老孫一向秉教沙門，更無一毫嫉妒之意、貪戀之心，怎麼要分什麼行李？」唐僧道：「你既不嫉妒貪戀，如何不去？」行者道：「實不瞞師父說，老孫五百年前居花果山水簾洞大展英雄之際，收降七十二洞邪魔，手下有四萬七千小怪，頭戴的是紫金冠，身穿的是赭黃袍，腰繫的是藍田帶，足踏的是步雲履，手執的是如意金箍棒，著實也曾為人。自從涅槃罪度，削髮秉正沙門，跟你做了徒弟，把這個金箍兒勒在我頭上，若回去，卻也難見故鄉人。師父果若不要我，把那個鬆箍兒咒念一念，退下這個箍子，交付與你，套在別人頭上，我就快活相應了，也是跟你一場。莫不成這些人意兒也沒有了？」唐僧大驚道：「悟空，我當時只是菩薩暗受一卷緊箍兒咒，卻沒有什麼鬆箍兒咒。」行者道：「若無鬆箍兒咒，你還帶我去走走罷。」長老又沒奈何道：「你且起來，我再饒你這一次，卻不可再行兇了。」行者道：「再不敢了，再不敢了。」又服侍師父上馬，剖路前進⑩。

卻說那妖精，原來行者第二棍也不曾打殺他，那怪物在半空中誇獎不盡道：「好個猴王，著然有眼，我那般變了去，他也還認得我。這些和尚去得快，若過此山，西下四十里，就不伏我所管了。若是被別處妖魔撈了去，好道就笑破他人口，使碎自家心。我還下去戲他一戲。」

好妖精，按聳陰風，在山坡下搖身一變，變作一個老公公，真個是：

白髮如彭祖，蒼髯賽壽星。耳中鳴玉磬，眼裡幌金星。
手拄龍頭拐，身穿鶴氅輕。數珠掐在手，口誦南無經。

唐僧在馬上見了，心中大喜道：「阿彌陀佛！西方真是福地，那公公路也走不上來，逼法的還念經哩！」八戒道：「師父，你且莫要誇獎，那個是禍的根哩！」唐僧道：「怎麼是禍根？」八戒道：「師兄打殺他的女兒，又打殺他的婆子，這個正是他的老兒尋將來了。我們若撞在他的懷裡啊！師父，你便償命，該個死罪；把老豬為從，問個充軍；沙僧喝令，問個擺站。那師兄使個遁法走了，卻不苦了我們三個頂缸⓫？」

行者聽見道：「這個獃根，這等胡說，可不誠了師父？等老孫再去看看。」他把棍藏在身邊，走上前，迎著怪物，叫聲：「老官兒，往那裡去？怎麼又走路又念經？」那妖精錯認了定盤星，把孫大聖也當作個等閒的，遂答道：「長老啊！我老漢祖居此地，一生好善齋僧，看經念佛，命裡無兒，只生得一個小女，招了個女婿。今早送飯下田，想是遭逢虎口。老妻先來找尋，也不見回去，全然不知下落，老漢特來尋看。果然是傷殘他命，也沒奈何，將他骸骨收拾回去，安葬塋中⓬。」行者笑道：「我是個做齇虎的祖宗⓭，你怎麼袖子裡籠了個鬼兒來哄我？你瞞了諸人，瞞不過我，我認得你是個妖精。」那妖精諕得頓口無言。行者掣出棒來，自忖道：「若要不打他，顯得他倒弄個風兒；若要打他，又怕師父念那話兒咒語。」又思量道：「不打殺他，他一時間抄空兒把師父撈了去，卻不又費心勞力去救他？還打的是。就一棍子打殺，師父念起那咒，常言道：『虎毒不吃兒。』憑著我巧言花語，嘴伶舌便，哄他一哄，好道也罷了。」好大聖，念動咒語，叫當坊土地、本處山神道：「這妖精三番來戲弄我師父，這一番卻要打殺他。你與我在半空中作證，不許走了。」眾神聽令，誰敢不從，都在雲端裡照應。那大聖棍起處，打倒妖魔，才斷絕了靈光。

那唐僧在馬上又諕得戰戰兢兢，口不能言。八戒在旁邊又笑道：「好行者，風發了，只行了半日路，倒打死三個人。」唐僧正要念咒，行者急到馬前叫道：「師父莫念，莫念，你且來看看他的模樣。」卻是一堆粉骷髏在那裡，唐僧大驚道：「悟空，這個人才死了，怎麼就化作一堆骷髏？」行者道：「他是個潛靈作怪的僵屍，在此迷人敗本，被我打殺，他就現了本相。他那脊梁上有一行字，叫作『白骨夫人』。」唐僧聞說，倒也信了。怎禁那八戒旁邊唆嘴道：「師父，他的手重棍兇，把人打死，只怕你念那話兒，故意變化這個模樣，掩你的眼目哩！」唐僧果然耳軟，又信了他，隨復念起。行者禁不得疼痛，跪於路旁，只叫：「莫念，莫念，有話快說了罷。」唐僧道：「猴頭，還有甚說話？出家人行善，如春園之草，不見其長，日有所增；行惡之人，如磨刀之石，不見其損，日有所虧。你在這荒郊野外，一連打死三人，還是無人檢舉，沒有對頭；倘到城市之中，人煙湊集之所，你拿了那哭喪棒，一時不知好歹，亂打起人來，撞出大禍，教我怎的脫身？你回去罷。」行者道：「師父錯怪了我也，這廝分明是個妖魔，他實有心害你。我倒打死他，替你除了害，你卻不認得，反信了那獃子讒言冷語，屢次逐我。常言道：『事不過三。』我若不去，真是個下流無恥之徒。我去，我去，去便去了，只是你手下無人。」唐僧發怒道：「這潑猴越發無禮，看起來，只你是人，那悟能、悟淨就不是人？」

那大聖一聞得說他兩個是人，止不住傷情悽慘，對唐僧道聲：「苦啊！你那時節出了長安，有劉伯欽送你上路。到兩界山，救我出來，投拜你為師。我曾穿古洞，入深林，擒魔捉怪，收八戒，得沙僧，吃盡千辛萬苦。今日昧著惺惺使糊塗⑭，只教我回去，這才是『鳥盡弓藏，兔死狗烹』。罷，罷，罷，但只是多了那緊箍兒咒。」唐僧道：「我再不念了。」行者道：「這個難說。若到那毒魔苦難處不得脫身，八戒、沙僧救不得你，那時節想起我來，忍不住又念誦起來。就是十萬里路，我的頭也是疼的，假如再來見你，不如不作此意。」

唐僧見他言言語語，越添惱怒，滾鞍下馬來，叫沙僧包袱內取出紙筆，即於澗下取水，石上磨墨，寫了一紙貶書，遞於行者道：「猴頭，執此為照，再不要你做徒弟了；如再與你相見，我就墮了阿鼻地獄。」行者連忙接了貶書道：「師父不消發誓，老孫去罷。」他將書摺了，留在袖內，卻又軟款唐僧道：「師父，我也是跟你一場，又蒙菩薩指教，今日半途而廢，不曾成得功果，你請坐，受我一拜，我也去得放心。」唐僧轉回身不睬，口裡唧唧噥噥地道：「我是個好和尚，不受你歹人的禮。」大聖見他不睬，又使個身外法，把腦後毫毛拔了三根，吹口仙氣，叫：「變！」即變了三個行者，連本身四個，四面圍住師父下拜。那長老左右躲不脫，好道也受了一拜。

大聖跳起來，把身一抖，收上毫毛，卻又吩咐沙僧道：「賢弟，你是個好人，卻只要留心防著八戒詁言詁語[15]。途中更要仔細，倘一時有妖精拿住師父，你就說老孫是他大徒弟，西方毛怪聞我的手段，不敢傷我師父。」唐僧道：「我是個好和尚，不提你這歹人的名字，你回去罷。」

那大聖見長老三番兩復不肯轉意回心，沒奈何才去。你看他：

噙淚叩頭辭長老，含悲留意囑沙僧。一頭拭迸坡前草，兩腳蹬翻地上藤。

上天下地如輪轉，跨海飛山第一能。頃刻之間不見影，霎時疾返舊途程。

你看他忍氣別了師父，縱觔斗雲，徑回花果山水簾洞去了，獨自個悽悽慘慘。忽聞得水聲聒耳，大聖在那半空裡看時，原來是東洋大海潮發的聲響。一見了，又想起唐僧，止不住腮邊淚墜，停雲住步，良久方去。

畢竟不知此去反復何如，且聽下回分解。

說文解字

❶攏身：近身。❷靦面：厚著臉皮。❸豬顛風：豬的一種疾病，由中樞神經疾患引起，也作「豬癲瘋」。後比喻人的癲狂。❹嘈人：胃不舒服、噁心的感覺。❺奴奴：古代女子自謙之辭。❻唆嘴：搬弄口舌。❼攛唆：慫恿、唆使。❽褊衫：一種僧尼服裝。開脊接領，斜披在左肩上，類似袈裟。❾夯貨：光吃不做、傻頭傻腦、空有一把力氣的人。❿剖路：辨明路途。⓫頂缸：比喻代人受過或承擔責任。⓬塋：墳地、墓地。⓭齁虎：嚇人的模樣。⓮昧著惺惺使糊塗：形容假裝糊塗、假裝不懂。⓯詁言詁語：花言巧語、胡說八道。

第五十九回　唐三藏路阻火焰山，孫行者一調芭蕉扇

且不說這家子供奉唐僧加倍。卻說那行者霎時徑到翠雲山，按住祥光，正自找尋洞口，只聞得丁丁之聲，乃是山林內一個樵夫伐木。行者即趨步至前，又聞得他道：

雲際依依認舊林，斷崖荒草路難尋。西山望見朝來雨，南澗歸時渡處深。

行者近前作禮道：「樵哥，問訊了。」那樵子撇了柯斧❶，答禮道：「長老何往？」行者道：「敢問樵哥，這可是翠雲山？」樵子道：「正是。」行者道：「有個鐵扇仙的芭蕉洞在何處？」樵子笑道：「這芭蕉洞雖有，卻無個鐵扇仙，只有個鐵扇公主，又名羅剎女。」行者道：「人言他有一柄芭蕉扇，能熄得火焰山，敢是他麼？」樵子道：「正是，正是。這聖賢有這件寶貝，善能熄火，保護那方人家，故此稱為鐵扇仙。我這裡人家用不著他，只知他叫作羅剎女，乃大力牛魔王妻也。」

行者聞言，大驚失色，心中暗想道：「又是冤家了。當年伏了紅孩兒，說是這廝養的。前在那解陽山破兒洞遇他叔子，尚且不肯與水，要作報仇之意；今又遇他父母，怎生借得這扇子耶？」樵子見行者沉思默慮，嗟嘆不已，便笑道：「長老，你出家人有何憂疑？這條小路兒向東去，不尚五六里就是芭蕉洞，休得心焦。」行者道：「不瞞樵哥說，我是東土唐朝差往西天求經的唐僧大徒弟，前年在火雲洞，曾與羅剎之子紅孩兒有些言語，但恐羅剎懷仇不與，故生憂疑。」樵子道：「大丈夫鑑貌辨色，只以求扇為名，莫認往時之溲話❷，管情借得。」行者聞言，深深唱個大喏道：「謝樵哥教誨，我去也。」

遂別了樵夫，徑至芭蕉洞口。但見那兩扇門緊閉牢關，洞外風光秀麗好去處。行者上前叫：「牛大哥，開門，開門。」呀的一聲，洞門開了，裡邊走出一個毛兒女，手中提著花籃，肩上擔著鋤子，真個是一身藍縷無妝飾，滿面精神有道心。行者上前迎著合掌道：「女童，累你轉報公主一聲。我本是取經的和尚，在西方路上難過火焰山，特來拜借芭蕉扇一用。」那毛女道：「你是那寺裡和尚？叫甚名字？我好與你通報。」行者道：「我是東土來的，叫作孫悟空和尚。」

那毛女即便回身，轉於洞內，對羅剎跪下道：「奶奶，洞門外有個東土來的孫悟空和尚，要見奶奶，拜求芭蕉扇，過火焰山一用。」那羅剎聽見「孫悟空」三字，便似撮鹽入火❸，火上澆油，骨都都紅生臉上❹，惡狠狠怒發心頭。口中罵道：「這潑猴！今日來了。」叫：「丫鬟，取披掛，拿兵器來。」隨即取了披掛，拿兩口青鋒寶劍，整束出來。行者在洞外閃過，偷看怎生打扮。只見他：

頭裹團花手帕，身穿納錦雲袍。腰間雙束虎觔條，微露繡裙偏綃。
鳳嘴弓鞋三寸，龍鬚膝褲金銷。手提寶劍怒聲高，兇比月婆容貌。

那羅剎出門，高叫道：「孫悟空何在？」行者上前，躬身施禮道：「嫂嫂，老孫在此奉揖❺。」羅剎咄的一聲道：「誰是你的嫂嫂？那個要你奉揖？」行者道：「尊府牛魔王，當初曾與老孫結義，乃七兄弟之親。今聞公主是牛大哥令正❻，安得不以嫂嫂稱之？」羅剎道：「你這潑猴！既有兄弟之親，如何坑陷我子？」行者佯問道：「令郎是誰？」羅剎道：「我兒是號山枯松澗火雲洞聖嬰大王紅孩兒。被你傾了，我們正沒處尋你報仇，你今上門納命，我肯饒你？」行者滿臉陪笑道：「嫂嫂原來不察理，錯怪了老孫。你令郎因是捉了師父，要蒸要煮，幸虧了觀音菩薩收他去，救出我師。他如今現在菩薩處做善財童子，實受了菩薩正果，不生不滅，不垢不淨，與天地同壽，日月同庚。你倒不謝老孫保命之恩，反怪老孫，是何道理？」羅剎道：「你這個巧嘴的潑猴！我那兒雖不傷命，再怎生得到我的跟前，幾時能見一面？」行者笑道：「嫂嫂要見令郎，有何難處？你且把扇子借我，搧熄了火，送我師父過去，我就到南海菩薩處請他來見你，就送扇子還你，有何不可？那時節，你看他可曾損傷一毫？如有些須之傷，你也怪得有理；如比舊時標致，還當謝我。」羅剎道：「潑猴！少要饒舌，伸過頭來，等我砍上幾劍。若受得疼痛，就借扇子與你；若忍耐不得，教你早見閻君。」行者叉手向前，笑道：「嫂嫂切莫多言，老孫伸著光頭，任尊意砍上多少，但沒氣力便罷，是必借扇子用用。」那羅剎不容分說，雙手掄劍，照行者頭上乒乒乓乓砍有十數下，這行者全不認真。羅剎害怕，回頭要走。行者道：「嫂嫂那裡去？快借我使使。」那羅剎道：「我的寶貝原不輕借。」行者道：「既不肯借，吃你老叔一棒。」

好猴王，一隻手扯住，一隻手去耳內掣出棒來，幌一幌，有碗來粗細。那羅剎掙脫手，舉劍來迎，行者隨又掄棒便打。兩個在翠雲山前，不論親情，卻只講仇隙。那羅剎女與行者相持到晚，見行者棒重，卻又解數周密，料鬥他不過，即便取出芭蕉扇，幌一幌，一扇陰風，把行者搧得無影無形，莫想收留得住。這羅剎得勝回歸。

那大聖飄飄蕩蕩，左沉不能落地，右墜不得存身，就如旋風翻敗葉，流水淌殘花。滾了一夜，直至天明，方才落在一座山上，雙手抱住一塊峰石。定性良久，仔細觀看，卻才認得是小須彌山。大聖長嘆一聲道：「好利害婦人！怎麼就把老孫送到這裡來了？我當年曾記得在此處告求靈吉菩薩降黃風怪救我師父，那黃風嶺至此直南上有三千餘里，今在西路轉來，乃東南方隅，不知有幾萬里。等我下去問靈吉菩薩一個消息，好回舊路。」

正躊躇間，又聽得鐘聲響亮，急下山坡，徑至禪院。那門前道人認得行者的形容，即入裡面報道：「前年來請菩薩去降黃風怪的那個毛臉大聖又來了。」菩薩知是悟空，連忙下寶座相迎，入內施禮道：「恭喜，取經來耶？」悟空答道：「正好未到，早哩！早哩！」靈吉道：「既未曾得到雷音，何以回顧荒山？」行者道：「自上年蒙盛情降了黃風怪，一路上不知歷過多少苦楚。今到火焰山，不能前進，詢問土人，說有個鐵扇仙，芭蕉扇搧得火滅，老孫特去尋訪。原來那仙是牛魔王的妻，紅孩兒的母，他說我把他兒子做了觀音菩薩的童子，不得常見，恨我為仇，不肯借扇，與我爭鬥。他見我的棒重難撐，遂將扇子把我一搧，搧得我悠悠蕩蕩，直至於此，方才落住。故此輕造禪院，問個歸路。此處到火焰山，不知有多少里數？」靈吉笑道：「那婦人喚名羅剎女，又叫作鐵扇公主。他的那芭蕉扇本是崑崙山後，自混沌開闢以來，天地產成的一個靈寶，乃太陰之精葉，故能滅火氣。假若搧著人，要飄八萬四千里，方息陰風。我這山到火焰山，只有五萬餘里，此還是大聖有留雲之能，故止住了；若是凡人，正好不得住也。」行者道：「利害，利害！我師父卻怎生得度那方？」靈吉道：「大聖放心。此一來，也是唐僧的緣法，合教大聖成功。」行者道：「怎見成功？」靈吉道：「我當年受如來教旨，賜我一粒定風丹、一柄飛龍杖。飛龍杖已降了風魔，這定風丹尚未曾見用，如今送了大聖，管教那廝搧你不動。你卻要了扇子，搧熄火，卻不就立此功也？」行者低頭作禮，感謝不盡。那菩薩即於衣袖中取出一個錦袋兒，將那一粒定風丹與行者安在衣領裡邊，將針線緊緊縫了。送行者出門道：「不及留款。往西北上去，就是羅剎的山場也。」

行者辭了靈吉，駕觔斗雲，徑返翠雲山，頃刻而至，使鐵棒打著洞門叫道：「開門，開門！老孫來借扇子使使哩！」慌得那門裡女童即忙來報：「奶奶，借扇子的又來了。」羅剎聞言，心中悚懼道：「這潑猴真有本事。我的寶貝搧著人，要去八萬四千里，方能停止；他怎麼才吹去，就回來也？這番等我一連搧他兩三扇，教他找不著歸路。」急縱身，結束整齊，雙手提劍，走出門來道：「孫行者，你不怕我，又來尋死？」行者笑道：「嫂嫂勿得慳吝❼，是必借我使使，保得唐僧過山，就送還你。我是個志誠有餘的君子，不是那借物不還的小人。」羅剎又罵道：「潑猢猻！好沒道理、沒分曉。奪子之仇，尚未報得；借扇之意，豈得如心？你不要走，吃我老娘一劍。」大聖公然不懼，使鐵棒劈手相迎。他兩個往往來來，戰經五七回合，羅剎女手軟難掄，孫行者身強善敵。他見事勢不諧，即取扇子，望行者搧了一扇，行者巍然不動。行者收了鐵棒，笑吟吟地道：「這番不比那番，任你怎麼搧來，老孫若動一動，就不算漢子。」那羅剎又搧兩扇，果然不動。羅剎慌了，急收寶貝轉回，走入洞裡，將門緊緊關上。

行者見他閉了門，卻就弄個手段，拆開衣領，把定風丹噙在口中。搖身一變，變作一個蟭蟟蟲兒❽，從他門隙處鑽進。只見羅剎叫道：「渴了，渴了，快拿茶來。」近侍女童即將香茶一壺，沙沙的滿斟一碗，沖起茶沫漕漕。行者見了歡喜，嚶的一翅，飛在茶沫之下。那羅剎渴極，接過茶，兩三氣都吃了。行者已到他肚腹之內，現原身，厲聲高叫道：「嫂嫂，借扇子我使使。」羅剎大驚失色，叫：「小的們，關了前門否？」俱說：「關了。」他又說：「既關了門，孫行者如何在家裡叫喚？」女童道：「在你身上叫哩！」羅剎道：「孫行者，你在那裡弄術哩？」行者道：「老孫一生不會弄術，都是些真手段、實本事，已在尊嫂尊腹之內耍子，已見其肺肝矣。我知你也飢渴了，我先送你個坐碗兒解渴。」卻就把腳往下一登，那羅剎小腹之中疼痛難禁，坐於地下叫苦。行者道：「嫂嫂休得推辭，我再送你個點心充飢。」又把頭往上一頂，那羅剎心痛難禁，只在地上打滾，疼得他面黃唇白，只叫：「孫叔叔饒命。」

行者卻才收了手腳道：「你才認得叔叔麼？我看牛大哥情上，且饒你性命。快將扇子拿來我使使。」羅剎道：「叔叔，有扇，有扇，你出來拿了去。」行者道：「拿扇子我看了出來。」羅剎即叫女童拿一柄芭蕉扇，執在旁邊。行者探到喉嚨之上見了道：「嫂嫂，我既饒你性命，不在腰肋之下搠個窟窿出來❾，還自口出，你把口張三張兒。」那羅剎果張開口。行者還作個蟭蟟蟲，先飛出來，丁在芭蕉扇上。那羅剎不知，連張三次，叫：「叔叔出來罷。」行者化原身，拿了扇子，叫道：「我在此間不是？謝借了，謝借了。」拽開步，往前便走。小的們連忙開了門，放他出洞。

說文解字

❶柯斧：裝有柄的斧頭。❷渡話：指過時不中用的老話。❸撮鹽入火：鹽一放在火裡就爆裂，比喻性情急躁。撮，以指取物。❹骨都都：雲霧上升的樣子。❺奉揖：恭敬地作揖、行禮。奉，獻上。揖，作揖、行禮。❻令正：古代稱嫡妻爲「正室」，故尊稱他人的妻子爲「令正」。❼慳吝：吝嗇。❽蟭蟟蟲兒：一種小蟲。❾搠：刺、扎。

言外之意

❖內容隱喻

「取經」在《西遊記》中是畫分眞善美和假醜惡的界線。「經」就是「寶」，就抽象意義上來說，取寶是爲了造福人類，至於這個寶能不能眞正地造福人類，這就無須認眞推敲，因爲那只不過是一個象徵罷了。吳承恩塑造的孫悟空，就是眞善美的代表，而那些妖魔鬼怪，有的作惡多端，有的存心不良，有的以假亂眞，皆極力阻撓唐僧師徒西天取經。孫悟空和妖魔的鬥爭實際上就是正義和邪惡的較量，全書的結局也是在唐僧師徒不懈的努力之下，克服種種艱難險阻，終於抵達西天，成功取得經典。

❖浪漫主義

《西遊記》全書充滿浪漫主義的神奇幻想，作者在小說中充分地發揮神魔小說的特點，大膽而自由地張開藝術想像的翅膀，運用奇特的幻想、美麗的故事，創造出一個綺麗迷幻的神話世界。這裡有風光如畫、景色優美的花果山；有淫威森嚴、光怪陸離的天上神國；有陰森恐怖、鬼哭神號的陰曹地府；有碧波翻滾、水族橫行的水晶龍宮；有主宰天上人間、萬物生靈的最高統治者玉皇大帝；有傷生造孽、危害四方的妖魔鬼怪，還有敢於造反、不畏強暴的神猴等等。

《西遊記》的神奇之處也反映在對景物、環境的構思上，只有讓帶有神奇色彩的人物，在神奇的環境中，展開神奇的情節，才能構成和諧，使讀者有如身臨其境，使作品產生「召人入境」的藝術魅力。翻開《西遊記》第一回「靈根育孕源流出，心性修持大道生」，作者這樣描寫東勝神州花果山水簾洞：

此山乃十洲之祖脈，三島之來龍……丹崖怪石，削壁奇峰。丹崖上，彩鳳雙鳴；削壁前，麒麟獨臥……林中有壽鹿仙狐，樹上有靈禽玄鶴。瑤草奇花不謝，青松翠柏長春。仙桃常結果，修竹每留雲。一條澗壑藤蘿密，四面原堤草色新。正是百川會處擎天柱，萬劫無移大地根。

接著又寫石猴在水簾洞邊嬉戲的種種親切、頑皮、逗人之態。這一段景物和環境的描述，將美猴王得天獨厚、明快好動、樂觀恢諧的性格，染遍花果山的一草一木。

❖人物塑造

吳承恩運用獨創的藝術構思，極其精彩地塑造出《西遊記》中一連串的人物形象，是吳承恩的又一傑出才能，展現作者驚人的想象力和大膽的創造性。在這些栩栩如生、絢麗奪目的人物角色中，孫悟空便是最典型的代表。

在作者筆下，孫悟空首先是一隻猴子：尖嘴縮腮、毛臉雷公嘴、火眼金睛、羅圈腿，再加上紅屁股、長尾巴，又有著靈活好動、攀樹爬枝、採花食果的特徵。然而，他從出生起就不是一隻普通的猴子，他不是父母的精血孕育而成，而是出自石卵，是大自然的產物——石猴。他的本事遠遠超過人間的十八般武藝，孫悟空具有七十二變化，一筋斗能翻十萬八千里。這位神通廣大、變化多端的神猴手上的武器——金箍棒，也很奇特：要它大，可以大到頂天立地；要它小，可以小如繡花針，藏在耳朵裡。

隨著吳承恩的筆尖，讀者可以在孫悟空身上發現古代英雄人物的美好特質。例如，他大公無私、正直義氣、勇敢機智、積極樂觀等。當然，他也有人的喜怒哀樂，例如，他秉性驕傲、爭強好勝、愛出風頭、急躁衝動、愛捉弄人等。也就是說，作者將人、妖、獸三者結合，塑造出孫悟空這一理想的神話英雄，讓讀者感到親切有趣、生動活潑。

❖語言特色

《西遊記》中充滿幽默風趣的藝術風格，這些都體現在孫悟空的語言上。眾所周知，語言是人類交往最基本、最主要的工具，人類總是不斷探索語言的表達藝術，進而促進人與人之間的相互理解。

孫悟空在三借芭蕉扇的過程中，就運用了準確明快而又不失幽默的詞語。悟空在借扇過程中，面對牛魔王和羅刹女，一直以兄嫂相稱，只在他們先動了手之後，才不得已還擊。當羅刹女指責悟空害了他們的兒子

——紅孩兒時，悟空耐心地解釋：「你令郎因是捉了師父，要蒸要煮，幸虧了觀音菩薩收他去，救出我師。他如今現在菩薩處做善財童子，實受了菩薩正果，不生不滅，不垢不淨，與天地同壽，日月同庚。」闡明自己並沒有害他，進而悟空還對羅剎女說：「嫂嫂要見令郎，有何難處？你且把扇子借我，搧熄了火，送我師父過去，我就到南海菩薩處請他來見你，就送扇子還你，有何不可？那時節，你看他可曾損傷一毫？如有些須之傷，你也怪得有理；如比舊時標致，還當謝我。」幽默風趣的語言使孫悟空的性格更加活潑可愛，也使人物形象更完整和諧、絢麗奪目。

高手過招

1.（　）下列關於《西遊記》的敘述，何者正確？

Ⓐ 唐三藏至西天取經的「西天」是指「天竺國」，也就是現在的不丹。

Ⓑ《西遊記》中的唐三藏師徒四人為作者吳承恩虛構的人物。

Ⓒ 孫悟空是《西遊記》裡的重要靈魂人物，又稱孫行者、齊天大聖。

Ⓓ《西遊記》一書是作者吳承恩憑藉自己豐富的想像力創造而成。

2.（　）《西遊記》假借玄奘取經的史實，改寫成長篇小說，流傳中外。下列有關《西遊記》的敘述，何者正確？

Ⓐ《西遊記》敘述唐僧取經的歷程，是一部歷史小說。

Ⓑ歷史上的唐僧取經，只有孫悟空為伴，豬八戒、沙和尚和龍馬是《西遊記》添加的虛構人物。

Ⓒ齊天大聖大鬧天宮，要玉皇大帝搬出天宮，讓他來住，並且說：「常言道：『皇帝輪流做，明年到我家。』」這一段故事表現了民主精神。

Ⓓ美猴王離開花果山水簾洞，參訪仙道，遇到一個樵夫，樵夫指點神仙住處說：「不遠、不遠。此山叫作靈台方寸山，山中有座斜月三星洞……。」其中「靈台方寸」、「斜月三星」指的是「心」，意指學仙不必在遠，只在此心。

3.（　）下列有關《西遊記》一書的說明，何者正確？

Ⓐ作者吳承恩，字汝忠，清朝人。

Ⓑ全書藉神怪寫人間，以諷刺讀書人熱中功名的醜態。

Ⓒ《西遊記》敘述唐代高僧前往西天取經的故事，加上作者的渲染想像，屬於白話章回小說。

Ⓓ作者以詼諧、嘲諷的筆調描寫深富寓意的《西遊記》，屬於「四史」之一。

【解答】1. C　2. D　3. C

封神演義

陸西星或許仲琳

混沌初分盤古先，太極兩儀四象懸。子天丑地人寅出，避除獸患有巢賢。
燧人取火免鮮食，伏羲畫卦陰陽前。神農治世嘗百草，軒轅禮樂婚姻聯。
少昊五帝民物阜，禹王治水洪波蠲。承平享國至四百，桀王無道乾坤顛。
日縱妹喜荒酒色，成湯造亳洗腥羶。放桀南巢拯暴虐，雲霓如願後蘇全。
三十一世傳殷紂，商家脈絡如斷弦。紊亂朝綱絕倫紀，殺妻誅子信讒言。
穢污宮闈寵妲己，蠆盆炮烙忠貞冤。鹿台聚斂萬姓苦，愁聲怨氣應障天。
直諫剖心盡焚炙，孕婦刳剔朝涉殲。崇信姦回棄朝政，屏逐師保性何偏。
郊社不修宗廟廢，奇技淫巧盡心研。昵此罪人乃罔畏，沉酗肆虐如鸇鳶。
西伯朝商囚羑里，微子抱器走風湮。皇天震怒降災毒，若涉大海無淵邊。
天下荒荒萬民怨，子牙出世人中仙。終日垂絲釣人主，飛熊入夢獵岐田。

共載歸周輔朝政，三分有二日相沿。文考未集大勳沒，武王善述日乾乾。
孟津大會八百國，取彼凶殘伐罪愆。甲子昧爽會牧野，前徒倒戈反回旋。
若崩厥角齊稽首，血流漂杵脂如泉。戎衣甫著天下定，更於成湯增光妍。
牧馬華山示偃武，開我周家八百年。太白旗懸獨夫死，戰亡將士幽魂潛。
天挺人賢號尚父，封神壇上列花箋。大小英靈尊位次，商周演義古今傳。

作品通覽

《封神演義》是一部將歷史上實有其事的商周之爭神話化的小說，雖然名之曰「演義」，但與其他基本忠於史傳，只是稍加藝術渲染的講史型演義小說有顯著區別。《封神演義》大部分情節都是神仙鬥法的故事，所以多數文學史家將它歸爲「神魔小說」一類。

❖真實歷史

殷商與周的鬥爭，自漢代以來就有記載，漢代司馬遷在《史記》中便記載頗多商紂王才兼文武，而又荒淫暴虐的史實。他敘述商紂王寵信妲己，唯「妲己之言是從」；搜括民脂民膏，修建專供玩樂的鹿台；設置酒池肉林，沒日沒夜的飲酒取樂；用炮烙酷刑迫害無辜良臣，無故囚禁賢明的西伯侯姬昌；重用奸臣惡來、費中等人，使天下諸侯紛紛反叛歸周；大臣微子多次向紂王進諫，紂王不予理睬，微子心灰意冷，不辭而別；

王子比干進諫，竟被紂王下令剖開胸膛，挖出心臟；大臣箕子感到害怕，便開始裝瘋賣傻……。而後，周武王率領天下諸侯討伐紂王，與紂王的軍隊在牧野交戰。紂王兵敗後，登上鹿台，投入烈火中自殺，周武王下令斬斷紂王的頭顱，懸掛於白旗上，並處斬妲己、釋放箕子、祭祀比干。之後，周武王又封紂王兒子武庚延續商朝血脈，因此受天下諸侯推舉，成為天子。這就是《封神演義》的主要歷史根據。

在這些史實基礎上，作者再借鑑於六朝以來的志怪小說，以及《西遊記》等神魔小說，還有相關民間傳說，尤其是元朝刊本《武王伐紂平話》，並加上自己的虛構，演繹成《封神演義》這部家喻戶曉、魅力永存的長篇小說，從而在古典小說史上寫下燦爛的一頁。

❖作者爭議

《封神演義》共有一百回。根據日本內閣文庫所藏明刻本，此書作者爲「鐘山逸叟許仲琳」，然而許氏之名僅出現在原書卷二之中，且有關許仲琳的事跡，我們知之甚少。另外一個說法則是，清代《傳奇彙考》中曾提到：「《封神傳》係元時（應爲明代）道士陸長庚（陸西星）所作，未知的否。」根據這段論述，我們可以得知，《傳奇彙考》也不確定《封神演義》是否眞的爲陸長庚的作品。所以，此書到底爲何人所作，如今尙無定論。

不過，現在一般都依魯迅說法，將此書歸爲許仲琳名下，成書時間也因此被認爲在明代中葉。也有人傳說，許仲琳爲一寒士，他在完成此書後，便把《封神演義》賣出，作爲自己女兒的嫁妝。

第六回 紂王無道造炮烙

方至九龍橋，只見一位大夫，身穿大紅袍，乃梅伯也。見杜太師綁縛而來，向前問曰：「太師得何罪如此？」元銑曰：「天子失政，吾等上本內庭，言妖氣纍貫於宮中，災星立變於天下。首相轉達，有犯天顏，君賜臣死，不敢違旨。梅先生，『功名』二字，化作灰塵，數載丹心，竟成冰冷！」梅伯聽言：「兩邊的，且住了。」竟至九龍橋邊，適逢首相商容。梅伯曰：「請問丞相，杜太師有何罪犯君，特賜其死？」商容曰：「元銑本章實為朝廷，因妖氛遶於禁闕❶，怪氣照於宮闈。當今聽蘇美人之言，坐以『妖言惑眾，驚慌萬民』之罪。老夫苦諫，天子不從，如之奈何！」梅伯聽罷，只氣得五靈神暴躁，三昧火燒胸：「老丞相燮理陰陽❷，調和鼎鼐；奸者即斬，佞者即誅；賢者即薦，能者即褒；君正而首相無言，君不正以直言諫主。今天子無辜而殺大臣，似丞相這等鉗口不言❸，委之無奈，是重一己之功名，輕朝內之股肱，怕死貪生；是愛血肉之微軀，懼君王之刑典，皆非丞相之所為也！」叫：「兩邊，且住了！待我與丞相面君！」梅伯攜商容過大殿，徑進內庭。

伯乃外官，及至壽仙宮門首，便自俯伏。奉御官啟奏：「商容、梅伯候旨。」王曰：「商容乃三世之老臣，進內可赦；梅伯擅進內廷，不遵國法。」傳旨：「宣！」商容在前，梅伯隨後，進宮俯伏。王問曰：「二卿有何奏章？」梅伯口稱：「陛下！臣梅伯具疏，杜元銑何事干犯國法，致於賜死？」王曰：「杜元銑與方士通謀，架捏妖言，搖惑軍民，播亂朝政，污衊朝廷。身為大臣，不思報本酬恩，而反詐言妖魅，蒙蔽欺君，律法當誅，除奸勦佞，不為過耳。」梅伯聽紂王之言，不覺厲聲奏曰：「臣聞堯王治天下，應天而順人；言聽於文官，計從於武將，一日一朝，共談安民治國之道；去讒遠色，共樂太平。今陛下半載不朝，樂於深宮，朝朝飲宴，夜夜歡娛，不理朝政，不容諫章。臣聞：『君如腹心，臣如手足。』心正則手足正，心不正則手足歪邪。古語有云：『臣正君邪，國患難治。』杜元銑乃治世之忠良。陛下若斬元銑而廢先王之大臣，聽豔妃之言，有傷國家之梁棟，臣願主公赦杜元銑毫末之生，使文武仰聖君之大德。」

紂王聽言：「梅伯與元銑一黨，違法進宮，不分內外，本當與元銑一例典刑，奈前侍朕有勞，姑免其罪，削其上大夫，永不敘用！」梅伯厲聲大言曰：「昏君聽妲己之言，失君臣之義，今斬元銑，豈是斬元銑，寔斬朝歌萬民❹！今罷梅伯之職，輕如灰塵，這何足惜！但不忍成湯數百年基業喪於昏君之手！今聞太師北征，朝綱無統，百事混淆。昏君日聽讒佞之臣，左右蔽惑，與妲己在深宮，日夜荒淫，眼見天下變亂，臣無面見先帝於黃壤也❺！」紂王大怒，著奉御官：「把梅伯拿下去，用金瓜擊頂❻！」

兩邊才待動手，妲己曰：「妾有奏章。」王曰：「美人有何奏朕？」妲己曰：「妾啟主公，人臣立殿，張眉豎目，詈語侮君❼，大逆不道，亂倫反常，非一死可贖者也。且將梅伯權禁囹圄，妾治一刑，杜狡臣之瀆奏，除邪言之亂正。」紂王問曰：「此刑何樣？」妲己曰：「此刑約高二丈，圓八尺，上、中、下用三火門，將銅造成，如銅柱一般，裡邊用炭火燒紅。卻將妖言惑眾、利口侮君、不尊法度、無事妄生諫章與諸般違法者，跣剝官服❽，將鐵索纏身，裹圍銅柱之上，只炮烙四肢筋骨。不須臾，煙盡骨消，盡成灰燼，此刑名曰『炮烙』。若無此酷刑，奸猾之臣、沽名之輩，盡玩法紀，皆不知戒懼。」紂王曰：「美人之法，可謂盡善盡美！」即命傳旨：「將杜元銑梟首示眾，以戒妖言；將梅伯禁於囹圄。」又傳旨意：「照樣造炮烙刑具，限作速完成。」

首相商容觀紂王將行無道，任信妲己，竟造炮烙，在壽仙宮前嘆曰：「今觀天下大事去矣！只是成湯懋敬厥德❾，一片小心，承天永命；豈知傳至當今天子，一旦無道。眼見七廟不守❿，社稷坵墟，我何忍見！」又聽妲己造炮烙之刑，商容俯伏奏曰：「臣啟陛下，天下大事已定，國家萬事康寧。老臣衰朽，不堪重任，恐失於顛倒，得罪於陛下，懇乞念臣侍君三世，數載揆席，實愧素餐，陛下雖不即賜罷斥，其如臣之庸老何。望陛下赦臣殘軀，放歸田里，得含哺鼓腹於光天之下，皆陛下所賜之餘年也。」紂王見商容辭官，不居相位，王慰勞曰：「卿雖暮年，尚自矍鑠，無奈卿苦苦固辭，但卿朝綱勞苦，數載殷勤，朕甚不忍。」即命隨侍官：「傳朕旨意，點文官二員，四表禮，送卿榮歸故里，仍著本地方官不時存問。」商容謝恩出朝。

不一時，百官俱知首相商榮致政榮歸，各來遠送。當有黃飛虎、比干、微子、箕子、微子啟、微子衍各官，俱在十里長亭餞別。商容見百官在長亭等候，只得下馬。只見七位親王，把手一舉：「老丞相今日固是榮歸，你為一國元老，如何下得這般毒意，就把成湯社稷拋棄一旁，揚鞭而去，於心安乎！」商容泣而言曰：「列位殿下，眾位先生，商容縱粉骨碎身，難報國恩，這一死何足為惜，而偷安苟免。今天子信任妲己，無端造惡，製造炮烙酷刑，拒諫殺忠，商容力諫不聽，又不能挽回聖意。不日天愁民怨，禍亂自生，商容進不足以輔君，死適足以彰過，不得已讓位待罪，俟賢才俊彥，大展經綸，以救禍亂，此容本心，非敢遠君，而先身謀也。列位殿下所賜，商容立飲一杯，此別料還有會期。」

乃持杯作詩一首，以誌後會之期，詩曰：

蒙君十里送歸程，把酒長亭淚已傾。回首天顏成隔世，歸來畎韮祝神京。
丹心難化龍逄血，赤日空消夏桀名。幾度話來多悒怏，何年重訴別離情？

商容作詩已畢，百官無不灑淚而別。商容上馬前去，各官俱回朝歌，不表。

話言紂王在宮歡樂，朝政荒亂。不一日，監造炮烙官啟奏功完。紂王大悅，問妲己曰：「銅柱造完，如何處置？」妲己命取來過目。監造官將炮烙銅柱推來：黃鄧鄧的高二丈，圓八尺，三層火門，下有二滾盤，推動好行。紂王觀之，指妲己而笑曰：「美人神傳，祕授奇法，真治世之寶！待朕明日臨朝，先將梅伯炮烙殿前，使百官知懼，自不敢阻撓新法，章牘煩擾。」一宿不題。

次日，紂王設朝，鐘鼓齊鳴，聚兩班文武朝賀已畢。武成王黃飛虎見殿東二十根大銅柱，不知此物新設何用。王曰：「傳旨把梅伯拿出！」執殿官去拿梅伯。紂王命把炮烙銅柱推來，將三層火門用炭架起，又用巨扇搧那炭火，把一根銅柱火燒的通紅。眾官不知其故，午門官啟奏：「梅伯已至午門。」王曰：「拿來！」兩班文武看梅伯垢面蓬頭，身穿縞素，上殿跪下，口稱：「臣梅伯參見陛下。」紂王曰：「匹夫！你看看此物是什麼東西？」梅大夫觀看，不知此物，對曰：「臣不知此物。」紂王笑曰：「你只知內殿侮君，仗你利口，誣言毀罵。朕躬治此新刑，名曰『炮烙』。匹夫！今日九間殿前炮烙你，教你筋骨成灰！使狂妄之徒，如侮謗人君者，以梅伯為例耳。」梅伯聽言，大叫，罵曰：「昏君！梅伯死輕如鴻毛，有何惜哉！我梅伯官居上大夫，三朝舊臣，今得何罪，遭此慘刑？只是可憐成湯天下，喪於昏君之手！久以後將何面目見汝之先王耳！」

紂王大怒，將梅伯剝去衣服，赤身將鐵索綁縛其手足，抱住銅柱。可憐梅伯，大叫一聲，其氣已絕。只見九間殿上烙得皮膚筋骨，臭不可聞，不一時化為灰燼。可憐一片忠心，半生赤膽，直言諫君，遭此慘禍！

說文解字

❶妖氛：不祥的氣氛，也比喻戰亂。禁闕：宮城前的樓觀，借指宮城或宮門。❷燮理陰陽：指大臣輔佐天子治理國事。燮，調和。理，治理。❸鉗口不言：閉著嘴，不說話。❹寔：眞實、實在，同「實」。❺黃壤：原意爲黃土，後引申爲地底下、黃泉之下。❻金瓜擊頂：古代酷刑之一，即用瓜形銅錘擊打受刑人頭頂，致其死亡。❼詈語：罵人的言語、髒話。❽跣剝：脱光。❾懋敬：勉勵戒愼。❿七廟：指帝王祀奉祖先的廟。《禮記》中規定，天子可以追祀七世祖，故稱爲七廟。

第二十三回　文王夜夢飛熊兆

且言姜子牙自從棄卻朝歌，別了馬氏，土遁救了居民，隱於磻溪，垂釣渭水。子牙一意守時候命，不管閒非，日誦黃庭❶，悟道修真。苦悶時，持絲綸倚綠柳而垂釣❷，時時心上崑崙，刻刻念隨師長，難忘道德，朝暮懸懸。一日，執竿嘆息，作詩曰：

自別崑崙地，俄然二四年。商都榮半載，直諫在君前。
棄卻歸西土，磻溪執釣先。何日逢真主，披雲再見天。

子牙作罷詩，坐於垂楊之下。只見滔滔流水，無盡無休，徹夜東行，熬盡人間萬古。正是：

唯有青山流水依然在，古往今來盡是空。

子牙嘆畢，只聽得一人作歌而來：

登山過嶺，伐木丁丁。隨身板斧，砍劈枯藤。崖前兔走，山後鹿鳴。樹梢異鳥，柳外黃鶯。
見了些青松檜柏，李白桃紅。
無憂樵子，勝似腰金。擔柴一石，易米三升。隨時菜蔬，沽酒二瓶。對月邀飲，樂守孤林。
深山幽僻，萬壑無聲。奇花異草，逐日相侵。逍遙自在，任意縱橫。

樵子歌罷，把一擔柴放下，近前少憩，問子牙曰：「老丈，我常時見你在此，執竿釣魚，我和你像一個故事。」子牙曰：「像何故事？」樵子曰：「我與你像一個『漁樵問答』。」子牙大喜：「好個『漁樵問答』。」樵子曰：「你上姓？貴處？緣何到此？」子牙曰，「吾乃東海許洲人也。姓姜，名尚，字子牙，道號飛熊。」樵子聽罷，揚笑不止。子牙問樵子曰：「你姓甚？名誰？」樵子曰：「吾姓武，名吉，祖貫西岐人氏。」子牙曰：「你方才聽吾姓名，反加揚笑者，何也？」武吉曰：「你適才言號飛熊，故有此笑。」子牙曰：「人各有號，何以為笑？」樵子曰：「當時古人、高人、聖人、賢人，胸藏萬斛珠璣，腹隱無邊錦繡。如風后、老彭、傅說、常桑、伊尹之輩，方稱其號。似你也有此號，名不稱實，故此笑耳。我常時見你伴綠柳而垂絲，別無營運，守株而待兔，看此清波，無識見高明，為何亦稱道號？」武吉言罷，卻將溪邊釣竿拿起，見線上叩一針而無曲。樵子撫掌大笑不止，對子牙點頭嘆曰：「有智不在年高，無謀空言百歲。」樵子問子牙曰：「你這釣線何為不曲？古語云：『且將香餌釣金鰲。』我傳你一法，將此針用火燒紅，打成鉤樣，上用香餌，線上又用浮子，魚來吞食，浮子自動，是知魚至，望上一拎，鉤掛魚腮，方能得鯉，此是捕魚之方。似這等鉤，莫說三年，便百年也無一魚到手。可見你智量愚拙，安得妄日飛熊！」子牙曰：「你只知其一，不知其二。老夫在此，名雖垂釣，我自意不在魚。吾在此不過守青雲而得路，撥陰翳而騰霄，豈可曲中而取魚乎！非丈夫之所為也。吾寧在直中取，不向曲中求，不為錦鱗設，只釣王與侯。」有詩為證：

短杆長線守磻溪，這個機關那個知？只釣當朝君與相，何嘗意在水中魚。

武吉聽罷，大笑曰：「你這個人也想做王侯！看你那個嘴臉，不像王侯，你到像個活猴！」子牙也笑著曰：「你看我的嘴臉不像王侯，我看你的嘴臉也不什麼好。」武吉曰：「我的嘴臉比你好些。吾雖樵夫，真比你快活。春看桃杏，夏賞荷紅，秋看黃菊，冬賞梅松。我也有詩：

擔柴貨賣長街上，沽酒回家母子歡。伐木只知營運樂，放翻天地自家看。」

子牙曰：「不是這等嘴臉，我看你臉上的氣色不什麼好。」武吉曰：「你看我的氣色怎的不好？」子牙曰：「你左眼青，右眼紅，今日進城打死人。」武吉聽罷，叱之曰：「我和你閒談戲語，為何毒口傷人？」

武吉挑起柴，徑往西岐城中來賣。不覺行至南門，卻逢文王車駕往靈台，占驗災祥之兆❸。隨侍文武出城，兩邊侍衛甲馬，御林軍人大呼曰：「千歲駕臨，少來！」武吉挑著一擔柴往南門來，市井道窄，將柴換肩，不知塌了一頭，翻轉尖擔，把門軍王相夾耳門一下，即刻打死。兩邊人大叫曰：「樵子打死了門軍！」即時拿住，來見文王。文王曰：「此是何人？」兩邊啟奏：「大王千歲，這個樵子不知何故打死門軍王相。」文王在馬上問曰：「那樵子姓甚名字？為何打死王相？」武吉啟曰：「小人就是西岐的良民，叫作武吉。因見大王駕臨，道路窄狹，將柴換肩，誤傷王相。」文王曰：「武吉既打死王相，理當抵命。」隨即就在南門畫地為牢，豎木為吏，將武吉禁於此間，文王往靈台去了。紂時畫地為牢，止西岐有此事。東、南、北連朝歌俱有禁獄，唯西岐因文王先天數，禍福無差，因此人民不敢逃匿，所以畫地為獄，民亦不敢逃去。但凡人走了，文王演先天數，算出拿來，加倍問罪。以此頑猾之民，皆奉公守法，故曰「畫地為獄」。

且說武吉禁了三日，不得回家。武吉思：「母無依，必定倚閭而望❹，況又不知我有刑陷之災。」因思母親，放聲大哭，行人圍看。其時散宜生往南門過，忽見武吉悲聲大痛，散宜生問曰：「你是前日打死王相的。殺人償命，理之常也，為何大哭？」武吉告曰：「小人不幸逢遇冤家，誤將王相打死，理當償命，安得埋怨。只奈小人有母，七十餘歲，小人無兄無弟，又無妻室，母老孤身，必為溝渠餓殍，屍骸暴露，情切傷悲。養子無益，子喪母亡，思之切骨，苦不敢言。小人不得已，放聲大哭，不知迴避，有犯大夫，祈望恕罪。」散宜生聽罷，默思久之：「若論武吉打死王相，非是鬥毆殺傷人命，不過挑柴誤塌尖擔打傷人命，自無抵償之理。」宜生曰：「武吉不必哭，我往見千歲啟一本，放你回去，辦你母親衣衾棺木，柴米養身之資，你再等秋後以正國法。」武吉叩頭：「謝老爺大恩！」

宜生一日進便殿❺，見文王朝賀畢，散宜生奏曰：「臣啟大王，前日武吉打傷王相人命，禁於南門。臣往南門，忽見武吉痛哭。臣問其故，武吉言有老母七十有餘歲，止生武吉一人，況吉上無兄弟，又無妻室，其母一無所望，吉遭國法，羈陷莫出，思母必成溝渠之鬼，因此大哭。臣思王相人命，原非鬥毆，實乃誤傷。況武吉母寡身單，不知其子陷身於獄。據臣愚見，且放武吉歸家，以辦養母之費，棺木衣衾之資，完畢，再來抵償王相之命。臣請大王旨意定奪。」文王聽宜生之言，隨准行：「速放武吉回家。」

說文解字

❶黃庭：《黃庭經》，道教的重要經典，據傳為上清仙眞降授於南嶽魏華存。❷絲綸：釣絲。❸占驗：占卜的兆象。❹閭：里巷的門，後泛指門。❺便殿：正殿以外的別殿，古時帝王休息之處。

第二十六回　妲己設計害比干

話說紂王與妲己在台上玩月❶，催逼妲己焚香。妲己曰：「妾雖焚香拜請，倘或喜媚來時，陛下當迴避一時。恐凡俗不便，觸彼回去，急切難來。待妾以言告過，再請陛下相見。」紂王曰：「但憑愛卿吩咐，一一如命。」妲己方淨手焚香，做成圈套。將近一鼓時分❷，聽半空風響，陰雲密布，黑霧迷空，將一輪明月遮掩。一霎時，天昏地暗，寒氣侵入。紂王驚疑，忙問妲己曰：「好風！一會兒翻轉了天地。」妲己曰：「想必喜媚踏風雲而來。」言未畢，只聽空中有環珮之聲，隱隱有人聲墜落。妲己忙催紂王進裡面，曰：「喜媚來矣。俟妾講過❸，好請相見。」紂王只得進內殿，隔簾偷瞧。只見風聲停息，月光之中，見一道姑穿大紅八卦衣，絲絛麻履❹。況此月色復明，光彩皎潔，且是燈燭輝煌，常言：「燈月之下看佳人，比白日更勝十倍。」

只見此女肌如瑞雪，臉似朝霞，海棠風韻，櫻桃小口，香臉桃腮，光瑩嬌媚，色色動人。妲己向前曰：「妹妹來矣！」喜媚曰：「姐姐，貧道稽首了❺。」二人同至殿內，行禮坐下。茶罷，妲己曰：「昔日妹妹曾言：『但欲相會，只焚信香即至❻。』今果不失前言，得會尊容，妾之幸甚。」道姑曰：「貧道適聞信香一至，恐違前約，故此即速前來，幸恕唐突。」彼此遜謝。且說紂王再觀喜媚之姿，復睹妲己之色，天地懸隔。紂王暗想：「但得喜媚同侍衾枕❼，便不做天子又有何妨。」心上甚是難過，只見妲己問喜媚曰：「妹妹是齋？是葷？」喜媚答曰：「是齋。」妲己傳旨：「排上素齋來。」二人傳杯敘話，燈光之下，故作妖嬈。紂王看喜媚，真如蕊宮仙子、月窟嫦娥，把紂王只弄得魂遊蕩漾三千里，魄遶山河十萬重，恨不能共語相陪，一口吞他下肚，抓耳撓腮，坐立不寧，不知如何是好。紂王急得不耐煩，只是亂咳嗽。妲己已會其意，眼角傳情，看著喜媚曰：「妹妹，妾有一言奉瀆，不知妹妹可容納否？」喜媚曰：「姐姐有何事吩咐？貧道領教。」妲己曰：「前者，妾在天子面前讚揚妹妹大德，天子喜不自勝，久欲一睹仙顏。今蒙不棄，慨賜降臨，實出萬幸。乞賢妹念天子渴想之懷，俯同一會，得領福慧，感戴不勝！今不敢唐突晉謁，托妾先容。不知妹妹意下如何？」喜媚曰：「妾係女流，況且出家，生俗不便相會。二來男女不雅，且男女授受不親，豈可同筵晤對，而不分內外之禮。」妲己曰：「不然。妹妹既係出家，原是『超出三界外，不在五行中』，豈得以世俗男女分別而論。況天子繫命於天，即天之子，總控萬民，富有四海，率土皆臣，即神仙亦當讓位。況我與你幼雖結拜，義實同胞，即以姐妹之情，就見天子，亦是親道，這也無妨。」喜媚曰：「姐姐吩咐，請天子相見。」

紂王聞「請」字，也等不得，就走出來了。紂王見道姑一躬，喜媚打一稽首相還。喜媚曰：「請天子坐。」紂王便旁坐在側，二妖反上下坐了。燈光下，見喜媚兩次三番啟朱唇，一點櫻桃，吐的是美孜孜一團和氣；轉秋波，雙彎活水，送的是嬌滴滴萬種風情。把個紂王弄得心猿難按，意馬馳韁，只急得一身香汗。妲己情知紂王欲火正熾，左右難捱，故意起身更衣。妲己上前曰：「陛下在此相陪，妾更衣就來。」紂王復轉下坐，朝上覿面傳杯❽。紂王燈下以眼角傳情，那道姑面紅微笑。紂王斟酒，雙手奉於道姑，道姑接酒，吐嬝娜聲音答曰：「敢勞陛下。」紂王乘機將喜媚手腕一捻，道姑不語，把紂王魂靈兒都飛在九霄。紂王見是如此，便問曰：「朕同仙姑台前玩月，何如？」喜媚曰：「領教。」紂王復攜喜媚手出台玩月，喜媚不辭。紂王心動，便搭住香肩，月下偎倚，情意甚密。紂王心中甚美，乃以言挑之曰⑨：「仙姑何不棄此修行，而與令姐同住宮院，拋此清涼，且享富貴，朝夕歡娛，四時歡慶，豈不快樂！人生幾何，乃自苦如此。仙姑意下如何？」喜媚只是不語。紂王見喜媚不甚推托，乃以手抹著喜媚胸膛軟綿綿、溫潤潤、嫩嫩的腹皮，喜媚半推半就。紂王見他如此，雙手抱摟，偏殿交歡，雲雨幾度，方才歇手。

正起身整衣，忽見妲己出來，一眼看見喜媚烏雲散亂，氣喘吁吁，妲己曰：「妹妹為何這等模樣？」紂王曰：「實不相瞞，方才與喜媚姻緣相湊。天降赤繩⑩，你姐妹同侍朕左右，朝暮歡娛，共享無窮之福。此亦是愛卿薦拔喜媚之功，朕心嘉悅，不敢有忘。」即傳旨重新排宴，三人共飲，至五更方共寢鹿台之上。有詩為證，詩曰：

國破妖氛現，家亡紂主昏。不聽君子諫，專納佞臣言。
先愛狐狸女，又寵雉雞精。比干逢此怪，目下死無存。

且說紂王自得喜媚，朝朝雲雨，夜夜酣歌，那裡把社稷為重。那日，二妖正在台上用早膳，忽見妲己大叫一聲，跌倒在地，把紂王驚駭汗出，嚇得面如土色。見妲己口中噴出血水來，閉目不言，面皮俱紫，紂王曰：「御妻自隨朕數年，未有此疾。今日如何得這等凶症？」喜媚故意點頭嘆曰：「姐姐舊疾發了！」帝問：「媚美人為何知御妻有此舊疾？」喜媚奏曰：「昔在冀州時，彼此俱是閨女。姐姐常有心痛之疾，一發即死。冀州有一醫士，姓張，名元，他用藥最妙，有玲瓏心一片，煎湯吃下，此疾即愈。」紂王曰：「傳旨宣冀州醫士張元。」喜媚奏曰：「陛下之言差矣！朝歌到冀州有多少路？一去一來，至少月餘。耽誤日期，焉能救得？除非，朝歌之地若有玲瓏心，取他一片，登時可救；如無，須臾即死。」紂王曰：「玲瓏心誰人知道？」喜媚曰：「妾身曾拜師，善能推算。」紂王大喜，命喜媚速算。這妖精故意掐指，算來算去，奏曰：「朝中只有一大臣，官居顯爵，位極人臣。只怕此人捨不得，不肯救拔娘娘⑪。」紂王曰：「是誰？快說！」喜媚曰：「唯亞相比干乃是玲瓏七竅之心。」紂王曰：「比干乃是皇叔，一宗嫡派，難道不肯借一片玲瓏心為御妻起沉痾之疾⑫？速發御札宣比干！」差官飛往相府。

比干閒居無辜，正為國家顛倒，朝政失宜，心中籌畫。忽堂候官敲雲板⑬，傳御札，立宣見駕。比干接札，禮畢，曰：「天使先回，午門會齊。」比干自思：「朝中無事，御札為何甚速？」話未了，又報：「御札又至！」比干又接過。不一時，連到五次御札。比干疑惑：「有甚緊急，連發五札？」正沉思間，又報：「御札又至！」持札者乃奉御官陳青。比干接畢，問青曰：「何事要緊，用札六次？」青曰：「丞相在上。方今國勢漸衰，鹿台又新納道姑，名曰胡喜媚。今日早膳，娘娘偶然心疼疾發，看看氣絕。胡喜媚陳說，要得玲瓏心一片，煎羹湯，吃下即癒。皇上言：『玲瓏心如何曉得？』胡喜媚會算，算丞相是玲瓏心，因此發札六道，要借老千歲的心一片，急救娘娘，故此緊急。」比干聽說，驚得心膽俱落，自思：「事已如此。」乃曰：「陳青，你在午門等候，我即至也。」

比干進內，見夫人孟氏曰：「夫人，你好生看顧孩兒微子德！我死之後，你母子好生守我家訓，不可造次，朝坤併無一人矣！」言罷淚如雨下。夫人大驚，問曰：「大王何故出此不吉之言？」比干曰：「昏君聽信妲己有疾，欲取吾心作羹湯，豈有生還之理！」夫人垂淚曰：「官居相位，又無欺誑，上不犯法於天子，下不貪酷於軍民，大王忠誠節孝，素表著於人耳目，有何罪惡，豈至犯取心慘刑。」有子在旁泣曰：「父王勿憂。方才孩兒想起，昔日姜子牙與父王看氣色，曾說不利，留一簡帖，見在書房，說：『至危急兩難之際，進退無路，方可看簡，亦可解救。』」比干方悟曰：「呀！幾乎一時忘了！」忙開書房門，見硯台下壓著一帖，取出觀之，上書明白。比干曰：「速取火來！」取水一碗，將子牙符燒在水裡，比干飲於腹中，忙穿朝服上馬，往午門來。不表。

且說六札宣比干，陳青泄了內事，驚得一城軍民官宰，盡知取比干心做羹湯。話說武成王、黃元帥同諸大臣俱在午門，只見比干乘馬，飛至午門下馬。百官忙問其故，比干曰：「據陳青說取心一節，吾總不知。」百官隨比干至大殿，比干徑往鹿台下候旨。紂王立候，聽得比干至，命：「宣上台來。」比干行禮畢，王曰：「御妻偶發沉痾心痛之疾，唯玲瓏心可癒。皇叔有玲瓏心，乞借一片作湯，治疾若癒，此功莫大焉。」比干曰：「心是何物？」紂王曰：「乃皇叔腹內之心。」比干怒奏曰：「心者一身之主，隱於肺內，坐六葉兩耳之中，百惡無侵，一侵即死。心正，手足正；心不正，則手足不正。心為萬物之靈苗，四象變化之根本。吾心有傷，豈有生路？老臣雖死不惜，只是社稷坵墟，賢能盡絕。今昏君聽新納妖婦之言，賜吾摘心之禍，只怕比干在，江山在；比干亡，社稷亡。」紂王曰：「皇叔之言差矣！總只借心一片，無傷於事，何必多言？」比干厲聲大叫曰：「昏君！你是酒色昏迷，糊塗狗彘⑭！心去一片，吾即死矣！比干不犯剜心之罪，如何無辜遭此非殃！」紂王怒曰：「君叫臣死，不死不忠。台上毀君，有虧臣節。如不從朕命，武士，拿下去，取了心來！」比干大罵：「妲己賤人！我死冥下，見先帝無愧矣！」喝：「左右，取劍來與我！」奉御將劍遞與比干。比干接劍在手，望太廟大拜八拜，泣曰：「成湯先王，豈知殷受斷送成湯二十八世天下，非臣之不忠耳！」遂解帶現軀，將劍往臍中刺入，將腹剖開，其血不流。比干將手入腹內，摘心而出，望下一擲，掩袍不語，面似淡金，徑下台去了。

說文解字

❶玩月：賞月。❷一鼓：古代把夜晚分爲五個時段，用鼓打更報時，所以也作「五更」、「五鼓」、「五夜」。❸俟：等待。❹絲絛：以絲編織而成的腰帶。❺稽首：一種俯首至地的最敬禮。❻信香：佛教認爲虔誠燒香，神佛即能知燒香者的心願，故稱「香」爲「信香」。❼衾枕：被子與枕頭。後比喻爲閨房之樂，指男女間的歡愛。❽靦面：當面、迎面。❾挑：引誘、逗弄。❿赤繩：相傳月下老人以紅繩繫男女之足，使成婚配。後用以比喻男女間的姻緣天定。⓫救拔：拯救他人免於危難。⓬沉痾之疾：指重病。痾，病。⓭堂候官：供高級官員役使的小吏。雲板：古代官署或貴族家庭用爲報事、集眾的信號。⓮狗彘：狗與豬，比喻行爲卑鄙的人。

第八十九回　紂王敲骨剖孕婦

且言妲己聞飛廉奏袁洪得勝奏捷，來見紂王曰：「妾蘇氏恭喜陛下又得社稷之臣也！袁洪實有大將之才，永堪重任。似此奏捷，叛逆指日可平，臣妾不勝慶幸，實皇上無疆之福以啟之耳，今特具觴為陛下稱賀。」紂王曰：「御妻之言正合朕意。」命當駕官於鹿台上治九龍席，三妖同紂王共飲。此時正值仲冬天氣，嚴威凜冽，寒氣侵人。正飲之間，不覺彤雲四起，亂舞梨花。當駕官啟奏曰：「上天落雪了。」紂王大喜曰：「此時正好賞雪。」命左右暖注金樽，重斟杯斝❶，酣飲交歡。

話說紂王與妲己共飲，又見大雪紛紛，忙傳旨，命：「捲起氈簾，待朕同御妻、美人看雪。」侍駕官捲起簾幔，打掃積雪。紂王同妲己、胡喜媚、王貴人在台上，看朝歌城內外似銀裝世界，粉砌乾坤。王曰：「御妻，你自幼習學歌聲曲韻，何不把按雪景的曲兒唱一套，俟朕漫飲三杯❷。」妲己領旨，款啟朱唇，輕舒鶯舌，在鹿台上唱一個曲兒。真是：

婉轉鶯聲飛柳外，笙簧嘹亮自天來。

曲曰：

才飛燕塞邊，又灑向城門外。輕盈過玉橋去，虛飄臨閬苑來。
攘攘挨挨，顛倒把乾坤玉載。凍的長江上魚沉雁杳，空林中虎嘯猿哀。
憑天降，冷禍胎，六花飄墮難禁耐，砌漫了白玉階。
宮幃裡冷侵衣袂，那一時暖烘烘紅日當頭晒，掃彤雲四開，現青天一派，瑞氣祥光擁出來。

妲己唱罷，餘韻悠揚，嬝嬝不絕，紂王大喜，連飲三大杯。一時雪俱止了，彤雲漸散，日色復開。紂王同妲己憑欄，看朝歌積雪。忽見西門外，有一小河，此河不是活水河，因紂王造鹿台，挑取泥土，致成小河。適才雪水注積，因此行人不便，必跣足過河❸。只見有一老人跣足渡水，不甚懼冷，而行步且快；又有一少年人，亦跣足渡水，懼冷行緩，有驚怯之狀。紂王在高處觀之，盡得其態，問於妲己曰：「怪哉！怪哉！有這等異事？你看那老者渡水，反不怕冷，行步且快；這年少的反又怕冷，行走甚嘆，這不是反其事了？」妲己曰：「陛下不知，老者不甚怕冷，乃是少年父母，精血正旺之時交姤成孕❹，所秉甚厚，故精血充滿，骨髓皆盈，雖至末年，遇寒氣猶不甚畏怯也。至若少年怕冷，乃是末年父母，氣血已衰，偶爾姤精成孕，所秉甚薄，精血既虧，髓皆不滿，雖是少年，形同老邁，故過寒冷而先畏怯也。」紂王笑曰：「此惑朕之言也！人秉父精母血而生，自然少壯老衰，豈有反其事之理？」妲己又曰：「陛下何不差官去拏來，便知端的。」紂王傳旨：「命當駕官至西門，將渡水老者、少者俱拿來。」當駕官領旨，忙出朝趕至西門，不分老少，即時一併拿到。老少民人曰：「你拿我們怎麼？」侍臣曰：「天子要你去見。」老少民人曰：「吾等奉公守法，不欠錢糧，為何來拿我們？」侍臣曰：「只怕當今天子有好處到你們，也不可知。」正是：

平白行來因過水，誰知敲骨喪其生。

紂王在鹿台上專等渡水人民，卻說侍駕官將二民拏至台下，回旨：「啟陛下，將老少二民拏至台下。」紂王命：「將斧砍開二民脛骨❺，取來看驗。」左右把老者、少者腿俱砍斷，拿上台看，果然老者髓滿，少者髓淺。紂王大喜，命左右：「把屍拖出！」可憐無辜百姓，受此慘刑。後人有詩嘆之，詩曰：

敗葉飄飄落故宮，至今猶自起悲風。獨夫只聽讒言婦，目下朝歌社稷空。

話說紂王見妲己加此神異，撫其背而言曰：「御妻真是神人，何靈異若此！」妲己曰：「妾雖係女流，少得陰符之術，其勘驗陰陽，無不奇中。適才斷脛驗髓，此猶其易者也，至如婦人懷孕，一見便知他腹內有幾月，是男、是女，面在腹內，或朝東、南、西、北，無不周知。」紂王曰：「方才老少人民斷脛斷髓，如此神異，朕得聞命矣；至如孕婦，再無有不妙之理。」命當駕官傳旨：「民間搜取孕婦見朕。」奉御官往朝歌城來。正是：

天降大殃臨孕婦，成湯社稷盡歸周。

話說奉御官在朝歌滿城尋訪，有三名孕婦，一齊拿往午門來⑥。只見他夫妻難捨，搶地呼天，哀聲痛慘，大呼曰：「我等百姓又不犯天子之法，不拖欠錢糧，為何拿我等有孕之婦？」子不捨母，母不捨子，悲悲泣泣，前遮後擁，扯進午門來。只見箕子在文書房共微子、微子啟、微子衍、上大夫孫榮正議「袁洪為將，退天下諸侯之兵，不知何如」，只聽得九龍橋鬧鬧嚷嚷，呼天叫地，哀聲不絕。眾人大驚，齊出文書房來，問其情由。見奉御官拉著兩三個婦女而來，箕子問曰：「這是何故？」民婦泣曰：「吾等俱是女流，又不犯天子之法，為何拿我女人做甚麼？老爺是天子之臣，當得為國為民，救我等蟻命！」言罷，哭聲不絕。箕子忙問奉御官，奉御官答曰：「皇上夜來聽娘娘言語，將老少二民敲骨驗髓，分別淺深，知其老少生育，皇上大喜。娘娘又奏，尚有剖腹驗胎，知道陰陽。皇上聽信斯言，特命臣等取此孕婦看驗。」箕子聽罷，大罵：「昏君！方今兵臨城下，將至濠邊⑦，社稷不久丘墟⑧，還聽妖婦之言，造此無端罪業！左右且住！待吾面君諫止。」箕子怒氣不息，後隨著微子等俱往鹿台來見駕❾。

且說紂王在鹿台專等孕婦來看驗，只見當駕官啟曰：「有箕子等候旨。」王曰：「宣。」箕子至台上，俯伏大哭曰：「不意成湯相傳數十世之天下，一旦喪於今日，而尚不知警戒修省，造此無辜惡業，你將何面目見先王之靈也！」紂王怒曰：「周武叛逆，今已有元帥袁洪足可禦敵，斬將覆軍，不日奏凱❿。朕偶因觀雪，見朝涉者，有老少之分，行步之異，幸皇后分別甚明，朕得以決其疑，於理何害？今朕欲剖孕婦以驗陰陽，有甚大事？你敢當面侮君，而妄言先王也！」箕子泣諫曰：「臣聞人秉天下之靈氣以生，分別五官，為天地宣猷贊化⓫，作民父母；未聞荼毒生靈，稱為民父母者也。且人死不能復生，誰不愛此血軀，而輕棄以死耶。今陛下不敬上天，不修德政，天怒民怨，人日思亂。陛下尚不自省，猶殺此無辜婦女，臣恐八百諸侯屯兵孟津，旦夕不保。一旦兵臨城下，又誰為陛下守此都城哉？只可惜商家宗裔為他人所擄，宗廟被他人所毀，宮殿為他人所居，百姓為他人之民，府庫為他人之有，陛下還不自悔，猶聽婦女之言，敲民骨，剔孕婦，臣恐周武人馬一到，不用攻城，朝歌之民自然獻之矣！軍民與陛下作仇，只恨周武不能早至，軍民欲簞食壺漿以迎之耳。雖陛下被擄，理之當然，只可憐二十八代神主，盡被天下諸侯所毀，陛下此心忍之乎？」紂王大怒曰；「老匹夫⓬！焉敢覿面侮君，以亡國視朕，不敬孰大於此！」命武士：「拿去打死！」箕子大叫曰：「臣死不足惜，只可惜你昏君敗國，遺譏萬世，縱孝子慈孫不能改也！」

只見左右武士扶箕子方欲下台，只見台下有人大呼：「不可！」微子、微子啟、微子衍三人上台，見紂王俯伏，嗚咽不能成語，泣而奏曰：「箕子忠良，有功社稷。今日之諫，雖則過激，皆是為國之言。陛下幸察之！陛下昔日剖比干之心，今又誅忠諫之口，社稷危在旦夕，而陛下不知悟，臣恐萬姓怨憤，禍不旋踵也⑬。幸陛下憐赦箕子，褒忠諫之名，庶幾人心可挽⑭，天意可回耳。」紂王見微子等齊來諫諍，不得已，乃曰：「聽皇伯、皇兄之諫，將箕子廢為庶民！」妲己在後殿出而奏曰：「陛下不可！箕子當面辱君，已無人臣禮，今若放之在外，必生怨望。倘與周武搆謀，致生禍亂，那時表裡受敵，為患不小。」紂王曰：「將何處治？」妲己曰：「依臣妾愚見，且將箕子剃髮囚禁，為奴宮禁，以示國法，使民人不敢妄為，臣下亦不敢瀆奏矣。」紂王聞奏大喜，將箕子囚之為奴。微子見如此光景，料成湯終無挽救之日，隨即下台，與微子啟、微子衍大哭曰：「我成湯繼統六百年來，今日一旦被嗣君所失，是天亡我商也，奈之何哉！」微子與微子啟兄弟二人商議曰：「我與你兄弟可將太廟中二十八代神主負往他州外郡，隱姓埋名，以存商代禋祀⑮，不令同日絕滅可也。」微子啟含淚應曰：「敢不如命！」於是三人打點收拾，投他州自隱。後孔聖稱他三人曰：「微子去之；箕子為之奴；比干諫而死。」謂「殷有三仁」是也。後人有詩贊之：

鶯囀商郊百草新，成湯宮殿已成塵。為奴豈是存商祀，去國應知接後禋。
剖腹丹心成往事，割胎民婦又遭迍。朝歌不日歸周主，可惜成湯化鬼燐。

話說微子三人收拾行囊，投他州去了。紂王將三婦人拿上鹿台，妲己指一婦人：「腹中是男，面朝左脅。」一婦人：「也是男，面朝右脅。」命左右用刀剖開，毫釐不爽。又指一婦人：「腹中是女，面朝後背。」用刀剖開，果然不差。紂王大悅：「御妻妙術如神，雖龜筮莫敵⑯！」自此肆無忌憚，橫行不道，慘惡異常，萬民切齒。當日有詩為證：

大雪紛紛宴鹿台，獨夫何苦降飛災。三賢遠遁全宗廟，孕婦身亡實可哀。

說文解字

❶斝：古代酒器。形狀像爵而較大，有三足、兩柱，圓口平底，盛行於商代。❷俟：等待。❸跣足：光著腳，沒穿鞋襪。❹交姤成孕：交媾，性交。❺脛骨：小腿內側的長管狀骨骼，可分爲近位端、體、遠位端三部分。❻午門：古代皇城的正門，爲群臣待朝候旨的地方。❼濠：護城河。❽丘墟：形容破敗荒涼的樣子。❾見駕：晉見皇上。❿奏凱：戰勝而作凱歌，引申爲獲得勝利。⓫宣猷：明達而順乎事理，也作「宣猶」。⓬老匹夫：輕視、怒罵他人的話。⓭禍不旋踵：指災禍很快就會降臨，也作「禍不反踵」。不旋踵，來不及轉身，指極爲短暫快速。踵，腳跟。⓮庶幾：表示希望的語氣詞，意爲或許可以。⓯禋祀：祭天神之禮。⓰龜筮：占卦之意。古代占卜用龜，筮用蓍（植物名，古代取其莖以爲占卜之用）。

第九十七回　摘星樓紂王自焚

話說楊戩等將三妖摔下雲端，三人隨收土遁，來至轅門。那眾軍士見半空中掉下三個女人，後隨著楊戩等三人，軍士忙報人中軍：「啟元帥，楊戩等令。」子牙傳令：「令來。」楊戩上帳見子牙，子牙曰：「你拿的妖怪如何？」楊戩曰：「奉元帥將令，趕三妖於中途，幸逢女媧娘娘大發仁慈，賜縛妖繩，將三妖捉至轅門，請令施行。」子牙傳令：「解進來。」帳下左右諸侯俱來觀看怎樣個妖精。少時，楊戩解九頭雉雞精，雷震子解九尾狐狸精，韋護解玉石琵琶精同至帳下。三妖跪於帳前，子牙曰：「你這三個業障，無端造惡，殘害生靈，食人無厭，將成湯天下送得乾乾淨淨。雖然是天數，你豈可縱欲殺人，唆紂王造炮烙，慘殺忠諫；治蠆盆荼毒宮人❶；造鹿台聚天下之財，為酒池肉林，內宮喪命；甚至敲骨看髓，剖腹驗胎。此等慘惡，罪不容誅，天地人神共怒，雖食肉寢皮❷，不足以盡厥辜！」妲己俯伏哀泣告曰：「妾身係冀州侯蘇護之女，幼長深閨，鮮知世務，謬蒙天子宣詔，選擇為妃。不意國母薨逝，天子強立為后，凡一應主持，皆操之於天子，政事俱掌握於大臣。妾不過一女流，唯知灑掃應對，整飾宮闈，侍奉巾櫛而已，其他妾安能以自專也。紂王失政，雖文武百官不啻千百，皆不能釐正，又何況區區一女子能動其聽也？今元帥德播天下，仁溢四方，紂王不日授首，縱殺妾一女流，亦無補於元帥。況古語云：『罪人不孥❸。』懇祈元帥大開慈隱，憐妾身之無辜，赦歸故國，得全殘年，真元帥天地之仁，再生之德也。望元帥裁之！」

眾諸侯聽妲己一派言語，大是有理，皆有憐惜之心。子牙笑曰：「你說你是蘇侯之女，將此一番巧言，迷惑眾聽，眾諸侯豈知你是九尾狐狸在恩州驛迷死蘇妲己，借竅成形，惑亂天子？其無端毒惡，皆是你造業。今已被擒，死且不足以盡其罪，尚假此巧語花言，希圖漏網！」命左右：「推出轅門，斬首號令！」妲己等三妖低頭無語。左右旗牌官簇擁出轅門來❹，後有雷震子、楊戩、韋護監斬。只見三妖推至法場，雉雞精垂頭喪氣，琵琶精默默無言，唯有這狐狸精乃是妲己，他就有許多嬌痴❺，又連累了幾個軍士。話說那妲己綁縛在轅門外，跪在塵埃，恍然似一塊美玉無瑕，嬌花欲語，臉襯朝霞，唇含碎玉，綠蓬鬆雲鬢，嬌滴滴朱顏，轉秋波無限鍾情，頓歌喉百般嬿媚，乃對那持刀軍士曰：「妾身係無辜受屈，望將軍少緩須臾，勝造浮屠七級！」那軍士見妲己美貌，已自有十分憐惜，再加他嬌滴滴地叫了幾聲將軍長，將軍短，便把這幾個軍士叫得骨軟筋酥，口呆目瞪，軟痴痴癱作一堆，麻酥酥癢成一塊，莫能動履。只見行刑令下：「楊戩監斬九頭雉雞精，韋護監斬玉石琵琶精，雷震子監斬狐狸精。」三人見行刑令下，喝令：「軍士動手！」楊戩鎮壓住雉雞精，韋謹鎮壓住琵琶精，一聲吶喊，軍士動手，將兩個妖精斬了首級。有一首詩單道琵琶精終不免一刀之厄，詩曰：

憶昔當年遇子牙，硯台擊頂煉琵琶。誰知三九重逢日，萬死無生空自嗟。

話說三軍動手，已將雉雞精、琵琶精斬了首級，楊戩與韋護上帳報功。只有雷震子監斬狐狸精，眾軍士被妲己迷惑，皆目瞪口呆，手軟不能舉刃。雷震子發怒，喝令軍士，只見個個如此，雷震子急得沒奈何，只得來中軍帳報知，請令定奪。子牙見楊戩、韋護報功，令：「拿出轅門號令。」唯有雷震子赤手來見。子牙問曰：「你監斬妲己，如何空身來見我？莫非這狐狸走了？」雷震子曰：「弟子奉令監斬妲己，孰意眾軍士被這妖狐迷惑，皆目瞪口呆，莫能動履。」子牙怒曰：「監斬無能，要你何用！」一聲喝退。雷震子羞慚滿面，站立一旁。子牙命：「將行刑軍士拿下，斬首示眾。」復命楊戩、韋護監斬。二人領命，另換了軍士，再至轅門。只見那妖婦依舊如前，一樣軟款，又把這些軍士弄得東倒西歪，如痴如醉。楊戩與韋護看見這等光景，二人商議曰：「這畢竟是個多年狐狸，極善迷惑人，所以紂王被他纏縛得迷而忘返，又何況這些愚人哉！我與你快去稟明元帥，無令這些無辜軍士死於非命也。」楊戩道罷，二人齊至中軍帳來，對子牙如此如彼說了一遍，眾諸侯俱各驚異。子牙對眾人曰：「此妖乃千年老狐，受日精月華，偷採天地靈氣，故此善能迷惑人，待吾自出營去，斬此惡怪。」子牙道罷先行，眾諸侯隨後。子牙同眾諸侯弟子出得轅門，見妲己綁縛在法場，果然千嬌百媚，似玉如花，眾軍士如木雕泥塑。子牙喝退眾士卒，命左右排香案，焚香爐內，取出陸壓所賜葫蘆，放於案上，揭去蓋。只見一道白光上升，現出一物，有眉，有眼，有翅，有足，在白光上旋轉。子牙打一躬：「請寶貝轉身！」那寶貝連轉兩三轉，只見妲己頭落在塵埃，血濺滿地。諸侯中尚有憐惜之者，有詩為證，詩曰：

妲己妖嬈起眾憐，臨刑軍士也情牽。桃花難寫溫柔態，芍藥堪方窈窕妍。
憶昔恩州能借竅，應知內闕善周旋。從來嬌媚歸何處，化作南柯帶血眠。

且說紂王在顯慶殿慨慨獨坐，有宮人左右紛紛如蟻，慌慌亂竄。紂王問曰：「爾等為何這樣急遽？想是皇城破了麼？」旁一內臣跪下，泣而奏曰：「三位娘娘夜來二更時分不知何往，因此六宮無主，故此著忙❻。」紂王聽罷，忙叫內臣快快查：「往那裡去了！速速來報！」有常侍打聽，少時來報：「啟陛下，三位娘娘首級已號令於周營轅門。」紂王大驚，忙隨左右宦官，急上五鳳樓觀看，果是三后之首。紂王看罷，不覺心酸，淚如雨下，乃作詩一首以弔之，詩曰：

玉碎香消實可憐，嬌容雲鬢盡高懸。奇歌妙舞今何在，覆雨翻雲竟枉然。
鳳枕已無藏玉日，鴛衾難再拂花眠。悠悠此恨情無極，日落滄桑又萬年。

話說紂王吟罷詩，自嗟自嘆，不勝傷感。只見周營中一聲砲響，三軍吶喊，齊欲攻城。紂王看見，不覺大驚，知大勢已去，非人力可挽，點頭數點，長吁一聲，竟下五鳳樓，過九間殿，至顯慶殿，過分宮樓，將至摘星樓來。忽然一陣旋窩風，就地滾來，將紂王罩住。怎見得怪風一陣，透膽生寒，有詩為證，詩曰：

蕭蕭颯颯攝離魂，透骨侵肌氣若吞。攝起沉冤悲往事，追隨枉死泣新猿。
催花須借吹嘘力，助雨敲殘次第先。止為紂王慘毒甚，故教屈鬼訴辜恩。

話說紂王方行至摘星樓，只見一陣怪風，就地裏將上來，那蠆盆內咽咽哽哽，悲悲泣泣，無限蓬頭披髮、赤身裸體之鬼，血腥臭惡，穢不可聞，齊上前來，扯住紂王大呼曰：「還吾命來！」又見趙啟、梅伯赤身大叫：「昏君！你一般也有今日敗亡之時！」紂王忽地把二目一睜，陽氣沖出，將陰魂撲散，那些屈魂怨鬼隱然而退。紂王把袍袖一抖，上了頭一層樓，又見姜娘娘一把扯住紂王，大罵曰：「無道昏君，誅妻殺子，絕滅彝倫❼，今日你將社稷斷送，將何面目見先王於泉壤也！」姜娘娘正扯住紂王不放，又見黃娘娘一身血污，腥氣逼人，也上前扯住，大呼曰：「昏君捽我下樓，跌吾粉骨碎身，此心何忍！真殘忍刻薄之徒！今日罪盈惡滿，天地必誅！」紂王被兩個冤魂纏得如痴似醉一般，又見賈夫人也上前大罵曰：「昏君受辛！你君欺臣妻，吾為守貞立節，墜樓而死，沉冤莫白。今日方能泄我恨也！」照紂王一掌劈面打來。紂王忽然一點真靈驚醒，把二目一睁，沖出陽神，那陰魂如何敢近，隱隱散了。紂王上了摘星樓，行至九曲欄邊，默默無語，神思不寧，扶欄而問：「封宮官何在？」封宮官朱升聞紂王呼喚，慌忙上摘星樓來，俯伏欄邊，口稱：「陛下，奴婢聽旨。」紂王曰：「朕悔不聽群臣之言，誤被讒奸所惑，今兵連禍結，莫可解救，噬臍何及。朕思身為天子之尊，萬一城破，為群小所獲，辱莫甚焉，欲尋自盡。此身倘遺人間，猶為他人作念，不若自焚，反為乾淨，毋得令兒女子藉口也。你可取柴薪堆積樓下，朕當與此樓同焚，你當如朕命。」朱升聽罷，披淚滿面，泣而奏曰：「奴婢侍陛下多年，蒙豢養之恩，粉骨難報。不幸皇天不造我商，禍亡旦夕，奴婢恨不能以死報國，何敢舉火焚君也！」言罷，嗚咽不能成聲。紂王曰：「此天亡我也，非干你罪。你不聽朕命，反有忤逆之罪。昔日朕曾命費、尤向姬昌演數，言朕有自焚之厄，今日正是天定，人豈能逃，當聽朕言！」

話說朱升再三哭奏，勸紂王：「且自寬慰，另尋別策，以解彼圍。」紂王怒曰：「事已急矣！朕籌之已審。若諸侯攻破午門，殺入內庭，朕一被擒，汝之罪不啻泰山之重也！」朱升大哭下樓，去尋柴薪，堆積樓下，不表。且說紂王見朱升下樓，自服袞冕❽，手執碧圭，佩滿身珠玉，端坐樓中。朱升將柴堆滿，揮淚下拜畢，方敢舉火，放聲大哭。

話說朱升舉火，燒著樓下乾柴，只見煙捲沖天，風狂火猛，六宮中宮人喊叫，霎時間乾坤昏暗，宇宙翻崩，鬼哭神號，帝王失位。朱升見摘星樓一派火著，甚是凶惡，朱升撩衣，痛哭數聲，大叫：「陛下！奴輩以死報陛下也！」言罷，將身躥入火中。可憐朱升忠烈，身為宦豎❾，猶知死節。話說紂王在三層樓上，看樓下火起，烈焰沖天，不覺撫膺長嘆曰❿：「悔不聽忠諫之言，今日自焚，死故不足惜，有何面目見先王於泉壤也！」只見火趁風威，風乘火勢。須臾間，四面通紅，煙霧障天。

說文解字

❶蠆盆：商朝酷刑之一。將官人跣剝乾淨送下坑中，餵毒蛇、毒蠍等物。❷食肉寢皮：形容痛恨到極點，也作「寢皮食肉」。❸罪人不孥：治罪僅止本人，不牽連妻子兒女。也作「罪人不帑」。❹旗牌官：古代傳達命令的武官。❺嬌痴：年幼無知、天真可愛的樣子，也作「嬌憨」。❻著忙：趕忙、急忙。❼彝倫：常道、倫常。❽服：穿著、穿戴。衰冕：衰服和冠冕。衰，古代天子祭祀時所穿的禮服。冕，古代大夫以上王侯所戴的禮帽。❾宦豎：對宦官的賤稱。❿撫膺：撫胸，表示悲恨。

言外之意

《封神演義》這部神魔小說，正如魯迅在《中國小說史略》裡所說的：「書之開篇詩有云：『商周演義古今傳。』似志在於演史，而侈談神怪，十九虛造，實不過假商周之爭，自寫幻想。」事實上，正是如此。本書作者便是根據自己的歷史觀和政治思想，對商周歷史進行反思，藉歷史抒寫理想。

縱觀全書，《封神演義》的中心思想是以仁易暴；以正克邪；以臣伐君；以有道伐無道；「持力者亡，持德者昌」。作者反對暴君暴政，嚮往仁君賢相的開明政治，這正是作者藉寫眞實歷史中的商周鬥爭，以表現自己理想的眞實意圖。

❖主線一——正與邪的對抗

在《封神演義》中，作者精心撰結了兩條相輔相成，而又相互貫穿的敘述主線。第一條主線是兩位仁政理想的化身——周文王姬昌與周武王姬發，並與暴君商紂王形成鮮明對比，尤其是用了許多篇幅描寫「西岐」這個儒家的理想社會。例如第十八回「子牙諫主隱磻溪」，從正在逃難的一群難民，寫出西岐物產豐富，人民安居樂業；行人讓路，老幼不欺，路不拾遺，夜不閉戶的一派太平盛世。尤其是周文王的大兒子伯邑考妥善安置難民，並且無微不至地照顧孤家老人的一言一行，以及下級官員們奉公守法、嚴於律己的一舉一動，皆展現出作者渴望仁君賢相的內心想法。

又如第二十二回「西伯侯文王吐子」，寫到文王從羑里逃歸西岐，途中飢乏困頓，向店小二要求暫記欠帳，說到了西岐「著人加利送來」。店小二怒曰：「此處比別處不同，俺這西岐，撒不得野，騙不得人。西伯侯以仁義而化萬民，行人讓路，道不損遺，夜無犬吠，萬民而受安康。湛湛青天，朗朗舜日，好好拿出銀子，算還明白，放你去；若是遲延，送你到西岐，見上散宜生老爺，那時悔之晚矣。」這一戲劇性的插曲，正反映出周文王推行仁政的效果，亦表現出古代知識分子所追求的理想社會。

而周文王也是人民心目中理想的仁君，作者特意描寫西岐人民歡迎文王歸國的情景：一路上歡聲擁道，樂奏笙簧，戶戶焚香，家家結彩。文王端坐鑾輿，兩邊的執事成行，旛幢蔽日。只見眾民大呼曰：「七年遠隔，未睹天顏。今大王歸國，萬民瞻仰，欲親覿天顏，愚民欣慰。」文王聽見眾臣如此，方騎逍遙馬。眾民歡聲大振曰：「今日西岐有主矣！」人人歡悅，個個傾心。

另一方面，作者也成功塑造暴君的典型——商紂王。《封神演義》中充滿了商紂王荒淫好色、炮烙重臣、殺棄妻子、挖蠆盆、修鹿台、酒池肉林的惡行，其專橫殘忍，令人髮指。

歷史上的商和周是兩個不同的部族，但作者卻有意將兩者之間寫成君臣關係。武王伐紂是「以臣伐君」，作者在此處表現了這樣一種思想：君者無道，臣可以伐之。從梅伯、商容、姜后、黃飛虎等人詛咒紂王的罵聲中，經常可以聽到「天下者，非一人之天下，乃天下人之天下也」一類的吶喊和呼喚。例如，紂王炮烙梅伯後，黃飛虎聽了微子等大臣的議論，大怒曰：「古云道得好：『君之視臣如手足，則臣視君如腹心；君之視臣如土芥，則臣視君如寇讎。』」當然，書中也表彰了聞仲那樣對商紂王竭盡愚忠，最後以身殉職的大臣，但更多的是讚賞敢於反抗暴虐昏君的行動。許多叛商投周的大臣，皆反復提到「君不正，臣投外國」，並以此為反叛暴君的理論依據。這些無疑都閃爍著古代民主思想的光輝，有其獨特的歷史意義。

❖主線二——神魔大戰

作者構織的第二條敘事主線，是姜子牙受元始天尊之命封神，書中虛構了闡教與截教的矛盾鬥爭，使得武王伐紂的過程中充滿了神魔鬥法。闡教的神道仙怪輔佐周武王，截教的神魔妖怪則助紂為虐，雖互有勝敗，各有傷亡，但正義終於戰勝了邪惡，闡教降伏了截教。在戰鬥過程中，三百六十五位喪生的神魔，其靈魂都進入了封神台。最後，由姜子牙依據封神榜封神。這一主線也是《封神演義》一書作為神魔小說最具特色和魅力之處，也是數百年來深受廣大讀者歡迎的原因。

❖藝術成就

在眾多神魔小說中，《封神演義》在藝術上的成就僅次於吳承恩的《西遊記》。它具有自然流暢的白話敘述，生動活潑，展現樸素本色之美，可讀性強；描繪人物或自然景物時，再穿插大量詩詞賦贊的韻文，極富表現力。更為重要的是，本書還塑造了眾多典型藝術形象，誇張地描寫人類超越自然、上天入地的奇異故事，並與商周之交的真實歷史融會貫通，形成想像瑰奇、妙趣橫生、結構恢巨、引人入勝的一本小說。在這片想像世界中，人們在現實生活中不可能實現的願望，都得以暫時獲得滿足，因而使得此書具有永恆的藝術魅力，永傳不衰、歷久彌新。

高手過招

（*為多選題）

1.（　）裕軒在讀四本小說時，分別抄出以下四幅對聯，請依序排列出處，選出最適當的選項。甲、淡泊以明志，寧靜而致遠。乙、三千社稷歸周主，一派華夷屬武王。丙、長生不老神仙府，與天同壽道人家。丁、假作真時真亦假，無為有處有還無。

Ⓐ《西遊記》《紅樓夢》《三國演義》《封神演義》
Ⓑ《紅樓夢》《封神演義》《西遊記》《三國演義》
Ⓒ《紅樓夢》《西遊記》《封神演義》《三國演義》
Ⓓ《三國演義》《封神演義》《西遊記》《紅樓夢》

2.（　）下列有關小說的敘述，何者正確？甲、四大奇書：施耐庵《水滸傳》、羅貫中《三國演義》、吳承恩《西遊記》、蘭陵笑笑生《金瓶梅》。乙、《水滸傳》是寫英雄傳奇的俠義歷史小說，以塑造人物形象、鋪敘場面見長。丙、《金瓶梅》寫的是宋代的故事，反映出當時的人情風俗及社會現狀。由於書中不少淫穢的描寫，故有「少不讀金瓶梅」一說。丁、《西遊記》一書雖是寫神怪，但事實上卻反映出作者對傳統封建社會的撻伐。戊、《封神演義》以姜子牙輔佐武王伐紂的歷史為背景，描寫周朝與殷商的對抗，和諸仙鬥智鬥勇、破陣斬將並封神的故事。己、明代馮夢龍輯有三言：《喻世明言》、《警世通言》、《醒世恒言》。凌濛初作二拍：《拍案驚奇初刻》、《拍案驚奇二刻》。後抱甕老人就三言二拍將近二百篇小說中，選出四十篇，名為《今古奇觀》，至今流行。

Ⓐ甲乙丙丁戊己
Ⓑ甲乙丙丁
Ⓒ丙丁戊己
Ⓓ甲乙丁戊己

*3.（　）如果小明想以神鬼妖魔之題材寫作一篇小論文，應該閱讀並參考哪些相關書籍？

Ⓐ《西遊記》
Ⓑ《封神演義》
Ⓒ《儒林外史》
Ⓓ《聊齋志異》
Ⓔ《文心雕龍》

4.（　）以下何者不屬於明代四大奇書？

Ⓐ《封神演義》

Ⓑ《水滸傳》

Ⓒ《西遊記》

Ⓓ《金瓶梅》

5.（　）古典小說《封神演義》中夾雜許多神話，亦反映出商代末年國君無道、恣意享樂，以致漸失人心，最後招致亡國的悲慘結局。請問下列哪一事件與《封神演義》最有關連？

Ⓐ少康中興。

Ⓑ商湯伐桀。

Ⓒ武王伐紂。

Ⓓ周公東征。

【解答】 1.D　2.D　3.ABD　4.A　5.C

金瓶梅

蘭陵笑笑生

"讀金瓶梅而生憐憫心者，菩薩也；生畏懼心者，君子也；生歡喜心者，小人也；生效法心者，乃禽獸耳。"

作品通覽

《金瓶梅》與《三國演義》、《西遊記》、《水滸傳》並稱爲古典小說四大奇書。而《金瓶梅》之奇在於「寫實」，它將一個社會最荒唐墮落的一面、種種的罪惡和黑暗，赤裸裸、毫無忌憚地表現出來。它揭露家庭間的黑暗，尤其是妻妾之間的鬥、狠、詐；善於描寫世態人情，針針見血。魯迅在《中國小說史略》中，曾將明末這類描寫「離合悲歡及發跡變態之事」、「描摹世態，見其炎涼」的小說，稱爲「世情書」，在古典小說發展史上，給予這類小說一個重要的位置。

但是，人們對於《金瓶梅》的第一印象總在於書中露骨的性行爲描寫，而忽略了它乃古典小說第一部寫實巨著的重要性。

❖創作年代

《金瓶梅》的作者將故事背景設定在北宋徽宗年間，但其所述寫的許多風俗景物、官場生態或政治時事等，皆是明末的社會現狀。明、清兩代學者皆認為，《金瓶梅》的成書年代大約在嘉靖時期。後來的多數學者則認為，《金瓶梅》的成書時間最晚不超過萬曆三十四年（西元一六〇六年）。

❖版本演變

早期的《金瓶梅》以手抄本形式流行於文人圈，後來流傳日廣，始有刻本出現。現今流傳的《金瓶梅》版本，大致上可分為兩方面：一是「詞話本」，即《金瓶梅詞話》。現存最早刻本為萬曆四十五年刻本，因此又稱為「萬曆本」，收錄有欣欣子序、東吳弄珠客序、二十公跋。篇首引詞，前四節「詞曰」講述茅舍水竹無憂無慮的閒情閒懷；後四節「四貪詞」則分別描寫酒、色、財、氣之危害。

二是「繡像本」，即《新刻繡像批評金瓶梅》。最早的刻本是在崇禎年間，因此又稱為「崇禎本」。崇禎本附有兩百幅繡像圖，大多有眉批，有些版本還有旁批，無欣欣子序。

一般認為，崇禎本是以萬曆本為底本進行改寫，詞話本刊印在前，崇禎本刊印在後，兩者情節內容差異不大。最大的差異即是崇禎本將第一回「景陽崗武松打虎」改寫為「西門慶熱結十弟兄」，先是開門見山地介紹西門慶出場，然後描述玉皇廟結拜十弟兄的場景，再藉著吳道官的口，讓讀者得知景陽崗上有吊睛白額的猛虎。一日，應伯爵興奮地跑來找西門慶，拉著他到街上去看打虎英雄，這才引出武松。藉著這個線索，再將武大及潘金蓮牽連起來，就此展開全書。

相較於萬曆本，崇禎本的情節顯得較為緊湊合理，它將萬曆本中過多與情節發展無關的詩詞歌賦、講經說唱刪去，再改寫某些地方，如前述第一回的改寫，以及第八十四回刪去「宋公明義釋清風寨」一節，使全書更為嚴謹，增加故事的可讀性。

❖作者爭議

關於《金瓶梅》的作者究竟是誰，歷來眾說紛紜，然皆未有確鑿證據，迄今仍無定論。晚明時期對作者的猜測就有「西門千戶家中紹興老儒」、「金吾戚裡門客」、「某孝廉」等說法，然而這些純屬傳說。清人沈德符在《野獲編》中提出：「聞此為嘉靖間大名士手筆，指斥時事。」之後，所有的嘉靖間大名士皆被認為是此書作者，諸如李開先、賈三近、屠隆、王稚登、徐渭、湯顯祖、李漁等不下十幾人，但都沒有定論。

其中最有名的猜測就是嘉靖時的著名學者王世貞，據說，王世貞的父親被明代重臣嚴嵩和其子嚴世蕃害死，他一直苦無復仇的機會。當他得知嚴世蕃愛讀淫書，便用三年的時間寫成《金瓶梅》，又在每頁頁角塗上毒藥，然後獻給嚴世蕃。當書閱畢，嚴世蕃即中毒身亡。然而，這其實也只是穿鑿附會的說法而已。

除了琳瑯滿目的「嘉靖間大名士」外，後世的研究者根據《金瓶梅》中內容文字的錯漏之處、書中引用大量他人詞曲著作、書名為「詞話」的事實，認定《金瓶梅》如同《水滸傳》一樣，是屬於世代累積的集體創作。儘管有這樣的疑慮，但至今依舊沒有任何史料可以證明《金瓶梅》是集體創作的產物。再者，《金瓶梅》引用他人著作的地方，都被精細巧妙地安排，不著痕跡地呈現在整部書中。細觀全書，書中人物眾多，人際關係綿密複雜，作者往往在前面不經意地埋下一筆，在後面揭示，讀之令人恍然大悟，這些都讓人難以相信整部書是集體創作。

由於萬曆本欣欣子序首句有云：「竊謂蘭陵笑笑生作金瓶梅傳，寄寓於時俗，蓋有謂也。」故現今姑且說《金瓶梅》的作者就是「蘭陵笑笑生」了。

以下節錄精彩章回

因情節需要及提供讀者忠於原著的文本，故本書保留原著中的露骨描寫，敬請斟酌閱讀

第一回 西門慶熱結十弟兄，武二郎冷遇親哥嫂

卻說光陰過隙，又早是十月初十外了。一日，西門慶正使小廝請太醫診視卓二姐病症，剛走到廳上，只見應伯爵笑嘻嘻走將進來。西門慶與他作了揖，讓他坐了。伯爵道：「哥，嫂子病體如何？」西門慶道：「多分有些不起解，不知怎的好。」因問：「你們前日多咱時分才散？」伯爵道：「承吳道官再三苦留，散時也有二更多天氣。咱醉的要不的，倒是哥早早來家的便益些。」西門慶因問道：「你吃了飯不曾？」伯爵不好說不曾吃，因說道：「哥，你試猜。」西門慶道：「你敢是吃了？」伯爵掩口道：「這等猜不著。」西門慶笑道：「怪狗才，不吃便說不曾吃，有這等張致的！」一面叫小廝：「看飯來，咱與二叔吃。」伯爵笑道：「不然咱也吃了來了，咱聽得一件稀罕的事兒，來與哥說，要同哥去瞧瞧。」西門慶道：「什麼稀罕的？」伯爵道：「就是前日吳道官所說的，景陽岡上那隻大蟲❶，昨日被一個人一頓拳頭打死了。」西門慶道：「你又來胡說了，咱不信。」伯爵道：「哥，說也不信，你聽著，等我細說。」於是手舞足蹈說道：「這個人有名有姓，姓武名松，排行第二。」先

前怎的避難在柴大官人莊上，後來怎的害起病來，病好了又怎的要去尋他哥哥，過這景陽岡來，怎的遇了這虎，怎的怎的被他一頓拳腳打死了，一五一十說來，就像是親見的一般，又像這隻猛虎是他打的一般。說畢，西門慶搖著頭兒道：「既恁的，咱與你吃了飯同去看來。」伯爵道：「哥，不吃罷，怕誤過了。咱們倒不如上大街酒樓上去坐罷。」只見來興兒來放桌兒，西門慶道：「對你娘說，叫別要看飯了，拿衣服來我穿。」

須臾，換了衣服，與伯爵手拉著手兒同步出來。路上撞著謝希大，笑道：「哥們，敢是來看打虎的麼？」西門慶道：「正是。」謝希大道：「大街上好挨，擠不開哩！」於是一同到臨街一個大酒樓上坐下。不一時，只聽得鑼鳴鼓響，眾人都一齊瞧看。只見一對對纓槍的獵戶擺將過來❷，後面便是那打死的老虎，好像錦布袋一般，四個人還抬不動。末後一匹大白馬上坐著一個壯士，就是那打虎的這個人。西門慶看了，咬著指頭道：「你說這等一個人，若沒有千百斤水牛般氣力，怎能夠動他一動兒。」這裡三個兒飲酒評品，按下不題。

單表迎來的這個壯士怎生模樣，但見：

雄軀凜凜，七尺以上身材；闊面稜稜，二十四五年紀。
雙目直豎，遠望處猶如兩點明星；兩手握來，近覷時好似一雙鐵碓。
腳尖飛起，深山虎豹失精魂；拳手落時，窮谷熊羆皆喪魄。
頭戴著一頂萬字頭巾，上簪兩朵銀花；身穿著一領血腥衲襖，披著一方紅錦。

這人不是別人，就是應伯爵說所陽谷縣的武二郎。只為要來尋他哥子，不意中打死了這個猛虎，被知縣迎請將來，眾人看著他迎入縣裡。卻說這時正值知縣升堂，武松下馬進去，扛著大蟲在廳前。知縣看了武松這般模樣，心中自忖道：「不恁的❸，怎打得這個猛虎！」便喚武松上廳。參見畢，將打虎首尾訴說一遍，兩邊官吏都嚇呆了。知縣在廳上賜了三杯酒，將庫中眾土戶出納的賞錢五十兩❹，賜與武松。武松稟道：「小人托賴相公福蔭，偶然僥倖打死了這個大蟲，非小人之能，如何敢受這些賞賜！眾獵戶因這畜生，受了相公許多責罰，何不就把賞給散與眾人，也顯得相公恩典。」知縣道：「既是如此，任從壯士處分。」武松就把這五十兩賞錢，在廳上散與眾獵戶去了。知縣見他仁德忠厚，又是一條好漢，有心要抬舉他，便道：「你雖是陽谷縣人氏，與我這清河縣只在咫尺。我今日就參你在我縣裡做個巡捕的都頭，專在河東水西擒拿賊盜，你意下如何？」武松跪謝道：「若蒙恩相抬舉，小人終身受賜。」知縣隨即喚押司立了文案❺，當日便參武松做了巡捕都頭。眾里長大戶都來與武松作賀慶喜，連連吃了數日酒。正要回陽谷縣去抓尋哥哥，不料又在清河縣做了都頭，卻也歡喜。那時傳得東平一府兩縣，皆知武松之名。正是：

壯士英雄藝略芳，挺身直上景陽岡。醉來打死山中虎，自此聲名播四方。

卻說武松一日在街上閒行，只聽背後一個人叫道：「兄弟，知縣相公抬舉你做了巡捕都頭，怎不看顧我！」武松回頭見了這人，不覺的：

欣從額角眉邊出，喜逐歡容笑口開。

這人不是別人，卻是武松日常間要去尋他的嫡親哥哥武大。卻說武大自從兄弟分別之後，因時遭飢饉，搬移在清河縣紫石街賃房居住❻。人見他為人懦弱，模樣猥蕤，起了他個渾名叫作三寸丁谷樹皮，俗語言其身上粗糙，頭臉窄狹故也，只因他這般軟弱朴實❼，多欺侮也，這也不在話下。且說武大無甚生意，終日挑擔子出去街上賣炊餅度日，不幸把渾家故了❽，丟下個女孩兒，年方十二歲，名喚迎兒，爺兒兩個過活。那消半年光景，又消折了資本，移在大街坊張大戶家臨街房居住。張宅家下人見他本分，常看顧他，照顧他依舊賣些炊餅，閒時在鋪中坐地，武大無不奉承。因此張宅家下人個個都歡喜，在大戶面前一力與他說方便，因此大戶連房錢也不問武大要。

卻說這張大戶有萬貫家財，百間房屋，年約六旬之上，身邊寸男尺女皆無。媽媽余氏，主家嚴厲，房中並無清秀使女。只因大戶時常拍胸嘆氣道：「我許大年紀，又無兒女，雖有幾貫家財，終何大用。」媽媽道：「既然如此說，我叫媒人替你買兩個使女，早晚習學彈唱，服侍你便了。」大戶聽了大喜，謝了媽媽。過了幾時，媽媽果然叫媒人來，與大戶買了兩個使女，一個叫作潘金蓮，一個喚作白玉蓮。玉蓮年方二八，樂戶人家出身，生得白淨小巧。這潘金蓮卻是南門外潘裁的女兒，排行六姐，因他自幼生得有些姿色，纏得一雙好小腳兒，所以就叫金蓮。他父親死了，做娘的度日不過，從九歲賣在王招宣府裡，習學彈唱，閒常又教他讀書寫字。他本性機變伶俐，不過十二三，就會描眉畫眼、傅粉施朱、品竹彈絲、女工針指、知書識字，梳一個纏髻兒，著一件扣身衫子，做張做致，喬模喬樣。到十五歲的時節，王招宣死了，潘媽媽爭將出來，三十兩銀子轉賣於張大戶家，與玉蓮同時進門。大戶教他習學彈唱，金蓮原自會的，甚是省力。金蓮學琵琶，玉蓮學箏，這兩個同房歇臥。主家婆余氏初時甚是抬舉二人，與他金銀首飾裝束身子。後日不料白玉蓮死了，只落下金蓮一人，長成一十八歲，出落得臉襯桃花，眉彎新月。張大戶每要收他，只礙主家婆厲害，不得到手。一日，主家婆鄰家赴席不在，大戶暗把金蓮喚至房中，遂收用了。正是：

莫訝天台相見晚，劉郎還是老劉郎。

大戶自從收用金蓮之後，不覺身上添了四五件病症。端的那五件？第一腰便添疼；第二眼便添淚；第三耳便添聾；第四鼻便添涕；第五尿便添滴。自有了這幾件病後，主家婆頗知其事，與大戶嚷罵了數日，將金蓮百般苦打。大戶知道不容，卻賭氣倒賠了房奩❾，要尋嫁得一個相應的人家。大戶家下人都說武大忠厚，見無妻小，又住著宅內房兒，堪可與他。這大戶早晚還要看覷此女，因此不要武大一文錢，白白地嫁與他為妻。這武大自從娶了金蓮，大戶甚是看顧他，若武大沒本錢做炊餅，大戶私與他銀兩；若武大挑擔兒出去，大戶候無人，便踅入房中與金蓮廝會。武大雖一時撞見，原是他的行貨，不敢聲言。朝來暮往，也有多時。忽一日，大戶得患陰寒病症，嗚呼死了。主家婆察知其事，怒令家僮將金蓮、武大即時趕出。武大故此遂尋了紫石街西王皇親房子，賃內外兩間居住，依舊賣炊餅。

原來這金蓮自嫁武大，見他一味老實，人物猥瑣，甚是憎嫌，常與他合氣。報怨大戶：「普天世界斷生了男子，何故將我嫁與這樣個貨！每日牽著不走，打著倒退的，只是一味吃酒，著緊處卻是錐鈀也不動。奴端的那世裡悔氣，卻嫁了他！是好苦也！」

武大每日自挑擔兒出去賣炊餅，到晚方歸。那婦人每日打發武大出門，只在帘子下嗑瓜子兒⑩，一徑把那一對小金蓮故露出來，勾引浮浪子弟，日逐在門前彈胡博詞⑪、撒謎語⑫，叫唱：「一塊好羊肉，如何落在狗嘴裡？」油似滑的言語，無般不說出來。因此武大在紫石街又住不牢，要往別處搬移，與老婆商議。婦人道：「賊餛飩不曉事的⑬，你賃人家房住，淺房淺屋，可知有小人羅唣⑭！不如添幾兩銀子，看相應的典上他兩間住，卻也氣概些，免受人欺侮。」武大道：「我那裡有錢典房？」婦人道：「呸！濁才料，你是個男子漢，倒擺布不開，常教老娘受氣。沒有銀子，把我的釵梳湊辦了去，有何難處！過後有了再治不遲。」武大聽老婆這般說，當下湊了十數兩銀子，典得縣門前樓上下兩層、四間房屋居住，第二層是樓，兩個小小院落，甚是乾淨。

武大自從搬到縣西街上來，照舊賣炊餅過活，不想這日撞見自己嫡親兄弟。當日兄弟相見，心中大喜，一面邀請到家中，讓至樓上坐，房裡喚出金蓮來，與武松相見。因說道：「前日景陽岡上打死大蟲的，便是你的小叔。今新充了都頭，是我一母同胞兄弟。」那婦人叉手向前，便道：「叔叔萬福。」武松施禮，倒身下拜。婦人扶住武松道：「叔叔請起，折殺奴家。」武松道：「嫂嫂受禮。」兩個相讓了一回，都平磕了頭起來。少頃，小女迎兒拿茶，二人吃了。武松見婦人十分妖嬈，只把頭來低著。不多時，武大安排酒飯，款待武松。

說話中間，武大下樓買酒菜去了，丟下婦人獨自在樓上陪武松坐地。看了武松身材凜凜，相貌堂堂，又想他打死了那大蟲，畢竟有千百斤氣力。口中不說，心下思量道：「一母所生的兄弟，怎生我家那身不滿尺的丁樹，三分似人七分似鬼，奴那世裡遭瘟撞著他來！如今看起武松這般人壯健，何不叫他搬來我家住？想這段姻緣卻在這裡了。」於是一面堆下笑來，問道：「叔叔你如今在那裡居住？每日飯食誰人整理？」武松道：「武二新充了都頭，逐日答應上司，別處住不方便，胡亂在縣前尋了個下處，每日撥兩個土兵服侍做飯。」婦人道：「叔叔何不搬來家裡住？省的在縣前土兵服侍做飯腌臢⑮。一家裡住，早晚要些湯水吃時，也方便些，就是奴家親自安排與叔叔吃，也乾淨。」武松道：「深謝嫂嫂。」婦人又道：「莫不別處有嬸嬸？可請來廝會。」武松道：「武二並不曾婚娶。」婦人道：「叔叔青春多少？」武松道：「虛度二十八歲。」婦人道：「原來叔叔倒長奴三歲。叔叔今番從那裡來？」武松道：「在滄州住了一年有餘，只想哥哥在舊房居住，不道移在這裡。」婦人道：「一言難盡。自從嫁得你哥哥，吃他忒善了，被人欺負，才到這裡來。若是叔叔這般雄壯，誰敢道個不字！」武松道：「家兄從來本分，不似武松撒潑。」婦人笑道：「怎的顛倒說！常言：『人無剛強，安身不長。』奴家平生性快，看不上那三打不回頭，四打和身轉的。」武松道：「家兄不惹禍，免得嫂嫂憂心。」二人在樓上一遞一句的說。有詩為證：

叔嫂萍蹤得偶逢，嬌嬈偏逞秀儀容。私心便欲成歡會，暗把邪言釣武松。

說文解字

❶大蟲：老虎。古代用「蟲」泛指一切動物，而老虎爲禽獸，就被稱爲「毛蟲」。又因爲老虎爲百獸之王，故以「大」尊稱。❷纓槍：槍上用絲線做成的穗狀飾物。❸不恁的：不這樣。❹土户：指在本地户籍上登記的國家編户。在南北朝時，土户相對於流民、僑民、城民，也被稱爲土著、土民；唐代，相對於客户，也被稱爲居人。❺押司：衙門裡的書吏，也就是書寫文書的人員。❻賃房：租用房子。❼朴實：質樸誠實。❽渾家：古人謙稱自己妻子的一種說法。❾房奩：嫁妝。❿帘子：泛指門簾或窗簾。⓫胡博詞：樂器名，也作火不思、胡撥思。⓬撒謎語：拐彎抹角地說一些隱語。⓭賊餛飩：罵人糊塗。⓮羅唣：吵鬧，尋事。⓯腌臢：不乾淨、不舒暢。也作「骯髒」。

第二十八回 陳敬濟僥倖得金蓮，西門慶糊塗打鐵棍

卻說陳敬濟早晨從鋪子裡進來尋衣服，走到花園角門首。小鐵棍兒在那裡正頑著❶，見陳敬濟手裡拿著一副銀網巾圈兒，便問：「姑夫，你拿的什麼?與了我耍子罷❷。」敬濟道：「此是人家當的網巾圈兒，來贖，我尋出來與他。」那小猴子笑嘻嘻道：「姑夫，你與了我耍子罷，我換與你件好物件兒。」敬濟道：「傻孩子，此是人家當的。你要，我另尋一副兒與你耍子。你有什麼好物件，拿來我瞧。」那猴子便向腰裡掏出一隻紅繡花鞋兒與敬濟看。敬濟便問：「是那裡的？」那猴子笑嘻嘻道：「姑夫，我對你說了罷！我昨日在花園裡耍子，看見俺爹吊著俺五娘兩隻腿兒，在葡萄架兒底下，搖搖擺擺。落後俺爹進去了，我尋俺春梅姑娘要果子吃，在葡萄架底下拾了這隻鞋。」敬濟接在手裡，就知是金蓮腳上之物，便道：「你與了我，明日另尋一對好圈兒與你耍子。」猴子道：「姑夫你休哄我，我明日就問你要哩！」敬濟道：「我不哄你。」那猴子一面笑的耍去了。

這敬濟把鞋褪在袖中，自己尋思：「我幾次戲他，他口兒且是活，及到中間，又走滾了。不想天假其便，此鞋落在我手裡。今日我著實撩逗他一番，不怕他不上帳兒。」正是：

時人不用穿針線，那得工夫送巧來？

陳敬濟袖著鞋，徑往潘金蓮房來。轉過影壁❸，只見秋菊跪在院內，便戲道：「小大姐，為什麼來？投充了新軍，又掇起石頭來了？」金蓮在樓上聽見，便叫春梅問道：「是誰說他掇起石頭來了？乾淨這奴才沒頂著？」春梅道：「是姑夫來了，秋菊頂著石頭哩！」婦人便叫：「陳姐夫，樓上沒人，你上來。」這小伙兒打步撩衣上的樓來。只見婦人在樓上，前面開了兩扇窗兒，掛著湘簾，那裡臨鏡梳妝。這陳敬濟走到旁邊一個小杌兒坐下❹，看見婦人黑油般頭髮，手挽著梳還拖著地兒，紅絲繩兒扎著一窩絲，纘上戴著銀絲鬏髻❺，還墊出一絲香雲，鬏髻內安著許多玫瑰花瓣兒，露著四髩❻，打扮得就是活觀音。須臾，婦人梳了頭，掇過妝台去，向面盤內洗了手，穿上衣裳，喚春梅拿茶來與姐夫吃。那敬濟只是笑，不作聲。婦人因問：「姐夫，笑什麼？」敬濟道：「我笑你管情不見了些什麼兒？」婦人道：「賊短命！我不見了關你甚事？你怎的曉得？」敬濟道：「你看，我好心倒做了驢肝肺，你倒訕起我來。恁說，我去了。」抽身往樓下就走，被婦人一把手拉住，說道：「怪短命，會張致的！來旺兒媳婦子死了，沒了想頭了，卻怎麼還認得老娘。」因問：「你猜著我不見了什麼物件兒？」這敬濟向袖中取出來，提著鞋拽靶兒，笑道：「你看這個是誰的？」婦人道：「好短命，原來是你偷拿了我的鞋去了！教我打著丫頭，繞地裡尋。」敬濟道：「你怎的到得我手裡？」婦人道：「我這屋裡再有誰來？敢是你賊頭鼠腦，偷了我這隻鞋去了。」敬濟道：「你老人家不害羞。我這兩日又不往你屋裡來，我怎生偷你的？」婦人道：「好賊短命，等我對你爹說，你倒偷了我鞋，還說我不害羞。」敬濟道：「你只好拿爹來唬我罷了。」婦人道：「你好小膽兒，明知道和來旺兒媳婦子七個八個，你還調戲他，你幾時有些忌憚兒的！既不是你偷了我的鞋，這鞋怎落在你手裡？趁早實供出來，交還與我鞋，你還便宜。自古物見主必索取，但道半個不字，教你死在我手裡。」敬濟道：「你老人家是個女番子，且是倒會的放刁。這裡無人，咱們好講。你既要鞋，拿一件物事兒我換與你，不然天雷也打不出去。」婦人道：「好短命！我的鞋應當還我，教換甚物事兒與你？」敬濟笑道：「五娘，你拿你袖的那方汗巾兒賞與兒子，兒子與了你的鞋罷。」婦人道：「我明日另尋一方好汗巾兒，這汗巾兒是你爹成日眼裡見過，不好與你的。」敬濟道：「我不。別的就與我一百方也不算，我一心只要你老人家這方汗巾兒。」婦人笑道：「好個牢成久慣的短命❼！我也沒氣力和你兩個纏。」於是向袖中取出一方細撮穗白綾挑線鶯鶯燒夜香汗巾兒，上面連銀三字兒都掠與他。有詩為證：

郎君見妾下蘭階，來索纖纖紅繡鞋。不管露泥藏袖裡，只言從此事堪諧。

這陳敬濟連忙接在手裡，與他深深的唱個喏。婦人吩咐：「好生藏著，休教大姐看見，他不是好嘴頭子。」敬濟道：「我知道。」一面把鞋遞與他，如此這般：「是小鐵棍兒昨日在花園裡拾的，今早拿著問我換網巾圈兒耍子。」如此這般，告訴了一遍。婦人聽了，粉面通紅，說道：「你看賊小奴才，把我這鞋弄的恁漆黑的！看我教他爹打他不打他。」敬濟道：「你弄殺我！打了他不打緊，敢就賴著我身上，是我說的。千萬休要說罷。」婦人道：「我饒了小奴才，除非饒了蝎子❽。」

兩個正說在熱鬧處，忽聽小廝來安兒來尋：「爹在前廳請姐夫寫禮帖兒哩！」婦人連忙攛掇他出去了。下的樓來，教春梅取板子來，要打秋菊。秋菊不肯躺，說道：「尋將娘的鞋來，娘還要打我！」婦人把陳敬濟拿的鞋遞與他看，罵道：「賊奴才，你把那個當我的鞋，將這個放在那裡？」秋菊看見，把眼瞪了半日，說道：「可是作怪的勾當，怎生跑出娘三隻鞋來了？」婦人道：「好大膽奴才！你拿誰的鞋來搪塞我，倒說我是三隻腳的蟾？」不由分說，教春梅拉倒，打了十下。打有秋菊抱股而哭，望著春梅道：「都是你開門，教人進來，收了娘的鞋，這回教娘打我。」春梅罵道：「你倒收拾娘鋪蓋，不見了娘的鞋，娘打了你這幾下兒，還敢抱怨人！早是這隻舊鞋，若是娘頭上的簪環不見了，你也推賴個人兒就是了？娘惜情兒，還打得你少。若是我，外邊叫個小廝，辣辣地打上他二三十板，看這奴才怎麼樣的！」幾句罵得秋菊忍氣吞聲，不言語了。

且說西門慶叫了敬濟到前廳，封尺頭禮物，送賀千戶新升了淮安提刑所掌刑正千戶。本衛親識，都與他送行在永福寺，不必細說。西門慶差了鉞安送去，廳上陪著敬濟吃了飯，歸到金蓮房中。這金蓮千不合萬不合，把小鐵棍兒拾鞋之事告訴一遍，說道：「都是你這沒才料的貨平白幹的勾當！教賊萬殺的小奴才把我的鞋拾了，拿到外頭，誰是沒瞧見。被我知道，要將過來了。你不打與他兩下，到明日慣了他。」西門慶就不問「誰告你說來」，一衝性子走到前邊。那小猴兒不知，正在石台基頑耍，被西門慶揪住頂角❾，拳打腳踢，殺豬也似叫起來，方才住了手。這小猴子躺在地下，死了半日，慌得來昭兩口子走來扶救，半日蘇醒。見小廝鼻口流血，抱他到房裡慢慢問他，方知為拾鞋之事惹起事來。這一丈青氣忿忿地走到後邊廚下，指東罵西，一頓海罵道：「賊不逢好死的淫婦，王八羔子！我的孩子和你有甚冤仇？他才十一二歲，曉的什麼？知道毬也在那塊兒⑩？平白地調唆打他恁一頓，打得鼻口中流血。假若死了，淫婦、王八兒也不好！稱不了你什麼願！」廚房裡罵了，到前邊又罵，整罵了一二日還不定。因金蓮在房中陪西門慶吃酒，還不知。

晚夕上床宿歇，西門慶見婦人腳上穿著兩隻綠綢子睡鞋，大紅提根兒，因說道：「啊呀，如何穿這個鞋在腳？怪怪的，不好看。」婦人道：「我只一雙紅睡鞋，倒吃小奴才將一隻弄油了，那裡再討第二雙來？」西門慶道：「我的兒，你到明日做一雙兒穿在腳上。你不知，我達達一心歡喜穿紅鞋兒，看著心裡愛。」婦人道：「怪奴才！可可兒的來想起一件事來，我要說，又忘了。」因令春梅：「你取那隻鞋來與他瞧。」「你認得這鞋是誰的鞋？」西門慶道：「我不知是誰的鞋。」婦人道：「你看，他還打張雞兒哩⑪！瞞著我，黃貓黑尾⑫，你幹的好萌兒⑬！來旺兒媳婦子的一隻臭蹄子，寶上珠也一般，收藏在藏春塢雪洞兒裡，拜帖匣子內，攪著些字紙和香兒一處放著。什麼稀罕物件，也不當家化化的⑭！怪不得那賊淫婦死了，墮阿鼻地獄！」又指著秋菊罵道：「這奴才當我的鞋，又翻出來，教我打了幾下。」吩咐春梅：「趁早與我掠出去！」春梅把鞋掠在地下，看著秋菊說道：「賞與你穿了罷！」那秋菊拾在手裡，說道：「娘這個鞋，只好盛我一個腳指頭兒罷了。」婦人罵道：「賊奴才，還叫什麼毬娘哩！他是你家主子前世的娘！不然，怎的把他的鞋這等收藏的嬌貴？到明日好傳代，沒廉恥的貨！」秋菊拿著鞋就往外走，被婦人又叫回來，吩咐：「取刀來，等我把淫婦剁作幾截子，掠到茅廁裡去！叫賊淫婦陰山背後⑮，永世不得超生！」因向西門慶道：「你看著越心疼，我越發偏剁個樣兒你瞧。」西門慶笑道：「怪奴才，丟開手罷了，我那裡有這個心！」婦人道：「你沒這個心，你就賭了誓。淫婦死的不知往那去了，你還留著他的鞋做什麼？早晚有省，好思想他。正以俺每和你恁一場，你也沒恁個心兒，還要人和你一心一計哩⑯！」西門慶笑道：「罷了，怪小淫婦兒，偏有這些兒的！他就在時，也沒曾在你跟前行差了禮法。」於是摟過粉項來就親了個嘴，兩個雲雨做一處。正是：

動人春色嬌還媚，惹蝶芳心軟又濃。

有詩為證：

漫吐芳心說向誰？欲於何處寄想思？想思有盡情難盡，一日都來十二時。

說文解字

❶頑：嬉戲，同「玩」。❷耍子：嬉戲、玩耍。❸影壁：古代房子門內或門外，用以遮擋視線或裝飾的短牆。❹杌：方形而沒有椅背的椅子。❺鬏髻：用頭髮，或銀絲，或金絲編結成的網帽，把頭髮包覆起來。為明代已婚婦女的裝扮。❻髩：近耳旁兩頰上的頭髮，同「鬢」。❼牢成久慣：做慣某事而成為箇中老手。也作「久慣牢成」、「久慣老成」。❽除非饒了蝎子：比喻對某人絕不輕饒。❾頂角：幼童頭上所梳的抓髻。❿毴：女子的外生殖器，同「屄」。⓫打張雞兒：假裝糊塗。⓬黃貓黑尾：黃色的貓，卻有黑色的尾巴。比喻人表裡不一，別有心機。⓭萌兒：事情、事件。⓮不當家化化：罪過、不應該。⓯陰山背後：無法投胎轉世之鬼魂所在的地方。⓰一心一計：全心全意、專一無他。

第三十八回 王六兒棒槌打搗鬼，潘金蓮雪夜弄琵琶

話說馮婆子走到前廳角門首，看見玳安在廳槅子前❶，拿著茶盤兒伺候。玳安望著馮媽努嘴兒：「你老人家先往那裡去，俺爹和應二爹說了話就起身，已先使棋童兒送酒去了。」那婆子聽見，兩步作一步走的去了。原來應伯爵來說：「攬頭李智、黃四派了年例三萬香蠟等料錢糧下來，該一萬兩銀子，也有許多利息。上完了批，就在東平府見關銀子，來和你計較，做不做？」西門慶道：「我那裡做他！攬頭以假充真，買官讓官。我衙門裡搭了事件，還要動他，我做他怎的！」伯爵道：「哥若不做，叫他另搭別人。你只借二千兩銀子與他，每月五分行利，叫他關了銀子還你，你心下何如？」西門慶道：「既是你的分上，我挪一千銀子與他罷。如今我莊子收拾，還沒銀子哩！」伯爵見西門慶吐了口兒，說道：「哥若十分沒銀子，看怎麼再撥五百兩貨物兒，湊個千五兒與他罷，他不敢少下你的。」西門慶道：「他少下我的，我有法兒處。又一件，應二哥，銀子便與他，只不叫他打著我的旗兒，在外邊東誆西騙。我打聽出來，只怕我衙門監裡放不下他。」伯爵道：「哥說的什麼話，典守者不得辭其責。他若在外邊打哥的旗兒，常沒事罷了。若壞了事，要我做什麼？哥你只顧放心，但有差池，我就來對哥說。說定了，我明日叫他好寫文書。」西門慶道：「明日不教他來，我有勾當。叫他後日來。」說畢，伯爵去了。

西門慶叫玳安伺候馬，帶上眼紗，問棋童去沒有。玳安道：「來了，取輓手兒去了❷。」不一時，取了輓手兒來，打發西門慶上馬，徑往牛皮巷來。不想韓道國兄弟韓二搗鬼，耍錢輸了，吃的光

睜睜兒的❸，走來哥家，問王六兒討酒吃。袖子裡掏出一條小腸兒來，說道：「嫂，我哥還沒來哩！我和你吃壺燒酒。」那婦人恐怕西門慶來，又見老馮在廚下，不去兜攬他，說道：「我是不吃。你要吃拿過一邊吃去，我那裡耐煩？你哥不在家，招是招非的，又來做什麼？」那韓二搗鬼，把眼兒涎睜著，又不去，看見桌底下一壇白泥頭酒，貼著紅紙帖兒，問道：「嫂子，是那裡酒？打開篩壺來俺每吃❹。耶嚛❺！你自受用！」婦人道：「你趁早兒休動，是宅裡老爹送來的，你哥還沒見哩！等他來家，有便倒一甌子與你吃❻。」韓二道：「等什麼哥？就是皇帝爺的，我也吃一盅兒！」才待搬泥頭，被婦人劈手一推，奪過酒來，提到屋裡去了。把二搗鬼仰八叉推了一跤，半日扒起來，惱羞變成怒，口裡喃喃吶吶罵道：「賊淫婦，我好意帶將菜兒來，見你獨自一個冷落落，和你吃杯酒。你不理我，倒推我一跤。我教你不要慌，你另敘上了有錢的漢子，不理我了，要把我打開，故意兒囂我，訕我，又趁我❼。休叫我撞見，我叫你這不值錢的淫婦，白刀子進去紅刀子出來！」婦人見他的話不妨頭，一點紅從耳邊起，須臾紫脹了雙腮，便取棒槌在手，趕著打出來，罵道：「賊餓不死的殺才！你那裡吃醉了，來老娘這裡撒野火兒。老娘手裡饒你不過！」那二搗鬼口裡喇喇哩哩罵淫婦，直罵出門去。不想西門慶正騎馬來，見了他，問是誰，婦人道：「情知是誰，是韓二那廝，見他哥不在家，要便耍錢輸了，吃了酒來毆我。有他哥在家，常時撞見打一頓。」那二搗鬼看見，一溜煙跑了。西門慶又道：「這少死的花子，等我明日到衙門裡與他做功德！」婦人道：「又叫爹惹惱。」西門慶道：「你不知，休要慣了他。」婦人道：「爹說的是。自古良善被人欺，慈悲生患害。」一面讓西門慶明間內坐。西門慶吩咐棋童回馬家去，叫玳安兒：「你在門首看，但掉著那光棍的影兒，就與我鎖在這裡，明日帶到衙門裡來。」玳安道：「他的魂兒聽見爹到，不知走的那裡去了。」

西門慶坐下。婦人見畢禮，連忙屋裡叫丫鬟錦兒拿了一盞果仁茶出來，與西門慶吃，就叫他磕頭。西門慶道：「也罷，倒好個孩子，你且將就使著罷。」又道：「老馮在這裡，怎的不替你拿茶？」婦人道：「馮媽媽他老人家，我央及他廚下使著手哩！」西門慶又道：「頭裡我使小廝送來的那酒，是個內臣送我的竹葉青，裡頭有許多藥味，甚是峻利[8]。我前日見你這裡打的酒，都吃不上口，我所以拿的這壇酒來。」婦人又道了萬福，說：「多謝爹的酒，正是這般說，俺每不爭氣，住在這僻巷子裡，又沒個好酒店，那裡得上樣的酒來吃，只往大街上取去。」西門慶道：「等韓伙計來家，你和他計較，等著獅子街那裡，替你破幾兩銀子買所房子，等你兩口子亦發搬到那裡住去罷。鋪子裡又近，買東西諸事方便。」婦人道：「爹說的是。看你老人家怎的可憐見，離了這塊兒也好。就是你老人家行走，也免了許多小人口嘴。咱行的正，也不怕他。爹心裡要處自情處，他在家和不在家一個樣兒，也少不得打這條路兒來。」說一回，房裡放下桌兒，請西門慶進去寬了衣服坐。

須臾，安排酒菜上來，婦人陪定，把酒來斟。不一時，兩個並肩疊股而飲。吃得酒濃時，兩個脫剝上床交歡，自在玩耍。婦人早已床炕上鋪得厚厚的被褥，被裡熏的噴鼻香。西門慶見婦人好風月，一徑要打動他，家中袖了一個錦包兒來，打開，裡面銀托子、相思套、硫黃圈、藥煮的白綾帶子、懸玉環、封臍膏、勉鈴，一弄兒淫器。那婦人仰臥枕上，玉腿高蹺，口舌內吐。西門慶先把勉鈴教婦人自放牝內[9]，然後將銀托束其根，硫黃圈套其首，臍膏貼於臍上。婦人以手導入牝中，兩相迎湊，漸入大半。婦人呼道：「達達[10]！我只怕你墩的腿酸[11]，拿過枕頭來，你墊著坐，我淫婦自家動罷。」

又道：「只怕你不自在，你把淫婦腿吊著合，你看好不好？」西門慶真個把他腳帶解下一條來，拴他一足，吊在床槅子上抵著拽，拽的婦人牝中之津如蝸之吐蜒，綿綿不絕，又拽出好些白漿子來。西門慶問道：「你如何流這些白？」才待要抹去，婦人道：「你休抹，等我吮咂了罷⑫。」於是蹲跪在他面前吮吞數次，嗚咂有聲。咂的西門慶淫心輒起，掉過身子，兩個幹後庭花。龜頭上有硫黃圈，濡研難澀，婦人蹙眉隱忍，半晌僅沒其棱。西門慶頗作抽送，而婦人用手摸之，漸入大半，把屁股坐在西門慶懷裡，回首流眸，作顫聲叫：「達達！慢著些，後越發粗大，教淫婦怎生挨忍。」西門慶且扶起股，觀其出入之勢，因叫婦人小名：「王六兒，我的兒，你達不知心裡怎的只好這一椿兒。不想今日遇你，正可我之意，我和你明日生死難開。」婦人道：「達達，只怕後來耍的絮煩了，把奴不理怎了？」西門慶道：「相交下來，才見我不是這樣人。」說話之間，兩個幹夠一頓飯時，西門慶令婦人沒高低淫聲浪語叫著才過。婦人在下，一面用手舉股承受其精，樂極情濃，一泄如注。已而抽出那話來，帶著圈子，婦人還替他吮咂淨了，兩個方才並頭交股而臥。

西門慶與婦人摟抱到二鼓時分，小廝馬來接，方才起身回家。到次日，到衙門裡差了兩個緝捕，把二搗鬼拿到提刑院，只當作掏摸土賊，不由分說，一夾二十，打得順腿流血。睡了一個月，險不把命花了，往後唬得影也再不敢上婦人門纏攪了。正是：

恨小非君子，無毒不丈夫。

遲了幾日，來保、韓道國一行人東京回來，備將前事對西門慶說：「翟管家見了女子，甚是歡喜，說爹費心。留俺府裡住了兩日，討了回書⑬，送了爹一匹青馬，封了韓伙計女兒五十兩銀子禮錢，又與了小的二十兩盤纏。」西門慶道：「夠了。」看了回書，書中無非是知感不盡之意。自此兩家都下眷生名字，稱呼親家，不在話下。韓道國與西門慶磕頭拜謝回家，西門慶道：「韓伙計，你還把你女兒這禮錢收去，也是你兩口兒恩養孩兒一場。」韓道國再三不肯收，說道：「蒙老爹厚恩，禮錢是前日有了。這銀子小人怎好又受得？從前累的老爹好少哩！」西門慶道：「你不依，我就惱了。你將回家不要花了，我有個處。」那韓道國就磕頭謝了，拜辭回去。

老婆見他漢子來家，滿心歡喜，一面接了行李，與他拂了塵土，問他長短：「孩子到那裡好麼？」這道國把往回一路的話，告訴一遍，說：「好人家，孩子到那裡，就與了三間房，兩個丫鬟服侍，衣服頭面不消說。第二日，就領了後邊見了太太。翟管家甚是歡喜，留俺們住了兩日，酒飯連下人都吃不了，又與了五十兩禮錢。我再三推辭，大官人又不肯，還叫我拿回來了。」因把銀子與婦人收了。婦人一塊石頭方落地，因和韓道國說：「咱到明日，還得一兩銀子謝老馮。你不在，虧他常來作作伴兒。大官人那裡，也與了他一兩。」正說著，只見丫頭過來遞茶。韓道國道：「這個是那裡大姐？」婦人道：「這個是咱新買的丫頭，名喚錦兒。過來與你爹磕頭！」磕了頭，丫頭往廚下去了。

老婆如此這般，把西門慶勾搭之事，告訴一遍：「自從你去了，來行走了三四遭，才使四兩銀子買了這個丫頭。但來一遭，帶一二兩銀子來。第二的不知高低，氣不憤，走來這裡放水⑭，被他撞見了，拿到衙門裡，打了個臭死，至今再不敢來了。大官人見不方便，許了要替我每大街上買一所房子，叫咱搬到那裡住去。」韓國道：「嗔道他頭裡不受這銀子，教我拿回來休要花了，原來就是這些話了。」婦人道：「這不是有了五十兩銀子，他到明日，一定與咱多添幾兩銀子，看所好房兒。也是我輸了身一場，且落他些好供給穿戴。」韓道國道：「等我明日往鋪子裡去了，他若來時，你只推我不知道，休要怠慢了他，凡事奉承他些兒。如今好容易賺錢，怎麼趕的這個道路！」老婆笑道：「賊強人，倒路死的⑮！你倒會吃自在飯兒，你還不知老娘怎樣受苦哩！」兩個又笑了一回，打發他吃了晚飯，夫妻收拾歇下。到天明，韓道國宅裡討了鑰匙，開鋪子去了，與了老馮一兩銀子謝他。俱不必細說。

說文解字

❶槅子：類似書架的器具，中分不同樣式的許多層小格，供陳設器皿、玩具。也作「擱子」。❷鞔手兒：鞭子。❸光睜睜兒：油光滿面的樣子。❹篩壺：將酒加熱用的酒壺。❺耶嚛：啊呀，也作「耶樂」。❻甌子：杯子、盅子。❼趍：同「趨」。❽峻利：猛烈。❾牝：女子陰戶。❿達達：原意爲稱呼父親，此處爲情人之間的親暱稱呼。⓫墩：同「蹲」。⓬吣唖：吣吸。⓭回書：答覆的書信。⓮放水：搗亂。⓯倒路死：倒死在路上，罵人不得好死。

第四十九回　請巡按屈體求榮，遇胡僧現身施藥

西門慶回到方丈坐下，長老走來合掌問訊，遞茶，西門慶答禮相還。見他雪眉交白，便問：「長老多大年紀？」長老道：「小僧七十有四。」西門慶道：「到還這等康健。」因問法號，長老道：「小僧法名道堅。」又問：「有幾位徒弟？」長老道：「只有兩個小徒，本寺也有三十餘僧行。」西門慶道：「這寺院也寬大，只是欠修整。」長老道：「不瞞老爹說，這座寺原是周秀老爹蓋造，長住裡沒

錢糧修理，丟得壞了。」西門慶道：「原來就是你守備府周爺的香火院。我見他家莊子不遠，不打緊處，你稟了你周爺，寫個緣簿，別處也再化些，我也資助你些布施。」道堅連忙又合掌問訊謝了。西門慶吩咐玳安兒：「取一兩銀子謝長老，今日打攪。」道堅道：「小僧不知老爹來，不曾預備齋供。」西門慶道：「我要往後邊更更衣去。」道堅連忙叫小沙彌開門。

西門慶更了衣，因見方丈後面五間大禪堂，有許多雲遊和尚在那裡敲著木魚看經。西門慶不因不由❶，信步走入裡面觀看。見一個和尚形骨古怪，相貌搊搜❷，生得豹頭凹眼，色若紫肝，戴了雞蠟箍兒，穿一領肉紅直裰，頦下髭鬚亂拃❸，頭上有一溜光檐，就是個形容古怪真羅漢，未除火性獨眼龍。在禪床上旋定過去了，垂著頭，把脖子縮到腔子裡❹，鼻孔中流下玉箸來❺。西門慶口中不言，心中暗道：「此僧必然是個有手段的高僧。不然，如何因此異相？等我叫醒他，問他個端的。」於是高聲叫：「那位僧人，你是那裡人氏，何處高僧？」叫了頭一聲不答應；第二聲也不言語；第三聲，只見這個僧人在禪床上把身子打了個挺，伸了伸腰，睜開一隻眼，跳將起來，向西門慶點了點頭兒，麄聲應道❻：「你問我怎的？貧僧行不更名，坐不改姓，乃西域天竺國密松林齊腰峰寒庭寺下來的胡僧，雲遊至此，施藥濟人。官人，你叫我有甚話說？」西門慶道：「你既是施藥濟人，我問你求些滋補的藥兒，你有也沒有？」胡僧道：「我有，我有。」又道：「我如今請你到家，你去不去？」胡僧道：「我去，我去。」西門慶道：「你說去，即此就行。」那胡僧直豎起身來，向床頭取過他的鐵柱杖來拄著，背上他的皮褡褳❼，褡褳內盛了兩個藥葫蘆兒，下的禪堂，就往外走。西門慶吩咐玳安：「叫了兩個驢子，同師父先往家去等著，我就來。」胡僧道：「官人不消如此，你騎馬只顧先行。貧僧也不騎頭口❽，管情比你先到。」西門慶道：「一定是個有手段的高僧，不然如何開這等朗言。」恐怕他走了，吩咐玳安：「好歹跟著他同行。」於是作辭長老上馬，僕從跟隨，徑直進城來家。

那日四月十七日，不想是王六兒生日，家中又是李嬌兒上壽，有堂客吃酒。後晌時分❾，只見王六兒家沒人使，使了他兄弟王經來請西門慶，吩咐他宅門首只尋玳安兒說話。不見玳安在門首，只顧立。立了約一個時辰，正值月娘與李嬌兒送院裡李媽媽出來上轎，看見一個十五六歲紮包髻兒小廝，問是那裡的。那小廝三不知走到跟前，與月娘磕了個頭，說道：「我是韓家，尋安哥說話。」月娘問：「那安哥？」平安在旁邊，恐怕他知道是王六兒那裡來的，恐怕他說岔了話，向前把他拉過一邊，對月娘說：「他是韓伙計家使了來尋玳安兒，問韓伙計幾時來。」以此哄過。月娘不言語，回後邊去了。

不一時，玳安與胡僧先到門首，走得兩腿皆酸，渾身是汗，抱怨的要不的。那胡僧體貌從容，氣也不喘。平安把王六兒那邊使了王經來請爹尋他說話一節，對玳安兒說了一遍，道：「不想大娘看見，早是我在旁邊替他摭拾過了❿，不然就要露出馬腳來了。等住回娘若問，你也是這般說。」那玳安走得睜睜的⓫，只顧搧扇子：「今日造化低也怎的？平白爹交我領了這賊禿囚來。好近路兒！從門外寺裡直走到家，路上通沒歇腳兒，走得我上氣兒接不著下氣兒。爹交雇驢子與他騎，他又不騎。他便走著沒事，難為我這兩條腿了！把鞋底子也磨透了，腳也踏破了，攮氣的營生！」平安道：「爹請他來家做什麼？」玳安道：「誰知道！他說問他討什麼藥哩！」正說著，只聞喝道之聲。西門慶到家，看見胡僧在門首，說道：「吾師真乃人中神也，果然先到。」一面讓至裡面大廳上坐。西門慶叫書童接了衣裳，換了小帽，陪他坐的。吃了茶，那胡僧睜眼觀見廳堂高遠，院子深沉，門上掛的是龜背紋蝦鬚織抹綠珠簾，地下鋪獅子滾繡球絨毛線毯，正當中放一張蜻蜓腿、螳螂肚、肥皂色起楞的桌子，桌子上安著條環樣須彌座大理石屏風。周圍擺的都是泥鰍頭、楠木靶腫筋的交倚，兩壁掛的畫都是紫竹桿兒綾邊、瑪瑙軸頭。正是：

鼉皮畫鼓振庭堂，烏木春台盛酒器。

胡僧看畢，西門慶問道：「吾師用酒不用？」胡僧道：「貧僧酒肉齊行。」西門慶一面吩咐小廝：「後邊不消看素饌，拿酒飯來。」那時正是李嬌兒生日，廚下餚饌下飯都有，安放桌兒，只顧拿上來。先綽邊兒放了四碟果子、四碟小菜，又是四碟案酒：一碟頭魚、一碟糟鴨、一碟烏皮雞、一碟舞鱸公。又拿上四樣下飯來：一碟羊角蔥炒的核桃肉、一碟細切的餶飿樣子肉、一碟肥肥的羊貫腸、一碟光溜溜的滑鰍。次又拿了一道湯飯出來：一個碗內兩個肉圓子，夾著一條花腸滾子肉，名喚一龍戲二珠湯；一大盤裂破頭高裝肉包子。西門慶讓胡僧吃了，教琴童拿過團靶鉤頭雞脖壺來，打開腰州精製的紅泥頭，一股一股邈出滋陰摔白酒來，傾在那倒垂蓮蓬高腳盅內，遞與胡僧。那胡僧接放口內，一吸而飲之。隨即又是兩樣添換上來：一碟寸扎的騎馬腸兒、一碟子腌臘鵝脖子。又是兩樣艷物與胡僧下酒：一碟子癩葡萄、一碟子流心紅李子。落後又是一大碗鱔魚麵與菜捲兒，一齊拿上來與胡僧打散。登時把胡僧吃得楞子眼兒[12]，便道：「貧僧酒醉飯飽，足以夠了。」

西門慶叫左右拿過酒桌去，因問他求房術的藥兒。胡僧道：「我有一枝藥，乃老君煉就，王母傳方，非人不度，非人不傳，專度有緣。既是官人厚待於我，我與你幾丸罷。」於是向褡褳內取出葫蘆來，傾出百十丸，吩咐：「每次只一粒，不可多了，用燒酒送下。」又將那一個葫兒捏了，取二錢一塊粉紅膏兒，吩咐：「每次只許用二釐，不可多用。若是脹得慌，用手捏著，兩邊腿上只顧摔打，百十下方得通。你可樽節用之⑬，不可輕泄於人。」西門慶雙手接了，說道：「我且問你，這藥有何功效？」胡僧說：

形如雞卵，色似鵝黃。三次老君炮煉，王母親手傳方。
外視輕如糞土，內覷貴乎玕琅。比金金豈換，比玉玉何償。
任你腰金衣紫，任你大廈高堂。任你輕裘肥馬，任你才俊棟梁。
此藥用托掌內，飄然身入洞房。
洞中春不老，物外景長芳。玉山無頹敗，丹田夜有光。
一戰精神爽，再戰氣血剛。不拘嬌艷寵，十二美紅妝。
交接從吾好，徹夜硬如槍。服久寬脾胃，滋腎又扶陽。
百日鬚髮黑，千朝體自強。固齒能明目，陽生姤始藏。
恐君如不信，拌飯與貓嘗。三日淫無度，四日熱難當。
白貓變為黑，尿糞俱停亡。夏月當風臥，冬天水裡藏。
若還不解泄，毛脫盡精光。每服一釐半，陽興愈健強。

一夜歡十女，其精永不傷。老婦顰眉蹙，淫娼不可當。
有時心倦怠，收兵罷戰場。冷水吞一口，陽回精不傷。
快美終宵樂，春色滿蘭房。贈與知音客，永作保身方。

西門慶聽了，要問他求方兒，說道：「請醫須請良，傳藥須傳方。吾師不傳於我方兒，倘或我久後用沒了，那裡尋師父去？隨師父要多少東西，我與師父。」因令玳安：「後邊快取二十兩白金來。」遞與胡僧，要問他求這一枝藥方。那胡僧笑道：「貧僧乃出家之人，雲遊四方，要這資財何用？官人趁早收拾回去。」一面就要起身。西門慶見他不肯傳方，便道：「師父，你不受資財，我有一匹五丈長大布，與師父做件衣服罷。」即令左右取來，雙手遞與胡僧。胡僧方才打問訊謝了，臨出門又吩咐：「不可多用，戒之！戒之！」言畢，背上褡褳，拴定拐杖，出門揚長而去。正是：

柱杖挑擎雙日月，芒鞋踏遍九軍州。

說文解字

❶不因不由：猶言無意之中。❷搊搜：勇猛，也作「搊瘦」。❸頦下：臉部的下方，即下巴。髭鬚：生在嘴邊的短毛。❹腔子：割去頭的軀體，或指軀體。❺玉箸：佛教用語，指坐化時垂下的鼻涕。坐化，指和尚盤膝而坐，安然死去。❻麄：同「粗」。❼褡褳：古代人們出行時使用，一種裝錢物的口袋。形狀爲長方形，中間有一開口，兩邊各爲一個袋子。❽頭口：牲口，也作「頭匹」。❾後晌：午後。❿摭拾：收拾。⓫睜睜的：痴呆懵懂的樣子。⓬楞子眼兒：不正常地直瞪著眼。⓭樽節：抑止、約束。

第七十九回　西門慶貪欲喪命，吳月娘失偶生兒

王經打著燈籠，玳安、琴童籠著馬，那時也有三更天氣，陰雲密布，月色朦朧，街市上人煙寂寞，閭巷內犬吠盈盈。打馬剛走到西首那石橋兒跟前，忽然一陣旋風，只見個黑影子，從橋底下鑽出來，向西門慶一撲。那馬見了只一驚跳，西門慶在馬上打了個冷戰，醉中把馬加了一鞭，那馬搖了搖鬃，玳安、琴童兩個用力拉著嚼環❶，收煞不住，雲飛般望家奔將來，直跑到家門首方止。王經打著燈籠，後邊跟不上。西門慶下馬腿軟了，被左右扶進，徑往前邊潘金蓮房中來。此這一來，正是：

失脫人家逢五道，濱冷餓鬼撞鐘馗。

原來金蓮從後邊來，還沒睡，渾衣倒在炕上，等待西門慶。聽見來了，連忙一骨碌扒起來，向前替他接衣服。見他吃得酩酊大醉，也不敢問他。西門慶一隻手搭伏著他肩膀上，摟在懷裡，口中喃喃吶吶說道：「小淫婦兒，你達達今日醉了，收拾鋪，我睡也。」那婦人持他上炕，打發他歇下。那西門慶丟倒頭在枕上鼾睡如雷，再搖也搖他不醒。然後婦人脫了衣裳，鑽在被窩內，慢慢用手腰裡摸他那話，猶如綿軟，再沒硬朗氣兒，更不知在誰家來。翻來覆去，怎禁那欲火燒身，淫心蕩漾，不住用手只顧捏弄，蹲下身子，被窩內替他百計品咂，只是不起，急的婦人要不的。因問西門慶：「和尚藥在那裡放著哩？」推了半日推醒了，西門慶酩子裡罵道：「怪小淫婦，只顧問怎的？你又教達達擺布你，你達今日懶待動彈。藥在我袖中穿心盒兒內，你拿來吃了，有本事品弄的它起來，是你造化。」

那婦人便去袖內摸出穿心盒來打開，裡面只剩下三四丸藥兒。這婦人取過燒酒壺來，斟了一盅酒，自己吃了一丸，還剩下三丸，恐怕力不效，千不合，萬不合，拿燒酒都送到西門慶口內。醉了的人，曉的什麼？合著眼只顧吃下去。

那消一盞熱茶時，藥力發作起來，婦人將白綾帶子拴在根上，那話躍然而起。婦人見他只顧去睡，於是騎在他身上，又取膏子藥安放在馬眼內，頂入牝中，只顧揉搓。那話直抵苞花窩裡，覺翕翕然，渾身酥麻，暢美不可言。又兩手據按，舉股一起一坐，那話坐棱露腦，一二百回。初時澀滯，次後淫水浸出，稍沾滑落，西門慶由著他掇弄，只是不理。婦人情不能當，以舌親於西門慶口中，兩手摟著他脖項，極力揉搓，左右偎擦，麈柄盡沒至根，止剩二卵在外，用手摸之，美不可言，淫水隨拭隨出。比三鼓天，五換巾帕，婦人一連丟了兩次，西門慶只是不泄，龜頭越發脹的猶如炭火一般，害箍脹的慌，令婦人把根下帶子去了，還發脹不已，令婦人用口吮之。這婦人扒伏在他身上，用朱唇吞裹龜頭，只顧往來不已，又勒勾約一頓飯時，那管中之精猛然一股冒將出來，猶水銀之澱筒中相似，忙用口接咽不及，只顧流將出來。初時還是精液，往後盡是血水出來，再無個收救，西門慶已昏迷去，四肢不收。婦人也慌了，急取紅棗與他吃下去。精盡繼之以血，血盡出其冷氣而已，良久方止。婦人慌作一團，便摟著西門慶問道：「我的哥哥，你心裡覺怎麼的？」西門慶亦蘇醒了一回，方言：「我頭目森森然，莫知所以。」金蓮問：「你今日怎的流出恁許多來？」更不說他用的藥多了。看官聽說，一己精神有限，天下色欲無窮。又曰：「嗜欲深者生機淺。」西門慶只知貪淫樂色，更不知油枯燈滅，髓竭人亡。正是起頭所說：

二八佳人體似酥，腰間仗劍斬愚夫。雖然不見人頭落，暗裡教君骨髓枯。

一宿晚景題過。到次日清早晨，西門慶起來梳頭，忽然一陣昏暈，望前一頭搶將去。早被春梅雙手扶住，不曾跌著磕傷了頭臉。在椅上坐了半日，方才回過來，慌的金蓮連忙問道：「只怕你空心虛弱，且坐著，吃些什麼兒著，出去也不遲。」一面使秋菊：「後邊取粥來與你爹吃。」那秋菊走到後邊廚下，問雪娥：「熬的粥怎麼了？爹如此這般，今早起來害了頭暈，跌了一跤，如今要吃粥哩！」不想被月娘聽見，叫了秋菊，問其端的。秋菊悉把西門慶梳頭，頭暈跌倒之事告訴一遍。月娘不聽便了，聽了魂飛天外，魄散九霄，一面吩咐雪娥快熬粥，一面走來金蓮房中看視。見西門慶坐在椅子上，問道：「你今日怎的頭暈？」西門慶道：「我不知怎的，剛才就頭暈起來。」金蓮道：「早時我和春梅要跟前扶住了，不然好輕身子兒，這一跤和你善哩！」月娘道：「敢是你昨日來家晚了，酒多了，頭沉。」金蓮道：「昨日往誰家吃酒？那咱晚才來。」月娘道：「他昨日和他二舅在鋪子裡吃酒來。」不一時，雪娥熬了粥，教春梅拿著，打發西門慶吃。那西門慶拿起粥來，只吃了半甌兒，懶待吃，就放下了。月娘道：「你心裡覺怎的？」西門慶道：「我不怎麼，只是身子虛飄飄的，懶待動旦❷。」月娘道：「你今日不往衙門中去罷。」西門慶道：「我不去了，消一回。我往前邊看著姐夫寫帖兒，十五日請周菊軒、荊南崗、何大人眾官客吃酒。」月娘道：「你今日還沒吃藥，取奶來把那藥再吃上一服。是你連日著辛苦忙碌了。」一面教春梅問如意兒擠了奶來，用盞兒盛著，教西門慶吃了藥，起身往前邊去。春梅扶著，剛走到花園角門首，覺眼便黑了，身子晃晃蕩蕩，做不的主兒，只要倒。春梅又扶回來了，月娘道：「依我且歇兩日兒，請人也罷了，那裡在乎這一時。且在屋裡將息兩日兒，不出去罷。」因說：「你心裡要吃什麼，我往後邊做來與你吃。」西門慶道：「我心裡不想吃。」

月娘到後邊，從新又審問金蓮❸：「他昨日來家醉不醉？再沒曾吃酒？與你行什麼事？」金蓮聽了，恨不得生出幾個口來，說一千個沒有：「姐姐，你沒的說。他那咱晚來了，醉的行禮兒也沒顧的，還問我要燒酒吃，教我拿茶當酒與他吃，只說沒了酒，好好打發他睡了。自從姐姐那等說了，誰和他有甚事來，倒沒的羞人子剌剌的。倒只怕別處外邊有了事來，俺每不知道❹。若說家裡，可是沒絲毫事兒。」月娘和玉樓都坐在一處，一面叫了玳安、琴童兩個到跟前審問他：「你爹昨日在那裡吃酒來？你實說便罷，不然有一差二錯，就在你這兩個囚根子身上❺。」那玳安咬定牙，只說獅子街和二舅、賁四吃酒，再沒往那裡去。落後叫將吳二舅來，問他，二舅道：「姐夫只陪俺每吃了沒多大回酒，就起身往別處去了。」這吳月娘聽了，心中大怒，待二舅去了，把玳安、琴童儘力數罵了一遍，要打他二人。二人慌了，方才說出：「昨日在韓道國老婆家吃酒來。」那潘金蓮得不的一聲就來了，說道：「姐姐剛才就埋怨起俺每來，正是冤殺旁人笑殺賊。俺每人人有面，樹樹有皮，姐姐那等說來，莫不俺每成日把這件事放在頭裡？」又道：「姐姐，你再問這兩個囚根子，前日你往何千戶家吃酒，他爹也是那咱時分才來，不知在誰家來。誰家一個拜年，拜到那咱晚！」玳安又恐怕琴童說出來，隱瞞不住，遂把私通林太太之事備說一遍，月娘方才信了，說道：「嗔道教我拿帖兒請他，我還說人生面不熟，他不肯來，怎知和他有連手。我說恁大年紀，描眉畫鬢，搽的那臉倒像膩抹兒抹的一般❻，乾淨是個老浪貨！」玉樓道：「姐姐，沒見一個兒子也長恁大人兒，娘母還幹這個營生。忍不住，嫁了個漢子，也休要出這個醜。」金蓮道：「那老淫婦有什麼廉恥！」月娘道：「我只說他絕不來，誰想他浪搧著來了。」金蓮道：「這個，姐姐才顯出個皂白來了❼！像韓道國家這個淫婦，姐姐還嗔我罵他！乾淨一家子都養漢，是個明王八，把個王八花子也裁派將來，早晚好做勾使鬼。」月娘道：「王三官兒娘，你還罵他老淫婦，他說你從小兒在他家使喚來。」那金蓮不聽便罷，聽了把臉掣耳朵帶脖子都紅了❽，便罵道：「汗邪了那賊老淫婦！我平日在他家做什麼？還是我姨娘在他家緊隔壁住，他家有個花園，俺每小時在俺姨娘家住，常過去和他家伴姑兒耍子，就說我在他家來，我認得他是誰？也是個張眼露睛的老淫婦！」月娘道：「你看那嘴頭子！人和你說話，你罵他。」那金蓮一聲兒就不言語了。

月娘主張叫雪娥做了些水餃兒，拿了前邊與西門慶吃。正走到儀門首，只見平安兒徑直往花園中走，被月娘叫住問道：「你做什麼？」平安兒道：「李銘叫了四個唱的，十五日擺酒，因來回話，問擺的成擺不成。我說未發帖兒哩！他不信，教我進來稟爹。」月娘罵道：「怪賊奴才，還擺什麼酒，問什麼，還不回那王八去哩！還來稟爹娘哩！」把平安兒罵的往外金命水命去了。月娘走到金蓮房中，看著西門慶只吃了三四個水餃兒，就不吃了。因說道：「李銘來回唱的，教我回倒他，改日子了，他去了。」西門慶點頭兒。

西門慶只望一兩日好些出來，誰知過了一夜，到次日，內邊虛陽腫脹，不便處發出紅瘰來，連腎囊都腫得明滴溜如茄子大。但溺尿，尿管中猶如刀子犁的一般，溺一遭，疼一遭。外邊排軍、伴當備下馬伺候⑨，還等西門慶往衙門裡大發放，不想又添出這樣症候來。月娘道：「你依我拿帖兒回了何大人，在家調理兩日兒，不去罷。你身子恁虛弱，趁早使小廝請了任醫官，教瞧瞧，你吃他兩帖藥過來。休要只顧耽著，不是事。你偌大的身量，兩日通沒大好吃什麼兒，如何禁的？」那西門慶只是不肯吐口兒請太醫，只說：「我不妨事，過兩日好了，我還出去。」雖故差人拿帖兒、送假牌往衙門裡去，在床上睡著，只是急躁，沒好氣。

應伯爵打聽得知，走來看他。西門慶請至金蓮房中坐的。伯爵聲喏道：「前日打攪哥，不知哥心中不好，嗔道花大舅那裡不去。」西門慶道：「我心中若好時，也去了，不知怎的懶待動旦。」伯爵道：「哥，你如今心內怎樣的？」西門慶道：「不怎的，只是有些頭暈，起來身子軟，走不得。」伯爵道：「我見你面容發紅色，只怕是火，教人看來不曾？」西門慶道：「房下說請任後溪來看我⑩，我說又沒甚大病，怎好請他的。」伯爵道：「哥，你這個就差了，還請他來看看。怎的說，吃兩帖藥，散開這火就好了。春氣起，人都是這等痰火舉發舉發。昨日李銘撞見我，說你使他叫唱的，今日請人擺酒，說你心中不好，改了日子。把我唬了一跳，我今日才來看哥。」西門慶道：「我今日連衙門中拜牌也沒去，送假牌去了。」伯爵道：「可知去不的，大調理兩日兒出門。」吃畢茶道：「我去罷，再來看哥。李桂姐會了吳銀兒，也要來看你哩！」西門慶道：「你吃了飯去。」伯爵道：「我一些不吃。」揚長出去了。

西門慶於是使琴童往門外，請了任醫官來，進房中診了脈，說道：「老先生此貴恙，乃虛火上炎，腎水下竭，不能既濟，此乃是脫陽之症。須是補其陰虛，方才好得。」說畢，作辭起身，去了。

一面封了五錢銀子，討將藥來，吃了。止住了頭暈，身子依舊還軟，起不來。下邊腎囊越發腫痛，溺尿甚難。

到後晌時分，李桂姐、吳銀兒坐轎子來看。每人兩個盒子，進房與西門慶磕頭，說道：「爹怎的心裡不自在？」西門慶道：「你姐兒兩個自恁來看看便了，如何又費心買禮兒。」因說道：「我今年不知怎的，痰火發的重些。」桂姐道：「還是爹這節間酒吃的多了，清潔他兩日兒就好了。」坐了一回，走到李瓶兒那邊屋裡，與月娘眾人見節。請到後邊，擺茶畢，又走來到前邊，陪西門慶坐的說話兒。只見伯爵又陪了謝希大、常峙節來望，西門慶教玉簫攙扶他起來坐的，留他三人在房內，放桌兒吃酒。謝希大道：「哥，用了些粥不曾？」玉簫把頭扭著，不答應。西門慶道：「我還沒吃粥，咽不下去。」希大道：「拿粥，等俺每陪哥吃些粥兒還好。」不一時，拿將粥來。西門慶拿起粥來，只扒了半盞兒，就吃不下了。月娘和李桂姐、吳銀兒，都在李瓶兒那邊坐的。伯爵問道：「李桂姐與銀姐來了，怎的不見？」西門慶道：「在那邊坐的。」伯爵因令來安兒：「你請過來，唱一套兒與你爹聽。」吳月娘恐西門慶不耐煩，攔著，只說吃酒哩！不教過來。眾人吃了一回酒，說道：「哥，你陪著俺每坐，只怕勞碌著你。俺每去了，你自在側側兒罷。」西門慶道：「起動列位掛心。」三人於是作辭去了。

應伯爵走出小院門，叫玳安過來吩咐：「你對你大娘說，應二爹說來，你爹面上變色，有些滯氣，不好，早尋人看他。大街上胡太醫最治的好痰火，何不使人請他看看，休要耽遲了。」玳安不敢怠慢，走來告訴月娘。月娘慌進房來，對西門慶說：「方才應二哥對小廝說，大街上胡太醫看的痰火好，你何不請他來看看你？」西門慶道：「胡太醫前番看李大姐不濟⑪，又請他？」月娘道：「藥醫不死病，佛度有緣人。看他不濟，只怕你有緣，吃了他的藥兒好了是的。」西門慶道：「也罷，你請他去。」不一時，使棋童兒請了胡太醫來。適有吳大舅來看，陪他到房中看了脈，對吳大舅、陳敬濟說：「老爹是個下部蘊毒，若久而不治，卒成溺血之疾，乃是忍便行房。」又封了五錢藥金，討將藥來吃下去，如石沉大海一般，反溺不出來。月娘慌了，打發桂姐、吳銀兒去了，又請何老人兒子何春泉來看。又說：「是癃閉便毒，一團膀胱邪火，趕到這下邊來。四肢經絡中，又有濕痰流聚，以致心腎不交。」封了五錢藥金，討將藥來，越發弄的虛陽舉發，麈柄如鐵，晝夜不倒。潘金蓮晚夕不管好歹，還騎在他身上，倒澆蠟燭掇弄，死而複蘇者數次。

到次日，何千戶要來望，先使人來說。月娘便對西門慶道：「何大人要來看你，我扶你往後邊去罷，這邊隔二偏三⑫，不是個待人的。」那西門慶點頭兒。於是月娘替他穿上暖衣，和金蓮肩搭搊扶著，方離了金蓮房，往後邊上房，鋪下被褥高枕，安頓他在明間炕上坐的。房中收拾乾淨，焚下香。不一時，何千戶來到，陳敬濟請他到於後邊臥房，看見西門慶坐在病榻上，說道：「長官，我不敢作揖。」因問：「貴恙覺好些？」西門慶告訴：「上邊火倒退下了，只是下邊腫毒，當不的。」何千戶道：「此係便毒。我學生有一相識，在東昌府探親，昨日新到舍下，乃是山西汾州人氏，姓劉號桔齋，年半百，極看的好瘡毒。我就使人請他來看看長官貴恙。」西門慶道：「多承長官費心，我這裡就差人請去。」何千戶吃畢茶，說道：「長官，你耐煩保重。衙門中事，我每日委答應的遞事件與你，不消掛意。」西門慶舉手道：「只是有勞長官了。」作辭出門。西門慶這裡隨即差玳安拿帖兒，同何家人請了這劉桔齋來。看了脈，並不便處，連忙上了藥，又封一帖煎藥來。西門慶答賀了一匹杭州絹，一兩銀子。吃了他頭一盞藥，還不見動靜。

那日不想鄭月兒送了一盒鴿子雛兒，一盒果餅頂皮酥，坐轎子來看。進門與西門慶磕頭，說道：「不知道爹不好，桂姐和銀姐好人兒，不對我說聲兒，兩個就先來了。看的爹遲了，休怪。」西門慶道：「不遲，又起動你費心，又買禮來。」愛月兒笑道：「什麼大禮，惶恐。」因說：「爹清減的恁樣的，每日飲饌也用些兒？」月娘道：「用的倒好了，吃不多兒。今日早晨，只吃了些粥湯兒，剛才太醫看了去了。」愛月兒道：「娘，你吩咐姐把鴿子雛兒燉爛一個兒來，等我勸爹進些粥兒。你老人家不吃，恁偌大身量，一家子金山也似靠著你，卻怎麼樣兒的。」月娘道：「他只害心口內攔著，吃不下去。」愛月兒道：「爹，你依我說，把這飲撰兒就懶待吃，須也強吃些兒，怕怎的？人無根本，水食為命，終須用些兒。不然，越發淘淥的身子空虛了⑬。」不一時，燉爛了鴿子雛兒，小玉拿粥上來，十香甜醬瓜茄，粳粟米粥兒。這鄭月兒跳上炕去，用盞兒托著，跪在西門慶身邊，一口口喂他。強打著精神，只吃了上半盞兒，揀兩箸兒鴿子雛兒在口內，就搖頭兒不吃了。愛月兒道：「一來也是藥，二來還虧我勸爹，卻怎的也進了些飲饌兒！」玉簫道：「爹每常也吃，不似今日月姐來，勸著吃的多些。」月娘一面擺茶與愛月兒吃，臨晚管待酒饌，與了他五錢銀子，打發他家去。愛月兒臨出門，又與西門慶磕頭，說道：「爹，你耐煩將息兩日兒，我再來看你。」

比及到晚夕，西門慶又吃了劉桔齋第二帖藥，遍身疼痛，叫了一夜。到五更時分，那不便處腎囊脹破了，流了一灘鮮血，龜頭上又生出疳瘡來，流黃水不止，西門慶不覺昏迷過去。月娘眾人慌了，都守著看視，見吃藥不效，一面請了劉婆子，在前邊捲棚內與西門慶點人燈挑神，一面又使小廝往周守備家內訪問吳神仙在那裡，請他來看，因他原相西門慶今年有嘔血流膿之災，骨瘦形衰之病。賁四說：「也不消問周老爹宅內去，如今吳神仙見在門外土地廟前，出著個卦肆兒，又行醫，又賣卦。人請他，不爭利物，就去看治。」月娘連忙就使琴童把這吳神仙請將來。進房看了西門慶不似往時，形容消減，病體懨懨，勒著手帕，在於卧榻。先診了脈息，說道：「官人乃是酒色過度，腎水竭虛，太極邪火聚於欲海，病在膏肓，難以治療。」

月娘見他說治不了，道：「既下藥不好，先生看他命運如何？」吳神仙掐指尋紋，打算西門慶八字，說道：「屬虎的，丙寅年，戊申月，壬午日，丙辰時。今年戊戌，流年三十三年，算命，見行癸亥運。雖然是火土傷官，今年戊土來克壬水。正月又是戊寅月，三戊沖辰，怎麼當的？雖發財發福，難保壽源。有四句斷語不好。」說道：

命犯災星必主低，身輕煞重有災危。時日若逢真太歲，就是神仙也皺眉。

月娘道：「命不好，請問先生還有解麼？」神仙道：「白虎當頭，喪門坐命，神仙也無解，太歲也難推。造物已定，神鬼莫移。」月娘只得拿了一匹布，謝了神仙，打發出門。月娘見求神問卜皆有凶無吉，心中慌了。到晚夕，天井內焚香，對天發願，許下「兒夫好了，要往泰安州頂上與娘娘進香掛袍三年」，孟玉樓又許下逢七拜斗，獨金蓮與李嬌兒不許願心。

西門慶自覺身體沉重，要便發昏過去，眼前看見花子虛、武大在他跟前站立，問他討債，又不肯告人說，只教人廝守著他。見月娘不在跟前，一手拉著潘金蓮，心中捨他不得，滿眼落淚，說道：「我的冤家，我死後，你姐妹們好好守著我的靈，休要失散了。」那金蓮亦悲不自勝，說道：「我的哥哥，只怕人不肯容我。」西門慶道：「等他來，等我和他說。」不一時，吳月娘進來，見他二人哭得眼紅紅的，便道：「我的哥哥，你有甚話，對奴說幾句兒，也是我和你做夫妻一場。」西門慶聽了，不覺哽咽哭不出聲來，說道：「我覺自家好生不濟，有兩句遺言和你說：我死後，你若生下一男半女，你姐妹好好待著，一處居住。休要失散了，惹人家笑話。」指著金蓮說：「六兒從前的事，你擔待他罷。」說畢，那月娘不覺桃花臉上滾下珍珠來，放聲大哭，悲慟不止。西門慶囑付了吳月娘，又把陳敬濟叫到跟前，說道：「姐夫，我養兒靠兒，無兒靠婿。姐夫就是我的親兒一般，我若有些山高水低⑭，你發送了我入土，好歹一家一計，幫扶著你娘兒每過日子，休要教人笑話。」又吩咐：「我死後，緞子鋪裡五萬銀子本錢，有你喬親家爹那邊，多少本利都找與他。教傅伙計把貸賣一宗交一宗，休要開了。賁四絨線鋪，本銀六千五百兩，吳二舅綢絨鋪是五千兩，都賣盡了貨物，收了來家。又李三討了批來，也不消做了，教你應二叔拿了別人家做去罷。李三、黃四身上還欠五百兩本錢，一百五十兩利錢未算，討來發送我，你只和傅伙計守著家門這兩個鋪子罷。印子鋪占用銀二萬兩，生藥鋪五千兩，韓伙計、來保松江船上四千兩。開了河，你早起身，往下邊接船去，接了來家，賣了銀子併進來，你娘兒每盤纏。前邊劉學官還少我二百兩，華主簿少我五十兩，門外徐四鋪內，還欠我本利三百四十兩，都有合同見在，上緊使人摧去。到日後，對門並獅子街兩處房子都賣了罷，只怕你娘兒們顧攬不過來。」說畢，哽哽咽咽地哭了。陳敬濟道：「爹囑咐，兒子都知道了。」不一時，傅伙計、甘伙計、吳二舅、賁四、崔本都進來看視問安。西門慶一一都吩咐了一遍，眾人都道：「你老人家寬心，不妨事。」一日來問安看者，也有許多，見西門慶不好的沉重，皆嗟嘆而去。

過了兩日，月娘痴心，只指望西門慶還好，誰知天數造定，三十三歲而去。到於正月二十一日，五更時分，像火燒身，變出風來，聲若牛吼一般，喘息了半夜。挨到巳牌時分⓯，嗚呼哀哉，斷氣身亡。正是：

三寸氣在千般用，一旦無常萬事休。

古人有幾句格言，說得好：

為人多積善，不可多積財。積善成好人，積財惹禍胎。
石崇當日富，難免殺身災。鄧通飢餓死，錢山何用哉。
今人非古比，心地不明白。只說積財好，反笑積善呆。
多少有錢者，臨了沒棺材。

說文解字

❶嚼環：爲了便於駕馭牲口，橫放在牲口嘴裡的鐵製品。❷懶待動旦：懶得動，身體不舒服不想挪動。❸從新：重新。❹俺每：我。❺囚根子：罵人的話。囚、根子，均表示男性生殖器。❻膩抹兒：泥水匠塗抹牆壁的工具。❼皂白：指黑色和白色，引喻爲正確與謬誤。❽掣：牽引、牽動。❾排軍：泛指官府衙門內的軍兵。伴當：指跟隨作伴的僕人或

夥伴。⑩房下：內人，妻子。⑪不濟：事情不成功。⑫隔二偏三：形容地方偏僻、遙遠。⑬淘淥：銷蝕，多指色欲傷身。也作「淘碌」。⑭山高水低：比喻不幸的事情，多指人的死亡。⑮巳牌時分：指上午九點至十一點。

言外之意

❖寫實諷刺

《金瓶梅》的「奇」首先表現在它的題材上，古典小說在《金瓶梅》以前，多半描寫帝王將帥可歌可泣的歷史故事，如《三國演義》；或草莽英雄的民間故事，如《水滸傳》；或神仙靈怪亦幻亦眞的神怪故事，如《西遊記》。而最先將寫作的視角放在市井社會的就是《金瓶梅》，這近百萬言的長篇巨帙無一處不洋溢著強烈的現實氣息，眞實地反映明末社會金錢利益掛帥、政治社會黑暗的殘酷現實。

古代中國時常提倡「重農抑商」的政策，但隨著物質生活提升、城市經濟興起，商人在擁有財富之後，也漸漸地開始覬覦權勢，因爲一旦擁有權勢，就將會帶來更多財富。這種情況在明代晚期更爲嚴重，晚明商人暴起，買官鬻爵時有所聞。

《金瓶梅》的背景即是建立在這樣的社會上，主角西門慶本身就是一位暴富的商人，他靠著送生辰擔打通東京門路，謀得清河縣提刑所副千戶之職，仗著官位權勢恣意妄爲、枉法貪贓，後來又拜太師蔡京爲乾爹，不久轉爲正千戶，執掌清河縣提刑大權。當他體會到金錢無所不能的力量時，他曾在妻妾面前誇口：「咱聞那佛祖西天，也止不過要黃金鋪地；陰司十殿，也要些楮鏹營求（楮鏹，祭祀用的紙錢）。咱只消盡這家私廣爲善事，就使強姦了姮娥，和奸了織女，拐了許飛瓊，盜了西王母的女兒，也不減我潑天的富貴！」

而在西門慶死後，作者又安排了張二官這個人物，張二官接收了西門慶的二妾及其營利管道，也接收了千戶之職。西門慶所代表的惡勢力，並不隨著他的死亡而消逝，反而繼續有人走上這條暴起暴落的道路。由此可見，作者對於晚明社會徹頭徹尾的絕望，正是這種絕望感促使他以前所未見的寫實手法，描繪出這群世紀末荒唐時代下，營苟偷生的荒唐人物。

❖扭曲人性

《金瓶梅》以其銳利之筆，不僅寫出社會、政治的黑暗墮落，還揭示人性的弱點，尤其是金錢對人性的扭曲。西門慶家中的家人媳婦、夥計之妻，從宋惠蓮、王六兒、賁四娘子、來爵之妻惠元等等，無一不與他勾搭。這些女人都不是屈從於暴力脅迫下，而是屈服在金錢的淫威之下。每當西門慶與他們偷歡時，這些女人不但要肢體奉承，還要口出淫語穢言以滿足西門慶的淫心，一面交歡還一面要求施予財物，或爲丈夫謀利。第三十八回「王六兒棒槌打搗鬼，潘金蓮雪夜弄琵琶」，描寫西門慶趁著韓道國送韓愛姐到東京翟管家做妾時，與王六兒勾搭。當韓道國回家時，王六兒還一五一十地告訴韓道國自己與西門慶偷歡之事：

老婆如此這般，把西門慶勾搭之事，告訴一遍：「自從你去了，來行走了三四遭，才使四兩銀子買了這個丫頭。但來一遭，帶一二兩銀子來……大官人見不方便，許了要替我每大街上買一所房子，叫咱搬到那裡住去。」韓道國道：「嗔道他頭裡不受這銀子，教我拿回來休要花了，原來就是這些話了。」婦人道：「這不是有了五十兩銀子，他到明日，一定與咱多添幾兩銀子，看所好房兒。也是我輸了身一場，且落他些好供給穿戴。」韓道國道：「等我明日往鋪子裡去了，他若來時，你只推我不知道，休要怠慢了他，凡事奉承他些兒。如今好容易賺錢，怎麼趕的這個道路！」老婆笑道：「賊強人，倒路死的！你倒會吃自在飯兒，你還不知老娘怎樣受苦哩！」兩個又笑了一回，打發他吃了晚飯，夫妻收拾歇下。

往後，每當西門慶來找王六兒時，韓道國總會識趣地迴避。作者極盡諷刺地描寫這些卑微無恥的人物，反映出人性在金錢的驅使下，是何等的可悲與可憐。

❖無辜受害

《金瓶梅》的寫實除了表現在政治、社會、家庭上，更於全書中充斥著無辜者受盡屈辱、悲慘而死的故事，完全沒有傳統古典小說中普遍存在的「善人必令其終，而惡人必罹其罰」的正義。例如，武大被潘金蓮與西門慶聯手毒死，就算兄弟武松身為都頭，還是敵不過金錢的力量，無法為其伸冤。又如，宋惠蓮自縊而亡，西門慶差人遞狀，說他因失落一件銀盅，恐家主查問見責，便自縊身死。他的父親宋仁攔屍喊冤，反被西門慶一狀告到官府，當廳一夾二十大板，打得鮮血順腿淋漓，歸家不久便一命嗚呼。

類似的事件在書中俯拾即是，雖然屈死者不一定都是善人，他們當然都有著人性的弱點，但終究是無辜的人。就連西門慶那樣的惡人，最終也不是死於正義的制裁，而是因自身縱欲過度導致精盡人亡。

❖露骨描寫

《金瓶梅》的寫實還在於對性的露骨描寫。曾有人懷疑，也許這些露骨的性愛場景是當時書商刊刻時，為求其暢銷而加入。如今，我們已無法得知它起初的原貌為何，但至少在傳抄之時，此書就已有「淫書」的封號。此外，其實在當時的社會，從上到下並不以談房闈之事為恥，這種性行為的描寫與當時社會肯定「好色」

的思潮有很大的關係。許多評論認爲，《金瓶梅》中大量鋪陳的性愛場面過於粗鄙，而顯得格外不堪，因此削弱其文學性。然而，或許作者從來就不打算將性愛場景描述地多麼愉悅美好，而是藉由這類場景來表現卑微的人性。

❖人物性格

《金瓶梅》的藝術特點在於它注重人物形象的塑造，善於挖掘人物的深層心理。《水滸傳》可說是人物形象非常鮮明了，但對於人物心理，作者還未必能深入，所以《水滸傳》仍是一部傳奇色彩濃厚的小說，主要以故事情節吸引讀者。而《金瓶梅》則有意淡化故事情節，描述大量生活瑣事。整體來說，讀完一部《金瓶梅》，讀者也許記不起來主要事件的來龍去脈，但卻可以深刻感受主要人物的性格特徵。這便是因爲《金瓶梅》已將描寫重點轉向人物性格的塑造，它從大量的閒筆瑣事中，展現出主角們的心理狀況。作者又善於摹寫人物鮮活的口吻語氣，以及人物的神態動作等等，從中表現人物的心理與性格特徵。

此外，不像傳統古典小說中的各色人物，即使性格鮮活，但都略爲單一扁平，《金瓶梅》的主要人物個個都是性格複雜矛盾的立體人物，就這一點而言，《金瓶梅》便不負寫實巨著的名號。

以潘金蓮爲例，他可說是集所有惡德於一身的惡婦，他善嫉妒、好譏刺，性格邪惡、狠辣，然而當他心情不錯時，也許會流露出些許可愛的韻致。當武松殘殺他時，讀者當不至於有親痛仇快之感，反而會有一股深沉的感慨隱隱發自心底。因爲，武松正是他最初心儀的對象，他爲了武松，蒙蔽平時的聰慧心機，最後落得身首異處的下場。即使潘金蓮在書中表現得人盡可夫，但對於無可抗拒者所表現出的軟弱，還是令人感到可悲的同情。這種隱隱的感慨時常出現在書中，乃是因為作者將人物的性格複雜化，當我們愈深入認識這個角色時，就愈能設身處地去理解其行為及心態，因而產生同理心。

《金瓶梅》的作者不是站在歷史的高處縱覽人生，而是站在現實生活的地平面上環視群生，使得人性中的妍媸美醜都得以鮮明地呈現。他摒棄「好人一切皆好，壞人一切皆壞」的二分法，提供讀者對於複雜人物充滿矛盾的審美感受。

高手過招

（*為多選題）

1.（　）請依循下列選項中的文字敘述，找出適當的配對小說。甲、滾滾長江東逝水，浪花淘盡英雄。是非成敗轉頭空，青山依舊在，幾度夕陽紅。乙、滿紙荒唐言，一把辛酸淚，都云作者痴，誰解其中味？丙、功名富貴無憑據，費盡心情，總把流光誤。濁酒三杯沉醉去，水流花謝知何處？丁、吾人生今之時，有身世之感情，有家國之感情，有宗教之感情，其感情愈深者，其哭泣愈痛。戊、讀此書而生憐憫心者，菩薩也；生畏懼心者，君子也；生歡喜心者，小人也；生效法心者，乃禽獸耳。己、姑妄言之妄聽之，豆棚瓜架雨如絲。料應厭作人間語，愛聽秋墳鬼唱詩。

(A)《紅樓夢》《三國演義》《儒林外史》《老殘遊記》《聊齋志異》《金瓶梅》

(B)《金瓶梅》《紅樓夢》《老殘遊記》《儒林外史》《三國演義》《聊齋志異》

(C)《三國演義》《紅樓夢》《儒林外史》《老殘遊記》《金瓶梅》《聊齋志異》

Ⓓ《聊齋志異》《紅樓夢》《儒林外史》《老殘遊記》《金瓶梅》《三國演義》

2.（　）下列敘述何者正確？

Ⓐ「只近浮名不近情，且看不飲更何成。三杯漸覺紛華遠，一斗都澆塊磊平。醒復醉，醉還醒，靈均憔悴可憐生。離騷讀殺渾無味，好個阮步兵。」元遺山這首詞是期望自己像阮籍那樣酣飲恣肆，沉醉酒鄉，以逃避塵世苦惱。

Ⓑ楊維楨為拒絕明太祖的招賢，故寫下「皇帝書徵老秀才，秀才懶下讀書台。商山本為儲君出，黃石終期孺子來。太守枉於堂下拜，使臣空向日邊回。老夫一管春秋筆，留向胸中取次裁」。

Ⓒ金聖歎將《西遊記》列為六大才子書之一，理由是該書成功地塑造孫悟空這一光彩奪目的英雄形象，藝術成就非常高。

Ⓓ《金瓶梅》一書由西門慶與三個妾姬：潘金蓮、李瓶兒、龐春梅所構成，描繪一個上自朝廷弄權專政的太師，下至地方官僚惡霸，乃至市井地痞流氓、幫閒蔑片所構成的陰暗世界。

3.（　）「婦人道：『怪奴才，可可兒的來想起一件事來，我要說，又忘了。』因令春梅：『你取那隻鞋來與他瞧。』」依上文內容分析，應是摘錄自哪一部書？

Ⓐ《金瓶梅》

Ⓑ《三國演義》

Ⓒ《水滸傳》

Ⓓ《西遊記》

＊4.（　）下列敘述何者錯誤？

Ⓐ《官場現形記》、《老殘遊記》、《儒林外史》、《二十年目睹之怪現狀》並稱為晚清四大譴責小說。

Ⓑ古代「雜記類」文體概略分為四類：山水遊記、人事雜記、台閣名勝記、書畫名物記。

Ⓒ王勃、楊炯、盧照鄰、駱賓王並稱為「初唐四傑」。

Ⓓ清代李漁將《紅樓夢》、《金瓶梅》、《水滸傳》、《三國演義》並稱為「四大奇書」。

Ⓔ中國古代繪畫稱梅、蘭、菊、竹為「四君子」。

【解答】 1.C　2.D　3.A　4.AD

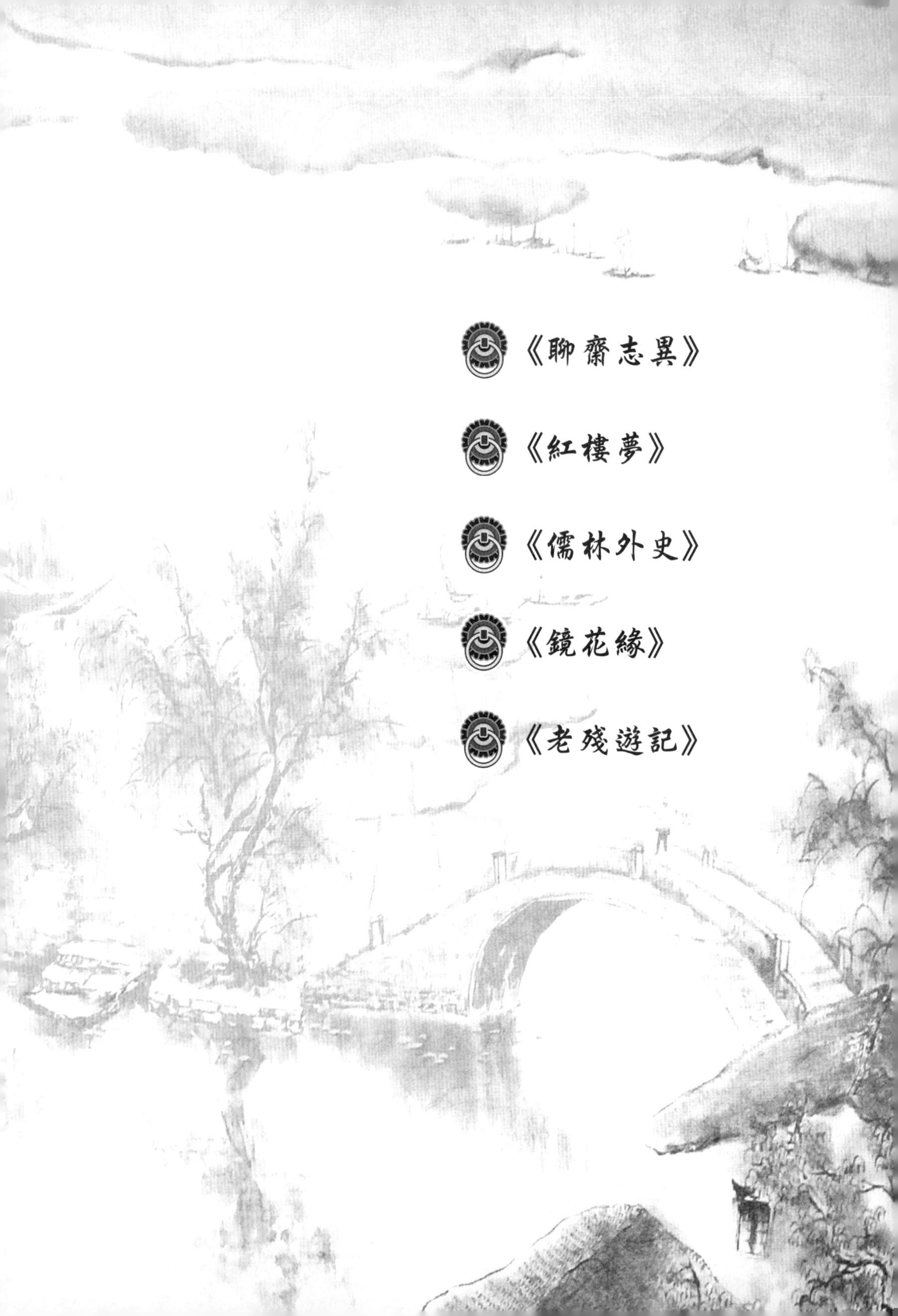

- 《聊齋志異》
- 《紅樓夢》
- 《儒林外史》
- 《鏡花緣》
- 《老残遊記》

清代

聊齋志異

姑妄言之姑聽之，豆棚瓜架雨如絲。料應厭作人間語，愛聽秋墳鬼唱詩。

蒲松齡

作品通覽

蒲松齡寫《聊齋志異》一書，大約開始於康熙九年左右，約完成於康熙十八年。完成時，蒲松齡已是個四十多歲的中年人，人世滄桑，潦倒不幸集於一身。然而，身世不幸文章幸，他的筆下則達到爐火純青的境界。蒲松齡就像一個蘊藉深遠的「恂恂然長者」，將一腔孤憤、滿腹牢騷、平生感慨，寄之於筆端，以嚴肅的態度將其幻化爲一個花妖狐魅、幽冥絢爛的大千世界。其實，蒲松齡能寫出這篇如此精彩的著作，是因爲他一生接觸交遊的人物相當廣泛，上自官僚縉紳、舉子名士，下至農夫村婦、婢妾娼妓，以及惡棍無賴、賭徒酒鬼、僧道術士等等，作者將這些人的精神風貌、命運遭際盡納眼底，再轉化爲文字，栩栩如生，躍然紙上。可以說，《聊齋志異》能在古典小說中自成突兀一峰，全在於它根植於深廣的現實沃土。

❖作者簡介

蒲松齡，字留仙，別號柳泉居士，山東淄川人。生在書香門第，但祖上科名都不顯，其父原來走科舉出仕之路，無奈二十多歲還未能考取秀才，便棄文經商，至蒲松齡時就更爲貧困潦倒。受當時世風時俗和家庭影響，蒲松齡從小就熱衷功名科舉，並在十九歲時接連考取縣、府、道三個第一，名振一時。然而，他卻在之後的科舉場中極不得志，儘管他滿腹經綸，詩、詞、歌賦、戲曲、小說無所不精，但唯獨不擅長「八股文」，因此屢試不中。三十二歲時，蒲松齡迫於家貧，受聘爲幕僚，但與其志相違，次年便辭職回鄉。此後四十年間，他一邊教書，一邊應考，一邊搜奇說異，歸而粉飾，傾心構築《聊齋志異》。

蒲松齡的一生是文人深受腐朽的科舉制度、黑暗的傳統社會毒害的過程。他憤憤不平道：「仕途黑暗，公道不彰，非袖金輸璧，不能自達於聖明，眞令人憤氣塡胸，欲望望然哭向南山而去！」正因爲這些坎坷不幸，使他不滿於不公平的世道，對人民的疾苦深有感觸，寫鬼寫妖高人一籌，繪世畫心特立獨行。蒲松齡廣泛地吸取傳奇、史傳文學，乃至先秦兩漢散文淵遠流長的傳統精華，融會貫通，形成自己獨特的風格，使這部洋洋幾十萬言的《聊齋志異》，達到文言小說的高峰。

❖浪漫與寫實的結合

蒲松齡將花妖狐魅的幽冥世界和當時的現實生活結合，構築出一幅虛實相生、幽明相間的生活畫面，意境獨穎，立意高遠。作者一會兒寫狐魅鬼怪，一會兒寫世俗眞人；一會兒上至天界，一會兒又回到人間。蒲松齡不僅描繪人與人之戀，更擅長寫人鬼之戀、人狐之戀、人仙之戀，人鬼混融，將狐魅精怪人格化、幽冥世界世俗化。讀《聊齋志異》，讀者便有如在五彩斑斕的奇麗世界中飛翔，陶然沉醉，流連忘返。

書中主角多半是狐魅精怪，卻具有常人，甚至「與人無異」的眞實可親之品格。讀者情不自禁隨其憂歡、同其歌哭，正如魯迅在《中國小說史略》中所說：「使花妖狐魅，多具人情，和易可親，忘爲異類。」作者將狐魅精怪人格化，使其形象栩栩如生、呼之即出。例如「狐諧」中的狐女，妙趣橫生，語出驚人，滿座皆爲傾倒，若不是他忽然別去，一切都悉如常人。書中的精怪無不超乎形骸原性，集人的精靈稟性，給人可驚、可讚、可歌、可泣的藝術震撼力。

《聊齋志異》還擅長將幽冥世界世俗化，使陰司地獄的描寫也成爲揭露和抨擊世俗社會的眞實圖畫。針對統治者政治壓迫、經濟掠奪，及科舉制度的弊端、社會風氣的腐敗、封建禮教的束縛，蒲松齡總是寓冷峻灼辣、深刻於奇誇妙想、俏比幽托、揶揄百態之中，在一個個有聲有色、光怪陸離的精魂身上抒寫不平，宣洩感慨，表達理想，任思緒遨遊於現實與幻想之中。書中大量使用奇妙的想像與誇飾，增添浪漫主義的色彩。

總之，《聊齋志異》是以浪漫主義的筆調來表達現實主義之內涵，以浪漫之「矢」射現實之「的」。神仙鬼怪打破幽明的界限，飄然而至又飄然而逝，無不籠罩在神祕浪漫的光環之中。縱是寫人本身亦是實相見虛幻，充滿誇張的筆法。同時，蒲松齡亦塑造出一連串女性理想人物，或人或鬼、或狐或仙，他們敢愛敢恨、敢於蔑視封建禮教，完全憑自己主觀意願行事，不屈服於父母之命、媒約之言，身上有一種詩情畫意般的完美品格。理想的男主角則都以誠摯的感情和平等的觀念看待對方，無悔初衷，簡直是一幅世外桃源的圖畫。

第一卷

勞山道士

邑有王生，行七，故家子❶。少慕道，聞勞山多仙人，負笈往遊。登一頂，有觀宇甚幽。一道士坐蒲團上，素髮垂領❷，而神光爽邁。叩而與語，理甚玄妙。請師之，道士曰：「恐嬌情不能作苦。」答言：「能之。」其門人甚眾，薄暮畢集❸，王俱與稽首，遂留觀中。凌晨，道士呼王去，授以斧，使隨眾採樵，王謹受教。過月餘，手足重繭，不堪其苦，陰有歸志。

一夕歸，見二人與師共酌，日已暮，尚無燈燭。師乃剪紙如鏡黏壁間，俄頃月明輝室，光鑑毫芒。諸門人環聽奔走，一客曰：「良宵勝樂，不可不同。」乃於案上取酒壺分賚諸徒❹，且囑盡醉。王自思：「七八人，壺酒何能遍給？」遂各覓盎盂，競飲先釂❺，唯恐樽盡，而往復挹注，竟不少減，心奇之。俄一客曰：「蒙賜月明之照，乃爾寂飲，何不呼嫦娥來？」乃以箸擲月中。見一美人自光中出，初不盈尺，至地遂與人等。纖腰秀項，翩翩作《霓裳舞》。已而歌曰：「仙仙乎！而還乎！而幽我於廣寒乎！」其聲清越，烈如簫管。歌畢，盤旋而起，躍登几上，驚顧之間，已復為箸，三人大笑。又一客曰：「今宵最樂，然不勝酒力矣。其餞我於月宮可乎？」三人移席，漸入月中。眾視三人，坐月中飲，鬚眉畢見，如影之在鏡中。移時月漸暗，門人燃燭來，則道士獨坐，而客杳矣。几上餚核尚存；壁上月，紙圓如鏡而已。道士問眾：「飲足乎？」曰：「足矣。」「足，宜早寢，勿誤樵蘇❻。」眾諾而退。王竊欣慕，歸念遂息。

又一月，苦不可忍，而道士並不傳教一本。心不能待，辭曰：「弟子數百里受業仙師，縱不能得長生術，或小有傳習，亦可慰求教之心。今閱兩三月，不過早樵而暮歸。弟子在家，未諳此苦。」道士笑曰：「吾固謂不能作苦，今果然。明早當遣汝行。」王曰：「弟子操作多日，師略授小技，此來為不負也。」道士問：「何術之求？」王曰：「每見師行處，牆壁所不能隔，但得此法足矣。」道士笑而允之。乃傳一訣，令自咒畢，呼曰：「入之！」王面牆不敢入。又曰：「試入之。」王果從容入，及牆而阻。道士曰：「俯首輒入，勿逡巡！」王果去牆數步奔而入，及牆，虛若無物，回視，果在牆外矣。大喜，入謝。道士曰：「歸宜潔持，否則不驗。」遂助資斧遣歸❼。

抵家，自詡遇仙，堅壁所不能阻，妻不信。王效其作為，去牆數尺，奔而入，頭觸硬壁，驀然而踣❽。妻扶視之，額上墳起如巨卵焉。妻揶揄之，王慚忿，罵老道士之無良而已。

異史氏曰：「聞此事，未有不大笑者，而不知世之為王生者正復不少。今有傖父❾，喜疢毒而畏藥石❿，遂有舐吮癰痔者⓫，進宣威逞暴之術，以迎其旨，紿之曰：『執此術也以往，可以橫行而無礙。』初試未嘗不小效，遂謂天下之大，舉可以如是行矣，勢不至觸硬壁而顛蹶不止也⓬。」

畫皮

太原王生，早行，遇一女郎，抱襆獨奔⓭，甚艱於步。急走趁之，乃二八姝麗。心相愛樂，問：

「何夙夜踽踽獨行⑭？」女曰：「行道之人，不能解愁憂，何勞相問。」生曰：「卿何愁憂？或可效力，不辭也。」女黯然曰：「父母貪賂，鬻妾朱門⑮。嫡妒甚，朝詈而夕楚辱之，所弗堪也，將遠遁耳。」問：「何之？」曰：「在亡之人，烏有定所。」生言：「敝廬不遠⑯，即煩枉顧。」女喜，從之。生代攜襆物，導與同歸。女顧室無人，問：「君何無家口？」答云：「齋耳。」女曰：「此所良佳。如憐妾而活之，須祕密勿泄。」生諾之，乃與寢合，使匿密室，過數日而人不知也。生微告妻，妻陳，疑為大家媵妾⑰，勸遣之，生不聽。

偶適市，遇一道士，顧生而愕。問：「何所遇？」答言：「無之。」道士曰：「君身邪氣縈繞，何言無？」生又力白。道士乃去，曰：「惑哉！世固有死將臨而不悟者。」生以其言異，頗疑女。轉思明明麗人，何至為妖，意道士借魘禳以獵食者⑱。無何，至齋門，門內杜⑲，不得入。心疑所作，乃踰垝垣⑳，則室門亦閉。躡跡而窗窺之，見一獰鬼，面翠色，齒巉巉如鋸，鋪人皮於榻上，執彩筆而繪之，已而擲筆，舉皮，如振衣狀，披於身，遂化為女子。睹此狀，大懼，獸伏而出，急追道士，不知所往。徧跡之，遇於野，長跪乞救。道士曰：「請遣除之。此物亦良苦，甫能覓代者，予亦不忍傷其生。」乃以蠅拂授生㉑，令掛寢門，臨別，約會於青帝廟。生歸，不敢入齋，乃寢內室，懸拂焉。一更許，聞門外戢戢有聲，自不敢窺也，使妻窺之。但見女子來，望拂子不敢進，立而切齒，良久乃去。少時復來，罵曰：「道士嚇我，終不然寧入口而吐之耶！」取拂碎之，壞寢門而入，徑登生床，裂生腹，掬生心而去。妻號，婢入燭之，生已死，腔血狼藉，陳駭涕不敢聲。

明日，使弟二郎奔告道士。道士怒曰：「我固憐之，鬼子乃敢爾！」即從生弟來。女子已失所在，既而仰首四望，曰：「幸遁未遠。」問：「南院誰家？」二郎曰：「小生所舍也。」道士曰：「現在君所。」二郎愕然，以為未有。道士問曰：「曾否有不識者一人來？」答曰：「僕早赴青帝廟，良不知，當歸問之。」去少頃而返，曰：「果有之。晨間一嫗來，欲傭為僕家操作，室人止之㉒，尚在也。」道士曰：「即是物矣。」遂與俱往。仗木劍，立庭心，呼曰：「孽魅！償我拂子來！」嫗在室，惶遽無色，出門欲遁。道士逐擊之，嫗仆，人皮劃然而脫，化為厲鬼，臥嗥如豬。道士以木劍梟其首，身變作濃煙，匝地作堆。道士出一葫蘆，拔其塞，置煙中，飀飀然如口吸氣㉓，瞬息煙盡，道士塞口入囊。共視人皮，眉目手足，無不備具。道士捲之，如捲畫軸聲，亦囊之，乃別欲去。陳氏拜迎於門，哭求回生之法。道士謝不能，陳益悲，伏地不起。道士沉思曰：「我術淺，誠不能起死。我指一人，或能之，往求必合有效。」問：「何人？」曰：「市上有瘋者，時臥糞土中，試叩而哀之。倘狂辱夫人，夫人勿怒也。」二郎亦習知之，乃別道士，與嫂俱往。

見乞人顛歌道上，鼻涕三尺，穢不可近。陳膝行而前，乞人笑曰：「佳人愛我乎？」陳告之故。又大笑曰：「人盡夫也，活之何為？」陳固哀之。乃曰：「異哉！人死而乞活於我，我閻摩耶㉔？」怒以杖擊陳，陳忍痛受之。市人漸集如堵，乞人咯痰唾盈把㉕，舉向陳吻曰㉖：「食之！」陳紅漲於面，有難色。既思道士之囑，遂強啖焉。覺入喉中，硬如團絮，格格而下，停結胸間。乞人大笑曰：「佳人愛我哉！」遂起，行已不顧，尾之，入於廟中，追而求之，不知所在，前後冥搜，殊無端兆，慚恨而歸。既悼夫亡之慘，又悔食唾之羞，俯仰哀啼，但願即死。方欲展血斂屍，家人佇望，無敢近者。陳抱屍收腸，且理且哭，哭極聲嘶，頓欲嘔，覺鬲中結物，突奔而出，不及回首，已落腔中，驚而視之，乃人心也。在腔中突突猶躍，熱氣騰蒸如煙然。大異之，急以兩手合腔，極力抱擠，少懈，則氣氤氳自縫中出，乃裂繒帛急束之，以手撫屍，漸溫，覆以衾裯。中夜啟視，有鼻息矣。天明，竟活。為言：「恍惚若夢，但覺隱痛耳。」視破處，痂結如錢，尋愈。

異史氏曰：「愚哉世人！明明妖也，而以為美。迷哉愚人！明明忠也，而以為妄。然愛人之色而漁之[27]，妻亦將食人之唾而甘之矣。天道好還，但愚而迷者不悟耳。可哀也夫！」

種梨

有鄉人貨梨於市，頗甘芳，價騰貴。有道士破巾絮衣，丐於車前，鄉人咄之而不去。鄉人怒，加以叱罵。道士曰：「一車數百顆，老衲止丐其一，於居士亦無大損，何怒為？」觀者勸置劣者一枚令去，鄉人執不肯。

肆中傭保者[28]，見喋聒不堪[29]，遂出錢市一枚，付道士。道士拜謝，謂眾曰：「出家人不解吝惜。我有佳梨，請出供客。」或曰：「既有之，何不自食？」曰：「我特需此核作種。」於是掬梨大啗。且盡，把核於手，解肩上鑱，坎地深數寸，納之而覆以土，向市人索湯沃灌。好事者於臨路店索得沸瀋[30]，道士接浸坎處。萬目攢視，見有勾萌出，漸大；俄成樹，枝葉扶疏；倏而花，倏而實，碩大芳馥，累累滿樹。道士乃即樹頭摘賜觀者，頃刻而盡。已，乃以鑱伐樹，丁丁良久，乃斷。帶葉荷肩頭，從容徐步而去。

初，道士作法時，鄉人亦雜立眾中，引領注目，竟忘其業。道士既去，始顧車中，則梨已空矣。方悟適所俵散㉛，皆己物也。又細視車上一靶亡，是新鑿斷者。心大憤恨，急跡之，轉過牆隅，則斷靶棄垣下，始知所伐梨木，即是物也。道士不知所在，一市粲然。

異史氏曰：「鄉人憒憒㉜，憨狀可掬，其見笑於市人，有以哉。每見鄉中稱素封者㉝，良朋乞米，則怫然，且計曰：『是數日之資也。』或勸濟一危難，飯一煢獨㉞，則又忿然計曰：『此十人、五人之食也。』甚而父子兄弟，較盡錙銖。及至淫博迷心，則頃囊不吝；刀鋸臨頸，則贖命不遑。諸如此類，正不勝道。蠢爾鄉人，又何足怪？」

說文解字

❶故家子：世代仕宦人家的後代。❷素髮：白髮。❸薄暮：傍晚，太陽將落的時候。❹賚：賞賜、賜予。❺釂：把酒喝完，即乾杯。❻樵蘇：採薪與取草。❼資斧：資財與器用，泛指旅費。❽踣：跌倒。❾傖父：鄙賤的人。❿疢毒：比喻禍害。藥石：方藥與砭石，皆是治病的藥物。比喻規勸人改過遷善的話。⓫舐吮癰痔：比喻諂媚之徒逢迎阿順的卑鄙行爲。吮癰，秦王生病召醫診治，能使膿瘡破痤的，給車一輛；能用嘴舐痔瘡的，給車五輛。舐痔，漢代鄧通用嘴爲文帝吮吸膿瘡，獲得榮華富貴。⓬顛蹶：失敗、挫敗。⓭襆：行李、包袱。⓮踽踽獨行：孤單無伴地行走。⓯鬻：賣。朱門：古代王侯貴族的府第大門皆漆成紅色，以示尊貴，後泛指富貴人家。⓰敝廬：破舊的房子，爲自謙之詞。⓱媵妾：指陪嫁的女子或姬妾，但媵妾的地位比妾高，有正式的身分，擁有出席正式宴會等權力。⓲魘禳：一種畫符念咒、向神祈禱的行爲。相傳可趕走鬼怪，驅除災禍。⓳杜：堵塞、阻絕。⓴踰：越過、超過。垝垣：毀壞的牆。㉑蠅拂：驅蠅除塵的用具，也作「拂塵」。㉒室人：妻妾的通稱。㉓飀飀然：狀聲詞，形容風聲。㉔閻摩：掌管地獄刑罰的神明，尊稱其爲閻魔羅闍大王，簡稱閻羅王、閻王、閻君。㉕咯：由喉頭用力清出異物。盈把：滿滿的一手。㉖吻：嘴唇。

㉗漁：用不正當的手段掠奪、謀取。㉘傭保者：店鋪僱用的雜役人員。㉙喋聒：多言擾耳、囉嗦。㉚沸瀋：滾燙的水。㉛俵散：分發、分給。㉜憒憒：糊塗。㉝素封者：指無官爵封邑，卻富比封君（泛指擁有爵位和封地的人）。㉞煢獨：孤單、孤獨，亦指孤獨無依的人。

第二卷

聶小倩

甯采臣，浙人，性慷爽，廉隅自重。每對人言：「生平無二色。」適赴金華，至北郭，解裝蘭若❶。寺中殿塔壯麗，然蓬蒿沒人，似絕行蹤。東西僧舍，雙扉虛掩，唯南一小舍，扃鍵如新❷。又顧殿東隅，修竹拱把，階下有巨池，野藕已花，意甚樂其幽杳。會學使按臨❸，城舍價昂，思便留止，遂散步以待僧歸。

日暮，有士人來，啟南扉。甯趨為禮，且告以意。士人曰：「此間無房主，僕亦僑居。能甘荒落，旦晚惠教，幸甚。」甯喜，藉槁代床，支板作几，為久客計。是夜，月明高潔，清光似水，二人促膝殿廊，各展姓字。士人自言：「燕姓，字赤霞。」甯疑為赴試諸生，而聽其音聲，殊不類浙。詰之，自言：「秦人。」語甚樸誠。既而相對詞竭，遂拱別歸寢。

甯以新居，久不成寐，聞舍北喁喁❹，如有家口。起伏北壁石窗下，微窺之，見短牆外一小院落，有婦可四十餘，又一媼衣黦緋❺，插蓬遝❻，鮐背龍鍾❼，偶語月下。婦曰：「小倩何久不來？」

媼曰：「殆好至矣。」婦曰：「將無向姥姥有怨言否？」曰：「不聞，但意似蹙蹙⑧。」婦曰：「婢子不宜好相識！」言未已，有一十七八女子來，彷彿艷絕。媼笑曰：「背地不言人，我兩個正談道，小妖婢悄來無跡響，幸不訾著短處。」又曰：「小娘子端好是畫中人，遮莫老身是男子，也被攝魂去。」女曰：「姥姥不相譽，更阿誰道好？」婦人女子又不知何言。

甯意其鄰人眷口，寢不復聽。又許時，始寂無聲。方將睡去，覺有人至寢所，急起審顧，則北院女子也。驚問之，女笑曰：「月夜不寐，願修燕好⑨。」甯正容曰：「卿防物議，我畏人言；略一失足，廉恥道喪。」女云：「夜無知者。」甯又咄之，女逡巡若復有詞。甯叱：「速去！不然，當呼南舍生知。」女懼，乃退。至戶外復返，以黃金一鋌置褥上⑩，甯掇擲庭墀⑪，曰：「非義之物，汙吾囊橐⑫！」女慚出，拾金自言曰：「此漢當是鐵石。」

詰旦，有蘭溪生攜一僕來候試，寓於東廂，至夜暴亡，足心有小孔，如錐刺者，細細有血出，俱莫知故。經宿，僕亦死，症亦如之。向晚，燕生歸，甯質之，燕以為魅。甯素抗直，頗不在意。宵分，女子復至，謂甯曰：「妾閱人多矣，未有剛腸如君者⑬。君誠聖賢，妾不敢欺。小倩，姓聶氏，十八夭殂，葬寺側，輒被妖物威脅，歷役賤務，覥顏向人，實非所樂。今寺中無可殺者，恐當以夜叉來。」甯駭求計。女曰：「與燕生同室可免。」問：「何不惑燕生？」曰：「彼奇人也，不敢近。」問：「迷人若何？」曰：「狎暱我者，隱以錐刺其足，彼即茫若迷，因攝血以供妖飲。又惑以金，非金也，乃羅剎鬼骨，留之能截取人心肝。二者，凡以投時好耳。」甯感謝，問戒備之期，答以明宵。臨別泣曰：「妾墮玄海，求岸不得。郎君義氣干雲，必能拔生救苦。倘肯囊妾朽骨，歸葬安宅，不啻再造。」甯毅然諾之，因問葬處，曰：「但記取白楊之上，有烏巢者是也。」言已出門，紛然而滅。

明日，恐燕他出，早詣邀致。辰後具酒饌，留意察燕。既約同宿，辭以性癖耽寂，甯不從，強攜臥具來。燕不得已，移榻從之，囑曰：「僕知足下丈夫，傾風良切。要有微衷，難以遽白。幸勿翻窺篋襆，違之，兩俱不利。」甯謹受教。既而各寢，燕以箱篋置窗上，就枕移時，齁如雷吼，甯不能寐。近一更許，窗外隱隱有人影。俄而近窗來窺，目光睒閃⑭。甯懼，方欲呼燕，忽有物裂篋而出，耀若匹練⑮，觸折窗上石欞，欻然一射，即遽斂入，宛如電滅。燕覺而起，甯偽睡以覘之⑯。燕捧篋檢徵，取一物，對月嗅視，白光晶瑩，長可二寸，徑韭葉許。已而數重包固，仍置破篋中。自語曰：「何物老魅，直爾大膽，致壞篋子。」遂復臥。

甯大奇之，因起問之，且以所見告。燕曰：「既相知愛，何敢深隱。我，劍客也。若非石欞，妖當立斃；雖然，亦傷。」問：「所緘何物？」曰：「劍也。適嗅之，有妖氣。」甯欲觀之，慨出相示，熒熒然一小劍也，於是益厚重燕。明日，視窗外，有血跡。遂出寺北，見荒墳纍纍，果有白楊，烏巢其顛。迨營謀既就，趣裝欲歸。燕生設祖帳，情義殷渥，以破革囊贈甯，曰：「此劍袋也，寶藏可遠魑魅。」甯欲從授其術，曰：「如君信義剛直，可以為此。然君猶富貴中人，非此道中人也。」甯乃託有妹葬此，發掘女骨，斂以衣衾，賃舟而歸。

甯齋臨野，因營墳葬諸齋外。祭而祝曰：「憐卿孤魂，葬近蝸居，歌哭相聞，庶不見陵於雄鬼。一甌漿水飲，殊不清旨，幸不為嫌！」祝畢而返。後有人呼曰：「緩待同行！」回顧，則小倩也。歡喜謝曰：「君信義，十死不足以報。請從歸，拜識姑嫜⑰，媵御無悔。」審諦之，肌映流霞，足翹細笥，白晝端相，嬌艷尤絕。

遂與俱至齋中，囑坐少待，先入白母。母愕然，時甯妻久病，母戒勿言，恐所駭驚。言次，女已翩然入，拜伏地下。甯曰：「此小倩也。」母驚顧不遑。女謂母曰：「兒飄然一身，遠父母兄弟。蒙公子露覆⑱，澤被髮膚，願執箕帚，以報高義。」母見其綽約可愛，始敢與言，曰：「小娘子惠顧吾兒，老身喜不可已。但生平止此兒，用承祧緒⑲，不敢令有鬼偶。」女曰：「兒實無二心。泉下人，既不見信於老母，請以兄事，依高堂，奉晨昏，如何？」母憐其誠，允之。即欲拜嫂，母辭以疾，乃止。女即入廚下，代母尸饔⑳，入房穿榻，似熟居者。日暮，母畏懼之，辭使歸寢，不為設床褥。女窺知母意，即竟去。

過齋欲入，卻退，徘徊戶外，似有所懼。生呼之，女曰：「室有劍氣畏人。向道途中不奉見者，良以此故。」甯悟為革囊，取懸他室。女乃入，就燭下坐。移時，殊不一語，久之，問：「夜讀否？妾少誦《楞嚴經》，今強半遺忘。浼求一卷㉑，夜暇，就兄正之。」甯諾。又坐，默然，二更向盡，不言去。甯促之，愀然曰：「異域孤魂，殊怯荒墓。」甯曰：「齋中別無床寢，且兄妹亦宜遠嫌。」女起，眉顰蹙而欲啼，足劻儴而懶步，從容出門，涉階而沒。甯竊憐之，欲留宿別榻，又懼母嗔。

女朝旦朝母，捧匜沃盥㉒，下堂操作，無不曲承母志。黃昏告退，輒過齋頭，就燭誦經。覺甯將寢，始慘然去。

先是，甯妻病廢，母劬不可堪㉓。自得女，逸甚，心德之。日漸稔，親愛如己出，竟忘其為鬼，不忍晚令去，留與同臥起。女初來未嘗食飲，半年漸啜稀粥。母子皆溺愛之，諱言其鬼，人亦不之辨也。無何，甯妻亡，母隱有納女意，然恐於子不利。女微窺之，乘間告母曰：「居年餘，當知兒肝膈。為不欲禍行人，故從郎君來。區區無他意，止以公子光明磊落，為天人所欽矚㉔，實欲依贊三數年，借博封誥，以光泉壤。」母亦知無惡，但懼不能延宗嗣。女曰：「子女唯天所授。郎君注福籍，有亢宗子三㉕，不以鬼妻而遂奪也。」母信之，與子議。甯喜，因列筵告戚黨，或請覿新婦㉖，女慨然華妝出，一堂盡眙，反不疑其鬼，疑為仙。由是五黨諸內眷，咸執贄以賀，爭拜識之。女善畫蘭梅，輒以尺幅酬答，得者藏什襲，以為榮。

一日，俯頸窗前，怊悵若失。忽問：「革囊何在？」曰：「以卿畏之，故緘置他所。」曰：「妾受生氣已久，當不復畏，宜取掛床頭。」甯詰其意，曰：「三日來，心怔忡無停息，意金華妖物，恨妾遠遁，恐旦晚尋及也。」甯果攜革囊來。女反復審視，曰：「此劍仙將盛人頭者也，敝敗至此，不知殺人幾何許！妾今日視之，肌猶粟慄。」乃懸之。

次日，又命移懸戶上。夜對燭坐，約甯勿寢。欻有一物㉗，如飛鳥墮。女驚匿夾幕間，甯視之，物如夜叉狀，電目血舌，睒閃攫拏而前。至門卻步，逡巡久之，漸近革囊，以爪摘取，似將抓裂。囊忽格然一響，大可合簣。恍惚有鬼物，突出半身，揪夜叉入，聲遂寂然，囊亦頓縮如故。甯駭詫，女亦出，大喜曰：「無恙矣！」共視囊中，清水數斗而已。

後數年，甯果登進士，女舉一男。納妾後，又各生一男，皆仕進有聲。

說文解字

❶解裝：卸下行裝，比喻休息。蘭若：寺廟名。❷扃鍵：指門閂、門環之類。❸按臨：巡視。❹喁喁：低語聲。❺媪：婦人的通稱。黦：黃黑色。❻蓬遝：古代婦女頭上戴的髮飾。❼鮐背：比喻年老的人氣色衰退，皮膚消瘦，背若鮐魚。龍鍾：年老體衰行動不便的樣子。❽蹙蹙：憂懼不安的樣子。❾燕好：夫妻恩愛，閨房諧樂。❿鋌：金銀鎔鑄成一定的形式。⓫庭墀：屋前的台階。墀，台階上的平地。⓬囊橐：盛物的袋子。大稱囊，小稱橐；或稱有底面的爲囊，無底面的爲橐。⓭剛腸：剛直的性情。⓮睒閃：目光閃爍的樣子。⓯匹練：一匹白布，也作「疋練」。⓰覘：窺視、觀察。⓱姑嫜：稱謂，舊稱丈夫的父母。⓲露覆：施恩於人。⓳祧緒：奉祀祖先。⓴尸饔：主管烹飪飲食之事。㉑浼：請託、請求。㉒匜：古代盛水或酒的器皿。㉓劬：勤勞、勞苦。㉔欽矚：敬重、期待、注目。㉕亢宗：比喻庇護宗族、光大門楣。㉖覿：拜訪、探視。㉗欻：忽然、突然。

第四卷

狐諧

萬福字子祥，博興人，幼業儒，家貧而運蹇❶，年二十有奇，尚不能掇一芹❷。鄉中澆俗❸，多報富戶役，長厚者至碎破其家。萬適報充役，懼而逃，如濟南，稅居逆旅❹。夜有奔女，顏色頗麗，萬悅而私之，問姓氏。女自言：「實狐，然不為君祟❺。」萬喜而不疑。女囑勿與客共，遂日至，與共臥處。凡日用所需，無不仰給於狐。

居無何，二三相識，輒來造訪，恆信宿不去。萬厭之，而不忍拒，不得已以實告客。客願一睹仙容，萬白於狐。狐曰：「見我何為哉？我亦猶人耳。」聞其聲，不見其人。客有孫得言者，善謔，固請見，且曰：「得聽嬌音，魂魄飛越。何吝容華，徒使人聞聲相思？」狐笑曰：「賢孫子！欲為高曾母作行樂圖耶❻？」眾大笑。狐曰：「我為狐，請與客言狐典，頗願聞之否？」眾唯唯。狐曰：「昔某村旅舍，故多狐，輒出祟行客。客知之，相戒不宿其舍，半年，門戶蕭索，主人大憂，甚諱言狐。忽有一遠方客，自言異國人，望門休止。主人大悅，甫邀入門，即有途人陰告曰：『是家有狐。』客懼，白主人，欲他徙。主人力白其妄，客乃止。入室方臥，見群鼠出於床下，客大駭，驟奔急呼：『有狐！』主人驚問。客怒曰：『狐巢於此，何誑我言無？』主人又問：『所見何狀？』客曰：『我今所見，細細麼麼❼，不是狐兒，必當是狐孫子？』」言罷，座客粲然❽。孫曰：「既不賜見，我輩留勿去，阻爾陽台。」狐笑曰：「寄宿無妨。倘有小迕犯❾，幸勿介懷。」客恐其惡作劇，乃共散去，然數日必一來，索狐笑罵。狐諧甚，每一語即顛倒賓客，滑稽者不能屈也，群戲呼為「狐娘子」。

一日，置酒高會，萬居主人位，孫與二客分左右坐，上設一榻待狐。狐辭不善酒，咸請坐談，許之。酒數行，眾擲骰為瓜蔓之令。客值瓜色，會當飲，戲以觥移上座曰：「狐娘子太清醒，暫借一杯。」狐笑曰：「我故不飲，願陳一典，以佐諸公飲。」孫掩耳不樂聞。客皆曰：「罵人者當罰。」狐笑曰：「我罵狐何如？」眾曰：「可。」於是傾耳共聽。狐曰：「昔一大臣，出使紅毛國❿，著狐腋冠見國王。王見而異之，問：『何皮毛，溫厚乃爾？』大臣以狐對。王曰：『此物生平未曾得聞，狐字字畫何等？』使臣書空而奏曰：『右邊是一大瓜，左邊是一小犬。』」主客又復哄堂。二客，陳氏兄弟，一名所見，一名所聞，見孫大窘，乃曰：「雄狐何在，而縱雌狐流毒若此⓫？」狐曰：「適一典談猶未終，遂為群吠所亂，請終之。國王見使臣乘一騾，甚異之。使臣告曰：『此馬之所生。』又大異之。使臣曰：『中國馬生騾，騾生駒駒。』王細問其狀。使臣曰：『馬生騾，是臣所見，騾生駒駒，是臣所聞。』」舉坐又大笑。眾知不敵，乃相約，後有開謔端者，罰做東道主。

頃之酒酣，孫戲謂萬曰：「一聯請君屬之。」萬曰：「何如？」孫曰：「妓者出門訪情人，來時萬福去時萬福。」眾屬思未對。狐笑曰：「我有之矣。」對曰：「龍王下詔求直諫，鱉也得言龜也得言。」眾絕倒。孫大恚曰⑫：「適與爾盟，何復犯戒？」狐笑曰：「罪誠在我，但非此不能確對耳。明日設席，以贖吾過。」相笑而罷。狐之詼諧，不可殫述。居數月，與萬偕歸，乃博興界，告萬曰：「我此處有葭莩親⑬，往來久梗，不可不一訊。日且暮，與君同寄宿，待旦而行可也。」萬詢其處，指言不遠。萬疑前此故無村落，姑從之。二里許，果見一莊，生平所未歷。狐往叩關，一蒼頭出應門⑭，入則重門疊閣，宛然世家。俄見主人，有翁與媼，揖萬而坐，列筵豐盛，待萬以姻婭⑮，遂宿焉。狐早謂曰：「我遽偕君歸，恐駭聞聽。君宜先往，我將繼至。」萬從其言，先至，預白於家人。未幾狐至，與萬言笑，人盡聞之，而不見其人。逾年，萬復事於濟，狐又與俱。忽有數人來，狐從與語，備極寒暄。乃語萬曰：「我本陝中人，與君有夙因，遂從許時。今我兄弟來，將從以歸，不能周事。」留之不可，竟去。

說文解字

❶蹇：困苦、艱難、不順利。❷掇一芹：指考取秀才。❸澆俗：輕浮庸俗的社會風氣。❹稅居：租賃房屋。逆旅：旅

館。❺祟：作怪、爲害。❻行樂圖：以行樂爲題材的圖畫，亦指人的肖像畫。❼麽麽：貶詞，小東西。❽粲然：形容笑容燦爛的樣子。❾迕犯：冒犯。❿紅毛國：明清時代稱英國、荷蘭爲紅毛國。⓫流毒：散布禍害。⓬大恚：大怒。⓭葭莩：蘆葦中的薄膜，比喻關係疏遠的親戚。⓮蒼頭：古代僕役皆須以青巾作頭飾，故稱僕役爲「蒼頭」。⓯姻婭：女婿的父親爲姻，兩婿互稱爲婭。今泛指姻親。

第五卷

罵鴨

邑西白家莊居民某，盜鄰鴨烹之。至夜，覺膚癢，天明視之，茸生鴨毛，觸之則痛，大懼，無術可醫。夜夢一人告之曰：「汝病乃天罰，須得失者罵，毛乃可落。」而鄰翁素雅量，生平失物，未嘗徵於聲色。某詭告翁曰❶：「鴨乃某甲所盜，彼深畏罵焉，罵之亦可警將來。」翁笑曰：「誰有閒氣罵惡人❷。」卒不罵❸。某益窘，因實告鄰翁，翁乃罵，其病良已。

異史氏曰：「甚矣，攘者之可懼也❹，一攘而鴨毛生！甚矣，罵者之宜戒也，一罵而盜罪減！然為善有術，彼鄰翁者，是以罵行其慈者也。」

說文解字

❶詭：責求、要求。❷閒氣：因無關緊要的事而氣惱。❸卒：終於、終究。❹攘：竊取。

第六卷

馬介甫

楊萬石，大名諸生也，生平有季常之懼❶。妻尹氏，奇悍，少迕之，輒以鞭撻從事。楊父年六十餘而鰥，尹以齒奴隸數❷，楊與弟萬鍾常竊餌翁，不敢令婦知，然衣敗絮，恐貽訕笑，不令見客。萬石四十無子，納妾王，旦夕不敢通一語。兄弟候試郡中，見一少年，容服都雅❸。與語，悅之。詢其姓字，自云：「介甫，姓馬。」由此交日密，焚香為昆季之盟❹。既別，約半載，馬忽攜僮僕過楊。值楊翁在門外，曝陽捫蝨❺，疑為傭僕，通姓氏使達主人。翁披絮去，或告馬：「此即其翁也。」馬方驚訝。楊兄弟岸幘出迎❻，登堂一揖，便請朝父，萬石辭以偶恙。促坐笑語，不覺向夕。萬石屢言具食❼，而終不見至，兄弟迭互出入，始有瘦奴持壺酒來，俄頃引盡。坐伺良久，萬石頻起催呼，額頰間熱汗蒸騰。俄瘦奴以饌具出，脫粟失飪❽，殊不甘旨。食已，萬石草草便去，萬鍾襆被來伴客寢❾。馬責之曰：「曩以伯仲高義，遂同盟好。今老父實不溫飽，行道者羞之！」萬鍾泫然曰：「在心之情，卒難申致。家門不吉，蹇遭悍嫂，尊長細弱，橫被催殘。非瀝血之好，此醜不敢揚也。」馬駭嘆移時，曰：「我初欲早旦而行，今得此異聞，不可不一目見之。請假閒舍，就便自炊。」萬鍾從其教，即除室為馬安頓。夜深竊餽蔬稻❿，唯恐婦知。馬會其意，力卻之，且請楊翁與同食寢。自詣城肆，市布帛，為易袍袴，父子兄弟皆感泣。

萬鍾有子喜兒，方七歲，夜從翁眠。馬撫之曰：「此兒福壽，過於其父，但少年孤苦耳。」婦聞老翁安飽，大怒，輒罵，謂馬強預人家事。初惡聲尚在閨闥⑪，漸近馬居，以示瑟歌之意。楊兄弟汗體徘徊，不能制止，而馬若弗聞也者。妾王，體妊五月，婦始知之，褫衣慘掠⑫。已，乃喚萬石跪受巾幗⑬，操鞭逐出。值馬在外，慚懅不前，又追逼之，始出。婦亦隨出，叉手頓足，觀者填溢⑭。馬指婦叱曰：「去！去！」婦即反奔，若被鬼逐，袴履俱脫，足纏縈繞於道上，徒跣而歸⑮，面色灰死。少定，婢進襪履，著已，噭咷大哭，家人無敢問者。馬曳萬石為解巾幗，萬石聳身定息，如恐脫落，馬強脫之，而坐立不寧，猶懼以私脫加罪。探婦哭已，乃敢入，趦趄而前⑯。婦殊不發一語，遽起，入房自寢。萬石意始舒，與弟竊奇焉。家人皆以為異，相聚偶語。婦微有聞，益羞怒，鞭撻奴婢。呼妾，妾創劇不能起，婦以為偽，就榻搒之，崩注墮胎⑰。萬石於無人處，對馬哀啼，馬慰解之。呼僮具牢饌，更籌再唱，不放萬石歸。婦在閨房，恨夫不歸，方大恚忿。聞撬扉聲，急呼婢，則室門已闢。有巨人入，影蔽一室，猙獰如鬼。俄又有數人入，各執利刃。婦駭絕欲號，巨人以刀刺頸，曰：「號便殺卻！」婦急以金帛贖命。巨人曰：「我冥曹使者，不要錢，但取悍婦心耳！」婦益懼，自投敗顙⑱。巨人乃以利刃畫婦心而數之曰：「如某事，謂可殺否？」即一畫。凡一切兇悍之事，責數殆盡，刀畫膚革，不啻數十。末乃曰：「妾生子，亦爾宗緒⑲，何忍打墮？此事必不可宥！」乃令數人反接其手，剖視悍婦心腸。婦叩頭乞命，但言知悔。俄聞中門啟閉，曰：「楊萬石來矣。既已悔過，姑留餘生。」紛然盡散。無何，萬石入，見婦赤身綳繫，心頭刀痕，縱橫不可數。解而問之，得其故，大駭，竊疑馬。

明日，向馬述之，馬亦駭。由是婦威漸斂，經數月不敢出一惡語。馬大喜，告萬石曰：「實告君，幸勿宣洩，前以小術懼之。既得好合，請暫別也。」遂去。婦每日暮，挽留萬石作侶，懽笑而承迎之。萬石生平不解此樂，遽遭之，覺坐立皆無所可。婦一夜憶巨人狀，瑟縮搖戰。萬石思媚婦意，微露其假。婦遽起，苦致窮詰。萬石自覺失言，而不可悔，遂實告之。婦勃然大罵，萬石懼，長跽床下。婦不顧，哀至漏三下[20]，婦曰：「欲得我恕，須以刀畫汝心頭如干數，此恨始消。」乃起捉廚刀，萬石大懼而奔，婦逐之。犬吠雞騰，家人盡起。萬鐘不知何故，但以身左右翼兄。婦方詬詈，忽見翁來，睹袍服，倍益烈怒，即就翁身條條割裂，批頰而摘翁髭[21]。萬鐘見之怒，以石擊婦，中顱，顛蹶而斃。萬鐘曰：「我死而父兄得生，何憾！」遂投井中，救之已死。移時婦蘇，聞萬鐘死，怒亦遂解。既殯，弟婦戀兒，矢不嫁，婦唾罵不與食，醮去之[22]，遺孤兒，朝夕受鞭楚。俟家人食訖，始啗以冷塊。積半歲，兒尫羸[23]，僅存氣息。

一日，馬忽至，萬石囑家人勿以告婦。馬見翁襤縷如故，大駭，又聞萬鐘殞謝，頓足悲哀。兒聞馬至，便來依戀，前呼馬叔。馬不能識，審顧始辨，驚曰：「兒何憔悴至此！」翁乃囁嚅具道情事。馬忿然謂萬石曰：「我曩道兄非人，果不謬。兩人止此一線，殺之，將奈何？」萬石不言，唯伏首貼耳而泣。坐語數刻，婦已知之，不敢自出逐客，但呼萬石入，批使絕馬。含涕而出，批痕儼然。馬怒之曰：「兄不能威，獨不能斷出耶[24]？毆父殺弟，安然忍受，何以為人？」萬石欠伸，似有動容。馬又激之曰：「如渠不去，理須威劫，便殺卻勿懼。僕有二三知交，都居要地，必合極力，保無虧也。」萬石喏，負氣疾行，奔而入。適與婦遇，叱問：「何為？」萬石遑遽失色，以手據地，曰：「馬生教余出婦。」婦益恚，顧尋刀杖，萬石懼而卻步。馬唾之曰：「兄真不可教也已！」遂開篋，出刀圭藥

㉕，合水授萬石飲。曰：「此丈夫再造散，所以不輕用者，以能病人故耳。今不得已，暫試之。」飲下，少頃，萬石覺忿氣填胸，如烈焰中燒，刻不容忍，直抵閨闥，叫喊雷動。婦未及詰，萬石以足騰起，婦顛去數尺有咫，即復握石成拳，擂擊無算。婦體幾無完膚，嘲猶詈。萬石於腰中出佩刀，婦罵曰：「出刀子，敢殺我耶？」萬石不語，割股上肉，大如掌，擲地上。方欲再割，婦哀鳴乞恕，萬石不聽，又割之。家人見萬石兇狂，相集，死力掖出。馬迎去，捉臂相用慰勞。萬石餘怒未息，屢欲奔尋，馬止之。少間，藥力漸消，嗒焉若喪㉖。馬囑曰：「兄勿餒。乾綱之振，在此一舉。夫人之所以懼者，非朝夕之故，其所由來者漸矣。譬昨死而今生，須從此滌故更新，再一餒，則不可為矣。」遣萬石入探之。婦股慄心懾，倩婢扶起，將以膝行，止之，乃已。出語馬生，父子交賀。馬欲去，父子共挽之。馬曰：「我適有東海之行，故便道相過，還時可復會耳。」

月餘，婦起，賓事良人。久覺黔驢無技，漸狎，漸嘲，漸罵，居無何，舊態全作矣。翁不能堪，宵遁，至河南，隸道士籍，萬石亦不敢尋。年餘，馬至，知其狀，怫然責數已，立呼兒至，置驢子上，驅策徑去。由此鄉人皆不齒萬石，學使案臨，以劣行黜名。又四五年，遭回祿㉗，居室財物，悉為煨燼，延燒鄰舍。村人執以告郡，罰鍰煩苛，於是家產漸盡，至無居廬，近村相戒無以舍舍萬石。尹氏兄弟怒婦所為，亦絕拒之。萬石既窮，質妾於貴家，偕妻南渡。至河南界，資斧已絕，婦不肯從，聒夫再嫁。適有屠而鰥者，以錢三百貨去，萬石一身丐食於遠村近郭間。至一朱門，閽人訶拒不聽前㉘。少間，一官人出，萬石伏地啜泣。官人熟視久之，略詰姓名，驚曰：「是伯父也！何一貧至此？」萬石細審，知為喜兒，不覺大哭。從之入，見堂中金碧煥映。俄頃，父扶童子出，相對悲哽，萬石始述所遭。初，馬攜喜兒至此，數日，即出尋楊翁來，使祖孫同居，又延師教讀。十五歲入邑庠，次年領鄉薦，始為完婚。乃別欲去，祖孫泣留之，馬曰：「我非人，實狐仙耳，道侶相候已久。」遂去。孝廉言之，不覺惻楚。因念昔與庶伯母同受酷虐，倍益感傷，遂以輿馬齎金贖王氏歸。年餘，生一子，因以為嫡。

尹從屠半載，狂悖猶昔。夫怒，以屠刀孔其股，穿以毛綆，懸梁上，荷肉竟出，號極聲嘶，鄰人始知，解縛抽綆，一抽則呼痛之聲，震動四鄰，以是見屠來，則骨毛皆豎。後脛創雖愈，而斷芒遺肉內，終不良於行，猶夙夜服役，無敢少懈。屠既橫暴，每醉歸，則撻詈不情。至此，始悟昔之施於人者，亦猶是也。

一日，楊夫人及伯母燒香普陀寺，近村農婦，並來參謁，尹在中悵立不前。王氏故問：「此伊誰？」家人進白：「張屠之妻。」便訶使前，與太夫人稽首。王笑曰：「此婦從屠，當不乏肉食，何羸瘠乃爾？」尹愧恨，歸欲自經，綆弱不得死，屠益惡之。歲餘，屠死。途遇萬石，遙望之，以膝行，淚下如縻。萬石礙僕，未通一言。歸告姪，欲謀珠還，姪固不肯。婦為里人所唾棄，久無所歸，依群乞以食。萬石猶時就尹廢寺中，姪以為玷，陰教群乞窘辱之，乃絕。

戲縊

邑人某，佻撻無賴㉙，偶遊村外，見少婦乘馬來，謂同遊者曰：「我能令其一笑。」眾不信，約賭作筵。某遽奔去，出馬前，連聲譁曰：「我要死！」因於牆頭抽梁藞一本㉚，橫尺許，解帶掛其上，引頸作縊狀。婦果過而哂之，衆亦粲然。婦去既遠，某猶不動，衆益笑之。近視，則舌出目瞑，而氣真絕矣。

梁幹自經，不亦奇哉？是可以為儇薄者戒㉛。

說文解字

❶季常之懼：宋陳慥，字季常，其妻柳氏兇悍而好嫉妒，陳慥頗爲懼怕。後用以比喻懼內、怕老婆。❷齒奴隸數：列於奴隸之數，意謂視同奴隸。齒，列。❸都雅：漂亮、高雅。都，美。❹昆季之盟：即結拜爲兄弟。昆季，兄弟。長爲昆；幼爲季。❺曝陽捫蝨：邊曬太陽，邊捉蝨子。❻岸幘：頭巾戴得高，露出額頭，形容穿著率性隨意。岸，高。幘，頭巾。❼具食：準備飯菜。❽脫粟失飪：糙米爲飯，且半生不熟。失飪，烹飪失宜，意謂不熟。❾襆被：收拾被褥。襆，包袱。❿餽：贈送，同「饋」。⓫閨闥：女子居住的內室。⓬褫衣慘掠：剝去衣服，重重拷打。褫，剝衣。掠，拷打。⓭巾幗：古時婦女的頭巾和髮飾。授男子以巾幗，即羞辱其無丈夫氣概。⓮觀者塡溢：街巷塡塞不下，形容觀者衆多。⓯徒跣：赤腳。⓰趦趄：且進且退，畏懼不敢向前。也作「趑趄」。⓱崩注：血流如注。崩，血崩。⓲自投敗顙：叩頭求饒，以至磕破額頭。自投，以首投地，即叩頭。顙，額。⓳宗緒：後代。⓴漏三下：三更天。漏，刻漏，古代計時的器具。在銅壺中蓄水，壺底穿一小孔，壺內豎一刻有度數的箭形浮標，以壺中浮標所顯示的度數計算時辰。㉑批頰：用手掌擊打他人臉頰。髭：嘴唇上方的短鬚。㉒醮：已婚婦女再嫁。㉓尪羸：瘦弱。㉔斷出：決定休棄。出，休棄妻子。㉕刀圭藥：以刀圭稱量的藥粉。刀圭，中藥的量器名。㉖嗒焉若喪：失魂落魄的樣子。㉗回祿：火神，後引申爲火災。㉘閽人：古代宮門晨昏按時啟閉，稱守宮門的人爲「閽人」，後泛指守門人。也作「閽侍」。㉙佻健：輕薄放蕩，也作「佻玌」。㉚梁藞：植物名。一本：表示數量的多寡，此處爲草木一株。㉛儇薄：輕佻無行。

❖人物塑造

《聊齋志異》不朽的藝術魅力在於賦予一個個人物獨特獨行的個性，不論是現實生活中的「畸人」，或是幻化成人、躋身於人類社會的鬼狐，多數都「同於化工賦物，人各面目」。讀之，音容笑顰宛在目前。

蒲松齡總是能從數種相同、相近或相類的因素中，寫出人物性格的差異，充分顯現出「同中求異」的藝術功力。例如，「小謝」、「連鎖」、「聶小倩」均歌頌人和鬼在患難中建立的眞摯愛情；「俠女」、「商三官」、「庚娘」皆表現對強暴的反抗。但是，其中的人物卻是個性鮮明，迥不相同。例如，在「俠女」、「商三官」、「庚娘」三篇中，我們從俠女身上，看到的是不同凡俗的俠氣；從商三官身上，則洞見超人一般的膽識；從庚娘身上，則發現臨難不驚、警變非常、智勇無雙的特點。同樣寫爲他人物色佳偶，封三娘閱世深沉，精明煉達，深謀遠慮，做事果斷，義氣干雲；而青梅則單純直率，無視傳統禮法，大膽潑辣地追求純眞愛情。兩個故事雖有近似之處，但兩位主角卻是冬梅春蘭，各具風采。

《聊齋志異》特別注重人物刻畫，蒲松齡在書中仔細描寫人物的性格和心理，從而發展出古典短篇小說的白描藝術。透過「畫眼睛」，精簡地寫出人物的思想、精神、性格，尤其是寫年輕男女的戀愛心理，每有燭微顯隱之筆。例如在「嬌娜」中，孔生「貪近嬌姿，不唯不覺其苦，且恐速竣割事，偎傍不久」；在「阿繡」中，劉子固深愛阿繡，「蹈隙輒往」，買脂粉時，任由阿繡包裝，從不檢查眞僞，阿繡包赤土捉弄他，他也不以爲意。此種筆法，默默將人物的專注神情、微妙心境透視得一清二楚、了了可辨。

❖描摹手法

《聊齋志異》對現實生活的描寫並不限於愛戀之情、兒女之態，而是包含了廣泛的生活場景、社會風貌、民間習俗、人情世態，構成豐富的藝術內涵。弄蛇、鬥蟋蟀、玩鵪鶉、賽龍舟、跳神、兄弟爭產、婆媳爭執、酒徒罵座、商販討價還價、衙役敲詐索賄、秀才賣弄詩文、官紳作威作福，無不摹繪如生，躍然紙上。僅舉「狐夢」為例，此篇敘寫蒲松齡友人畢怡庵做的一個夢，其夢與「鳳陽士人」、「續黃粱」的夢境不同，既無生動故事，也無非常遭遇，只是一個普普通通的生活場面。看似狐仙所托之夢，其實分明是人間生活細事、閨閣閒情。句句畢肖，筆筆入妙，「文字逼真，化工肖物」的人情描寫，充滿鮮活的現實血肉、濃鬱的人間氣息。

而在景物描寫方面，《聊齋志異》不只畫面鮮明，也常營造一種氣氛、境界，烘托出人物的性格。例如，蒲松齡寫「嬰寧」所居之處，「門前皆絲柳，牆內桃杏尤繁，間以修竹、野鳥格磔其中」，「門內白石砌路，夾道紅花，片片墮階上。曲折而西，又啟一關，豆棚花架滿庭中」，「粉壁光明如鏡，窗外海棠枝朵，探入室中」，充分展現女主人純潔天眞的個性。

❖語言特色

《聊齋志異》成功地使用文言文表現深刻的內容，其語言具體可感、繪影傳神，遣詞造句、煉字設譬都有濃厚的藝術功力，使作品的文句既簡潔、凝煉，具有文言的長處；又生動形象，富於小說語言的特色。在單行奇句中，間用駢詞儷語，典型工麗而又生動活潑，極富表現力。

《聊齋志異》的語言較之其他文言小說，嵌入較多對句、排句，絲毫不見呆板、造作，彷彿隨手而對，涉筆成偶，一派天然渾成氣象。不僅增加了語言的整齊美和節奏感，也使作品的語言更爲凝煉精美。例如，在「小翠」中，蒲松齡寫公子捱打，小翠「笑拉」公子入室、「代撲」衣上塵、「拭」眼淚、「摩挲」杖痕、「餌」以棗栗，五個動作連三並四，五個動詞珠璣參差，構成一幅清晰而又親切的圖畫，有聲有色，錯雜相間。

蒲松齡幼讀經史，吸取各家之長，又能「絕去町畦，自成一家」。讓《聊齋志異》的語言以嶄新的風貌，卓立於文言名作之林，足與爭輝，毫不遜色。他吸收生活語言之精華，大力改造古文辭，創造出新穎、富有藝術描摹力的文言文，較之許多歷史上的文言小說，顯得雅致、簡淨、圓潤、優美；比之歷代大家之文，又顯得活脫、靈動。

❖情節結構

《聊齋志異》的大部分作品頭尾完整、短章精緻、跨時馳空，不僅逾月經年，乃至隔生再世，作品皆結構緊湊。可以說，鋪陳則花繁葉茂，簡約則雲淡風輕。蒲松齡總是「一題到手，必靜相其神理所起止，由實字堪到虛字，更由有字句處堪到無字句處」，具體落筆講究起承轉合，使之「水霓風裳，剪裁入妙；冰花雪蕊，結撰維新」。

《聊齋志異》其中包含了近五百篇短篇小說，每一篇總是盡可能地安排新穎別致的開頭，盡可能地創新，變化多姿。而在具體的組織布局方面，其中的故事幾乎篇篇有懸念，而且常常不只一個，前山才過，後山又來，前後相銜，直至終局。前面將答案藏於雲霧之中，偶見鱗爪，形成具有懸疑效果的神祕感，逗引讀者急不可耐地往下閱讀，又暗中推動情節發展。

❖異史氏曰

《聊齋志異》現存的近五百篇作品中，有近二百篇於篇末寫有「異史氏曰」。這一做法繼承自漢代司馬遷的《史記》，被稱爲論贊體。而《聊齋志異》中的論贊大致分爲三類：

其一，借題發揮，深化主題。例如，「促織」中的「異史氏曰」指出：「天子偶用一物，未必不過此已忘；而奉行者即爲定例，加以官貪吏虐，民日貼婦賣兒，更無休止。」作者將矛頭直指皇帝，指出社會弊端根源是皇帝昏庸，再加上官貪吏虐，讀來字字千鈞，發人深思。其他如「冤獄」、「潞令」等作品的篇末也都透過「異史氏曰」針砭時弊，痛快淋漓地揭露社會醜惡及其根源。

其二，適當引申，錦上添花。例如，「王子安」一篇，前寫王子安於夢中「大呼跟班」的醜態，後文的「異史氏曰」則寫秀才入闈的情景，一口氣使用七個比喻，極盡形容，精細入微。前寫王子安是具體故事，後文的「異史氏曰」則是議論儒生階層，前後珠聯璧合，各有千秋，相得益彰。

其三，抒情寄憤，言簡意明，發揮盡致，嬉笑成文。例如，「姚安」篇末對喜新厭舊的不道德行爲憤怒地譴責：「愛新而殺其舊，忍乎哉！人止知新鬼爲厲，而不知故鬼之奪其魄也。嗚呼！截指而適其屨，不亡何待！」另外，如「鳳仙」、「鏡聽」、「天宮」等篇章的「異史氏曰」也都是有所寄託，表達作者憤世嫉俗的獨到見解。

高手過招（＊為多選題）

1.（　）國文老師要同學上台介紹《聊齋志異》，下列四位同學的說法何者錯誤？

Ⓐ小明：《聊齋志異》的「聊齋」是蒲松齡的書齋名，「志異」是記載奇聞異事。

Ⓑ大華：《聊齋志異》是一部由「人、鬼、狐、仙、怪」交流互動而成的文言長篇小說集。

Ⓒ美惠：《聊齋志異》在離奇怪誕的情節中，寄寓作者的憤慨不滿、勸世諷俗。

Ⓓ二虎：《聊齋志異》不僅蘊含人生哲理，文字更是典雅精煉，是中國志怪小說的傑作。

2.（　）下列關於蒲松齡與《聊齋志異》的敘述，何者正確？

Ⓐ蒲松齡，字留仙，號柳泉，自幼才華過人，弱冠即登進士第，一生宦途顯達，故能竭盡精力於著作之中。

Ⓑ《聊齋志異》書中包含花妖狐魅、神仙鬼怪之事，人間百態無所不包，故可反映社會現實，寓有諷勸警世之意，為清代章回小說的傑作。

Ⓒ「勞山道士」選自《聊齋志異》，構思奇巧，布局高超，情節曲折起伏，借鬼寫人以警世。

Ⓓ「勞山道士」一文中提到「剪紙如鏡，月明輝室」、「箸化嫦娥，翩翩作《霓裳舞》」等情節，表現志怪小說的浪漫特質。

Ⓔ「勞山道士」文中，異史氏曰：「喜疢毒而畏藥石，遂有吮癰舐痔者。」其中運用《左傳》和《莊子》的典故，藉此表達作者對世間情事的見解。

3.（　）下列有關蒲松齡與曹雪芹的說明，何者正確？

Ⓐ《聊齋志異》其中不少故事在現代經過改編，拍成電影及電視劇；《紅樓夢》亦然。

Ⓑ蒲松齡曾考中進士，因此得以接觸上層社會人士，深知人情冷暖；曹雪芹為漢軍正白旗人，於雍正時被查抄家業，家道敗落。

Ⓒ蒲松齡筆下的狐仙、花妖，個個皆具有高潔情操，與俗世醜陋人心相較，反覺親切可愛；曹雪芹筆下的賈家，「只有門口一對石獅子是乾淨的」。

Ⓓ蒲松齡博學多才，除《聊齋志異》外尚有文集、詩集、戲曲、俚曲傳世；曹雪芹能詩能文，擅長書畫，好飲酒，善談吐。

Ⓔ《聊齋志異》為清代著名之白話章回小說；《紅樓夢》費時十年，經多次增刪始成。

＊4.（　）**蒲松齡以其成就，曾被譽為「絕無僅有的世界短篇小說之王」。以下關於蒲松齡的介紹，何者正確？**

Ⓐ蒲松齡，字留仙，別號柳泉居士。

Ⓑ十九歲時以第一名舉貢生，七十二歲中狀元，四年後即撒手人寰。

Ⓒ其一生除了擔任幕僚與教書外，畢生窮其志在官場上大放異彩。

Ⓓ平生著作甚豐，其中最著名、影響最深遠的是窮二十年之功寫成的《聊齋志異》。

Ⓔ博學多才，除《聊齋志異》外，尚有文集、詩集、戲曲、俚曲等作品行世。

5.（　）閱讀下文，並推斷文章空格處為哪一本小說？

唐代文學家韓愈記敘自己苦讀的情形是「焚膏油以繼晷」，這種夜以繼日的勤奮精神，我是無法學習的，因為深夜讀書一想起＿＿＿＿中的鬼狐世界，就覺得氣氛詭異，擔心冷不防從背後的木櫃，伸出一隻手來。

Ⓐ《紅樓夢》
Ⓑ《聊齋志異》
Ⓒ《三國演義》
Ⓓ《儒林外史》

＊6.（　）〈勞山道士〉一文雖題為「勞山道士」，但故事的主角卻是王生，下列哪些選項應是其命題的原因？

Ⓐ主角王生「慕道、不能作苦、嬌惰之心」的性格特徵，易令讀者氣憤難耐，因此不以此命題。
Ⓑ《聊齋志異》為志怪小說，故命題為「勞山道士」，可扣緊全書寫志怪、奇人異事的主題。
Ⓒ以擁有法術的特異人物勞山道士，對比凡夫俗子的王生，可滿足一般人追求不凡人物的心態。
Ⓓ以取特殊突出者為名，命名為「勞山道士」，比起「王生學道」，更能引起閱讀興趣。
Ⓔ道士的法術高強，令人稱羨，作者藉此宣揚道教的宗教意味濃厚。

【解答】1.B　2.D　3.A　4.ADE　5.B　6.BCD

紅樓夢

「滿紙荒唐言，一把辛酸淚。都云作者痴，誰解其中味。」

曹雪芹和高鶚

作品通覽

《紅樓夢》是一部擁有極大影響力和極高國際聲譽的文學巨著，不僅在古典小說史上占有極其重要的地位，在世界文學史中也是光彩奪目的一頁。和世界上其他偉大的現實主義作者狄更斯、托爾斯泰一樣，《紅樓夢》的作者曹雪芹也是一個文學時代的總結者，他承上啟下，堪稱是近代現實主義文學的先驅者。

曹雪芹從傳統文化中汲取豐富的養分，包含詩詞歌賦、戲曲典籍等等，無一不融入作品的情節中。曹雪芹對生活、人生、社會的深刻理解，以及對生命的熾熱情感，使得《紅樓夢》充滿批判現實的深刻意涵。《紅樓夢》不僅是曹雪芹智慧的結晶，更是由他的血淚所交織而成的經典。

在《紅樓夢》中，最主要的故事主線便是賈寶玉和林黛玉之間的愛情悲劇，它伴隨著豪門望族賈府的榮辱興衰而發展。大觀園的榮華富貴、錦衣玉食，轉瞬間便因爲抄家流放而敗落，其中的金陵十二釵或遠嫁，或被折磨早亡，或被掠走，無一人能倖免。《紅樓夢》中的愛情悲劇、命運悲劇，都歸因於傳統封建社會、禮教文化所造就的歷史悲劇，其中巨大的力量感染著一代又一代的讀者，使人在享受藝術薰陶的同時，也獲得無數思想啓發。

❖憤世之作

在《紅樓夢》中，曹雪芹對於傳統社會的反叛情緒是非常明顯的，作者用那支犀利無比的筆，毫不留情地剝開傳統大家族的華麗外衣，揭露其中的黑暗醜惡、紙醉金迷，以及對人性的無情摧殘、對女性的百般蹂躪，令人怵目驚心。但同時，曹雪芹作爲世家飄零子弟，又懷著「無才補天」的深刻遺憾，以《紅樓夢》爲自己的家族和社會唱一曲哀豔的輓歌。

作者是時代的叛逆者，但他在痛恨這個時代的同時，又和這個時代有著千絲萬縷的血肉連繫。有逝去的繁榮昌盛，有家族國家的倫理綱常……。小說開篇的神話故事非常耐人尋味，若能讀懂這段神話，也就理解了曹雪芹對社會的用心良苦。一塊「無才補天」且被丟棄在青埂峰下的頑石，便是作者的自喻，頑石無力去補這方千瘡百孔的社會之天，只能眼睜睜地看著它敗落，直到「落了片白茫茫大地眞乾淨」。這種憤激之情貫穿在《紅樓夢》的字裡行間，但曹雪芹最終依然無法找到出路，只能在佛界天國寄託自己的理想。然而，賈府重興的希望又像一縷燭光牽動著他，難以割捨，於是就有了作品中賈探春協理榮國府的情節，才有了探春遠嫁，榮華而歸。曹雪芹將自己「補天」的希望寄託在聰敏靈巧的女孩身上，把憤世之情傾注在行徑乖張的賈寶玉身上，這二者之間難以割捨，卻又同時存在。

《紅樓夢》的主旨多重、複雜、立體，「橫看成嶺側成峰」，每個讀者的心裡都自會有一部《紅樓夢》；有一位曹雪芹；有一個抗爭於世，哀絕於心，血淚於書的天之驕子。

❖曹雪芹與賈寶玉

根據記載，曹雪芹的家族也曾顯赫一世，他的曾祖父任江寧織造，曾祖母是康熙皇帝的褓姆，後歷任三代達六十年之久，與皇家有著千絲萬縷的連繫。榮寧兩府中的許多華貴，都有當年這個權勢顯赫的豪門望族的影子。雍正初年，由於政治鬥爭，曹家失寵，曹雪芹的父親曹頫被革職下獄，家產抄沒，曹家從此敗落。之後，曹雪芹隨著全家遷往北京，寓居在北京西郊，以賣文賣畫維生，「舉家食粥」。晚年，他的幼子夭折，貧困不堪，最終臥病而死。《紅樓夢》便是在此種境況下，批閱十載，增刪五次，字字血淚。

曹雪芹「身胖，頭廣，面色黑」，善詩文、繪畫，且偏愛奇石，常以詩文圖畫贈友，他的傲骨凜然，在圖畫中躍然紙上。又喜喝酒，狂放不羈，憤世嫉俗。《紅樓夢》中的賈寶玉和作者雖同爲貴公子，但卻大不相同。賈寶玉秀雅聰慧，光彩照人，也許在作者的心目中，貴公子本來就應是這般模樣。曹雪芹將自己的叛逆思想、憤世孤傲全給了這一角色，於是賈寶玉便有了種種怪癖、種種胡言亂語、種種瘋瘋傻傻，和各種不被世人理解認同的乖張。

❖高鶚續書

《紅樓夢》有許多異名，像是《石頭記》、《情僧錄》、《風月寶鑑》、《金陵十二釵》等，作品的前八十回在曹雪芹在世時，便已有抄本流傳。但後四十回有人認爲作者因病未能完成，也有人認爲殘稿已丟失。

八十回的抄本至今仍存，後四十回則由高鶚續作，在乾隆五十六年問世。

其實，學術界對高鶚是否爲續書的作者曾有過許多爭論，目前雖被多數人認定，但仍還有不同意見。還有，今人對後四十回續書的藝術表現也有所爭論，除了黛玉焚稿被視爲精彩章節外，續書雖然保持了悲劇結局，但許多人物的個性色彩大減，前八十回栩栩如生的人物，到了後面大多成爲理念的軀殼。還有許多結局安排皆完全違背曹雪芹的初衷，例如香菱被扶正，並與薛蟠結爲夫妻，大大削弱人物的悲劇性力量。

後半部中的重要情節之一就是「調包計」，導致黛玉含恨歸天，讀者一般都認可此一情節，因爲它的戲劇性極強，且維持了黛玉的悲劇個性和悲劇結局。但許多學者依舊認爲這是拙劣的一筆，是展現曹雪芹、高鶚高下的分野，如果曹雪芹在世，絕不會容忍。因爲「調包計」將許多人物推到絕對的反面，而且人工痕跡過重，將人物命運寄於巧合和偶然。但是，當我們細讀《紅樓夢》便能發現，曹雪芹筆下的人物，其悲劇命運是一種社會和歷史的必然，寶黛愛情悲劇更應是如此。

以下節錄精彩章回

第三回 託內兄如海薦西賓，接外孫賈母惜孤女

一時，黛玉進入榮府，下了車，只見一條大甬路❶，直接出大門來。眾嬤嬤引著，便往東轉彎，走過一座東西穿堂，向南大廳之後，至儀門內大院落。上面五間大正房，兩邊廂房，鹿頂耳門鑽山，四通八達，軒昂壯麗，比各處不同，黛玉便知這方是正內室。進入堂屋，抬頭迎面先見一個赤金九龍青地大匾，匾上寫著斗大三個字是「榮禧堂」。後有一行小字，「某年月日書賜榮國公賈源」，又有「萬

機宸翰」之寶。大紫檀雕螭案上設著三尺多高青綠古銅鼎，懸著待漏隨朝墨龍大畫。一邊是鏨金彝❷，一邊是玻璃盆，地下兩溜十六張楠木圈椅❸。又有一副對聯，乃是烏木聯牌，鑲著鏨金字跡，道是：「座上珠璣昭日月，堂前黼黻煥煙霞。」下面一行小字是：「世教弟勳襲東安郡王穆蒔拜手書。」

原來王夫人時常居坐宴息也不在這正室中，只在東邊的三間耳房內。於是嬤嬤們引黛玉進東房門來，臨窗大炕上鋪著猩紅洋毯，正面設著大紅金錢蟒引枕，秋香色金錢蟒大條褥。兩邊設一對梅花式洋漆小几，左邊几上擺著文王鼎，鼎旁匙箸香盒；右邊几上擺著汝窯美人觚，裡面插著時鮮花卉。地下面，西一溜四張大椅都搭著銀紅撒花椅搭，底下四副腳踏；兩邊又有一對高几，几上茗碗瓶花俱備。其餘陳設不必細說。

老嬤嬤讓黛玉上炕坐，炕沿上卻也有兩個錦褥對設。黛玉度其位次，便不上炕，只就東邊椅上坐了。本房的丫鬟忙捧上茶來，黛玉一面吃茶，一面打量這些丫鬟們，妝飾衣裙，舉止行動，果與別家不同。

茶未吃了，只見一個穿紅綾襖青緞掐牙背心的丫鬟走來，笑道：「太太說，請林姑娘到那邊坐罷。」老嬤嬤聽了，於是又引黛玉出來，到了東南三間小正房內。正面炕上橫設一張炕桌，上面堆著書籍茶具，靠東壁面西設著半舊的青緞靠背引枕。王夫人卻坐在西邊下首，亦是半舊青緞靠背坐褥，見黛玉來了，便往東讓。黛玉心中料定這是賈政之位，因見挨炕一溜三張椅子上也搭著半舊的彈墨椅袱，黛玉便向椅上坐了。王夫人再三讓他上炕，他方挨王夫人坐下。王夫人因說：「你舅舅今日齋戒去了，再見罷。只是有一句話囑咐你：你三個姐妹倒都極好，以後一處念書、認字、學針線，或偶一頑笑❹，都有個儘讓的❺。我就只一件不放心：我有一個孽根禍胎，是家裡的『混世魔王』，今日因往廟裡還願去，尚未回來，晚上你看見就知道了。你只以後不要睬他，你這些姐姐、妹妹都不敢沾惹他的。」

黛玉素聞母親說過：「有個內姪，乃銜玉而生，頑劣異常，不喜讀書，最喜在內幃廝混，外祖母又溺愛，無人敢管。」今見王夫人所說，便知是這位表兄，一面陪笑道：「舅母所說，可是那位銜玉而生的哥哥？在家時記得母親常說，這位哥哥比我大一歲，小名就叫寶玉，性雖憨頑，說待姐妹們卻是極好的。況我來了，自然和姐妹們一處，弟兄們是另院別房，豈有沾惹之理？」王夫人笑道：「你不知道原故。他和別人不同，自幼因老太太疼愛，原係和姐妹們一處嬌養慣了的。若姐妹們不理他，他倒還安靜些；若一日姐妹們和他多說了一句話，他心上一喜，便生出許多事來，所以囑咐你別理會他。他嘴裡一時甜言蜜語，一時有天沒日，瘋瘋傻傻，只休信他。」

黛玉一一的都答應著。忽見一個丫鬟來說：「老太太那裡傳晚飯了。」王夫人忙攜了黛玉出後房門，由後廊往西出了角門，是一條南北甬路，南邊是倒座三間小小抱廈廳，北邊立著一個粉油大影壁，後有一個半大門，小小一所房屋。王夫人笑指向黛玉道：「這是你鳳姐姐的屋子，回來你好往這裡找他去。少什麼東西，只管和他說就是了。」這院門上也有幾個才總角的小廝，都垂手侍立。

王夫人遂攜黛玉穿過一個東西穿堂，便是賈母的後院了，於是進入後房門。已有許多人在此伺候，見王夫人來，方安設桌椅。賈珠之妻李氏捧杯，熙鳳安箸，王夫人進羹。賈母正面榻上獨坐，兩旁四張空椅，熙鳳忙拉黛玉在左邊第一張椅子上坐下，黛玉十分推讓。賈母笑道：「你舅母和嫂子們是不在這裡吃飯的，你是客，原該這麼坐。」黛玉方告了坐，就坐了。賈母命王夫人也坐了，迎春姐妹三個告了坐方上來，迎春坐右手第一，探春左第二，惜春右第二。旁邊丫鬟執著拂塵、漱盂、巾帕，李紈、鳳姐立於案旁布讓。外間伺候的媳婦、丫鬟雖多，卻連一聲咳嗽不聞。飯畢，個個有丫鬟用小茶盤捧上茶來。當日林家教女以惜福養身，每飯後必過片時方吃茶，不傷脾胃。今黛玉見了這許多規矩不似家中，也只得隨和著些。接了茶，又有人捧過漱盂來，黛玉也漱了口。又盥手畢，然後又捧上茶來，這方是吃的茶。

賈母便說：「你們去罷，讓我們自在說說話兒。」王夫人遂起身，又說了兩句閒話兒，方引李、鳳二人去了。賈母因問黛玉念何書，黛玉道：「剛念了《四書》。」黛玉又問姐妹們讀何書，賈母道：「讀什麼書！不過認幾個字罷了。」

一語未了，只聽外面一陣腳步響，丫鬟進來報道寶玉來了。黛玉心想：「這個寶玉不知是怎樣個憊懶人呢❻！」及至進來一看，卻是位青年公子：頭上戴著束髮嵌寶紫金冠，齊眉勒著二龍戲珠金抹額❼；一件二色金百蝶穿花大紅箭袖，束著五彩絲攢花結長穗宮條❽，外罩石青起花八團倭緞排穗褂；蹬著青緞粉底小朝靴❾；面若中秋之月，色如春曉之花；鬢若刀裁，眉如墨畫，鼻如懸膽，睛若秋波；雖怒時而似笑，即瞋視而有情；項上金螭瓔絡，又有一根五色絲絛，繫著一塊美玉。

黛玉一見便吃一大驚，心中想道：「好生奇怪！倒像在那裡見過的？何等眼熟！」只見這寶玉向賈母請了安，賈母便命：「去見你娘來。」即轉身去了。一回再來時，已換了冠帶。頭上周圍一轉的短髮，都結成小辮，紅絲結束，共攢至頂中胎髮，總編一根大辮，黑亮如漆，從頂至梢，一串四顆大珠，用金八寶墜腳。身上穿著銀紅撒花半舊大襖，仍舊戴著項圈、寶玉、寄名鎖、護身符等物；下面半露松綠撒花綾褲，錦邊彈墨襪，厚底大紅鞋；越顯得面如敷粉，唇若施脂，轉盼多情，語言若笑。天然一段風韻，全在眉梢；平生萬種情思，悉堆眼角。看其外貌是極好，卻難知其底細。後人有《西江月》二詞，批的極確。詞曰：

無故尋愁覓恨，有時似傻如狂。縱然生得好皮囊，腹內原來草莽。
潦倒不通世務，愚頑怕讀文章。行為偏僻性乖張，那管世人誹謗？

又曰：

富貴不知樂業，貧窮難耐淒涼。可憐辜負好時光，於國於家無望。
天下無能第一，古今不肖無雙。寄言紈袴與膏粱，莫效此兒形狀！

卻說賈母見他進來，笑道：「外客沒見就脫了衣裳了？還不去見你妹妹呢！」寶玉早已看見了一個嬝嬝婷婷的女兒，便料定是林姑媽之女，忙來見禮。歸了座，細看時，真是與眾各別。只見：

兩彎似蹙非蹙籠煙眉，一雙似喜非喜含情目。態生兩靨之愁，嬌襲一身之病。
淚光點點，嬌喘微微。閒靜似嬌花照水，行動如弱柳扶風。心較比干多一竅，病如西子勝三分。

寶玉看罷，笑道：「這個妹妹，我曾見過的。」賈母笑道：「又胡說了，你何曾見過？」寶玉笑道：「雖沒見過，卻看著面善，心裡倒像是舊相認識，恍若遠別重逢的一般。」賈母笑道：「好，好！這麼更相和睦了。」

寶玉便走向黛玉身邊坐下，又細細打量一番，因問：「妹妹可曾讀書？」黛玉道：「不曾讀書，只上了一年學，些須認得幾個字。」寶玉又道：「妹妹尊名？」黛玉便說了名。寶玉又道：「表字？」黛玉道：「無字。」寶玉笑道：「我送妹妹一字，莫若『顰顰』二字，極妙。」探春便道：「何處出典？」寶玉道：「《古今人物通考》上說：『西方有石名黛，可代畫眉之墨。』況這妹妹，眉尖若蹙，取這個字，豈不甚美？」探春笑道：「只怕又是杜撰！」寶玉笑道：「除了《四書》，杜撰的也太多呢！」因又問黛玉：「可有玉沒有？」眾人都不解。黛玉便忖度著[10]：「因他有玉，所以才問我的。」便答道：「我沒有玉，你那玉也是件稀罕物兒！豈能人人皆有？」

寶玉聽了，登時發作起狂病來，摘下那玉，就狠命摔去，罵道：「什麼罕物！人的高下不識，還說靈不靈呢！我也不要這勞什子[11]！」嚇的地下眾人一擁爭去拾玉。賈母急地摟了寶玉，道：「孽障！你生氣，要打罵人容易，何苦摔那命根子！」寶玉滿面淚痕，哭道：「家裡姐姐妹妹都沒有，單我有，我說沒趣兒。如今來了這個神仙似的妹妹也沒有，可知這不是個好東西。」賈母忙哄他道：「你這妹妹原有玉來著，因你姑媽去世時，捨不得你妹妹，無法可處，遂將他的玉帶了去。一則全殉葬之禮，盡你妹妹的孝心；二則你姑媽的陰靈兒也可權作見了你妹妹了。因此，他說沒有，也是不便誇張的意思啊！你還不好生帶上，仔細你娘知道！」說著，便向丫鬟手中接來，親與他帶上。寶玉聽如此說，想了一想，也就不生別論。

當下，奶娘來問黛玉房舍，賈母便說：「將寶玉挪出來，同我在套間暖閣裡，把林姑娘暫且安置在碧紗櫥裡。等過了殘冬，春天再給他們收拾房屋，另作一番安置罷。」寶玉道：「好祖宗，我就在碧紗櫥外的床上很妥當，又何必出來鬧的老祖宗不得安靜呢？」賈母想一想，說：「也罷了。」每人一個奶娘，並一個丫頭照管，餘者在外間上夜聽喚，一面早有熙鳳命人送了一頂藕合色花帳，並錦被緞褥之類。

黛玉只帶了兩個人來：一個是自己的奶娘王嬤嬤，一個是十歲的小丫頭，名喚雪雁。賈母見雪雁甚小，一團孩氣，王嬤嬤又極老，料黛玉皆不遂心，將自己身邊一個二等小丫頭，名喚鸚哥的，與了黛玉。亦如迎春等一般：每人除自幼乳母外，另有四個教引嬤嬤，除貼身掌管釵釧、盥沐兩個丫頭外⑫，另有四五個灑掃房屋、來往使役的小丫頭。

當下，王嬤嬤與鸚哥陪侍黛玉在碧紗櫥內；寶玉乳母李嬤嬤並大丫頭名喚襲人的，陪侍在外面大床上。

原來這襲人亦是賈母之婢，本名蕊珠。賈母因溺愛寶玉，恐寶玉之婢不中使，素喜蕊珠心地純良，遂與寶玉。寶玉因知他本姓花，又曾見舊人詩句有「花氣襲人」之句，遂回明賈母，即把蕊珠更名襲人。

卻說這襲人倒有些痴處，服侍賈母時，心中只有賈母；如今跟了寶玉，心中又只有寶玉了。只因寶玉性情乖僻，每每規諫，見寶玉不聽，心中著實憂鬱。是晚，寶玉、李嬤嬤已睡了，他見裡面黛玉、鸚哥猶未安歇，自卸了妝，悄悄地進來，笑問：「姑娘怎麼還不安歇？」黛玉忙笑讓：「姐姐請坐。」襲人在床沿上坐了。鸚哥笑道：「林姑娘在這裡傷心，自己淌眼抹淚地說：『今兒才來了，就惹出你家哥兒的狂病來。倘或摔壞了那玉，豈不是因我之過？』所以傷心。我好容易勸好了。」襲人道：「姑娘快別這麼著！將來只怕比這更奇怪的笑話兒還有呢！若為他這種行狀，你多心傷感，只怕你還傷感不了呢！快別多心！」黛玉道：「姐姐們說的，我記著就是了。」又敘了一回，方才安歇。

說文解字

❶甬路：通道、走道。也作「甬道」。❷彝：古代盛酒的器具或宗廟常用的祭器。❸溜：列。❹頑：嬉戲，同「玩」。❺儘讓：謙讓。❻憊懶：懶散、刁頑。❼抹額：繫綁在額頭上的布巾，也作「抹頭」。❽絛：用絲編成的繩帶。❾蹬：穿。❿忖度：揣測。⓫勞什子：惹人討厭的東西。也作「牢什子」、「勞什骨子」、「傍什子」、「撈什子」。⓬釵釧：釵與鐲，泛指婦女的飾物。盥沐：沐浴。

第五回 賈寶玉神遊太虛境，警幻仙曲演紅樓夢

那寶玉才合上眼，便恍恍惚惚地睡去，猶似秦氏在前。悠悠蕩蕩，跟著秦氏到了一處，但見朱欄玉砌，綠樹清溪，真是人跡不逢，飛塵罕到。寶玉在夢中歡喜，想道：「這個地方兒有趣！我若能在這裡過一生，雖然失了家也願意，強如天天被父母、先生管束呢！」正在胡思之間，聽見山後有人作歌，曰：

春夢隨雲散，飛花逐水流。寄言眾兒女，何必覓閒愁？

寶玉聽了，是個女孩兒的聲氣。歌音未息，早見那邊走出一個麗人來，蹁躚裊娜❶，與凡人大不相同。寶玉見是一個仙姑，喜的忙來作揖，笑問道：「神仙姐姐，不知從那裡來？如今要往那裡去？我也不知這裡是何處，望乞攜帶攜帶。」那仙姑道：「吾居離恨天之上，灌愁海之中，乃放春山遣香洞太虛幻境警幻仙姑是也。司人間之風情月債，掌塵世之女怨男痴。因近來風流冤孽，纏綿於此，是以前來訪察機會，布散相思。今日與爾相逢，亦非偶然。此離吾境不遠，別無他物，僅有自採仙茗一盞、親釀美酒一甕、素練魔舞歌姬數人、新填《紅樓夢》仙曲十二支。可試隨吾一遊否？」

寶玉聽了，喜悅非常，便忘了秦氏在何處了，竟隨了仙姑至一個所在。忽然前面有一座石牌橫建，上書「太虛幻境」四大字，兩邊一副對聯，乃是：「假作真時真亦假，無為有處有還無。」轉過牌坊，便是一座宮門，上面橫書著四個大字，道是「孽海情天」，也有一副對聯，大書云：「厚地高天，堪嘆古今情不盡；痴男怨女，可憐風月債難酬。」

寶玉看了，心下自思道：「原來如此。但不知何為『古今之情』？又何為『風月之債』？從今倒要領略領略。」寶玉只顧如此一想，不料早把些邪魔招入膏肓了。當下隨了仙姑，進入二層門內，只見兩邊配殿皆有匾額、對聯。一時看不盡許多，唯見幾處寫著的是：「痴情司」、「結怨司」、「朝啼司」、「暮哭司」、「春感司」、「秋悲司」。看了，因向仙姑道：「敢煩仙姑引我到那各司中遊玩遊玩，不知可使得麼？」仙姑道：「此中各司存的是普天下所有女子過去未來的簿冊，爾乃凡眼塵軀，未便先知的。」寶玉聽了，那裡肯捨，又再四地懇求。那警幻便說：「也罷，就在此司內略隨喜隨喜罷。」

寶玉喜不自勝，抬頭看這司的匾上，乃是「薄命司」三字，兩邊寫著對聯道：「春恨秋悲皆自惹，花容月貌為誰妍？」

寶玉看了，便知感嘆。進入門中，只見有十數個大櫥，皆用封條封著，看那封條上，皆有各省地名。寶玉一心只揀自己家鄉的封條看，只見那邊櫥上封條大書「金陵十二釵正冊」。寶玉因問：「何為『金陵十二釵正冊』？」警幻道：「即爾省中十二冠首女子之冊，故為正冊。」寶玉道：「常聽人說金陵極大，怎麼只十二個女子？如今單我們家裡，上上下下就有幾百個女孩兒。」警幻微笑道：「一省女子固多，不過擇其緊要者錄之。兩邊二櫥則又次之，餘者庸常之輩便無冊可錄了。」

寶玉再看下首一櫥，上寫著「金陵十二釵副冊」；又一櫥，上寫著「金陵十二釵又副冊」。寶玉便伸手先將又副冊櫥門開了，拿出一本冊來。揭開看時，只見這首頁上畫的，既非人物，亦非山水，不過是水墨滃染❷，滿紙烏雲濁霧而已。後有幾行字跡，寫道是：

霽月難逢，彩雲易散。心比天高，身為下賤。
風流靈巧招人怨，壽夭多因誹謗生，多情公子空牽念。

寶玉看了不甚明白。又見後面畫著一簇鮮花，一床破蓆，也有幾句言詞，寫道是：

枉自溫柔和順，空雲似桂如蘭。堪羨優伶有福，誰知公子無緣。

寶玉看了，益發解說不出是何意思。遂將這一本冊子擱起來，又去開了副冊櫥門，拿起一本冊來，打開看時，只見首頁也是畫，卻畫著一株桂花，下面有一方池沼，其中水涸泥乾，蓮枯藕敗。後面書云：

根並荷花一莖香，平生遭際實堪傷。自從兩地生孤木，致使香魂返故鄉。

寶玉看了又不解。又去取那正冊看時，只見頭一頁上畫著是兩株枯木，木上懸著一圍玉帶；地下又有一堆雪，雪中一股金簪。也有四句詩道：

可嘆停機德，堪憐詠絮才。玉帶林中掛，金簪雪裡埋。

寶玉看了仍不解，待要問時，知他必不肯洩漏天機，待要丟下，又不捨，遂往後看。只見畫著一張弓，弓上掛著一個香櫞❸。也有一首歌詞云：

二十年來辨是非，榴花開處照宮闈。三春爭及初春景？虎兕相逢大夢歸。

後面又畫著兩個人放風箏，一片大海，一隻大船，船中有一女子，掩面泣涕之狀。畫後也有四句，寫著道：

才自精明志自高，生於末世運偏消。清明涕送江邊望，千里東風一夢遙。

後面又畫著幾縷飛雲，一灣逝水。其詞曰：

富貴又何為？繈褓之間父母違。展眼弔斜暉，湘江水逝楚雲飛。

後面又畫著一塊美玉，落在泥汙之中。其斷語云：

欲潔何曾潔？雲空未必空。可憐金玉質，終陷淖泥中。

後面忽畫一惡狼，追撲一美女，有欲啖之意。其下書云：

子係中山狼，得志便倡狂。金閨花柳質，一載赴黃粱。

後面便是一所古廟，裡面有一美人在內看經獨坐。其判云：

勘破三春景不長，緇衣頓改昔年妝。可憐繡戶侯門女，獨臥青燈古佛旁。

後面是一片冰山，山上有一隻雌鳳。其判云：

凡鳥偏從末世來，都知愛慕此生才。一從二令三人木，哭向金陵事更哀。

後面又是一座荒村野店，有一美人在那裡紡績。其判曰：

勢敗休云貴，家亡莫論親。偶因濟劉氏，巧得遇恩人。

詩後又畫一盆茂蘭。旁有一位鳳冠霞帔的美人。也有判云：

桃李春風結子完，到頭誰似一盆蘭？如冰水好空相妒，枉與他人作笑談。

詩後又畫一座高樓，上有一美人懸梁自盡。其判云：

情天情海幻情身，情既相逢必主淫。漫言不肖皆榮出，造釁開端實在寧。

寶玉還欲看時，那仙姑知他天分高明，性情穎慧，恐洩漏天機，便掩了卷冊，笑向寶玉道：「且隨我去遊玩奇景，何必在此打這悶葫蘆？」

寶玉恍恍惚惚，不覺棄了卷冊，又隨警幻來至後面。但見畫棟雕簷，珠簾繡幕，仙花馥鬱，異草芬芳，真好所在也！又聽警幻笑道：「你們快出來迎接貴客！」一言未了，只見房中走出幾個仙子來，荷袂蹁躚，羽衣飄舞，嬌若春花，媚如秋月。見了寶玉，都怨謗警幻道：「我們不知係何貴客，忙地接出來。姐姐曾說，今日今時必有個絳珠妹子的生魂前來遊玩，故我等久待，何故反引這濁物來污染清淨女兒之境？」

寶玉聽如此說，便嚇的欲退不能，果覺自形汙穢不堪。警幻忙攜住寶玉的手，向眾仙姬笑道：「你等不知原委。今日原欲往榮府去接絳珠，適從寧府經過，偶遇榮寧二公之靈，囑吾云：『吾家自國朝定鼎以來，功名奕世，富貴流傳，已歷百年，奈運終數盡，不可挽回！我等之子孫雖多，竟無可以繼業者。唯嫡孫寶玉一人，稟性乖張，用情怪譎，雖聰明靈慧，略可望成，無奈吾家運數合終，恐無人規引入正。幸仙姑偶來，望先以情欲聲色等事警其痴頑，或能使他跳出迷人圈子，入於正路，亦吾兄弟之幸矣。』如此囑吾，故發慈心，引彼至此。先以他家上中下三等女子的終身冊籍，令其熟玩，尚未覺悟。故引了再到此處，遍歷那飲饌聲色之幻，或冀將來一悟，未可知也。」說畢，攜了寶玉入室。但聞一縷幽香，不知所焚何物，寶玉不禁相問。警幻冷笑道：「此香乃塵世所無，爾如何能知！此係諸名山勝境初生異卉之精，合各種寶林珠樹之油所製，名為『群芳髓』。」

寶玉聽了，自是羨慕。於是大家入座，小鬟捧上茶來。寶玉覺得香清味美，迥非常品，因又問何名。警幻道：「此茶出在放春山遣香洞，又以仙花靈葉上所帶的宿露烹了，名曰『千紅一窟』。」寶玉聽了，點頭稱賞，因看房內，瑤琴、寶鼎、古畫、新詩，無所不有，更喜窗下亦有唾絨❹，奩間時漬粉汙❺。壁上也掛著一副對聯，書云：「幽微靈秀地，無可奈何天。」寶玉看畢，因又請問眾仙姑姓名：一名痴夢仙姑，一名鍾情大士，一名引愁金女，一名度恨菩提，個個道號不一。

說文解字

❶蹁躚：形容儀態曼妙。嬝娜：姿態柔美的樣子，也作「裊娜」、「嫋娜」。❷滃染：烘染。❸香櫞：枸櫞，果實爲長圓形，可供觀賞、食用及入藥。因其具香氣，故也作香橼。❹唾絨：古代婦女刺繡，每當停針換線、咬斷繡線時，口中常沾留線絨，隨口吐出，便稱爲「唾絨」。❺奩：盛裝婦女梳妝用品的小匣子。

又不知歷幾時，這日賈珍等來回賈政：「園內工程俱已告竣，大老爺已瞧過了，只等老爺瞧了，或有不妥之處，再行改造，好題匾額對聯的。」賈政聽了，沉思一回，說道：「這匾額對聯倒是一件難事。論理該請貴妃賜題才是，然貴妃若不親睹其景，大約亦必不肯妄擬。若直待貴妃遊幸過再請題，偌大景致，若干亭榭❶，無字標題，也覺寥落無趣，任有花柳山水，也斷不能生色。」眾清客在旁笑答道❷：「老世翁所見極是。如今我們有個愚見：各處匾額對聯斷不可少，亦斷不可定名。如今且按其景致，或兩字、三字、四字，虛合其意，擬了出來，暫且做燈匾聯懸了。待貴妃遊幸時，再請定名，豈不兩全？」賈政等聽了，都道：「所見不差。我們今日且看看去，只管題了，若妥當便用，不妥時，然後將雨村請來，令他再擬。」眾人笑道：「老爺今日一擬定佳，何必又待雨村。」賈政笑道：「你們不知，我自幼於花鳥山水題詠上就平平，如今上了年紀，且案牘勞煩，於這怡情悅性文章上更生疏了。縱擬了出來，不免迂腐古板，反不能使花柳園亭生色，似不妥協，反沒意思。」眾清客笑道：「這也無妨。我們大家看了公擬，各舉其長，優則存之，劣則刪之，未為不可。」賈政道：「此論極是。且喜今日天氣和暖，大家去逛逛。」說著起身，引眾人前往。

賈珍先去園中知會眾人。可巧近日寶玉因思念秦鐘，憂戚不盡，賈母常命人帶他到園中來戲耍。此時亦才進去，忽見賈珍走來，向他笑道：「你還不出去，老爺就來了。」寶玉聽了，帶著奶娘小廝們，一溜煙就出園來。方轉過彎，頂頭賈政引眾客來了，躲之不及，只得一邊站了。賈政近因聞得塾掌稱讚寶玉專能對對聯❸，雖不喜讀書，偏倒有些歪才情似的，今日偶然撞見這機會，便命他跟來。寶玉只得隨往，尚不知何意。

賈政剛至園門前，只見賈珍帶領許多執事人來，一旁侍立。賈政道：「你且把園門都關上，我們先瞧了外面再進去。」賈珍聽說，命人將門關了。賈政先秉正看門，只見正門五間，上面桶瓦泥鰍脊，那門欄窗槅，皆是細雕新鮮花樣，並無朱粉塗飾，一色水磨群牆，下面白石台磯，鑿成西番草花樣。左右一望，皆雪白粉牆，下面虎皮石，隨勢砌去，果然不落富麗俗套，自是歡喜。遂命開門，只見迎面一帶翠嶂擋在前面。眾清客都道：「好山，好山！」賈政道：「非此一山，一進來園中所有之景悉入目中，則有何趣。」眾人道：「極是。非胸中大有丘壑，焉想及此。」說畢，往前一望，見白石峻嶒❹，或如鬼怪，或如猛獸，縱橫拱立，上面苔蘚成斑，藤蘿掩映，其中微露羊腸小徑。賈政道：「我們就從此小徑遊去，回來由那一邊出去，方可遍覽。」

說畢，命賈珍在前引導，自己扶了寶玉，逶迤進入山口。抬頭忽見山上有鏡面白石一塊，正是迎面留題處。賈政回頭笑道：「諸公請看，此處題以何名方妙？」眾人聽說，也有說該題「疊翠」二字，也有說該提「錦嶂」的，又有說「賽香爐」的，又有說「小終南」的，種種名色，不止幾十個。原來眾客心中早知賈政要試寶玉的功業進益如何，只將些俗套來敷衍，寶玉亦料定此意。賈政聽了，便回頭命寶玉擬來。寶玉道：「嘗聞古人有云：『編新不如述舊，刻古終勝雕今。』況此處並非主山正景，原無可題之處，不過是探景一進步耳。莫若直書『曲徑通幽處』這句舊詩在上，倒還大方氣派。」眾人聽了，都讚道：「是極！二世兄天分高，才情遠，不似我們讀腐了書的。」賈政笑道：「不可謬獎。他年小，不過以一知充十用，取笑罷了，再俟選擬❺。」

說著，進入石洞來。只見佳木蘢蔥，奇花閃灼，一帶清流，從花木深處曲折瀉於石隙之下。再進數步，漸向北邊，平坦寬豁，兩邊飛樓插空，雕甍繡檻❻，皆隱於山坳樹杪之間❼。俯而視之，則清溪瀉雪，石磴穿雲，白石為欄，環抱池沿，石橋三港，獸面銜吐。橋上有亭，賈政與諸人上了亭子，倚欄坐了，因問：「諸公以何題此？」諸人都道：「當日歐陽公《醉翁亭記》有云：『有亭翼然。』就名『翼然』。」賈政笑道：「『翼然』雖佳，但此亭壓水而成，還須偏於水題方稱。依我拙裁，歐陽公之『瀉出於兩峰之間』，竟用他這一個『瀉』字。」有一客道：「是極，是極。竟是『瀉玉』二字妙。」賈政拈髯尋思，因抬頭見寶玉侍側，便笑命他也擬一個來。寶玉聽說，連忙回道：「老爺方才所議已是。但是如今追究了去，似乎當日歐陽公題釀泉用一『瀉』字，則妥；今日此泉若亦用『瀉』字，則覺不妥。況此處雖云省親駐蹕別墅❽，亦當入於應制之例，用此等字眼，亦覺粗陋不雅。求再擬較此蘊籍含蓄者。」賈政笑道：「諸公聽此論若何？方才眾人編新，你又說不如述古；如今我們述古，你又說粗陋不妥。你且說你的來我聽。」寶玉道：「有用『瀉玉』二字，則莫若『沁芳』二字，豈不新雅？」賈政拈髯點頭不語。眾人都忙迎合，讚寶玉才情不凡。賈政道：「匾上二字容易，再作一副七言對聯來。」寶玉聽說，立於亭上，四顧一望，便機上心來，乃念道：

繞堤柳借三篙翠，隔岸花分一脈香。

賈政聽了，點頭微笑，眾人先稱讚不已。於是出亭過池，一山一石，一花一木，莫不著意觀覽。

忽抬頭看見前面一帶粉垣，裡面數楹修舍，有千百竿翠竹遮映。眾人都道：「好個所在！」於是大家進入，只見入門便是曲折遊廊，階下石子漫成甬路。上面小小兩三間房舍，一明兩暗，裡面都是合著地步打就的床几椅案。從裡間房內又得一小門，出去則是後院，有大株梨花兼著芭蕉。又有兩間小小退步⑨，後院牆下忽開一隙，得泉一派，開溝僅尺許，灌入牆內，繞階緣屋至前院，盤旋竹下而出。

賈政笑道：「這一處還罷了。若能月夜坐此窗下讀書，不枉虛生一世。」說畢，看著寶玉，唬的寶玉忙垂了頭。眾客忙用話開釋，又說道：「此處的匾該題四個字。」賈政笑問：「那四字？」一個道是「淇水遺風」。賈政道：「俗。」又一個是「睢園雅跡」。賈政道：「也俗。」賈珍笑道：「還是寶兄弟擬一個來。」賈政道：「他未曾作，先要議論人家的好歹，可見就是個輕薄人。」眾客道：「議論的極是，其奈他何。」賈政忙道：「休如此縱了他。」因命他道：「今日任你狂為亂道，先設議論來，然後方許你作。方才眾人說的，可有使得的？」寶玉見問，答道：「都似不妥。」賈政冷笑道：「怎麼不妥？」寶玉道：「這是第一處行幸之處，必須頌聖方可。若用四字的匾，又有古人現成的，何必再作。」賈政道：「難道『淇水』、『睢園』不是古人的？」寶玉道：「這太板腐了，莫若『有鳳來儀』四字。」眾人都哄然叫妙。賈政點頭道：「畜生，畜生，可謂『管窺蠡測』矣。」因命：「再題一聯來。」寶玉便念道：

寶鼎茶閒煙尚綠，幽窗棋罷指猶涼。

賈政搖頭說道：「也未見長。」說畢，引眾人出來。方欲走時，忽又想起一事來，因問賈珍道：

「這些院落房宇並几案桌椅都算有了，還有那些帳幔簾子並陳設玩器古董，可也都是一處一處合式配就的⑩？」賈珍回道：「那陳設的東西早已添了許多，自然臨期合式陳設。帳幔簾子，昨日聽見璉兄弟說還不全。那原是一起工程之時，就畫了各處的圖樣，量准尺寸，就打發人辦去的，想必昨日得了一半。」賈政聽了，便知此事不是賈珍的首尾⑪，便命人去喚賈璉。

一時，賈璉趕來，賈政問他共有幾種，現今得了幾種，尚欠幾種。賈璉見問，忙向靴桶取靴掖內裝的一個紙折略節來⑫，看了一看，回道：「妝蟒繡堆、刻絲彈墨並各色綢綾大小幔子一百二十架，昨日得了八十架，下欠四十架。簾子二百掛，昨日俱得了。外有猩猩氈簾二百掛，金絲藤紅漆竹簾二百掛，黑漆竹簾二百掛，五彩線絡盤花簾二百掛，每樣得了一半，也不過秋天都全了。椅搭、桌圍、床裙、桌套，每份一千二百件，也有了。」一面走，一面說。倏爾青山斜阻，轉過山懷中，隱隱露出一帶黃泥築就矮牆，牆頭皆用稻莖掩護。有幾百株杏花，如噴火蒸霞一般。裡面數楹茅屋，外面卻是桑、榆、槿、柘，各色樹稚新條，隨其曲折，編就兩溜青籬。籬外山坡之下，有一土井，旁有桔槔轆轤之屬⑬。下面分畦列畝，佳蔬菜花，漫然無際。

賈政笑道：「倒是此處有些道理。固然係人力穿鑿，此時一見，未免勾引起我歸農之意。我們且進去歇息歇息。」說畢，方欲進籬門去，忽見路旁有一石碣，亦為留題之備。眾人笑道：「更妙，更妙，此處若懸匾待題，則田舍家風一洗盡矣。立此一碣，又覺生色許多，非范石湖田家之詠不足以盡其妙⑭。」賈政道：「諸公請題。」眾人道：「方才世兄有云：『編新不如述舊。』此處古人已道盡矣，莫若直書『杏花村』妙極。」賈政聽了，笑向賈珍道：「正虧提醒了我。此處都妙極，只是還少一個酒幌⑮。明日竟做一個，不必華麗，就依外面村莊的式樣做來，用竹竿挑在樹梢。」賈珍答應了，又回道：「此處竟還不可養別的雀鳥，只是買些鵝鴨雞類，才都相稱了。」賈政與眾人都道：「更妙。」賈政又向眾人道：「『杏花村』固佳，只是犯了正名，村名直待請名方可。」眾客都道：「是呀！如今虛的，便是什麼字樣好？」

大家想著，寶玉卻等不得了，也不等賈政的命，便說道：「舊詩有云：『紅杏梢頭掛酒旗。』如今莫若『杏簾在望』四字。」眾人都道：「好個『在望』！又暗合『杏花村』意。」寶玉冷笑道：「村名若用『杏花』二字，則俗陋不堪了。又有古人詩云：『柴門臨水稻花香。』何不就用『稻香村』的妙？」眾人聽了，亦發哄聲拍手，道：「妙！」賈政一聲斷喝：「無知的業障，你能知道幾個古人，能記得幾首熟詩，也敢在老先生前賣弄！你方才那些胡說的，不過是試你的清濁，取笑而已，你就認真了！」

說著，引人步入茆堂，裡面紙窗木榻，富貴氣象一洗皆盡。賈政心中自是歡喜，卻瞅寶玉道：「此處如何？」眾人見問，都忙悄悄地推寶玉，教他說好。寶玉不聽人言，便應聲道：「不及『有鳳來儀』多矣。」賈政聽了道：「無知的蠢物！你只知朱樓畫棟，惡賴富麗為佳，那裡知道這清幽氣象。終是不讀書之過！」寶玉忙答道：「老爺教訓的固是，但古人常云『天然』二字，不知何意？」眾人見寶玉牛心，都怪他呆痴不改。今見問『天然』二字，眾人忙道：「別的都明白，為何連『天然』不知？『天然』者，天之自然而有，非人力之所成也。」寶玉道：「卻又來！此處置一田莊，分明見得人力穿鑿扭捏而成。遠無鄰村，近不負郭，背山山無脈，臨水水無源，高無隱寺之塔，下無通市之橋，峭然孤出，似非大觀。爭似先處有自然之理，得自然之氣，雖種竹引泉，亦不傷於穿鑿。古人云『天然圖畫』四字，正畏非其地而強為地，非其山而強為山，雖百般精而終不相宜……。」未及說完，賈政氣地喝命：「叉出去。」剛出去，又喝命：「回來！」命再題一聯：「若不通，一併打嘴！」寶玉只得念道：

新漲綠添浣葛處，好雲香護採芹人。

賈政聽了，搖頭說：「更不好。」一面引人出來，轉過山坡，穿花度柳，撫石依泉，過了荼蘼架，再入木香棚，越牡丹亭，度芍藥圃，入薔薇院，出芭蕉塢，盤旋曲折。忽聞水聲潺湲，瀉出石洞，上則蘿薜倒垂，下則落花浮蕩。眾人都道：「好景，好景！」賈政道：「諸公題以何名？」眾人道：「再不必擬了，恰恰乎是『武陵源』三個字。」賈政笑道：「又落實了，而且陳舊。」眾人笑道：「不然就用『秦人舊舍』四字也罷了。」寶玉道：「這越發過露了。『秦人舊舍』說避亂之意，如何使得？莫若『蓼汀花漵』四字。」賈政聽了，更批胡說。於是要進港洞時，又想起有船無船。賈珍道：「採蓮船共四隻，座船一隻，如今尚未造成。」賈政笑道：「可惜不得入了。」賈珍道：「從山上盤道亦可以進去。」說畢，在前導引，大家攀藤撫樹過去。只見水上落花愈多，其水愈清，溶溶蕩蕩⑯，曲折縈迂。池邊兩行垂柳，雜著桃杏，遮天蔽日，真無一些塵土。忽見柳陰中又露出一個折帶朱欄板橋來，度過橋去，諸路可通，便見一所清涼瓦舍，一色水磨磚牆，清瓦花堵。那大主山所分之脈，皆穿牆而過。

賈政道：「此處這所房子，無味的很。」因而步入門時，忽迎面突出插天的大玲瓏山石來，四面群繞各式石塊，竟把裡面所有房屋悉皆遮住，而且一株花木也無。只見許多異草：或有牽藤的，或有引蔓的，或垂山巔，或穿石隙，甚至垂簷繞柱，縈砌盤階，或如翠帶飄颻，或如金繩盤屈，或實若丹砂，或花如金桂，味芬氣馥，非花香之可比。賈政不禁笑道：「有趣！只是不大認識。」有的說：「是薜荔藤蘿。」賈政道：「薜荔藤蘿不得如此異香。」寶玉道：「果然不是。這些之中也有藤蘿薜荔，那香的是杜若蘅蕪，那一種大約是茝蘭，這一種大約是清葛，那一種是金簦草，這一種是玉蕗藤，紅的自然是紫芸，綠的定是青芷。想來《離騷》、《文選》等書上所有的那些異草，也有叫作什麼藿納薑蕁的，也有叫作什麼綸組紫絳的，還有石帆、水松、扶留等樣，又有叫什麼綠荑的，還有什麼丹椒、蘼蕪、風連。如今年深歲改，人不能識，故皆象形奪名，漸漸地喚差了，也是有的。」未及說完，賈政喝道：「誰問你來！」唬的寶玉倒退，不敢再說。

賈政因見兩邊俱是超手遊廊，便順著遊廊步入。只見上面五間清廈連著卷棚，四面出廊，綠窗油壁，更比前幾處清雅不同。賈政嘆道：「此軒中煮茶操琴，亦不必再焚名香矣。此造已出意外，諸公必有佳作新題以顏其額，方不負此。」眾人笑道：「再莫若『蘭風蕙露』貼切了。」賈政道：「也只好用這四字。其聯若何？」一人道：「我倒想了一對，大家批削改正。」念道是：

麝蘭芳靄斜陽院，杜若香飄明月洲。

眾人道：「妙則妙矣，只是『斜陽』二字不妥。」那人道：「古人詩云：『蘼蕪滿手泣斜暉。』」

眾人道：「頹喪，頹喪。」又一人道：「我也有一聯，諸公評閱評閱。」因念道：

三徑香風飄玉蕙，一庭明月照金蘭。

賈政拈髯沉吟，意欲也題一聯。忽抬頭見寶玉在旁不敢則聲⑰，因喝道：「怎麼你應說話時又不說了？還要等人請教你不成！」寶玉聽說，便回道：「此處並沒有什麼『蘭麝』、『明月』、『洲渚』之類，若要這樣著跡說起來，就題二百聯也不能完。」賈政道：「誰按著你的頭，叫你必定說這些字樣呢？」寶玉道：「如此說，匾上則莫若『蘅芷清芬』四字。」對聯則是：

吟成荳蔻才猶艷，睡足荼蘼夢也香。

賈政笑道：「這是套的『書成蕉葉文猶綠』，不足為奇。」眾客道：「李太白『鳳凰台』之作，全套『黃鶴樓』，只要套得妙。如今細評起來，方才這一聯，竟比『書成蕉葉』猶覺幽嫻活潑。視『書成』之句，竟似套此而來。」賈政笑道：「豈有此理！」

說文解字

❶亭榭：亭閣台榭。榭，建築在台上的房屋。❷清客：古代陪伴主人清談取樂的人。❸塾掌：掌管私塾的人。❹峻嶒：陡峭不平的樣子。❺俟：等待。❻甍：屋脊。檻：欄杆。❼坳：低窪的地方。杪：樹枝末端。❽駐蹕：帝王出巡時，沿途停留暫住。❾退步：套間，正屋後面的小屋。❿合式：符合一定的形式、規格。⓫首尾：責任。⓬靴桶：靴子的

筒狀部分，也作「靴筒」。靴掖：置於靴桶內的皮夾。⓭桔槔：汲水的工具。以繩懸橫木上，一端繫水桶，一端繫重物，使其交替上下，以節省力氣。轆轤：利用滑輪原理製成的井上汲水用具，也作「鹿盧」。⓮范石湖：范成大，與楊萬里、尤袤、陸游合稱「南宋四大詩人」。⓯酒幌：古代酒店的招牌。用布綴於竿頂，懸在店門前，以招攬客人。也作「酒帘」。⓰溶溶蕩蕩：水波蕩漾的樣子。⓱則聲：開口發言、出聲，也作「子聲」、「做聲」。

第三十七回 秋爽齋偶結海棠社，蘅蕪院夜擬菊花題

單表寶玉自賈政起身之後，每日在園中任意縱性遊蕩，真把光陰虛度，歲月空添。這日甚覺無聊，便往賈母、王夫人處來混了一混，仍舊進園來了。剛換了衣裳，只見翠墨進來，手裡拿著一幅花箋，送與他看。寶玉因道：「可是我忘了，才要瞧瞧三妹妹去。你來的正好，可好些了？」翠墨道：「姑娘好了，今兒也不吃藥了，不過是冷著一點兒。」

寶玉聽說，便展開花箋看時，上面寫道：

娣探謹奉二兄文几：

前夕新霽，月色如洗，因惜清景難逢，詎忍就臥，時漏已三轉，猶徘徊於桐檻之下，未防風露所欺，致獲采薪之患。昨蒙親勞撫囑，復又數遣侍兒問切，兼以鮮荔並真卿墨跡見賜，何瘝痌惠愛之深哉！今因伏几憑床處默之時，因思及歷來古人中，處名攻利奪之場，猶置些山滴水之區，遠招近揖，投轄攀轅，務結二三同志，盤桓於其中，或豎詞壇，或開吟社。雖一時之偶興，遂成千古之佳談。娣雖不才，竊同叨棲處於泉石之間，而兼慕薛、林之技。風庭月榭，惜未宴集詩人；簾杏溪桃，或可醉飛吟

盞。孰謂蓮社之雄才，獨許鬚眉，直以東山之雅會，讓余脂粉。若蒙棹雪而來，娣則掃花以待。

此謹奉

寶玉看了，不覺喜地拍手笑道：「倒是三妹妹高雅！我如今就去商議。」一面說，一面就走，翠墨跟在後面。剛到了沁芳亭，只見園中後門上值日的婆子，手裡拿著一個字帖兒走來。見了寶玉，便迎上去，口內說道：「芸哥兒請安，在後門等著呢！這是叫我送來的。」寶玉打開看時，寫道：

不肖男芸恭請父親大人萬福金安：

男思自蒙天恩，認於膝下，日夜思一孝順，竟無可孝順之處。前因買辦花草，上托大人洪福，竟認得許多花兒匠，並認得許多名園。前因忽見有白海棠一種，不可多得，故變盡方法，只弄得兩盆。大人若視男是親男一般，便留下賞玩。因天氣暑熱，恐園中姑娘們防礙不便，故不敢面見，奉書恭啟，並叩台安。

男芸跪書

寶玉看了，笑問道：「他獨來了？還有什麼人？」婆子道：「還有兩盆花兒。」寶玉道：「你出去說，我知道了，難為他想著。你就把花兒送到我屋裡去就是了。」一面說，一面同翠墨往秋爽齋來，只見寶釵、黛玉、迎春、惜春已都在那裡了。

眾人見他進來，都大笑說：「又來了一個！」探春笑道：「我不算俗，偶然起了個念頭，寫了幾個帖兒試一試，誰知一招皆到。」寶玉笑道：「可惜遲了！早該起個社的。」黛玉說道：「此時還不算遲，也沒什麼可惜。但你們只管起社，可別算我，我是不敢的。」迎春笑道：「你不敢，誰還敢呢？」寶玉道：「這是一件正經大事，大家鼓舞起來，別你謙我讓的。各有主意只管說出來，大家評論。寶姐姐也出個主意，林妹妹也說句話兒。」寶釵道：「你忙什麼？人還不全呢！」一語未了，李紈也來了，進門笑道：「雅的很哪！要起詩社！我自舉我掌壇。前兒春天，我原有這個意思的，我想了一想，我又不會做詩，瞎鬧什麼！因而也忘了，就沒有說。既是三妹妹高興，我就幫著你作興起來。」

黛玉道：「既然定要起詩社，偺們就是詩翁了❶，先把這些『姐妹叔嫂』的字樣改了才不俗。」李紈道：「極是。何不起個別號彼此稱呼倒雅？我是定了『稻香老農』，再無人占的。」探春笑道：「我就是『秋爽居士』罷。」寶玉道：「居士主人，到底不雅，又累贅。這裡梧桐芭蕉儘有，或指桐蕉起個倒好。」探春笑道：「有了。我卻愛這芭蕉，就稱『蕉下客』罷。」眾人都道：「別致！有趣！」黛玉笑道：「你們快牽了他來燉了肉脯子，來吃酒！」眾人不解。黛玉笑道：「莊子說的：『蕉葉覆鹿。』他自稱『蕉下客』，可不是一隻鹿麼？快做了鹿脯來！」

眾人聽了，都笑起來。探春因笑道：「你又使巧話來罵人。你別忙，我已替你想了個極當的美號了。」又向眾人道：「當日娥皇女英灑淚在竹上成斑，故今斑竹又名湘妃竹。如今他住的是瀟湘館，他又愛哭，將來他那竹子想來也是要變成斑竹的，以後都叫他作『瀟湘妃子』就完了。」

大家聽說，都拍手叫妙。黛玉低了頭，也不言語。李紈笑道：「我替薛大妹妹也早已想了個好的，也只三個字。」眾人忙問：「是什麼？」李紈道：「我是封他為『蘅蕪君』，不知你們以為如何？」

探春道：「這個封號極好。」

寶玉道：「我呢？你們也替我想一個。」寶釵笑道：「你的號早有了，『無事忙』，三字恰當得很。」李紈道：「你還是你的舊號『絳洞花主』就是了。」寶玉笑道：「小時候幹的營生，還提他做什麼？」寶釵道：「還是我送你個號罷，有最俗的一個號，卻於你最當。天下難得的是富貴，又難得的是閒散，這兩樣再不能兼，不想你兼有了，就叫你『富貴閒人』也罷了。」寶玉笑道：「當不起！當不起！倒是隨你們混叫去罷。」黛玉道：「混叫如何使得？你既住怡紅院，索性叫『怡紅公子』不好？」眾人道：「也好。」

李紈道：「二姑娘、四姑娘，起個什麼？」迎春道：「我們又不大會詩，白起個號做什麼？」探春道：「雖如此，也起個才是。」寶釵道：「他住的是紫菱洲，就叫他『菱洲』；四丫頭在藕香榭，就叫他『藕榭』就完了。」

李紈道：「就是這樣好。但序齒我大，你們都要依我的主意，管教說了，大家合意。我們七個人起社，我和二姑娘、四姑娘都不會做詩，須得讓出我們三個人去。我們三個人各分一件事。」探春笑道：「已有了號，還只管這樣稱呼，不如不有了。以後錯了，也要立個罰約才好。」李紈道：「立定了社，再定罰約。我那裡地方兒大，竟在我那裡作社。我雖不能做詩，這些詩人竟不厭俗，容我做個東道主人，我自然也清雅起來了。還要推我做社長，我一個社長，自然不夠，必要再請兩位副社長。就請菱洲、藕榭二位學究來：一位出題限韻，一位謄錄監場❷。亦不可拘定了我們三個不做，若遇見容易些的題目、韻腳，我們也隨便做一首。你們四個，卻是要限定的。是這麼著就起，若不依我，我也不敢附驥了❸。」

迎春、惜春本性懶於詩詞，又有薛、林在前，聽了這話，深合己意。二人皆說：「是極。」探春等也知此意，見他二人悅服，也不好相強，只得依了。因笑道：「這話罷了，只是自想好笑。好好兒的，我起了個主意，反叫你們三個來管起我來了。」寶玉道：「既這樣，偺們就往稻香村去。」李紈道：「都是你忙。今日不過商議了，等我再請。」寶釵道：「也要議定幾日一會才好。」探春道：「若只管會多了，又沒趣兒了。一月之中，只可兩、三次。」寶釵說道：「一月只要兩次就夠了。擬定日期，風雨無阻。除這兩日外，倘有高興的，他情願加一社，或請到他那裡去，或附就了來，也使得，豈不活潑有趣？」眾人都道：「這個主意更好。」

探春道：「這原係我起的意，我須得先做個東道，方不負我這番高興。」李紈道：「既這樣說，明日你就先開一社，不好嗎？」探春道：「明日不如今日，就是此刻好。你就出題，菱洲限韻，藕榭監場。」迎春道：「依我說，也不必隨一人出題限韻，竟是拈鬮公道❹。」李紈道：「方才我來時，看見他們抬進兩盆白海棠來，倒很好。你們何不就詠起它來呢？」迎春道：「花還未賞，先倒做詩？」寶釵道：「不過是白海棠，又何必定要見了才做？古人的詩賦，也不過都是寄興寓情。要等見了做，如今也沒這些詩了。」

迎春道：「這麼著，我就限韻了。」說著，走到書架前，抽出一本詩來，隨手一揭，這首詩竟是一首七言律，遞與眾人看了，都該做七言律。迎春掩了詩，又向一個小丫頭道：「你隨口說個字來。」那丫頭正倚門站著，便說了個「門」字。迎春笑道：「就是『門』字韻『十三元』了，起頭一個韻定要『門』字。」說著，又要了韻牌匣子過來，抽出「十三元」一屜，又命那丫頭隨手拿四塊。那丫頭便拿了「盆」、「魂」、「痕」、「昏」四塊來。

寶玉道：「這『盆』、『門』兩個字不大好做呢！」侍書一樣預備下四份紙筆，便都悄然各自思索起來。獨黛玉或撫弄梧桐，或看秋色，或又和丫鬟們嘲笑。迎春又命丫鬟點了一支「夢甜香」，原來這「夢甜香」只有三寸來長，有燈草粗細，以其易燼，故以此為限。如香燼未成，便要受罰。

一時，探春便先有了，自己提筆寫出，又改抹了一回，遞與迎春。因問寶釵：「蘅蕪君，你可有了？」寶釵道：「有卻有了，只是不好。」寶玉背著手在迴廊上踱來踱去，因向黛玉說道：「你聽，他們都有了。」黛玉道：「你別管我。」寶玉又見寶釵已謄寫出來，因說道：「了不得！香只剩下一寸了，我才有了四句！」又向黛玉道：「香要完了，只管蹲在那潮地下做什麼？」黛玉也不理。寶玉道：「我可顧不得你了，管他好歹，寫出來罷。」說著，走到案前寫了。

李紈道：「我們要看詩了。若看完了還不交卷，是必罰的。」寶玉道：「稻香老農雖不善作，卻善看，又最公道，你的評閱，我們是都服的。」眾人點頭。於是先看探春的稿，上寫道：

斜陽寒草帶重門，苔翠盈鋪雨後盆。玉是精神難比潔，雪為肌骨易銷魂。
芳心一點嬌無力，倩影三更月有痕。莫道縞仙能羽化，多情伴我詠黃昏。

大家看了，稱賞一回，又看寶釵的道：

珍重芳姿晝掩門，自攜手甕灌苔盆。胭脂洗出秋階影，冰雪招來露砌魂。
淡極始知花更豔，愁多焉得玉無痕？欲償白帝宜清潔，不語婷婷日又昏。

李紈笑道：「到底是蘅蕪君！」說著，又看寶玉的道：

秋容淺淡映重門，七節攢成雪滿盆。出浴太真冰作影，捧心西子玉為魂。
曉風不散愁千點，宿雨還添淚一痕。獨倚畫欄如有意，清砧怨笛送黃昏。

大家看了，寶玉說：「探春的好。」李紈終要推寶釵：「這詩有身分。」因又催黛玉。黛玉道：「你們都有了？」說著，提筆一揮而就，擲與眾人。李紈等看他寫的道：「半捲湘簾半掩門，碾冰為土玉為盆。」看了這句，寶玉先喝起彩來，說：「從何處想來？」又看下面道：「偷來梨蕊三分白，借得梅花一縷魂。」眾人看了，也都不禁叫好，說：「果然比別人又是一樣心腸！」又看下面道：「月窟仙人縫縞袂，秋閨怨女拭啼痕。嬌羞默默同誰訴？倦倚西風夜已昏。」

眾人看了，都道：「是這首為上。」李紈道：「若論風流別致，自是這首；若論含蓄渾厚，終讓蘅稿。」探春道：「這評的有理，瀟湘妃子當居第二。」李紈道：「怡紅公子是壓尾，你服不服？」寶玉道：「我的那首原不好，這評的最公。」又笑道：「只是蘅、瀟二首還要斟酌。」李紈道：「原是依我評論，不與你們相干，再有多說者必罰。」

寶玉聽說，只得罷了。李紈道：「從此後，我定於每月初二、十六這兩日開社，出題、限韻都要依我。這其間你們有高興的，只管另擇日子補開，那怕一個月每天都開社，我也不管。只是到了初二、十六這兩日，是必往我那裡去。」寶玉道：「到底要起個社名才是。」探春道：「俗了又不好，忒新了刁鑽古怪也不好，可巧才是海棠詩開端，就叫『海棠詩社』罷。雖然俗些，因真有此事，也就不礙了。」說畢，大家又商議了一回，略用些酒果，方各自散去，也有回家的，也有往賈母、王夫人處去的。當下無話。

說文解字

❶偺們：我們。❷謄錄：謄寫抄錄。監場：監視考場。❸附驥：比喻攀附他人而成名，也作「附驥尾」。❹拈鬮：從預先做好記號的紙卷或紙團中，隨意拈取一個，以決定事情。也作「拔虎鬚」、「探鬮」、「抓鬮」、「抽籤」。

第四十回 史太君兩宴大觀園，金鴛鴦三宣牙牌令

次日清早起來，可喜這日天氣清朗。李紈清晨先起，看著老婆子丫頭們掃那些落葉，並擦抹桌椅，預備茶酒器皿。只見豐兒帶了劉姥姥、板兒進來，說：「大奶奶倒忙的緊。」李紈笑道：「我說你昨兒去不成，只忙著要去。」劉姥姥笑道：「老太太留下我，叫我也熱鬧一天去。」豐兒拿了幾把大小鑰匙，說道：「我們奶奶說了，外頭的高几兒恐不夠使，不如開了樓，把那收著的拿下來使一天罷。奶奶原該親自來的，因和太太說話呢！請大奶奶開了，帶著人搬罷。」李氏便令素雲接了鑰匙，又令婆子出去把二門上的小廝叫幾個來。李氏站在大觀樓下往上看，令人上去開了綴錦閣，一張一張

往下抬。小廝、老婆子、丫頭一齊動手，抬了二十多張下來。李紈道：「好生著，別慌慌張張，鬼趕來似的，仔細碰了牙子❶。」又回頭向劉姥姥笑道：「姥姥，你也上去瞧瞧。」劉姥姥聽說，巴不得一聲兒，便拉了板兒登梯上去。進裡面，只見烏壓壓地堆著些圍屏、桌椅、大小花燈之類，雖不大認得，只見五彩炫耀，各有奇妙。念了幾聲佛，便下來了。然後鎖上門，一齊才下來。李紈道：「恐怕老太太高興，越發把舡上划子、篙槳、遮陽幔子都搬了下來預備著。」眾人答應，復又開了，色色的搬了下來❷，令小廝傳駕娘們到舡塢裡撐出兩隻船來。

正亂著安排，只見賈母已帶了一群人進來了。李紈忙迎上去，笑道：「老太太高興，倒進來了。我只當還沒梳頭呢！才擷了菊花要送去❸。」一面說，一面碧月早捧過一個大荷葉式的翡翠盤子來，裡面盛著各色的折枝菊花。賈母便揀了一朵大紅的簪於鬢上，因回頭看見了劉姥姥，忙笑道：「過來帶花兒。」一語未完，鳳姐便拉過劉姥姥，笑道：「讓我打扮你。」說著，將一盤子花橫三豎四地插了一頭，賈母和眾人笑得了不得。劉姥姥笑道：「我這頭也不知修了什麼福，今兒這樣體面起來。」眾人笑道：「你還不拔下來摔到他臉上呢！把你打扮的成了個老妖精了。」劉姥姥笑道：「我雖老了，年輕時也風流，愛個花兒粉兒的，今兒老風流才好。」

說笑之間，已來至沁芳亭子上，丫鬟們抱了一個大錦褥子來，鋪在欄杆榻板上。賈母倚柱坐下，命劉姥姥也坐在旁邊，因問他：「這園子好不好？」劉姥姥念佛說道：「我們鄉下人到了年下，都上城來買畫兒貼。時常閒了，大家都說，怎麼得也到畫兒上去逛逛。想著那個畫兒也不過是假的，那裡有這個真地方呢！誰知我今兒進這園一瞧，竟比那畫兒還強十倍。怎麼得有人也照著這個園子畫一張，我帶了家去，給他們見見，死了也得好處。」賈母聽說，便指著惜春笑道：「你瞧我這個小孫女兒，他就會畫。等明兒叫他畫一張如何？」劉姥姥聽了，喜的忙跑過來，拉著惜春說道：「我的姑娘，你這麼大年紀兒，又這麼個好模樣，還有這個能幹，別是神仙托生的罷。」

賈母少歇一回，自然領著劉姥姥都見識見識。先到了瀟湘館，一進門，只見兩邊翠竹夾路，土地下蒼苔布滿❹，中間羊腸一條石子漫的路。劉姥姥讓出路來與賈母眾人走，自己卻走土地。琥珀拉著他說道：「姥姥，你上來走，仔細蒼苔滑了。」劉姥姥道：「不相干的，我們走熟了的，姑娘們只管走罷。可惜你們的那繡鞋，別沾髒了。」他只顧上頭和人說話，不防底下果踩滑了，咕咚一跤跌倒。眾人拍手都哈哈地笑起來，賈母笑罵道：「小蹄子們，還不攙起來，只站著笑。」說話時，劉姥姥已爬了起來，自己也笑了，說道：「才說嘴就打了嘴。」賈母問他：「可扭了腰了不曾？叫丫頭們捶一捶。」劉姥姥道：「那裡說的我這麼嬌嫩了。那一天不跌兩下子，都要捶起來，還了得呢！」紫鵑早打起湘簾，賈母等進來坐下。林黛玉親自用小茶盤捧了一蓋碗茶來奉與賈母，王夫人道：「我們不吃茶，姑娘不用倒了。」林黛玉聽說，便命丫頭把自己窗下常坐的一張椅子挪到下首，請王夫人坐了。劉姥姥因見窗下案上設著筆硯，又見書架上磊著滿滿的書，劉姥姥道：「這必定是那位哥兒的書房了。」賈母笑指黛玉道：「這是我這外孫女兒的屋子。」劉姥姥留神打量了黛玉一番，方笑道：「這那像個小姐的繡房❺，竟比那上等的書房還好。」賈母因問：「寶玉怎麼不見？」眾丫頭們答說：「在池子裡的舡上呢❻！」賈母道：「誰又預備下舡了？」李紈忙回說：「才開樓拿几，我恐怕老太太高興，就預備下了。」賈母聽了，方欲說話時，有人回說：「姨太太來了。」賈母等剛站起來，只見薛姨媽早進來了，一面歸坐，笑道：「今兒老太太高興，這早晚就來了。」賈母笑道：「我才說來遲了的要罰他，不想姨太太就來遲了。」

說笑一會，賈母因見窗上紗的顏色舊了，便和王夫人說道：「這個紗，新糊上好看，過了後來就不翠了。這個院子裡頭又沒有個桃杏樹，這竹子已是綠的，再拿這綠紗糊上反不配。我記得咱們先有四五樣顏色糊窗的紗呢？明兒給他把這窗上的換了。」鳳姐兒忙道：「昨兒我開庫房，看見大板箱裡還有好些匹銀紅蟬翼紗，也有各樣折枝花樣的，也有流雲卍福花樣的，也有百蝶穿花花樣的，顏色又鮮，紗又輕軟，我竟沒見過這樣的。拿了兩匹出來，做兩床綿紗被，想來一定是好的。」賈母聽了笑道：「呸，人人都說你沒有不經過、不見過，連這個紗還不認得呢！明兒還說嘴。」薛姨媽等都笑說：「憑他怎麼經過、見過，如何敢比老太太呢？老太太何不教導了他，我們也聽聽。」鳳姐兒也笑說：「好祖宗，教給我罷。」賈母笑向薛姨媽眾人道：「那個紗，比你們的年紀還大呢！怪不得他認作蟬翼紗，原也有些像，不知道的都認作蟬翼紗，正經名字叫作『軟煙羅』。」鳳姐兒道：「這個名兒也好聽。只是我這麼大了，紗羅也見過幾百樣，從沒聽見過這個名色。」賈母笑道：「你能夠活了多大，見過幾樣沒處放的東西，就說嘴來了。那個軟煙羅只有四樣顏色：一樣雨過天晴，一樣秋香色，一樣松綠的，一樣就是銀紅的。若是做了帳子，糊了窗屜❼，遠遠地看著，就似煙霧一樣，所以叫作『軟煙羅』，那銀紅的又叫作『霞影紗』。如今上用的府紗也沒有這樣軟厚輕密的了。」薛姨媽笑道：「別說鳳丫頭沒見，連我也沒聽見過。」鳳姐兒一面說，早命人取了一匹來了。賈母說：「可不是這個！先時原不過是糊窗屜，後來我們拿這個做被、做帳子，試試也竟好。明兒就找出幾匹來，拿銀紅的替他糊窗子。」鳳姐答應著。眾人都看了，稱讚不已。劉姥姥也覷著眼看個不了❽，念佛說道：「我們想它做衣裳也不能，拿著糊窗子，豈不可惜？」賈母道：「倒是做衣裳不好看。」鳳姐忙把自己身上穿的一件大紅綿紗襖子襟兒拉了出來，向賈母、薛姨媽道：「看我的這襖兒。」賈母、薛姨媽都說：「這也是上好的了，這是如今的上用內造的，竟比不上這個。」鳳姐兒道：「這個薄片子，還說是上用內造呢！竟連官用的也比不上了。」賈母道：「再找一找，只怕還有青的。若有時都拿出來，送這劉親家兩匹，做一個帳子我掛，下剩的添上裡子，做些夾背心子給丫頭們穿，白收著黴壞了。」鳳姐忙答應了，仍令人送去。賈母起身笑道：「這屋裡窄，再往別處逛去。」劉姥姥念佛道：「人人都說大家子住大房。昨兒見了老太太正房，配上大箱、大櫃、大桌子、大床，果然威武。那櫃子比我們那一間房子還大還高，怪道後院子裡有個梯子。我想並不上房曬東西，預備個梯子做什麼？後來我想起來，定是為開頂櫃收放東西，非離了那梯子，怎麼得上去呢？如今又見了這小屋子，更比大的越發齊整了。滿屋裡的東西都只好看，都不知叫什麼，我越看越捨不得離了這裡。」鳳姐道：「還有好的呢！我都帶你去瞧瞧。」說著一徑離了瀟湘館。

遠遠望見池中一群人在那裡撐舡。賈母道：「他們既預備下船，咱們就坐。」一面說著，便向紫菱洲、蓼溆一帶走來。未至池前，只見幾個婆子手裡都捧著一色捏絲戧金五彩大盒子走來❾。鳳姐忙問王夫人早飯在那裡擺，王夫人道：「問老太太在那裡，就在那裡罷了。」賈母聽說，便回頭說：「你三妹妹那裡就好。你就帶了人擺去，我們從這裡坐了舡去。」鳳姐聽說，便回身同了探春、李紈、鴛鴦、琥珀，帶著端飯的人等，抄著近路到了秋爽齋，就在曉翠堂上調開桌案。鴛鴦笑道：「天天咱們說外頭老爺們吃酒、吃飯都有一個篾片相公⑩，拿他取笑兒。咱們今兒也得了一個女篾片了。」李紈是個厚道人，聽了不解，鳳姐兒卻知說的是劉姥姥了，也笑說道：「咱們今兒就拿他取個笑兒。」二人便如此這般的商議。李紈笑勸道：「你們一點好事也不做，又不是個小孩兒，還這麼淘氣，仔細老太太說。」鴛鴦笑道：「不與你相干，有我呢！」正說著，只見賈母等來了，各自隨便坐下。

先著丫鬟端過兩盤茶來，大家吃畢。鳳姐手裡拿著西洋布手巾，裹著一把烏木三鑲銀箸，敁敠人位⑪，按席擺下。賈母因說：「把那一張小楠木桌子抬過來，讓劉親家近我這邊坐著。」眾人聽說，忙抬了過來。鳳姐一面遞眼色與鴛鴦，鴛鴦便拉了劉姥姥出去，悄悄地囑咐了劉姥姥一席話，又說：「這是我們家的規矩，若錯了，我們就笑話呢！」調停已畢，然後歸坐。薛姨媽是吃過飯來的，不吃，只坐在一邊吃茶。賈母帶著寶玉、湘雲、黛玉、寶釵一桌，王夫人帶著迎春姐妹三個人一桌，劉姥姥傍著賈母一桌。賈母素日吃飯，皆有小丫鬟在旁邊，拿著漱盂、麈尾、巾帕之物。如今鴛鴦是不當這差的了，今日鴛鴦偏接過麈尾來拂著。丫鬟們知道他要撮弄劉姥姥⑫，便躲開讓他。鴛鴦一面侍立，一面悄向劉姥姥說道：「別忘了。」劉姥姥道：「姑娘放心。」那劉姥姥入了坐，拿起箸來，沉甸甸的不伏手⑬。原是鳳姐和鴛鴦商議定了，單拿一雙老年四楞象牙鑲金的筷子與劉姥姥。劉姥姥見了，說道：「這叉爬子比俺那裡鐵掀還沉⑭，那裡強的過他。」說的眾人都笑起來。

只見一個媳婦端了一個盒子站在當地，一個丫鬟上來揭去盒蓋，裡面盛著兩碗菜。李紈端了一碗放在賈母桌上，鳳姐兒偏揀了一碗鴿子蛋放在劉姥姥桌上。賈母這邊說聲：「請。」劉姥姥便站起身來，高聲說道：「老劉，老劉，食量大似牛，吃一個老母豬不抬頭。」自己卻鼓著腮不語。眾人先是發怔，後來一聽，上上下下都哈哈的大笑起來。史湘雲撐不住，一口飯都噴了出來；林黛玉笑岔了氣，伏著桌子噯喲；寶玉早滾到賈母懷裡，賈母笑地摟著寶玉叫「心肝」；王夫人笑地用手指著鳳姐兒，只說不出話來；薛姨媽也撐不住，口裡茶噴了探春一裙子；探春手裡的飯碗都合在迎春身上；惜春離了坐位，拉著他奶母叫揉一揉腸子。地下的無一個不彎腰屈背，也有躲出去蹲著笑去的，也有忍著笑，上來替他姐妹換衣裳的，獨有鳳姐、鴛鴦二人撐著，還只管讓劉姥姥。劉姥姥拿起箸來，只覺不聽使，又說道：「這裡的雞兒也俊，下的這蛋也小巧，怪俊的。我且肏攮一個⑮。」眾人方住了笑，聽見這話又笑起來。賈母笑地眼淚出來，琥珀在後捶著。賈母笑道：「這定是鳳丫頭促狹鬼兒鬧的，快別信他的話了。」那劉姥姥正誇雞蛋小巧，要肏攮一個，鳳姐兒笑道：「一兩銀子一個呢！你快嘗嘗罷，那冷了就不好吃了。」劉姥姥便伸箸子要夾，那裡夾的起來，滿碗裡鬧了一陣好的，好容易撮起一個來，才伸著脖子要吃，偏又滑下來滾在地下，忙放下箸子要親自去撿，早有地下的人撿了出去了。劉姥姥嘆道：「一兩銀子，也沒聽見響聲兒就沒了。」眾人已沒心吃飯，都看著他笑。賈母又說：「這會子又把那個筷子拿了出來，又不請客擺大筵席。都是鳳丫頭支使的，還不換了呢！」地下的人原不曾預備這牙箸⑯，本是鳳姐和鴛鴦拿了來的，聽如此說，忙收了過去，也照樣換上一雙烏木鑲銀的。劉姥姥道：「去了金的，又是銀的，到底不及俺們那個伏手。」鳳姐兒道：「菜裡若有毒，這銀子下去了就試的出來。」劉姥姥道：「這個菜裡若有毒，俺們那菜都成了砒霜了⑰，那怕毒死了也要吃盡了。」賈母見他如此有趣，吃的又香甜，把自己的也端過來與他吃。又命一個老嬤嬤來，將各樣的菜給板兒夾在碗上。

說文解字

❶牙子：精製的家具邊緣所雕刻的花邊。❷色色：一件件、一樣樣。❸擷：摘取。❹蒼苔：深青色的苔蘚。❺繡房：女子的居室。❻舡：船。❼窗屜：裝置於窗上，可支起或放落的木架，上糊以紗或紙。❽覷：瞇著眼注視。❾戧金：先在器物上刻畫出圖案花紋，然後在刻痕中填上金色。❿篾片：古代豪富人家專事幫閒湊趣的門客，也作「篾客」。⓫敁敠：用手估量物體輕重，後用以形容在心中衡量、考慮事態大小。也作「掂掇」、「掂算」。⓬撮弄：玩弄、戲耍。⓭伏手：順手。⓮叉爬子：北平方言，指筷子。⓯肏攮：地方方言，粗話。意爲吃飯，但姿態不雅。⓰牙箸：象牙製的筷子。⓱砒霜：白色粉末，或帶黃色與紅色。性毒，食之能致死，可製成殺蟲劑、滅鼠劑。

言外之意

❖愛情悲劇

在《紅樓夢》中，賈寶玉和林黛玉之間的愛情悲劇占有非常重要的位置，若理解這一愛情悲劇，便能找到理解《紅樓夢》的鑰匙。

首先，這兩人之間的愛情悲劇具有深刻的社會性，並不單單只是兒女情長。在《紅樓夢》之前，已有很多有關才子佳人的愛情小說，但不過是「偷期暗會」、「私贈表記」等。而《紅樓夢》則將愛情作爲表現人物個性的窗口，將它放置在廣闊的社會背景之下，隨著家族的興衰而發展變化。如此一來，寶黛愛情便不再只是一雙痴情兒女的時痴時怨，而是家庭社會的縮影，與整個社會悲劇和家族悲劇息息相關。

其次，寶黛愛情也已超越普通男女的恩恩怨怨，具有明顯的叛逆色彩。賈寶玉是賈氏家族的叛逆人士，厭惡仕途科舉，厭惡功名利祿，但林黛玉又何嘗不是呢？若用傳統的封建禮教看待他，諸如「女子無才便是德」、「三從四德」等等，恐怕林黛玉無一合格，單就那份才情和孤傲就是傳統女子不該有的，更不要說二人追求的是自由的愛情婚姻，講究心靈的契合。古代家族或可能容忍賈璉、賈珍之流的荒淫無恥，卻斷然不能容忍追求自主的婚姻和愛情。

在《紅樓夢》中，賈母就有兩段話頗具對比意味，一是在賈璉和多姑娘有私情，而與鳳姐大鬧一場時，賈母勸導鳳姐說：「什麼要緊的事？小孩子們年輕，饞嘴貓兒似的，那裡保的住呢？從小兒人人都打這麼過。」二是賈母發覺黛玉的心病已是粒米難進時，說：「林丫頭若不是這個病呢，我憑著花多少錢都使得；就是這個病，不但治不好，我也沒心腸了！」兩段話道盡當時封建禮教對人性的扭曲和摧殘。

寶黛之間的愛情，之所以擁有動人心魄的藝術魅力，還在於它的純潔高尚，冰清玉潔，如詩如畫。在浩浩長卷中，從第四回黛玉進府，到最終焚稿歸天，寶黛之間沒有一個「愛」字出口，沒有一次常見的才子佳人「偷期暗會」，所有的情意和以心相許都曲隱在擬詩題對的關切問候之中。那一對小兒女，臉對臉倒在枕上，笑說小耗子的故事，原來蘇州林老爺家的小姐才是最標致美貌的「小耗子」。這一番情景恐怕真是千古難尋，真摯動人，純情無瑕。還有那許多的詩詞章句，例如《葬花吟》、《菊花詩》、《海棠詩》等等，字字句句都蘊含著深情，但卻沒有一點淺白直接的字句。天地人世間，何處會有這般刻骨銘心、至真至純的情愛啊！面對寶黛愛情悲劇，任何海誓山盟、才子佳人都黯然失色。

❖女性主義

《紅樓夢》中的女性主義集中表現在賈寶玉的言行之中，在他的眼裡，男子皆是「混濁之物」，只有女子才是無比的靈秀和可愛，是「水做的骨肉」。

在古代傳統社會中，女性總是處在社會的最底層，那些丫環、女奴任人買賣，隨意處置，或打或罵，或納妾或轉贈，淪爲他人手中的玩物，早已喪失做人的基本尊嚴。而那些養尊處優、榮華富貴的太太小姐們，又何嘗有多少人格和幸福可言呢？在《紅樓夢》中，許多女子的婚姻皆是悲劇，就連「威重令行」的鳳姐，他「美人胎子」一般，也難保賈璉在外胡作非爲，蓄娼納妾。至於行屍走肉一樣的尤氏和邢夫人更是家中的擺設，在賈珍和賈赦的眼中，恐怕比丫頭也強不了幾分。在傳統社會中，女性想要有幾分尊榮，恐怕只有熬到賈母的地位了，但必須有不敗的家業，容忍男性蓄娼納妾，有後繼兒女等等，能有幾人熬過這漫漫歲月呢？大多數女子只能千般委屈、無思無求地苟延殘喘。

在《紅樓夢》中，曹雪芹平等地看待衆多女奴、丫環，展示他們內心的美好和情感，實在是前所未有且難能可貴。即便是那些風塵女子，如秦可卿、尤二姐，作者也同樣寄予同情，認爲他們是因爲男性百般誘惑，因而難以自主命運歸宿。如此冷靜並客觀地看待這一類型女性，在文學史中也是極少見的。

❖語言特色

《紅樓夢》中共撰寫四百多位人物，其中賈寶玉、林黛玉、薛寶釵、王熙鳳等栩栩如生者，也有數十個之多，這些人物完全打破以往的傳統創作法則，「惡則無往不惡，美則無一不美」，他們不再是簡單的好人或壞人，而是多側面、多棱角、複雜變化的藝術角色，每個人的內心皆有個豐富多彩的現實世界。

「美人方有一陋」是曹雪芹對古典小說的一大貢獻，換句話說就是缺陷之美。《紅樓夢》中，衆多才貌蓋世的女子，竟無一人是沒有缺點的。例如林黛玉體弱多病、薛寶釵略顯肥胖、史湘雲說話時發音不清、鴛鴦臉上有不少的雀斑……等等。這些有缺點的女孩比起那些動則閉月羞花、沉魚落雁的女子，不知要動人多少倍。美是一種遺憾的藝術，唯有遺憾才視之爲眞，如貴妃之胖、飛燕之瘦、西子之病，如若十全十美，反倒不覺其美了。

《紅樓夢》描寫人物的另一特點便是不屑於精雕細刻人物的外貌，反而盡力描繪角色的心靈，揭示其靈魂的複雜性。書中有許多人物的外貌幾乎不曾被提及，甚至連姓名也沒有，賈母外貌如何？平兒姓名爲何？俱都是個謎，然而一接觸到人物的內心，便動情傳神，活靈活現。

另外，在對比中描寫人物也是《紅樓夢》的一大特色，這使得人性富有立體感和複雜性。例如黛玉與妙玉同樣是孤傲，但黛玉的傲中有痴情，傲得令人心熱；妙玉的傲中有矯情，傲得令人心冷。湘雲和尤三姐也同樣是豪爽，但湘雲的豪中有秀氣；尤三姐的豪中卻帶有俠骨。平兒和襲人同樣是柔順，但平兒的柔中有正義；襲人的柔中卻有媚骨。

❖賈語村言

清代乾隆年間是文字獄盛行的時期，加之曹雪芹家族被抄敗落的背景，作者不得不爲自己的作品塗上一層保護色彩。他藉一個名爲賈雨村的落魄秀才道出開篇要旨，假托神話，遠引女禍，且特別聲明「大旨不過談情」，與朝政無關。

書中的兩個人物，賈雨村、甄士隱均用諧語，實爲「假語村言」和「眞事隱去」，且又用「假作眞時眞亦假」，營造出撲朔迷離的意境。文中又使用許多隱語、暗示、判詞，將作者的創作意向及人物的命運發展均隱晦其中。同時又包含著佛家思想，使《紅樓夢》蒙上一層宿命和神祕色彩。

高手過招（*為多選題）

*1.（　）依據下文，下列敘述何者正確？

《紅樓夢》作者透過神話與寓言的層層架構，創造了一個開天闢地的頑痴情種賈寶玉，以這個踽踽於洪荒的第一畸零人，來傳達他對生命的孤奇領悟。凡讀《紅樓夢》而真能為解人者，必能體味作者徘徊掙扎於傳統文化激流中之無奈與痛楚。作者創造了一個獨步古今的賈寶玉，其靈奇乖僻，完全處於傳統法度之外；其耽情溺色，更使天下視之若魔。這個賈寶玉是被幽禁於傳統文化心靈深處的禁忌與壓抑之大解放，故人亦以「混世魔王」稱之。《紅樓夢》以情為心的全盤架構，正契應湯顯祖「因情成夢，因夢成戲」、「世有有情之天下，有有法之天下」之說。在有法之天下中，有情之天下只能成其為夢，以寄諸於筆墨之間。賈寶玉痴魔怪僻的造型，固然是一種「情」的誇張強調、壓抑與反抗的姿態，然則另一面向，卻也依舊是一個掩飾的面具，一種畸零的姿態。故以之為魔為怪，為病為疴，正顯示正統禮法之約束力量依然存在。（張淑香〈頑石與美玉〉）

言情小說

Ⓐ「混世魔王」象徵賈寶玉雖不容於世，卻不願受拘束的反抗力量。
Ⓑ《紅樓夢》以情為心，藉由「夢」暗示情不被法所容的現實困境。
Ⓒ《紅樓夢》作者創造賈寶玉的畸零姿態，隱含對人生的一種幽獨懷抱。
Ⓓ魔怪病痾點出賈寶玉與眾不同的特質，用以暗喻耽情溺色實為一種病。
Ⓔ以神話為故事架構，是為了規避《紅樓夢》作者不接受傳統禮法的事實。

2.（　）依據下文，下列敘述何者正確？

白先勇曾提出《紅樓夢》架構非凡，前五回雖然是序幕、是預言神話，但已將全書人物的命運基本都已道明，把象徵性神話與人物的命運連結在一起，架構就非常宏高，並用人物性格、衝突來描寫中國哲學思想。曹雪芹還給每個人物都設置一個專門的場面，讓人物躍然紙上，如薛寶釵所戴的金鎖，可以算是枷鎖。「他嫁給寶玉時，寶玉的心已經走了，玉也沒了，寶釵其實是嫁給賈府裡那個媳婦的位子，而不是寶玉。」白先勇又指出，《紅樓夢》的主題是「情」，情是源動力，「情根一點是無生債」，賈寶玉的玉石就是情根，情根到了人間，要補情天。

Ⓐ只要讀了《紅樓夢》前五回，就能知道故事的全貌。
Ⓑ《紅樓夢》中只有賈寶玉、林黛玉、薛寶釵三人有專門章節描寫。
Ⓒ《紅樓夢》雖是以「情」為主題的小說，其中也蘊涵了中國哲學思想。
Ⓓ薛寶釵最後雖然嫁給了賈寶玉，但賈寶玉本人卻已經離開了。

＊3.（　）**有關曹雪芹與《紅樓夢》的敘述，下列何者正確？**

Ⓐ《紅樓夢》一書共一百二十回，後四十回是由高鶚所補成。

Ⓑ《紅樓夢》的異名頗多，除稱《石頭記》、《情僧錄》、《金陵十二釵》、《金玉緣》之外，因書中還透露出「鏡花水月，繁華如夢」之慨，故又名《鏡花緣》。

Ⓒ此書的結構採雙線進行，一線是寶、黛之間的悲劇，一線是榮、寧二府由盛至衰的過程。

Ⓓ此書「字字看來皆是血，十年辛苦不尋常」，反映出其中帶有作者濃厚的自傳色彩。

Ⓔ《紅樓夢》是「青埂峰下一塊石頭，因無才補天，被一僧一道攜入紅塵，歷盡離合悲歡、炎涼世態的一段故事」，故《紅樓夢》本名《情僧錄》。

4.（　）**《紅樓夢》足以稱讚之處極多，其中描寫人物刻畫入微，常見安排角色的用心，例如劉姥姥一角就相當鮮活。以下關於「劉姥姥進大觀園」的敘述，何者正確？**

Ⓐ藉劉姥姥的遊園，使賈府勾心鬥角的人際關係呈現在讀者面前。

Ⓑ劉姥姥最重要的人格特質是大驚小怪，見不得世面。

Ⓒ劉姥姥形容大觀園的景色比「年下到城裡所買的畫兒」還強十倍。

Ⓓ作者藉劉姥姥的感嘆，議論貧富懸殊兩種世界的社會現象。

5.（　）**劉姥姥深諳世故，明知在人屋簷下，不能多所計較，不如豁達當起小丑，自我嘲弄一番。下列哪個選項最能展現此種特質？**

Ⓐ 劉姥姥聽說，巴不得一聲兒，便拉了板兒登梯上去。進裡面，只見烏壓壓地堆著些圍屏、桌椅、大小花燈之類，雖不大認得，只見五彩炫耀，各有奇妙。念了幾聲佛，便下來了。

Ⓑ 劉姥姥聽了，喜的忙跑過來，拉著惜春說道：「我的姑娘，你這麼大年紀兒，又這麼個好模樣兒，還有這個能幹，別是個神仙托生的罷。」

Ⓒ 一進門，只見兩邊翠竹夾路，土地下蒼苔布滿，中間羊腸一條石子漫的路。劉姥姥讓出路來與賈母眾人走，自己卻走土地。

Ⓓ（王熙鳳）將一盤子花橫三豎四地插了（劉姥姥）一頭，賈母和眾人笑得了不得。劉姥姥笑道：「我這頭也不知修了什麼福，今兒這樣體面起來。」眾人笑道：「你還不拔下來摔到他臉上呢！把你打扮的成了個老妖精了。」劉姥姥笑道：「我雖老了，年輕時也風流，愛個花兒粉兒的，今兒老風流才好。」

＊6.（　）**下列關於「劉姥姥進大觀園」的結構與寫作手法，何者正確？**

Ⓐ 從劉姥姥的角度描寫大觀園中的景物，藉他在園中的見聞對比賈府的豪奢，凸顯貧富差距。

Ⓑ 描述大觀園中人物的居所時，亦反映其人格特質，如黛玉的瀟湘館就顯示他的脾氣和善。

Ⓒ 藉由對話姿態呈現人物性格身分，如劉姥姥的自我解嘲、調侃等，處處呈現其豁達和世故。

Ⓓ劉姥姥用餐鬧劇導致眾人大笑一段，先寫眾人的齊笑，隨後分別敘寫各人的「笑態」，使不同的人物在同時一起展現性格的剪影。

Ⓔ藉劉姥姥的純樸自然語言顯其「可愛」之處，更襯托賈府中想以他取樂的人物之「可憎」。

7.（　）**曹雪芹善用語言及對話，生動地刻畫劉姥姥此一農村窮寡婦的形象。下列關於劉姥姥語言的闡釋，何者正確？**

Ⓐ「滿屋裡的東西都只好看，都不知叫什麼，我越看越捨不得離了這裡。」——流露村婦徒慕虛榮的心態。

Ⓑ「那裡說的我這麼嬌嫩了。那一天不跌兩下子，都要捶起來，還了得呢！」——表示劉姥姥自身已年老體衰。

Ⓒ「我雖老了，年輕時也風流，愛個花兒粉兒的，今兒老風流才好。」——表現劉姥姥善於應變、機巧靈活。

Ⓓ「老劉，老劉，食量大似牛，吃個老母豬不抬頭。」——表現其粗俗與貪婪。

【解答】 1. ABC　2. C　3. AC　4. C　5. D　6. CD　7. C

儒林外史

吳敬梓

人生南北多歧路，將相神仙，也要凡人做。
百代興亡朝復暮，江風吹倒前朝樹。
功名富貴無憑據，費盡心情，總把流光誤。
濁酒三杯沉醉去，水流花謝知何處。

作品通覽

探討一部小說，尤其是像《儒林外史》這樣寫實的作品，便很難脫離時代背景或作者一生的際遇。就算是唯美浪漫如詩如詞，亦會受到當時社會風俗習慣的影響，而有「唐詩富麗，宋詩清空」的說法，更何況小說是最貼近當時社會、潮流的一種文學作品，其中所反映的人生也就更加眞實而深刻。以下就分別從作者、時代背景來概略分析《儒林外史》。

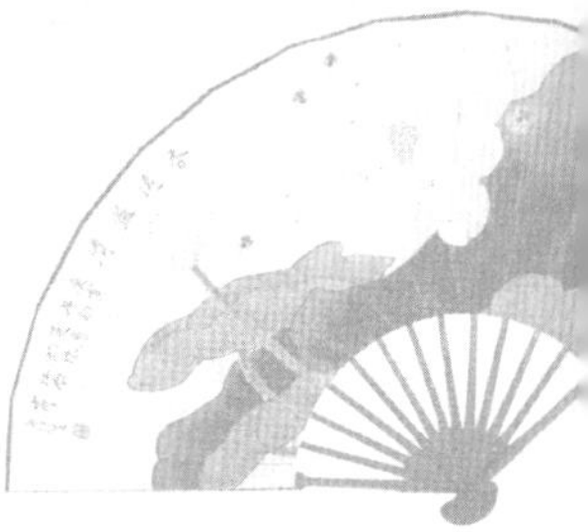

❖作者簡介

《儒林外史》的作者為吳敬梓，字敏軒，一字文木，號粒民，安徽全椒人，清代康熙四十年生。以下，我們便從吳敬梓好友程晉芳所作的《吳敬梓傳》中，概略窺探吳敬梓的一生。

吳敬梓幼年時期就非常聰明，讀書過目不忘。他的家境本來不錯，承襲祖業有兩萬多兩的黃金，但是他不擅謀生，性格豪爽，看到有困難的人就盡力幫助他們，而且又都和一些文人雅士往來，成天吟詩、喝酒、唱和，沒有幾年光景，家產就被他敗光了。

後來，安徽省的巡撫趙國麟聽聞吳敬梓的名聲，便以「博學鴻儒」舉薦他當官。但是，吳敬梓沒有前去應考，到了晚年，生活越發困頓，每天看著數十冊藏書自娛，無可奈何之下就以書換米。嚴冬之時，吳敬梓便會邀約他的朋友汪京門等五、六人，趁著月色，走出南門，繞著城門行走數十里，歌吟嘯呼相與應和，等到天一亮，到了水西門，便各自大笑散去，他們稱為「暖足」。

有一次，吳敬梓的族長與族人們談話，提到最近城中的米價飛漲，不知道吳敬梓有沒有錢買米，便命族人拿著三斗米和兩千錢過去看望他。結果，族人抵達時，發現吳敬梓已經兩天沒有吃東西了，但還是拿著錢去喝酒吟詩。

由程晉芳的敘述，我們便可以得知，《儒林外史》中的許多人物都暗含作者的自況，像是杜少卿便是其中之一。書中對杜少卿的評價有褒有貶，他樂善好施，不管是應該同情的，母親去世卻身無分文，沒錢下葬的楊裁縫；或是不需要同情的，借錢替自己兒子冒籍考試的俠客張鐵臂，他都一概豪爽借出。杜少卿不懂得選擇結交之人，且不擅謀生賺錢，對於錢財一向不會錙銖必較，這樣的個性終於讓他走上破產移家的潦倒之路。

但是，吳敬梓寫出這號人物替自己發言，並非全是自怨自怪之意，應該還有滿肚子不合時宜的想法和牢騷。作者憤世嫉俗的個性來自於身旁的輕視和敵意，激起他對這個現實社會強烈的反彈和憤慨。

❖時代背景

《儒林外史》的時代背景假托明朝，但實際上寫得卻都是清朝的事。清朝以一個文化歷史較短淺的異族統治者身分入主中原，爲了要統治文化精深的中原華夏民族，便必須在政治、經濟、文化上，採取高壓專制政策。清朝對於知識分子一向是採用高壓懷柔，高壓就是大興文字獄，以壓制思想的反動，一句「清風不識字，何必亂翻書」，都可以被認爲是取笑清廷毫無文化，而招殺身之禍，其他的殺人焚書更是常有之事。

在當時，就算是細微的小事也容易獲罪，所以士人只好噤若寒蟬，不敢妄自開口、著作。同時，清廷又大規模銷毀、刪改許多不利清朝的史實，大力提倡程朱理學、八股取士，鼓吹忠君愛國，宣揚禮教，實行愚民政策。

清代的懷柔政策則是沿襲明代的八股取士，並且擴充錄用名額，此外還有捐納制度，只要捐錢就可以當官。還特別設立「博學鴻詞」一科，並延覽衆多學者編撰類書、叢書等，搜集許多資料、典故、出處，再編撰成書籍。因爲這些書目不涉及思想，又可消耗士人精力，還讓士人都有出路，所以清廷便大肆提倡。

清初的考據學興盛也是因此而來，因爲考據學十分安全，在故紙舊事之中鑽牛角尖，便不會惹出砍頭的禍事，所以士人們也紛紛投入。吳敬梓便是在這一社會背景之下，寫出《儒林外史》一書。

第一回 說楔子敷陳大義，借名流隱括全文

元朝末年，也曾出了一個嶔崎磊落的人。這人姓王名冕，在諸暨縣鄉村裡住。七歲上死了父親，他母親做點針黹供給他到村學堂裡去讀書❶。看看三個年頭，王冕已是十歲了，母親喚他到面前來說道：「兒啊！不是我有心要耽誤你，只因你父親亡後，我一個寡婦人家，只有出去的，沒有進來的。年歲不好，柴米又貴，這幾件舊衣服和些舊傢夥，當的當了，賣的賣了，只靠著我替人家做些針黹生活尋來的錢，如何供得你讀書？如今沒奈何，把你雇在間壁人家放牛❷，每月可得幾錢銀子，你又有現成飯吃，只在明日就要去了。」王冕道：「娘說的是。我在學堂坐著，心裡也悶，不如往他家放牛，倒快活些。假如要讀書，依舊可以帶幾本去讀。」

當夜商議定了，第二日，母親同他到間壁秦老家。秦老留著他母子兩個吃了早飯，牽出一條水牛來交與王冕，指著門外道：「就在我這大門過去兩箭之地便是七泖湖❸，湖邊一帶綠草，各家的牛都在那裡打睡❹。又有幾十棵合抱的垂楊樹，十分陰涼。牛要渴了，就在湖邊上飲水。小哥！你只在這一帶玩耍，不可遠去。我老漢每日兩餐小菜飯是不少的，每日早上還折兩個錢與你買點心吃。只是百事勤謹些，休嫌怠慢。」他母親謝了擾❺，要回家去。王冕送出門來，母親替他理理衣服，口裡說道：「你在此須要小心，休惹人說不是。早出晚歸，免我懸念。」王冕應諾，母親含著兩眼淚去了。

王冕自此只在秦家放牛，每到黃昏，回家跟著母親歇宿。或遇秦家煮些醃魚、臘肉給他吃，他便

拿塊荷葉包了，回家孝敬母親。每日點心錢也不用掉，聚到一兩個月，便偷個空走到村學堂裡，見那闖學堂的書客❻，就買幾本舊書，逐日把牛栓了，坐在柳樹蔭下看。

彈指又過了三、四年，王冕看書，心下也著實明白了。那日正是黃梅時候❼，天氣煩躁，王冕放牛倦了，在綠草地上坐著。須臾，濃雲密布，一陣大雨過了，那黑雲邊上鑲著白雲，漸漸散去，透出一派日光來，照耀得滿湖通紅。湖邊山上，青一塊，紫一塊，綠一塊，樹枝上都像水洗過一番的，尤其綠得可愛。湖裡有十來枝荷花，苞子上清水滴滴，荷葉上水珠滾來滾去。王冕看了一回，心裡想道：「古人說：『人在圖畫中。』實在不錯。可惜我這裡沒有一個畫工，把這荷花畫它幾枝，也覺有趣。」又心裡想道：「天下那有個學不會的事？我何不自畫它幾枝？」

正存想間，只見遠遠的一個夯漢❽，挑了一擔食盒來，手裡提著一瓶酒，食盒上掛著一塊氈條❾，來到柳樹下，將氈鋪了，食盒打開。那邊走過三個人來，頭帶方巾，一個穿寶藍夾紗直裰❿，兩人穿元色直裰⓫，都有四五十歲光景，手搖白紙扇，緩步而來。那穿寶藍直裰的是個胖子，來到樹下，尊那穿玄色的一個鬍子坐在上面，那一個瘦子坐在對席，他想是主人了，坐在下面把酒來斟。吃了一回，那胖子開口道：「危老先生回來了，新買了住宅，比京裡鐘樓街的房子還大些，值得二千兩銀子。因老先生要買，房主人讓了幾十兩銀賣了，圖個名望體面。前月初十搬家，太尊、縣父母都親自到門來賀，留著吃酒到二三更天。街上的人，那一個不敬。」那瘦子道：「縣尊是壬午舉人⓬，乃危老先生門生，這是該來賀的。」那胖子道：「敝親家也是危老先生門生，而今在河南做知縣。前日小婿來家，帶二斤乾鹿肉來見惠⓭，這一盤就是了。這一回小婿再去，託敝親家寫一封字來，去晉謁晉謁危老先生⑭。他若肯下鄉回拜，也免得這些鄉戶人家，放了驢和豬在你我田裡吃糧食。」那瘦子道：「危老先生要算一個學者了。」那鬍子說道：「聽見前日出京時，皇上親自送出城外，攜著手走了十幾步，危老先生再三打躬辭了，方才上轎回去。看這光景，莫不是就要做官？」三人你一句，我一句，說個不了。

王冕見天色晚了，牽了牛回去。自此聚的錢不買書了，託人向城裡買些胭脂、鉛粉之類，學畫荷花。初時畫得不好，畫到三個月之後，那荷花精神、顏色，無一不像，只多著一張紙，就像是湖裡長的，又像才從湖裡摘下來貼在紙上的。鄉間人見畫得好，也有拿錢來買的。王冕得了錢，買些好東好西去孝敬母親。一傳兩，兩傳三，諸暨一縣，都曉得他是一個畫沒骨花卉的名筆⑮，爭著來買。到了十七、八歲，也就不在秦家了，每日畫幾筆畫，讀古人的詩文，漸漸不愁衣食，母親心裡也歡喜。

這王冕天性聰明，年紀不滿二十歲，就把那天文、地理、經史上的大學問，無一不貫通。但他性情不同，既不求官爵，又不交納朋友，終日閉戶讀書。又在楚辭圖上看見畫的屈原衣冠，他便自造一頂極高的帽子，一件極闊的衣服，遇著花明柳媚的時節，把一乘牛車載了母親，他便戴了高帽，穿了闊衣，執著鞭子，口裡唱著歌曲，在鄉村鎮上以及湖邊到處頑耍，惹得鄉下孩子們三五成群跟著他笑，他也不放在意下。只有隔壁秦老，雖然務農，卻是個有意思的人，因自小看見他長大，如此不俗，所以敬他、愛他，時時和他親熱，邀在草堂裡坐著說話兒。

說文解字

❶針黹：縫紉、刺繡等工作，也作「針指」。❷間壁：隔壁。❸兩箭之地：距離約箭力可及的兩倍之地，比喻不遠的地方。❹打睡：睡覺。❺謝了擾：打擾人家，致辭道謝。❻闖：歷練、奔走謀生。書客：帶著書籍文具到學堂兜售的小販。❼黃梅時候：農曆四、五月間，梅子正當成熟的時候。此時正值春末夏初，雨水最多，常陰雨連綿多日不晴。❽夯漢：做粗活的男子。❾氈條：鋪墊的氈子。❿直裰：本指古代的家居常服，後多指僧、道或士子所穿的衣服。也作「直襬」、「直身」。⓫元色：黑色。⓬縣尊：古代稱知縣爲「縣尊」。舉人：明、清時，稱鄉試中試的人爲「舉人」。⓭見惠：稱他人贈物與己的謙詞。⓮晉謁：求見、拜見地位或輩分較高的人。⓯沒骨花卉：一種國畫畫法。直接用水彩畫出花卉的本色，不在枝葉花朵的外圍打輪廓。

第三回　周學道校士拔真才，胡屠戶行兇鬧捷報

范進進學回家，母親、妻子俱各歡喜。正待燒鍋做飯，只見他丈人胡屠戶，手裡拿著一副大腸和一瓶酒，走了進來。范進向他作揖，坐下，胡屠戶道：「我自倒運，把個女兒嫁與你這現世寶、窮鬼，歷年以來，不知累了我多少。如今不知因我積了什麼德，帶挈你中了個相公❶，我所以帶個酒來賀你。」范進唯唯連聲，叫渾家把腸子煮了❷，盪起酒來，在茅草棚下坐著，母親自和媳婦在廚下造飯❸。胡屠戶又吩咐女婿道：「你如今既中了相公，凡事要立起個體統來。比如我這行事裡都是些正經有臉面的人，又是你的長親❹，你怎敢在我們跟前裝大？若是家門口這些做田的、扒糞的，不過是平頭百姓，你若同他拱手作揖，平起平坐，這就是壞了學校規矩，連我臉上都無光了。你是個爛忠厚沒用的人，所以這些話我不得不教導你，免得惹人笑話。」范進道：「岳父見教的是❺。」胡屠戶又

道：「親家母也來這裡坐著吃飯。老人家每日小菜飯，想也難過。我女孩兒也吃些，自從進了你家門，這十幾年，不知豬油可曾吃過兩三回哩？可憐！可憐！」說罷，婆媳兩個都來坐著吃了飯。吃到日西時分，胡屠戶吃得醺醺的。這裡母子兩個，千恩萬謝。屠戶橫披了衣服，腆著肚子去了。

次日，范進少不得拜拜鄉鄰。魏好古又約了一班同案的朋友，彼此來往，因是鄉試年，做了幾個文會。不覺到了六月盡間，這些同案的人約范進去鄉試，范進因沒有盤費❻，走去同丈人商議，被胡屠戶一口啐在臉上，罵了一個狗血噴頭，道：「不要失了你的時了！你自己只覺得中了一個相公，就『癩蝦蟆想吃起天鵝肉』來！我聽見人說，就是中相公時，也不是你的文章，還是宗師看見你老，不過意，捨與你的。如今痴心就想中起老爺來！這些中老爺的都是天上的『文曲星』！你不看見城裡張府上那些老爺，都有萬貫家私❼，一個個方面大耳。像你這尖嘴猴腮，也該撒泡尿自己照照！不三不四，就想天鵝屁吃！趁早收了這心，明年在我們行事裡替你尋一個館❽，每年尋幾兩銀子，養活你那老不死的老娘和你老婆是正經！你問我借盤纏，我一天殺一個豬還賺不得錢把銀子，都把與你去丟在水裡，叫我一家老小嗑西北風！」一頓夾七夾八，罵得范進摸門不著。辭了丈人回來，自心裡想：「宗師說我火候已到，自古無場外的舉人，如不進去考他一考，如何甘心？」因向幾個同案商議，瞞著丈人，到城裡鄉試。出了場，即便回家，家裡已是餓了兩三天，被胡屠戶知道，又罵了一頓。

到出榜那日，家裡沒有早飯米，母親吩咐范進道：「我有一隻生蛋的母雞，你快拿集上去賣了，買幾升米來煮餐粥吃，我已是餓得兩眼都看不見了！」范進慌忙抱了雞，走出門去。才去不到兩個時候，只聽得一片聲的鑼響，三匹馬闖將來。那三個人下了馬，把馬栓在茅草棚上，一片聲叫道：「快請范老爺出來，恭喜高中了。」母親不知是甚事，嚇得躲在屋裡。聽見中了，方敢伸出頭來說道：「諸位請坐，小兒方才出去了。」那些報錄人道⑨：「原來是老太太。」大家簇擁著要喜錢。正在吵鬧，又是幾匹馬，二報、三報到了，擠了一屋的人，茅草棚地下都坐滿了，鄰居都來了，擠著看。老太太沒奈何，只得央及一個鄰居去尋他兒子。

那鄰居飛奔到集上，一地裡尋不見，直尋到集東頭，見范進抱著雞，手裡插個草標，一步一踱的東張西望，在那裡尋人買。鄰居道：「范相公，快些回去。你恭喜中了舉人，報喜人擠了一屋裡。」范進道是哄他，只裝聽不見，低著頭，往前走。鄰居見他不理，走上來，就要奪他手裡的雞。范進道：「你奪我的雞怎的？你又不買。」鄰居道：「你中了舉了，叫你家去打發報子哩！」范進道：「高鄰⑩，你曉得我今日沒有米，要賣這雞去救命，為什麼拿這話來混我？我又不同你頑，你自回去罷，莫誤了我賣雞。」鄰居見他不信，劈手把雞奪了，摜在地下⑪，一把拉了回來。報錄人見了道：「好了，新貴人回來了！」正要擁著他說話。范進三兩步走進屋裡來，見中間報帖已經升掛起來，上寫道：「捷報貴府老爺范諱進高中廣東鄉試第七名亞元。京報連登黃甲。」

范進不看便罷，看了一遍，又念一遍，自己把兩手拍了一下，笑了一聲道：「噫！好了！我中了！」說著，往後一跤跌倒，牙關咬緊，不醒人事。老太太慌了，慌將幾口開水灌了過來，他爬將起來，又拍著手大笑道：「噫！好！我中了！」笑著，不由分說，就往門外飛跑，把報錄人和鄰居都嚇了一跳。走出大門不多路，一腳踹在塘裡，掙起來，頭髮都跌散了，兩手黃泥，淋淋漓漓一身的水，眾人拉他不住，拍著笑著，一直走到集上去了。眾人大眼望小眼，一齊道：「原來新貴人歡喜瘋了。」

老太太哭道：「怎生這樣苦命的事！中了一個什麼舉人，就得了這個拙病！這一瘋了，幾時才得好？」娘子胡氏道：「早上好好出去，怎的就得了這樣的病！卻是如何是好？」眾鄰居勸道：「老太太不要心慌。我們而今且派兩個人跟定了范老爺，這裡眾人家裡拿些雞、蛋、酒、米，且管待了報子上的老爹們⑫，再為商酌。」

當下眾鄰居有拿雞蛋來的，有拿白酒來的，也有背了斗米來的，也有捉兩隻雞來的。娘子哭哭啼啼，在廚下收拾齊了，拿在草棚下。鄰居又搬些桌凳，請報錄的坐著吃酒，商議：「他這瘋了，如何是好？」報錄的內中有一個人道：「在下倒有一個主意，不知可以行得行不得？」眾人問：「如何主意？」那人道：「范老爺平日可有最怕的人？他只因歡喜狠了，痰湧上來，迷了心竅。如今只消他怕的這個人來打他一個嘴巴，說：『這報錄的話都是哄你，你並不曾中。』他吃這一嚇，把痰吐了出來，就明白了。」眾人都拍手道：「這個主意好得緊，妙得緊！范老爺怕的莫過於肉案子上的胡老爹。好了！快尋胡老爹來。他想是還不知道，在集上賣肉哩！」又一個人道：「在集上賣肉，他倒好知道了。他從五更鼓就往東頭集上迎豬，還不曾回來，快些迎著去尋他。」

一個人飛奔去迎，走到半路，遇著胡屠戶來，後面跟著一個燒湯的二漢⑬，提著七八斤肉、四五千錢，正來賀喜。進門見了老太太，老太太哭著告訴了一番。胡屠戶詫異道：「難道這等沒福！」外邊人一片聲請胡老爹說話。胡屠戶把肉和錢交與女兒，走了出來。眾人如此這般，同他商議，胡屠戶作難道⑭：「雖然是我女婿，如今卻做了老爺，就是天上的星宿。天上的星宿是打不得的！我聽得齋公們說，打了天上的星宿，閻王就要拿去打一百鐵棍，發在十八層地獄，永不得翻身。我卻是不敢做這樣的事！」鄰居內一個尖酸人說道：「罷麼！胡老爹！你每日殺豬的營生，白刀子進去，紅刀子出來，閻王也不知叫判官在簿子上記了你幾千條鐵棍。就是添上這一百棍，也打什麼要緊？只恐把鐵棍子打完了，也算不到這筆帳上來。或者你救好了女婿的病，閻王敘功，從地獄裡把你提上第十七層來，也不可知。」報錄的人道：「不要只管講笑話。胡老爹，這個事須是這般，你沒奈何，權變一權變。」屠戶被眾人局不過⑮，只得連斟兩碗酒喝了，壯一壯膽，把方才這些小心收起，將平日的兇惡樣子拿出來，捲一捲那油晃晃的衣袖，走上集去，眾鄰居五六個都跟著走。老太太趕出來叫道：「親家，你這可嚇他一嚇，卻不要把他打傷了！」眾鄰居道：「這自然，何消吩咐！」說著，一直去了。

來到集上，見范進正在一個廟門口站著，散著頭髮，滿臉污泥，鞋都跑掉了一隻，兀自拍著掌，口裡叫道：「中了！中了！」胡屠戶凶神走到跟前，說道：「該死的畜生！你中了什麼？」一個嘴巴打將去。眾人和鄰居見這模樣，忍不住的笑。不想，胡屠戶雖然大著膽子打了一下，心裡到底還是怕的，那手早顫起來，不敢打到第二下。范進因這一個嘴巴，卻也打暈了，昏倒於地。眾鄰居一齊上前，替他抹胸口，捶背心，舞了半日，漸漸喘息過來，眼睛明亮，不瘋了。眾人扶起，借廟門口一個外科郎中「跳駝子」板凳上坐著。胡屠戶站在一邊，不覺那隻手隱隱地疼將起來，自己看時，把個巴掌仰著，再也彎不過來。自己心裡懊惱道：「果然天上『文曲星』是打不得的，而今菩薩計較起來了。」想一想，更疼得狠了，連忙問郎中討了個膏藥貼著。

范進看了眾人，說道：「我怎麼坐在這裡？」又道：「我這半日，昏昏沉沉，如在夢裡一般。」眾鄰居道：「老爺，恭喜高中了！適才歡喜的有些引動了痰，方才吐出幾口痰來，好了。快請回家去打發報錄人。」范進說道：「是了，我也記得是中的第七名。」范進一面自綰了頭髮[16]，一面問郎中借了一盆水洗洗臉。一個鄰居早把那一隻鞋尋了來，替他穿上。見丈人在跟前，恐怕又要來罵。胡屠戶上前道：「賢婿老爺[17]，方才不是我敢大膽，是你老太太的主意，央我來勸你的。」鄰居內一個人道：「胡老爹方才這個嘴巴打得親切，少頃范老爺洗臉，還要洗下半盆豬油來！」又一個道：「老爹，你這手明日殺不得豬了。」胡屠戶道：「我那裡還殺豬，有我這賢婿，還怕後半世靠不著他怎的？我每常說，我的這個賢婿，才學又高，品貌又好，就是城裡頭那張府、周府這些老爺，也沒有我女婿這樣一個體面的相貌！你們不知道，得罪你們說，我小老這一雙眼睛，卻是認得人的！想著先年，我小女在家裡長到三十多歲，多少有錢的富戶要和我結親，我自己覺得女兒像有些福氣的，畢竟要嫁與個老爺，今日果然不錯！」說罷，哈哈大笑。眾人都笑起來，看著范進洗了臉，郎中又拿茶來吃了，一同回家。

范舉人先走，屠戶和鄰居跟在後面。屠戶見女婿衣裳後襟滾皺了許多，一路低著頭替他扯了幾十回。到了家門，屠戶高聲叫道：「老爺回府了！」老太太迎著出來，見兒子不瘋，喜從天降。眾人問報錄的，已是家裡把屠戶送來的幾千錢打發他們去了。范進拜了母親，復拜謝丈人。胡屠戶再三不安道：「些須幾個錢，不彀你賞人[18]！」范進又謝了鄰居。正待坐下，早看見一個體面的管家[19]，手裡拿著一個大紅全帖，飛跑了進來：「張老爺來拜新中的范老爺。」說畢，轎子已是到了門口。胡屠戶忙躲進女兒房裡，不敢出來，鄰居各自散了。

說文解字

❶帶挈：攜帶、帶領。❷渾家：妻子。❸造飯：做飯。❹長親：有親屬關係的長輩。❺見教：受人指教。❻盤費：旅費，也作「盤纏」。❼家私：家財、家產。❽尋一個館：找一個教學童識字讀書的地方。館，書塾。❾報錄人：古代科舉中榜後，分送報條的人，也作「報喜人」、「報子」。❿高鄰：對鄰居的尊稱。⓫摜：摔、扔。⓬管待：招待、款待。⓭二漢：古代指男傭工。⓮作難：感覺爲難、受窘。⓯局：急逼。⓰綰：盤結。⓱賢婿：稱呼自己女婿的客套語。⓲不彀：不夠、不足。⓳管家：管理家事的人，泛指僕人。

第四回 薦亡齋和尚喫官司，打秋風鄉紳遭橫事

話說老太太見這些傢夥什物都是自己的❶，不覺歡喜，痰迷心竅，昏絕於地。家人、媳婦和丫鬟、娘子都慌了，快請老爺進來。范舉人三步作一步走來看時，連叫母親不應，忙將老太太抬放床上，請了醫生來。醫生說：「老太太這病是中了臟，不可治了。」連請了幾個醫生，都是如此說，范舉人越發慌了。夫妻兩個守著哭泣，一面製備後事。挨到黃昏時分，老太太奄奄一息，歸天去了，闔家忙了一夜。

次日，請將陰陽徐先生來寫了七單❷，老太太是犯三七❸，到期該請僧人追薦❹。大門上掛了白布球，新貼的廳聯都用白紙糊了。合城鄉紳都來弔唁，請了同案的魏好古❺，穿著衣巾在前廳陪客。胡老爹上不得台盤❻，只好在廚房裡或女兒房裡，幫著量白布、秤肉、亂竄。

到得二七過了，范舉人念舊，拿了幾兩銀子，交與胡屠戶，託他仍舊到集上庵裡請平日相與的和

尚做攬頭⑦，請大寺八眾僧人來念經，拜《梁皇懺》，放焰口⑧，追薦老太太升天。屠戶拿著銀子，一直走到集上庵裡滕和尚家，恰好大寺裡僧官慧敏也在那裡坐著⑨。僧官因有田在左近⑩，所以常在這庵裡起坐⑪。滕和尚請屠戶坐下，言及：「前日新中的范老爺得病在小庵裡，那日貧僧不在家，不曾候得。多虧門口賣藥的陳先生燒了些茶水，替我做個主人。」胡屠戶道：「正是，我也多謝他的膏藥。今日不在這裡？」滕和尚道：「今日不曾來。」又問道：「范老爺那病隨即就好了，卻不想又有老太太這一變。胡老爹這幾十天想總是在那裡忙，不見來集上做生意。」胡屠戶道：「可不是麼？自從親家母不幸去世，合城鄉紳那一個不到他家來？就是我主顧張老爺、周老爺在那裡司賓⑫，大長日子，坐著無聊，只拉著我說閒話，陪著吃酒吃飯。見了客來，又要打躬作揖，累個不了。我是個閒散慣了的人，不耐煩做這些事！欲待躲著些，難道是怕小婿怪，惹紳衿老爺們看喬了⑬，說道：『要至親做什麼呢？』」說罷，又如此這般把請僧人做齋的話說了。和尚聽了，屁滾尿流，慌忙燒茶、下麵，就在胡老爹面前轉託僧官去約僧眾，並備香、燭、紙馬、寫法等事，胡屠戶吃過麵去。

僧官接了銀子，才待進城，走不到一里多路，只聽得後邊一個人叫道：「慧老爺，為什麼這些時不到莊上來走走？」僧官忙回過頭來看時，是佃戶何美之⑭。何美之道：「你老人家這些時這等財忙，因甚事總不來走走？」僧官道：「不是，我也要來，只因城裡張大房裡想我屋後那一塊田，又不肯出價錢，我幾次回斷了他。若到莊上來，他家那佃戶又走過來嘴嘴舌舌，纏個不清。我在寺裡，他有人來尋我，只回他出門去了。」何美之道：「這也不妨，想不想由他，肯不肯由你。今日無事，且到莊上去坐坐。況且老爺前日煮過的那半隻火腿，吊在灶上，已經走油了⑮；做的酒，也熟了；不如消繳了它罷⑯。今日就在莊上歇了去，怕怎的？」和尚被他說的口裡流涎，那腳由不得自己，跟著他走到莊上。何美之叫渾家煮了一隻母雞，把火腿切了，酒舀出來盪著。和尚走熱了，坐在天井內，把衣服脫了一件，敞著懷，腆著個肚子，走出黑津津一頭一臉的肥油⑰。

須臾，整理停當，何美之捧出盤子，渾家拎著酒，放在桌子上擺下。和尚上坐，渾家下陪，何美之打橫，把酒來斟。吃著，說起三五日內要往范府替老太太做齋。何美之渾家說道：「范家老奶奶，我們自小看見他的，是個和氣不過的老人家。只有他媳婦兒，是莊南頭胡屠戶的女兒，一雙紅鑲邊的眼睛，一窩子黃頭髮。那日在這裡住，鞋也沒有一雙，夏天靸著個蒲窩子⑱，歪腿爛腳的。而今弄兩件『屍皮子』穿起來，聽見說做了夫人，好不體面。你說那裡看人去！」正吃得興頭，聽得外面敲門甚兇，何美之道：「是誰？」和尚道：「美之，你去看一看。」何美之才開了門，七八個人一齊擁了進來。看見女人、和尚一桌子坐著，齊說道：「好快活，和尚、婦人大青天白日調情！好僧官老爺！知法犯法！」何美之喝道：「休胡說！這是我田主人！」眾人一頓罵道：「田主人？連你婆子都有主兒了！」不由分說，拿條草繩，把和尚精赤條條⑲，同婦人一繩綑了，將個槓子，穿心抬著，連何美之也帶了，來到南海縣前一個關帝廟前戲台底下，和尚同婦人拴作一處，候知縣出堂報狀⑳。眾人押著何美之出去，和尚悄悄叫他報與范府。

范舉人因母親做佛事，和尚被人拴了，忍耐不得，隨即拿帖子向知縣說了。知縣差班頭將和尚解放㉑，女人著交美之領了家去，一班光棍帶著，明日早堂發落。眾人慌了，求張鄉紳帖子在知縣處說情，知縣准了，早堂帶進，罵了幾句，扯一個淡，趕了出去，和尚同眾人倒在衙門口用了幾十兩銀子。僧官先去范府謝了，次日方帶領僧眾來鋪結壇場，掛佛像，兩邊十殿閻君。吃了開經麵，打動鐃鈸㉒、叮噹，念了一卷經，擺上早齋來。八眾僧人，連司賓的魏相公，共九位，坐了兩席。才吃著，長班報㉓：「有客到！」魏相公丟了碗出去迎接進來，便是張、周兩位鄉紳，烏紗帽，淺色員領㉔，粉底皂靴，魏相公陪著一直拱到靈前去了。內中一個和尚向僧官道：「方才進去的，就是張大房裡靜齋老爺。他和你是田鄰，你也該過去問訊一聲才是。」僧官道：「也罷了！張家是什麼有意思的人！想起我前日這一番是非，那裡是什麼光棍？就是他的佃戶。商議定了，做鬼做神，來弄送我，不過要簸掉我幾兩銀子㉕，好把屋後的那一塊田賣與他！使心用心，反害了自身！落後縣裡老爺要打他莊戶，一般也慌了，腆著臉，拿帖子去說，惹的縣主不喜歡！」又道：「他沒脊骨的事多哩㉖！就像周三房裡，做過巢縣家的大姑娘，是他的外甥女兒。三房裡曾託我說媒，我替他講西鄉裡封大戶家，好不有錢。張家硬主張著許與方才這窮不了的小魏相公，因他進個學，又說他會作個什麼詩詞。前日替這裡作了一個薦亡的疏，我拿了給人看，說是倒別了三個字。像這都是作孽！眼見得二姑娘也要許人家了，又不知撮弄與個什麼人㉗！」說著，聽見靴底響，眾和尚擠擠眼，僧官就不言語了。兩位鄉紳出來，同和尚拱一拱手，魏相公送了出去。眾和尚吃完了齋，洗了臉和手，吹打拜懺㉘，行香放燈㉙，施食散花㉚，跑五方㉛，整整鬧了三晝夜，方才散了。

說文解字

❶什物：各種常用的器具，也作「什器」。❷陰陽：陰陽生，元代設陰陽學，教授星命、占卜、相宅、相墓諸數術，

學習這種課業的人稱爲「陰陽生」。明代以來廢其學，陰陽生就成爲喪葬星士的專稱。也作「陰陽」、「陰陽人」。七單：陰陽先生推算死者生歿時辰與沖煞時辰的單子。七，指喪事「作七」之七。❸三七：人死至七日稱「頭七」，然後逢七日有「二七」、「三七」，以至「七七」或「十七」，民間認爲每七日死者要過一閻羅，故請僧道誦經超度。❹追薦：爲死者祈求冥福，也作「追福」。❺同案：科舉時代同年考中，姓名同列一榜者。❻上不得台盤：上不得檯面，比喻因寒酸醜陋見不得人。❼攬頭：包攬工作的人。❽放焰口：佛教儀式，爲施食餓鬼之法事。該法會以餓鬼道眾生爲主要施食對象，施放焰口，則餓鬼皆得超度，亦爲對死者追薦的佛事之一。❾僧官：掌管僧人、寺廟的官吏。❿左近：附近、鄰近。⓫起坐：休息。⓬司賓：負責接待賓客。⓭看喬：輕視、誤解。⓮佃户：租借他人土地耕種，按期納租的農家。⓯走油：煙燻食品因存放日久，而流失油汁。⓰消繳：消受、吃掉，有詼諧之意。⓱黑津津：黑而光潤的樣子。⓲靸：穿。蒲窩子：用蒲草夾雞毛編織而成的鞋子。⓳精赤條條：裸露、一絲不掛的樣子。⓴出堂：升堂辦案。報狀：報告事情的原委。㉑班頭：指衙門差役的頭目，亦泛稱差役。㉒鐃鈸：樂器名，銅製呈圓盤狀的合擊樂器。小的稱「鐃」，聲音較響亮；大的稱「鈸」，聲音較渾厚。㉓長班：隨身伺候官吏的僕人，也作「長隨」。㉔員領：古代官吏的禮服。㉕簸：蹧蹋、花費。㉖沒脊骨：不正經、沒規矩，也作「沒脊梁」。㉗撮弄：胡亂撮合。㉘拜懺：指僧尼爲信徒拜佛誦經，以懺悔罪業或超度亡靈。㉙行香：禮佛的儀式。始於南北朝，燃香薰手，或以香末散行；唐以後則爲持香爐繞行道場或街市；明清時則指官吏上任或遇朔望時，入廟焚香叩拜的儀式。㉚施食：佛教謂施食給餓鬼，也作「放焰口」、「焰口」。㉛跑五方：民間風俗。在人臉上塗油彩，扮作鬼卒，手拿著鋼叉，往各處奔跑，有驅除野鬼之意。

第十七回　匡秀才重遊舊地，趙醫生高踞詩壇

匡超人背著行李，走了幾天旱路❶，到溫州搭船。那日沒有便船，只得到飯店權宿❷。走進飯店，見裡面點著燈，先有一個客人坐在一張桌子上，面前擺了一本書，在那裡靜靜地看。匡超人看那

人時，黃瘦面皮，稀稀的幾根鬍子。那人看書出神，又是個近視眼，不曾見有人進來。匡超人走到跟前，請教了一聲「老客❸」，拱一拱手，那人才立起身來為禮。青絹直身❹，瓦楞帽子❺，像個生意人模樣，兩人敘禮坐下。匡超人問道：「客人貴鄉尊姓？」那人道：「在下姓景，寒舍就在這五十里外。因有個小店在省城，如今往店裡去，因無便船，權在此住一夜。」看見匡超人戴著方巾❻，知道他是秀才，便道：「先生貴處那裡？尊姓台甫❼？」匡超人道：「小弟賤姓匡，字超人，敝處樂清。也是要住省城，沒有便船。」那景客人道：「如此甚好，我們明日一同上船。」各自睡下。

次日早去上船，兩人同包了一個頭艙。上船放下行李，那景客人就拿出一本書來看。匡超人初時不好問他，偷眼望那書上圈的花花碌碌，是些什麼詩詞之類。到上午同吃了飯，又拿出書來看看，一會又閒坐著吃茶。匡超人問道：「昨晚請教老客，說有店在省城，卻開的是什麼寶店？」景客人道：「是頭巾店。」匡超人道：「老客既開寶店，卻看這書做什麼？」景客人笑道：「你道這書單是戴頭巾做秀才的會看麼？我杭城多少名士都是不講八股的。不瞞匡先生你說，小弟賤號叫作景蘭江，各處詩選上都刻過我的詩，今已二十餘年，這些發過的老先生，但到杭城，就要同我們唱和。」因在艙內開了一個箱子，取出幾十個斗方子來遞與匡超人，道：「這就是拙刻，正要請教。」匡超人自覺失言，心裡慚愧。接過詩來，雖然不懂，假作看完了，瞎讚一回。景蘭江又問：「恭喜入泮是那一位學台❽？」匡超人道：「就是現在新任宗師。」景蘭江道：「新學台是湖州魯老先生同年，魯老先生就是小弟的詩友。小弟當時聯句的詩會，楊執中先生、權勿用先生、嘉興蘧太守公孫駪夫，還有婁中堂兩位公子——三先生、四先生，都是弟們文字至交。可惜有位牛布衣先生只是神交，不曾會面。」匡超人見他說這些人，便問道：「杭城文瀚樓選書的馬二先生，諱叫作靜的，先生想也相與？」景蘭江道：「那是做時文的朋友，雖也認得，不算相與。不瞞先生說，我們杭城名壇中，倒也沒有他們這一派，卻是有幾個同調的人。將來到省，可以同先生相會。」匡超人聽罷，不勝駭然。同他一路來到斷河頭，船近了岸，正要搬行李。景蘭江站在船頭上，只見一乘轎子歇在岸邊，轎裡走出一個人來，頭戴方巾，身穿寶藍直裰，手裡搖著一把白紙詩扇，扇柄上拴著一個方象牙圖書，後面跟著一個人，背了一個藥箱。那先生下了轎，正要進那人家去。景蘭江喊道：「趙雪兄，久違了！那裡去？」那趙先生回過頭來，叫一聲：「哎呀！原來是老弟！幾時來的？」景蘭江道：「才到這裡，行李還不曾上岸。」因回頭望著艙裡道：「匡先生，請出來。這是我最相好的趙雪齋先生，請過來會會。」匡超人出來，同他上了岸。

景蘭江吩咐船家把行李且搬到茶室裡來，當下三人同作了揖，同進茶室。趙先生問道：「此位長兄尊姓？」景蘭江道：「這位是樂清匡先生，同我一船來的。」彼此謙遜了一回坐下，泡了三碗茶來。趙先生道：「老弟，你為什麼就去了這些時？叫我終日盼望。」景蘭江道：「正是為些俗事纏著，這些時可有詩會麼？」趙先生道：「怎麼沒有。前月中翰顧老先生來天竺進香，邀我們同到天竺做了一天的詩。通政范大人告假省墓，船隻在這裡住了一日，還約我們到船上拈題分韻❾，著實擾了他一天。禦史荀老先生來打撫台的秋風❿，丟著秋風不打，日日邀我們到下處作詩。這些人都問你。現今胡三公子替湖州魯老先生徵輓詩，送了十幾個斗方在我那裡⓫。我打發不清，你來得正好，分兩張去做。」說著，吃了茶，問：「這位匡先生想也在庠⓬，是那位學台手裡恭喜的？」景蘭江道：「就是現任學台。」趙先生微笑道：「是大小兒同案。」吃完了茶，趙先生先別，看病去了。景蘭江問道：「匡先生，你而今行李發到那裡去？」匡超人道：「如今且攏文瀚樓。」景蘭江道：「也罷，你攏那裡去，我且到店裡。我的店在豆腐橋大街上金剛寺前，先生閒著，到我店裡來談。」說罷，叫人挑了行李，去了。

匡超人背著行李，走到文瀚樓問馬二先生，已是回處州去了。文瀚樓主人認得他，留在樓上住。次日，拿了書子到司前去找潘三爺，進了門，家人回道：「三爺不在家，前幾日奉差到台州學道衙門辦公事去了。」匡超人道：「幾時回家？」家人道：「才去，怕不也還要三四十天功夫。」匡超人只得回來，尋到豆腐橋大街景家方巾店裡，景蘭江不在店內。問左右店鄰，店鄰說道：「景大先生麼？這樣好天氣，他先生正好到六橋探春光，尋花問柳，作西湖上的詩。絕好的詩題，他怎肯在店裡坐著？」匡超人見問不著，只得轉身又走。走過兩條街，遠遠望見景先生同著兩個戴方巾的走，匡超人相見作揖。景蘭江指著那一個麻子道：「這位是支劍峰先生。」指著那一個鬍子道：「這位是浦墨卿先生，都是我們詩會中領袖。」那二人問：「此位先生？」景蘭江道：「這是樂清匡超人先生。」匡超人道：「小弟方才在寶店奉拜先生，恰值公出。此時往那裡去？」景先生道：「無事閒遊。」又道：「良朋相遇，豈可分途，何不到旗亭小飲三杯⑬？」那兩位道：「最好。」當下拉了匡超人同進一個酒店，揀一副坐頭坐下⑭。酒保來問要什麼菜，景蘭江叫了一賣一錢二分銀子的雜膾，兩碟小吃。那小吃，一樣是炒肉皮，一樣就是黃豆芽。拿上酒來，支劍峰問道：「今日何以不去訪雪兄？」浦墨卿道：「他家今日讌一位出奇的客⑮。」支劍峰道：「客罷了，有什麼出奇？」浦墨卿道：「出奇的緊哩！你滿飲一杯，我把這段公案告訴你⑯。」
當下支劍峰斟上酒，二位也陪著吃了。浦墨卿道：「這位客姓黃，是戊辰的進士，而今選了我這寧波府鄞縣知縣。他先年在京裡同楊執中先生相與，楊執中卻和趙爺相好，因他來浙，就寫一封書子來會趙爺。趙爺那日不在家，不曾會。」景蘭江道：「趙爺官府來拜的也多，會不著他也是常事。」浦墨卿道：「那日真正不在家。次日，趙爺去回拜，會著，彼此敘說起來。你道奇也不奇？」眾人道：「有什麼奇處？」浦墨卿道：「那黃公竟與趙爺生的同年、同月、同日、同時！」眾人一齊道：「這果然奇了！」浦墨卿道：「還有奇處。趙爺今年五十九歲，兩個兒子，四個孫子，老兩個夫妻齊眉，只卻是個布衣；黃公中了一個進士，做任知縣，卻是三十歲上就斷了弦，夫人沒了，而今兒花女花也無。」支劍峰道：「這果然奇！同一個年、月、日、時，一個是這般境界，一個是那般境界，判然不合。可見『五星』、『子平』都是不相干的。」說著，又吃了許多的酒。浦墨卿道：「三位先生，小弟有個疑難在此，諸公大家參一參。比如黃公同趙爺一般的年、月、日、時生的，一個中了進士，卻是孤身一人；一個卻是子孫滿堂，不中進士。這兩個人，還是那一個好？我們還是願做那一個？」三位不曾言語。浦墨卿道：「這話讓匡先生先說，匡先生，你且說一說。」匡超人道：「二者不可得兼。依小弟愚見，還是做趙先生的好。」眾人一齊拍手道：「有理！有理！」浦墨卿道：「讀書畢竟中進士是個了局。趙爺各樣好了，到底差一個進士。不但我們說，就是他自己心裡也不快活的是差著一個進士。而今又想中進士，又想像趙爺的全福，天也不肯！雖然世間也有這樣人，但我們如今既設疑難，若只管說要合作兩個人，就沒的難了。如今依我的主意，只中進士，不要全福；只做黃公，不做趙爺！可是麼？」支劍峰道：「不是這樣說。趙爺雖差著一個進士，而今他大公郎已經高進了，將來名登兩榜，少不得封誥乃尊。難道兒子的進士，當不得自己的進士不成？」浦墨卿笑道：「這又不然。先年有一位老先生，兒子已做了大位，他還要科舉，後來點名，監臨不肯收他⑰。他把卷子摜在地下，恨道：『為這個小畜生，累我戴個假紗帽！』這樣看來，兒子的到底當不得自己的！」景蘭江道：「你們都說的是隔壁帳⑱，都斟起酒來滿滿地吃三杯，聽我說。」支劍峰道：「說得不是怎樣？」景蘭江道：「說得不是，倒罰三杯。」眾人道：「這沒的說。」當下斟上酒吃著。景蘭江道：「眾位先生所講中進士，是為名？是為利？」眾人道：「是為名。」景蘭江道：「可知道趙爺雖不曾中進士，外邊詩選上刻著他的詩幾十處，行遍天下，那個不曉得有個趙雪齋先生？只怕比進士享名多著哩！」說罷，哈哈大笑。眾人都一齊道：「這果然說得快暢！」一齊乾了酒。

說文解字

❶旱路：陸地上通行的道路，也作「旱道」。❷權：暫且。❸老客：對人的敬稱，猶今對人稱「先生」。❹直身：本指古代的家居常服，後多指僧、道或士子所穿的服裝。也作「直襬」、「直裰」。❺瓦楞帽子：形如瓦楞的帽子。古代為庶民所戴，以別於士大夫的方巾。❻方巾：明代文人所戴的頭巾。❼台甫：古代初次見面的禮節，即請問對方姓氏、表字。古人除姓名外多有字、號，與人交往直呼其名為失禮，故初交時多問字號而忌問名。❽入泮：古代學宮之內有泮水，故稱學宮為「泮宮」，童生初入學則稱為「入泮」。學台：古代官職，負責教育行政與掌管各級學校，還有學生授業科舉之事，又稱「學政使」。❾拈題分韻：古人集會作詩、吟詠事物時，用抽籤來分派題目和韻腳的方法。❿打秋風：向富有人家抽取小利，或藉故向人求取財物。也作「打秋豐」、「打抽風」、「打抽豐」。⓫斗方：用以書寫吉祥文字，貼在門上的方形紙。⓬在庠：明清時代，凡經本省各級考試，取入府、州、縣學的秀才，稱為「在庠」。庠，古代的地

方學校。⑬旗亭：酒樓。因其樓外懸旗，故稱之。⑭坐頭：坐位。⑮讌：宴飲。⑯公案：人事爭執的案件。⑰監臨：科舉制度中，鄉試的監考官。⑱隔壁帳：隔壁家的帳單，比喻不相干的事。

第五十五回 添四客述往思來，彈一曲高山流水

話說萬曆二十三年，那南京的名士，都已漸漸消磨盡了。此時虞博士那一輩人，也有老了的，也有死了的，也有四散去了的，也有閉門不問世事的。花壇酒社，都沒有那些才俊之人；禮樂文章，也不見那些賢人講究。論出處，不過得手的就是才能，失意的就是愚拙；論豪俠，不過有餘的就會奢華，不足的就見蕭索。憑你有李、杜的文章，顏、曾的品行，卻是也沒有一個人來問你。所以那些大戶人家，冠婚喪祭，鄉紳堂里，坐著幾個席頭❶，無非講的是些升遷調降的官場；就是那貧賤儒生，又不過做的是些揣合逢迎的考校。那知市井中間，倒出了幾個奇人。

一個是會寫字的。這人姓季，名遐年，自小兒無家無業，總在這些寺院裡安身。見和尚傳板上堂吃齋❷，他便也捧著一個缽，站在那裡，隨堂吃飯，和尚也不厭他。他的字寫得最好，卻又不肯學古人的法帖，只是自己創出來的格調，由著筆性寫了去。但凡人要請他寫字時，他三日前，就要齋戒一日，第二日磨一天的墨，卻又不許別人替磨，就是寫個十四字的對聯，也要用墨半碗。用的筆，都是那人家用壞了不要的，他才用。到寫字的時候，要三四個人替他拂著紙，他才寫。一些拂得不好，他就要罵、要打，卻是要等他情願，他才高興。他若不情願時，任你王侯將相，大捧的銀子送他，他正眼兒也不看。他又不修邊幅，穿著一件稀爛的直裰，靸著一雙破不過的蒲鞋。每日寫了字，得了人家

的筆資，自家吃了飯，剩下的錢就不要了，隨便不相識的窮人，就送了他。

那日大雪裡，走到一個朋友家，他那一雙稀爛的蒲鞋，踹了他一書房的落泥。主人曉得他的性子不好，心裡嫌他，不好說出，只得問道：「季先生的尊履壞了，可好買雙換換？」季遐年道：「我沒有錢。」那主人道：「你肯寫一幅字送我，我買鞋送你了。」季遐年道：「我難道沒有鞋，要你的！」主人厭他醃臢❸，自己走了進去，拿出一雙鞋來，道：「你先生且請略換換，恐怕腳底下冷。」季遐年惱了，並不作別，就走出大門，嚷道：「你家什麼要緊的地方！我這雙鞋就不可以坐在你家！我坐在你家，還要算抬舉你！我都希罕你的鞋穿！」一直走回天界寺，氣哺哺的又隨堂吃了一頓飯❹。吃完，看見和尚房裡擺著一匣子上好的香墨，季遐年問道：「你這墨可要寫字？」和尚道：「這昨日施禦史的令孫老爺送我的，我還要留著轉送別位施主老爺，不要寫字。」季遐年道：「寫一幅好哩！」不由分說，走到自己房裡，拿出一個大墨盪子來❺，揀出一定墨，舀些水，坐在禪床上替他磨將起來。和尚分明曉得他的性子，故意地激他寫。他在那裡磨墨，正磨得興頭，侍者進來向老和尚說道：「下浮橋的施老爺來了。」和尚迎了出去。那施禦史的孫子已走進禪堂來，看見季遐年，彼此也不為禮，自同和尚到那邊敘寒溫❻。季遐年磨完了墨，拿出一張紙來，鋪在桌上，叫四個小和尚替他按著。他取了一管敗筆❼，蘸飽了墨，把紙相了一會❽，一氣就寫了一行。那右手後邊小和尚動了一下，他就一鑿，把小和尚鑿矮了半截，鑿得殺喳地叫❾。老和尚聽見，慌忙來看，他還在那裡急的嚷成一片。老和尚勸他不要惱，替小和尚按著紙，讓他寫完了。施禦史的孫子也來看了一會，向和尚作別去了。

次日，施家一個小廝走到天界寺來，看見季遐年，問道：「有個寫字的、姓季的可在這裡？」季遐年道：「問他怎的？」小廝道：「我家老爺叫他明日去寫字。」季遐年聽了，也不回他，說道：「罷了。他今日不在家，我明日叫他來就是了。」次日，走到下浮橋施家門口，要進去。門上人攔住道：「你是什麼人，混往裡邊跑！」季遐年道：「我是來寫字的。」那小廝從門房裡走出來，看見道：「原來就是你！你也會寫字？」帶他走到敞廳上⑩，小廝進去回了。施禦史的孫子剛走出屏風，季遐年迎著臉大罵道：「你是何等之人，敢來叫我寫字！我又不貪你的錢，又不慕你的勢，又不借你的光，你敢叫我寫起字來！」一頓大嚷大叫，把施鄉紳罵的閉口無言，低著頭進去了。那季遐年又罵了一會，依舊回到天界寺裡去了。

又一個是賣火紙筒子的⑪。這人姓王，名太。他祖代是三牌樓賣菜的⑫，到他父親手裡，窮了，把菜園都賣掉了。他自小兒最喜下圍棋，後來父親死了，他無以為生，每日到虎踞關一帶賣火紙筒過活。那一日，妙意庵做會，那庵臨著烏龍潭，正是初夏的天氣，一潭簇新的荷葉，亭亭浮在水上，這庵裡曲曲折折，也有許多亭榭，那些遊人都進來頑耍。王太走將進來，各處轉了一會，走到柳陰樹下一個石台，兩邊四條石凳，三四個大老官簇擁著兩個人在那裡下棋⑬。一個穿寶藍的道：「我們這位馬先生前日在揚州鹽台那裡下的是一百一十兩的彩，他前後共贏了二千多銀子。」一個穿玉色的少年道：「我們這馬先生是天下的大國手，只有這卞先生受兩子還可以敵得來。只是我們要學到卞先生的地步，也就著實費力了！」王太就挨著身子上前去偷看。小廝們看見他穿得襤褸，推推搡搡⑭，不許他上前。底下坐的主人道：「你這樣一個人，也曉得看棋？」王太道：「我也略曉得些。」撐著看了一會，嘻嘻地笑。那姓馬的道：「你這人會笑，難道下得過我們？」王太道：「也勉強將就。」主人道：「你是何等之人，好同馬先生下棋！」姓卞的道：「他既大膽，就叫他出個醜何妨！才曉得我們老爺們下棋，不是他插得嘴的！」王太也不推辭，擺起子來，就請那姓馬的動著，旁邊人都覺得好笑。那姓馬的同他下了幾著，覺得他出手不同。下了半盤，站起身來道：「我這棋輸了半子了！」那些人都不曉得。姓卞的道：「論這局面，卻是馬先生略負了些。」眾人大驚，就要拉著王太吃酒。王太大笑道：「天下那裡還有個快活似殺矢棋的事⑮！我殺過矢棋，心裡快活極了，那裡還吃得下酒！」說畢，哈哈大笑，頭也不回，就去了。

一個是開茶館的。這人姓蓋，名寬，本來是個開當鋪的人。他二十多歲的時候，家裡有錢，開著當鋪，又有田地，又有洲場⑯。那親戚本家都是些有錢的，他嫌這些人俗氣，每日坐在書房裡作詩看書，又喜歡畫幾筆畫。後來畫的畫好，也就有許多作詩畫的來同他往來。雖然詩也做的不如他好，畫也畫的不如他好，他卻愛才如命，遇著這些人來，留著吃酒吃飯，說也有，笑也有。這些人家裡有冠、婚、喪、祭的緊急事，沒有銀子，來向他說，他從不推辭，幾百、幾十拿與人用。那些當鋪裡的小官看見主人這般舉動，都說他有些獃氣，在當鋪裡盡著作弊，本錢漸漸消折了。田地又接連幾年都被水淹，要賠種賠糧，就有那些混帳人來勸他變賣。買田的人嫌田地收成薄，分明值一千的只好出五六百兩，他沒奈何，只得賣了。賣來的銀子，又不會生發⑰，只得放在家裡秤著用，能用得幾時？又沒有了，只靠著洲場利錢還人。不想夥計沒良心，在柴院子裡放火，命運不好，接連失了幾回火，把院子裡的幾萬柴盡行燒了⑱。那柴燒得一塊一塊的，結成就和太湖石一般⑲，光怪陸離。那些夥計把這東西搬來給他看，他看見好頑，就留在家裡。家裡人說：「這是倒運的東西，留不得！」他也不肯信，留在書房裡頑。夥計見沒有洲場，也辭出去了。

又過了半年，日食艱難[20]，把大房子賣了，搬在一所小房子住。又過了半年，妻子死了，開喪出殯，把小房子又賣了。可憐這蓋寬帶著一個兒子，一個女兒，在一個僻靜巷內，尋了兩間房子開茶館。把那房子裡面一間與兒子、女兒住，外一間擺了幾張茶桌子，後簷支了一個茶爐子，右邊安了一副櫃台，後面放了兩口水缸，滿貯了雨水。他老人家清早起來，自己生了火，搧著了，把水倒在爐子裡放著，依舊坐在櫃台裡看詩畫畫。櫃台上放著一個瓶，插著些時新花朵，瓶旁邊放著許多古書，他家各樣的東西都變賣盡了，只有這幾本心愛的古書是不肯賣的。人來坐著吃茶，他丟了書就來拿茶壺、茶杯。茶館的利錢有限，一壺茶只賺得一個錢，每日只賣得五六十壺茶，只賺得五六十個錢，除去柴米，還做得什麼事！

那日正坐在櫃台裡，一個鄰居老爹過來同他談閒話。那老爹見他十月裡還穿著夏布衣裳，問道：「你老人家而今也算十分艱難了，從前有多少人受過你老人家的惠，而今都不到你這裡來走走。你老人家這些親戚本家，事體總還是好的，你何不去向他們商議商議，借個大大的本錢，做些大生意過日子？」蓋寬道：「老爹，『世情看冷暖，人面逐高低』。當初我有錢的時候，身上穿得也體面，跟的小廝也齊整，和這些親戚本家在一塊，還搭配得上。而今我這般光景，走到他們家去，他就不嫌我，我自己也覺得可厭。至於老爹說有受過我的惠的，那都是窮人，那裡還有得還出來！他而今又到有錢的地方去了，那裡還肯到我這裡來！我若去尋他，空惹他們的氣，有何趣味！」鄰居見他說得苦惱，因說道：「老爹，你這個茶館裡冷清清的，料想今日也沒甚人來了，趁著好天氣，和你到南門外頑頑去。」蓋寬道：「頑頑最好，只是沒有東道㉑，怎處？」鄰居道：「我帶個幾分銀子的小東，吃個素飯罷。」蓋寬道：「又擾你老人家。」

說著，叫了他的小兒子出來看著店，他便同那老爹一路步出南門來。教門店裡，兩個人吃了五分銀子的素飯。那老爹會了帳，打發小菜錢，一經踱進報恩寺裡。大殿南廊、三藏禪林、大鍋，都看了一回。又到門口買了一包糖，到寶塔背後一個茶館裡吃茶。鄰居老爹道：「而今時世不同，報恩寺的遊人也少了，連這糖也不如二十年前買的多。」蓋寬道：「你老人家七十多歲年紀，不知見過多少事，而今不比當年了。像我也會畫兩筆畫，要當時虞博士那一班名士在，那裡愁沒碗飯吃！不想而今就艱難到這步田地！」那鄰居道：「你不說我也忘了。這雨花台左近有個泰伯祠，是當年句容一個遲先生蓋造的。那年請了虞老爺來上祭，好不熱鬧！我才二十多歲，擠了來看，把帽子都被人擠掉了。而今可憐那祠也沒人照顧，房子都倒掉了。我們吃完了茶，同你到那裡看看。」說著，又吃了一賣牛首豆腐乾㉒，交了茶錢，走出來，從岡子上踱到雨花台左首，望見泰伯祠的大殿，屋山頭倒了半邊。來到門前，五六個小孩子在那裡踢球，兩扇大門倒了一扇，睡在地下。兩人走進去，三四個鄉間的老婦人在那丹墀裡挑薺菜，大殿上槅子都沒了。又到後邊五間樓，直桶桶的，樓板都沒有一片。兩個人前後走了一交，蓋寬嘆息道：「這樣名勝的所在，而今破敗至此，就沒有一個人來修理！多少有錢的，拿著整千的銀子去起蓋僧房道院，那一個肯來修理聖賢的祠宇！」鄰居老爹道：「當年遲先生買了多少的傢夥，都是古老樣範的，收在這樓底下幾張大櫃裡，而今連櫃也不見了！」蓋寬道：「這些古事，提起來令人傷感，我們不如回去罷！」兩人慢慢走了出來。鄰居老爹道：「我們順便上雨花台絕頂㉓。」望著隔江的山色，嵐翠鮮明，那江中來往的船隻，帆檣歷歷可數㉔，那一輪紅日，沉沉地傍著山頭下去了。兩個人緩緩地下了山，進城回去。蓋寬依舊賣了半年的茶，次年三月間，有個人家出了八兩銀子束修㉕，請他到家裡教館去了。

說文解字

❶席頭：指筵席上，坐在首位的貴客。❷傳板：敲擊懸掛在堂前或門上的板子，藉以發出信號，傳報緊急事務。❸醃臢：不乾淨，也作「骯髒」。❹氣哺哺：謂生氣而呼吸急促。❺墨盪子：磨墨用的瓦盆。❻敘寒溫：見面時彼此問候生活起居，或泛談氣候寒暖等應酬話。❼敗筆：用壞了的禿筆。❽相：審視、察看。❾殺喳：形容因痛而失聲高叫。❿敞廳：兩面相通而寬敞的廳堂。⓫火紙筒子：用火紙捲製成的細管狀物，可供吸煙點火之用。也作「火煤子」。⓬三牌樓：今南京鼓樓區的一處街道。原名樓子巷，因明代時一戶三子分別中狀元、榜眼、探花，建三座牌樓而名。明清時期，此地商貿繁榮。⓭大老官：喜歡別人恭維的人。⓮推推搡搡：連續不斷地推。⓯殺矢棋：嘲諷棋藝低劣的人所下的棋，也作「屎棋」。⓰洲場：指有所出產的水中陸地。⓱生發：孳生、興起。⓲盡行：全部、全都。⓳太湖石：江蘇太湖所產的石頭。因多孔竅及皺紋，所以可以造假山，裝飾亭園。⓴日食：每日的飲食，引申爲生活。㉑東道：本爲設宴待客之意，後指請客的主人。㉒一賁：飯館或客棧稱一份菜餚爲「一賁」。㉓絕頂：山的最高峰。㉔帆檣：船上掛帆的桿子，借指船隻。㉕束修：古人以十條肉脯扎成一束，作爲拜見老師最基本的禮物。也作「束脩」。

言外之意

❖人物特色：固陋

在吳敬梓生活的年代，因爲八股文盛行，導致士人思想被鉗制，而那些不願意被束縛的士人，就只能潦倒一生。在不得已之下，許多人爲了生活，心中所見、腦中所想只有八股、只有科舉，《儒林外史》中便有很多地方描寫這類型的人物。例如周進，他在當學道（掌管教育行政及學校生員考課升降等事務的官員）時，童生魏好古求他面試一些詩詞，周進馬上變了臉，說這些詩歌都是雜學，不切實際。周進此種窮酸、狹小的反應和表現，正是反映了當時的社會風氣。

還有另外一個例子就是周進的得意門生——范進，范進就連大名鼎鼎的宋朝大學士蘇東坡都不認識，竟然還可以擔任主考考試的官員，可見得不但官員的品質有問題，考試的制度更是一大問題。在八股制度之下所考出的這麼一位「人才」，七老八十且眼中只有八股，其他半點不知，有何意義呢？

再來是魯編修，魯編修自己是一個八股腦袋，連自己的女兒也是個八股才女，完全沒有一般女子的天眞浪漫，空長了一副嬌艷婀娜的好相貌，浪費自己的天資。魯小姐才新婚燕爾，就出題考自己的丈夫，丟了一題「身修而後家齊」，甚至爲了蘧公孫不擅八股而致夫妻感情不和，就連對自己四歲的小兒子也近乎殘酷地逼他讀四書五經，甚至書沒背熟就不讓他睡，連丈夫亦不太理會，全都交給侍女彩蘋和雙紅服侍。這一切只因爲魯編修平日教導女兒：「八股文章若做的好，隨你做什麼東西，要詩就詩，要賦就賦；若是八股文章欠講究，任你做出什麼來，都是野狐禪、邪魔外道！」

再來是馬二先生。他和魯編修、周進、范進一樣，聽到他人提及李清照、朱淑貞等才女，就「覺得好笑」，覺得他們不務「正業」；沒有講到科舉的事，就覺得志不同道不合而不屑過去攀談。馬二先生是當時一位出名的選文大家，選文家就相當於現在的補習班老師，專門選取和考試有關的文章編輯成冊，一如考前猜題一般，都是爲了通過八股考試而準備。但他的見識和程度也僅止於此，是一個不折不扣的書呆，這也顯現當時考試制度的問題。

而在馬二先生對蘧公孫說教時，竟然曲解孔子的「言寡尤，行寡悔，祿在其中矣」。在他的思想中，祿就代表官位，而官位就等同科舉。其實，孔子的本意是勸人只要言語謹慎，別做出讓自己後悔的事，就能當一個好官，不必汲汲營營、刻意求、刻意問爲官之道。沒想到馬二先生卻臉不紅氣不喘地說，因爲當時考的是「言寡尤，行寡悔」，天子重視這個，所以官位一定在其之中。一句先賢孔子的建言，竟然變成支持八股的有力證據，顯現當時衆多士人鑽牛角尖於八股文之中的可悲之處。

❖人物特色：虛僞

《儒林外史》描述的是一個「萬般皆下品，唯有當官高」的社會，所以一般讀書人便企圖用科考正途，以取得榮華富貴，但如果考不上怎麼辦呢？有兩種選擇，一種就是持續努力不懈，直到上榜爲止；一種就是爲了讓朝廷徵召自己當官，一舉一動皆刻意表現得非常清高，假裝自己不在乎功名利祿，就是所謂「身在江湖，心懷魏闕」。那市井小民又是爲了什麼而虛僞造作呢？因爲當時社會十分尊重讀書人，只要「之乎者也」幾句就可以受到尊重，於是，無論是官府登記在案的強盜、開頭巾店的商人、鹽商人家，通通都假充幾句斯文，扭捏一番，就是爲了贏得他人的尊重。

例如書中的范進。他母親聽到他中舉之後，興奮地駕鶴西歸。范進在服喪期間，爲了表現自己的孝思，拒絕使用華麗的象牙筷子，但卻吃葷，甚至吃了「一個大蝦圓子」。在古代，服喪期間應吃粗糙的食物，因爲在失去親人時，不應享受美好的食物。但范進卻只做一半，這不就是虛僞嗎？

再來是「清官」湯知縣。他十分嚴格，且拒絕收賄，甚至把送牛肉來行賄的人直接打死，可見他求清官之名以致不顧人命。行賄是不對的，但是罪不致死。湯知縣爲了要讓上司看見他的「清如水，明如鏡」，爲了讓自己的爲官之路平坦順利，所以小題大作地鬧出人命。

最後，甚至連青樓女子都開始附庸風雅。在古代，青樓女子因爲常與文人相識，生活在藝術氣息濃厚的環境，所以確實有許多才女，例如南齊的蘇小小、唐代的薛濤、明清的柳如是等等，他們擺脫森嚴門規，自由綻放自己的心靈，所以比一般女子更有魅力。

但是，在《儒林外史》中，來賓樓的聘娘就並非如此了。他是秦淮河畔的高等妓女，因爲長得十分漂亮，所以最喜歡和達官貴人結交，自視甚高。他和一般上等妓女一樣，有人教他琴棋書畫，幫他燒香擦爐。聘娘的房間相當雅緻，窗子前的梨花桌上放著鏡台，牆上懸著一幅陳眉公的畫，壁桌上供著一尊玉觀音，兩邊放著八張水磨楠木椅子，如此陳設再配上那噴鼻的香味，以及聘娘的纖纖素手，那情調眞是醉人呀！但是，如此清靈出塵的女子的所作所爲竟是如此不堪，當客人陳木南家財萬貫，而且快要成爲朝中官員時，聘娘就撒嬌說是愛他的人，不是愛他的官；當陳木南床頭金盡，爲了不捨得離開他而連官都丟了之後，聘娘命小侍女送上的茶都是冷的。

可知聘娘的琴棋書畫並沒有陶冶他的心靈，這些東西只不過是招攬客人的策略，抬高身分的手段。由此可見當時社會虛僞的風氣，上至高官下至名士小民都已染上此惡習。

❖人物特色：吹牛

在《儒林外史》中，虛榮的人很多。而因爲虛榮心強，所以不吹牛，好像就顯現不出自己的偉大，這也是爲了掩飾自己的無知或低微的身分。在王冕畫荷的段落中，作者寫出三個鄉下人聊天的情形。三人分別表示自己對危素（危老先生）這位高官的瞭解和關心，在談天過程中不斷提及危素，有的吹牛他和皇帝一起牽手散步，有的和危素攀親帶故，連一盤鹿肉也和危素有關，還要藉這位高官的聲勢恐嚇鄉人。吳敬梓在這裡刻畫鄉人的醜態，藉著鄉人的攀附權貴對比清高自重的王冕。

除了吹噓自己之外，《儒林外史》中也有許多藉由貶低他人，以抬高自己的角色。例如，梅玖挖苦周進，用秀才的身分欺壓一個未曾做過秀才的童生，以提高自己的地位。而周學道大罵魏好古不務正業，只會學習一些詩詞章句，就是爲了提高自己的八股師承，也就是所謂的「文人相輕」，藉由攻擊別人以鞏固自己的團體。而馬二先生被保舉爲官，馬上遭到施禦史不屑的評語，爲什麼他要不屑呢？因爲他是經由科考的正途出身，爲了鞏固自己的地位，對於不經科考出身的士人都要加以打擊。

除了抬高自己的身價之外，當時也流行抬高自己學生的身價。因爲學生越是優秀，就代表這個老師教得越好，匡超人只是考取了一個小小的教習就大吹其牛，吹噓自己的學生都是世襲三品以上的大人，都是都府提鎮的高官，而這些高官都在自己面前磕頭。蘧公孫甚至說那全天下只有一本的詩集是自己補輯的，牛浦郎就更乾脆了，直接冒名牛布衣出名。可見當時社會風氣虛華無度，衆人只重名而不重實。

❖文學價值

文學巨擘魯迅最尊崇的小說就是《儒林外史》，其他古典小說都沒有像《儒林外史》一般得到魯迅的盛讚。魯迅認爲《儒林外史》問世之後，「於是說部中乃始有足稱諷刺之書」，而魯迅也認爲在《儒林外史》之後，諷刺小說就已成爲絕響。可見，在魯迅的心中，吳敬梓的《儒林外史》是一部前不見古人，後不見來者的古典諷刺巨著。

西元一九五三年，魯迅曾經幫一位作家葉紫的著作《豐收》寫序，文內針對看輕《儒林外史》的人發出感慨，說：「偉大也要有人懂。」此書之所以能讓文學大師魯迅如此折服，一定有許多原因。首先，魯迅認爲諷刺的生命必須是眞實，非寫實就不能稱爲諷刺。而吳敬梓的《儒林外史》正是由無情且深刻的寫實堆砌而成，從未看過古典小說的作者具有如吳敬梓一般，撕開假面、直面人生、面對現實的無比勇氣；從未看過古典小說的世態描繪如《儒林外史》一般，接近眞實生活，有如洞悉人情世態的教科書。在《儒林外史》臥閒草堂評本的評語中就寫著：「愼毋讀《儒林外史》，讀竟乃覺日用酬酢之間，無往而非《儒林外史》。」當時的人們就是天天生活在一個醜惡，但誰也不覺得其醜惡的日用酬酢之間，由此書的諷刺、由此書的世態描繪，意識到自己身邊的社會現實確實存在，這難道不是對《儒林外史》的最高讚揚嗎？

《儒林外史》中所刻畫的人生百態、衆生相貌，就算到了今日，書中人物的影子依然清晰可見於我們的生活周遭。想想看我們四周是否有誠懇老實，但不知變通的書呆子，如馬二先生一樣？是否有講話虛華不實，凡是提到一些名人就馬上攀親帶故，結果他人根本和他不熟？《儒林外史》這部經典不是讓後人束之高閣的，而是可以讓讀者映照在現實生活中。儘管已歷經數百年，書中描寫的狀況或許已然改變，但是描繪的人性卻是永恆不變的。虛榮、勢利也不是那個時代的專利，醉心名利、故作清高又豈是那個年代的產物呢？由古可以鑑今，令人不禁掩卷長嘆。

高手過招

1.（　）關於《儒林外史》一書，下列敘述何者正確？

Ⓐ 主要描寫明朝成化到嘉靖末年，八十年間的四代儒林人士，其用意在抨擊當時的社會現實。

Ⓑ 第一回回目「說楔子敷陳大義，借名流隱括全文」，其中的「名流」指的是元末明初的詩人、畫家王冕。

Ⓒ 小說中，周進和范進同為陷入科舉泥淖的腐儒，兩人的故事高潮都是發瘋。周進是一朝得中，喜極而瘋；范進是久試不第，苦極而瘋。

Ⓓ 其書以功名富貴為一篇之骨。有心豔功名富貴而媚人下人者；有倚仗功名富貴而驕人傲人者；有假托無意功名富貴，自以為高，被人看破恥笑者。

Ⓔ 明清以來，小說不再追求傳奇性，而逐漸深入人性的真實面。故清人說：「慎毋讀《儒林外史》，讀竟乃覺日用酬酢之間，無往而非《儒林外史》。」

2.（　）**關於《儒林外史》一書，下列敘述何者正確？**

Ⓐ《儒林外史》是清代文言小說的代表作之一。

Ⓑ《儒林外史》是小說四大奇書之一。

Ⓒ 王冕是典型的追求功名之人，所以作者將他放在首位。

Ⓓ 書中大部分人物都是作者諷刺的對象，只有少部分是值得尊敬的。

3.（　）**關於吳敬梓及《儒林外史》一書，下列敘述何者正確？**

Ⓐ《儒林外史》為中國古代最具影響力的神怪章回小說。

Ⓑ 吳敬梓，號煮石山農，以淋漓酣暢的文筆，細膩地刻畫出科舉時代讀書人熱中功名、卑鄙齷齪的種種醜態。

Ⓒ 吳敬梓隱藏自己的喜怒，對書中敘寫的人物不公開褒貶，讓人物的言行自然而然地表現該人物的特質。

Ⓓ 在《儒林外史》中，只有少數幾個人物是作者諷刺的對象，大部分是令人覺得可敬可愛的。

4.（　）**下列有關王冕一文，何者錯誤？**

Ⓐ「只因你父親亡後，我一個寡婦人家……年歲不好，柴米又貴……如何供得你讀書？」——王冕

的母親表示他年紀大了，因此心有餘而力不足，沒有力氣供養他念書。

Ⓑ「元朝末年，也曾出了一個嶔崎磊落的人。這人姓王名冕，在諸暨縣鄉村裡住。」——開頭便用「嶔崎磊落」四字作為全文綱領，概括王冕的人格形象。

Ⓒ「天下那有個學不會的事？我何不自畫它幾枝？」——此句話充滿自信的口氣，意同於「天下無難事，只怕有心人」。

Ⓓ「娘說的是。我在學堂坐著，心裡也悶，不如往他家放牛，到快活些。」——王冕事實上喜歡讀書，但因為怕母親難過，所以才如此說，展現了他的體貼。

5.（　）在王冕一文中，哪個事件將「母愛」描寫得最為深刻？

Ⓐ母親做點針黹供王冕到村裡學堂讀書。

Ⓑ母親向王冕說明家中貧困的情形。

Ⓒ王冕捨不得吃醃魚、臘肉，帶回家孝敬母親。

Ⓓ母親離開秦家時，替王冕整理衣服並叮嚀他。

6.（　）有關王冕一文的賞析，何者最為恰當？

Ⓐ採第三人稱、旁觀者立場，運用對話的方式，以順敘法細膩傳神地鋪寫人物形象。

Ⓑ從體諒親心，願意輟學放牛、盡職放牛、送食養親等方面，刻畫王冕的好學性格。

Ⓒ從有心自修，邊放牛邊看書、存錢買書、自修有成的歷程，描寫王冕的孝親行為。

Ⓓ從勇於習畫，嘗試不同的興趣，進而改善了生活，顯現王冕熱中功名的淡泊個性。

7.（　）**下文所述為范進岳丈胡屠戶教訓女婿之語，下列選項何者不正確？**

你如今既中了相公，凡事要立起個體統來。比如我這行事裡都是些正經有臉面的人，又是你的長親，你怎敢在我們跟前裝大？若是家門口這些做田的、扒糞的，不過是平頭百姓，你若同他拱手作揖，平起平坐，這就是壞了學校規矩，連我臉上都無光了。你是個爛忠厚沒用的人，所以這些話我不得不教導你，免得惹人笑話。

Ⓐ表達胡屠戶的勢利與范進的軟弱性格。

Ⓑ作者意欲闡述世態炎涼，人情冷暖的現實。

Ⓒ教導范進立身處世之道，以免為市井小民所欺。

Ⓓ暗諷科舉制度下，讀書人倘未考取功名，社會地位甚為低微。

8.（　）**吳敬梓藉著人物的言語或行為，描述人物的性格或心理，下列關於人物言行的詮釋何者正確？**

Ⓐ胡屠戶道：「像你這尖嘴猴腮，也該撒泡尿自己照照！不三不四，就想天鵝屁吃！」——胡屠戶為人幽默，富有想像力。

Ⓑ那鄰居飛奔到集上……見范進抱著雞，手裡插個草標，一步一踱的東張西望，在那裡尋人買

——范進賣雞，有模有樣，非常老練。

(C) 范進不看便罷，看了一遍，又念一遍，自己把兩手拍了一下，笑了一聲道：「噫！好了！我中了！」——范進不相信自己竟能考上，無法承受這般歡喜。

(D) 屠戶見女婿衣裳後襟滾皺了許多，一路低著頭替他扯了幾十回——胡屠戶真心疼愛女婿，對他極為體貼。

9.（　）國文老師查找資料，抽出以下四本書：《史記》、《世說新語》、《儒林外史》、《稼軒長短句》。若要依照成書年代先後放回書架，下列排序何者正確？

(A) 《史記》→《儒林外史》→《世說新語》→《稼軒長短句》

(B) 《史記》→《世說新語》→《稼軒長短句》→《儒林外史》

(C) 《世說新語》→《史記》→《儒林外史》→《稼軒長短句》

(D) 《世說新語》→《稼軒長短句》→《史記》→《儒林外史》

【解答】 1. E　2. D　3. C　4. A　5. D　6. A　7. C　8. C　9. B

鏡花緣

李汝珍

「女有四行：一曰婦德，二曰婦言，三曰婦容，四曰婦功。」

作品通覽

❖作者簡介

《鏡花緣》是清代一部優秀且獨具特色的長篇小說。作者李汝珍，字松石，約生於西元一七六三年，死於西元一八三〇年左右。家世不詳，只知他弟兄三人，長兄李汝璜，字佛雲，三弟李汝琮，字宗玉，李汝珍排行第二。李氏兄弟先後入仕，但所任均低階官職，可見並非出自名門大族。李汝珍早年喪妻，二十歲左右隨其兄弟李汝璜來到海州，在當地續娶安家。之後雖曾到河南擔任縣丞之類的小官，但時間不長，一生大部分時間都生活在海州。他博學多識，但是對章句帖括之學不感興趣，反而花費大量時間研究音韻、博弈之類，著有《李氏音鑑》、《受子譜》、《字母五聲圖》等著作。《鏡花緣》的醞釀、創作都是在海州完成，從開始構思到最後完稿，歷時約二十年，其間三易其稿，創作態度極爲嚴謹。全書原計畫寫二百回，但最後僅完成一百回。書成後在親朋好友中流傳，約在嘉慶二十三年正式付印出版。

❖全書內容

《鏡花緣》全書大致可分爲兩個部分。

第一回至第五十回爲第一部分，主要描寫唐敖等人遊歷海外諸國，及唐小山出海尋父的故事。

武則天篡奪唐朝政權後，自立爲帝，改國號爲周。唐室舊臣徐敬業起兵反對，但卻迅速敗亡，部屬及弟兄子女流散四方。一年殘冬，武則天飲酒賞雪，乘醉下詔，命百花開放。適逢百花仙子到麻姑洞府弈棋未歸，衆花仙無從請示，只得開花。玉帝因百花仙子並未奏聞，聽任部下呈豔於非時之候，獻媚於世主之前，乃將百花仙子及九十九位花仙一併謫降凡塵。百花仙子降爲嶺南河源縣秀才唐敖之女，取名小山。

小山十二歲時，其父唐敖進京赴試，中了探花，不料被人告發曾與徐敬業等人結拜爲異姓兄弟，被降爲秀才。唐敖經此打擊，看破紅塵，便隨經商之妻舅（妻子的兄弟）林之洋到海外漫遊。一路上，經過君子國、大人國、勞民國、智佳國、黑齒國、白民國、淑士國、兩面國、歧舌國、女兒國等二十餘國，見識了許多奇風異俗、奇人異事、奇花異草和奇鳥異獸。後因船遇風暴，來到小蓬萊，唐敖獨自上山不歸，留詩謝絕世人。小山得知父親失蹤後，執意出海尋訪。此時，武則天已經下詔開科考試才女。小山與陰若花、林婉如等人隨林之洋出海，遍歷艱險，終於到達小蓬萊。小山與若花上山尋人，從一位樵夫手中得到唐敖的親筆信，命小山改名「閨臣」，考中才女，再行相聚。二人繼續尋找，遂在泣紅亭中見一石碑，上鐫有一百名花仙名號及其降生人世後的姓名，其中有「司百花仙子第十一名才女『夢中夢』唐閨臣」、「司牡丹花仙子第十二名才女『女中魁』陰若花」。閨臣將碑文全部抄下，上船歸國。

第五十一回至第一百回爲第二部分，主要描寫衆才女的相聚及離散。

唐閨臣回國後，與陰若花、枝蘭音、林婉如等人參加女科考試，武則天共尋取一等才女五十名，二等才女四十名，三等才女十名，共計一百名。閨臣本取爲殿元，但因武則天嫌其姓名不好，乃將前十名與十一至二十名對調，於是一百人的名次恰如泣紅亭中的碑文所記。衆才女連日歡宴，表演了「書畫琴棋，醫卜星相，音韻算法，無一不備；還有各樣燈謎，諸般酒令，以及雙陸、馬弔、射鵠、蹴球、鬥草、投壺，各種百戲之類」。宴罷散去，若花回到女兒國繼承王位，蘭音等人則封護衛大臣，閨臣則去小蓬萊尋父，入山不返。

之後，徐敬業等人之子與劍南節度使文芸聯合起兵反武則天，才女中的章蘭英等數十人，因夫妻、姻親關係投入軍中，在攻打武家軍設置的酉水（酒）關、巴刀（色）關、才貝（財）關、無火（氣）關時，燕紫瓊、田舜英、由秀英等才女先後殉難，最後終於打破四關，攻至長安城下。此時，武則天已年老臥病，朝內張柬之等大臣乘機誅殺佞臣張易之、張昌宗，迫使武則天歸政。唐中宗重定，仍尊武則天爲「則天大聖皇帝」。武后病癒後，再度下詔宣布來年仍開女試，並命前科衆才女赴紅文宴。

❖其來有自

從全書的內容來看，李汝珍當爲一位博學多才之士。在第一部分中，所寫的海外各國以及各地奇風異俗、奇人異事、奇花異草、奇鳥異獸，還有天上的各路神仙，大多依據古書記載，全都有其來歷。第二部分所寫的各種遊戲，其中有很多在當時都已經失傳，或是一般人只知其然，而不知其所以然的東西。

雖然李汝珍在兩個部分中，同樣在表現自己的學識，而且由於作者的介紹，能使讀者增加許多知識。但若將兩個部分加以比較，其中還是有所區別的。第一部分雖是根據古書記載，但主要還是依據李汝珍自己的想像，針對當時社會上的許多不合理現象，提出他認爲合理且有效的改革主張和批評，表達自己的社會理想。第二部分則是重在介紹古代遊藝的特色，運用文字和音韻的遊戲，讚揚才女們的學識和才華，也不乏對不合理社會的諷刺和對合理事物的肯定。

以下節錄精彩章回

第九回 服肉芝延年益壽，食朱草入聖超凡

話說唐敖聞多九公之言，不覺嘆道：「小弟向來以為銜石填海❶，失之過痴，必是後人附會。今日目睹，才知當日妄議，可謂『少所見多所怪』了。據小弟看來，此鳥秉性雖痴，但如此難為之事，並不畏難，其志可嘉。每見世人明明放著易為之事，他卻畏難偷安，一味磋跎，及至老大，一無所能，追悔無及。如果都像精衛這樣立志，何思無成！請問九公，小弟聞得此鳥生在發鳩山，為何此處也有呢？」多九公笑道：「此鳥雖有銜石填海之異，無非是個禽鳥，近海之地，何處不可生，何必定在發鳩一山。況老夫只聞鴝鵒不逾濟❷，至精衛不逾發鳩，這卻未曾聽過。」

林之洋道：「九公，你看前面一帶樹林，那些樹木又高又大，不知甚樹？俺們前去看看，如有鮮果，摘取幾個，豈不是好？」登時都至崇林。迎面有株大樹，長有五丈，大有五圍，上面並無枝節，

唯有無數稻鬚，如禾穗一般，每穗一個，約長丈餘。唐敖道：「古有『木禾』之說，今看此樹形狀，莫非木禾麼？」多九公點頭道：「可惜此時稻還未熟。若帶幾粒大米回去，因是罕見之物。」唐敖道：「往年所結之稻，大約都被野獸吃去，竟無一顆在地。」林之洋道：「這些野獸就算嘴饞好吃，也不能吃得顆粒無存。俺們且在草內搜尋，務要找出，長長見識。」說罷，各處尋覓。不多時，拿著一顆大米道：「俺找著了。」二人進前觀看，只見那米有三寸寬，五寸長。唐敖道：「這米若煮成飯，豈不有一尺長麼？」多九公道：「此米何足為奇！老夫向在海外，曾吃一個大米，足足飽了一年。」林之洋道：「這等說，那米定有兩丈長了？當日怎樣煮它？這話俺不信。」多九公道：「那米寬五寸，長一尺。煮出飯來，雖無兩丈，吃過後滿口清香，精神陡長，一年總不思食。此話不但林兄不信，就是當時老夫自己也覺疑惑。後來因聞當年宣帝時背陰國來獻方物❸，內有『清腸稻』，每食一粒，終年不飢，才知當日所食大約就是清腸稻了。」林之洋道：「怪不得今人射鵠❹，每每所發的箭離那鵠子還有一二尺遠，他卻大為可惜，只說『差得一米』，俺聽了著實疑惑，以為世上那有那樣大米。今聽九公這話，才知他說『差得一米』，卻是煮熟的清腸稻！」唐敖笑道：「『煮熟』二字，未免過刻。舅兄此話被好射歪箭的聽見，只怕把嘴還要打歪哩！」

忽見遠遠有一小人，騎著一匹小馬，約長七八寸，在那裡走跳。多九公一眼瞥見，早已如飛奔去。林之洋只顧找米，未曾理會。唐敖一見，那敢怠慢，慌忙追趕，那個小人也朝前奔走。多九公腿腳雖便，究竟筋力不及，兼之山路崎嶇，剛離小人不遠，不防路上有一石塊，一腳絆倒，及至起來，腿上轉筋❺，寸步難移。唐敖得空，飛忙越過，趕有半里之遙，這才趕上，隨即捉住，吃入腹內。多九公手扶林之洋，氣喘吁吁走來，望著唐敖嘆道：「一飲一啄，莫非前定，何況此等大事？這是唐兄仙緣湊巧，所以毫不費事，竟被得著了。」林之洋道：「俺聞九公說有個小人、小馬被妹夫趕來，俺們遠遠見你放在嘴邊，難道連人帶馬都吃了？俺甚不明，倒要請問，有甚仙緣？」唐敖道：「這個小人、小馬名叫『肉芝』，當日小弟原不曉得，今年從都中回來，無志功名，時常看看古人養氣服食等法，內有一條言：『行山中如見小人乘著車馬，長五七寸的，名叫「肉芝」。有人吃了，延年益壽，並可得道成仙。』此話雖不知真假，諒不致有害，因此把他捉住，有偏二兄吃了。」

林之洋笑道：「果真這樣，妹夫竟是活神仙了。你今吃了肉芝，自然不飢，只顧遊玩，俺倒餓了。剛才那個小人、小馬，妹夫吃時，可還剩條腿兒，給俺解解饞麼？」多九公道：「林兄如餓，恰好此地有個充飢之物。」隨向碧草叢中摘了幾枝青草道：「林兄把它吃了，不但不飢，並且頭目還覺清爽。」林之洋接過，只見這草宛如韮菜，內有嫩莖，開著幾朵青花，即放口內，不覺點頭道：「這草一股清香，倒也好吃。請問九公，它叫什麼名號？以後俺若遊山餓時，好把它來充飢。」唐敖道：「小弟聞得海外鵲山有草，青花如韭，名『祝餘』，可以療飢，大約就是此物了？」多九公連連點頭，於是又朝前走。林之洋道：「好奇怪！果真飽了！這草有這好處，俺要多找兩擔，放在船上，如遇缺糧，把它充飢，比當年妹夫所傳辟穀方子❻，豈不省事？」多九公道：「此草海外甚少，何能找得許多。況一經離土其葉即枯，若要充飢，必須嫩莖，枯即無用了。」

只見唐敖忽在路旁折了一枝青草，其葉如松，青翠異常。葉上生著一子，大如芥子。把子取下，手執青草道：「舅兄才吃祝餘，小弟只好以此奉陪了。」說罷，吃入腹內。又把那個芥子放在掌中，吹氣一口，登時從那子中生出一枝青草，也如松葉，約長一尺；再吹一口，又長一尺；一連吹氣三口，共有三尺之長。放在口邊，隨又吃了。林之洋笑道：「妹夫要這樣嘴嚼，只怕這裡青草都被你吃盡哩！這芥子忽變青草，這是甚故？」多九公道：「此是『躡空草』，又名掌中芥。取子放在掌中，一吹長一尺，再吹又長一尺，至三尺止。人若吃了，能立空中，所以叫作『躡空草』。」林之洋道：「有這好處，俺也吃它幾枝。久後回家，倘房上有賊，俺躡空捉他，豈不省事？」於是各處尋了多時，並無蹤影。多九公道：「林兄不必找了。此草不吹不生，這空山內有誰吹氣栽它？剛才唐兄所吃的，大約此子因鳥雀啄食，受了呼吸之氣，因此落地而生，並非常見之物，你卻從何尋找？老夫在海外多年，今日也是初次才見，若非唐兄吹它，老夫還不知就是躡空草哩！」林之洋道：「吃了這草，就能站在空中，俺想這話到底古怪。要求妹夫試試，果能平空站住，俺才信哩！」唐敖道：「此草才吃未久，如何就有效驗。也罷，小弟權且試試。」隨即將身一縱，就如飛舞一般，攛將上去，離地約有五六丈。果然兩腳登空，猶如腳踏實地，將身立住，動也不動。

說文解字

❶銜石填海：中國神話傳說之一。相傳，精衛本是炎帝神農氏的小女兒，名喚女娃。一日，女娃到東海遊玩，溺於水中。死後化爲「白喙赤足，首有花紋」的神鳥，每天從山上銜來石頭和草木，投入東海，試圖填平溺死自己的海水，並且發出「精衛、精衛」的悲鳴。❷鴝鵒：動物名，可仿人聲或其他鳥類的鳴聲。也作「八八兒」、「八哥」。❸方物：各地區的特產。❹鵠：動物名，俗稱爲「天鵝」。體形似雁而較大，能在水中迅速滑行，姿態優雅。❺轉筋：中醫用語，指局部筋肉痙攣的抽筋現象。❻辟穀：一種道術，指不吃五穀以求成仙。

第十一回 觀雅化閒遊君子邦，慕仁風誤入良臣府

話說唐、多二人把匾看了，隨即進城。只見人煙輳集❶，作買作賣，接連不斷，衣冠言談，都與天朝一樣。唐敖見言語可通，因向一位老翁問其何以「好讓不爭」之故。誰知老翁聽了，一毫不懂；又問國以「君子」為名是何緣故，老翁也回不知。一連問了幾個，都是如此。

多九公道：「據老夫看來，他這國名以及『好讓不爭』四字，大約都是鄰邦替它取的，所以他們都回不知。剛才我們一路看來，那些『耕者讓畔，行者讓路』光景，已是不爭之意。而且士庶人等，無論富貴貧賤，舉止言談，莫不恭而有禮，也不愧『君子』二字。」唐敖道：「話雖如此，仍須慢慢觀玩，方能得其詳細。」

說話間，來到鬧市。只見有一隸卒在那裡買物❷，手中拿著貨物道：「老兄如此高貨，卻討恁般賤價，教小弟買去，如何能安心！務求將價加增，方好遵教。若再過謙，那是有意不肯賞光交易了。」唐敖聽了，因暗暗說道：「九公，凡買物，只有賣者討價，買者還價。今賣者雖討過價，那買者並不還價，卻要添價。此等言談，倒也罕聞。據此看來那『好讓不爭』四字，竟有幾分意思了。」只聽賣貨人答道：「既承照顧，敢不仰體！但適才妄討大價，已覺厚顏，不意老兄反說貨高價賤，豈不更教小弟慚愧？況敝貨並非『言無二價』，其中頗有虛頭。俗云：『漫天要價，就地還錢。』今老兄不但不減，反要加增，如此克己，只好請到別家交易，小弟實難遵命。」唐敖道：「『漫天要價，就地還錢』，原是買物之人向來俗談；至『並非言無二價，其中頗有虛頭』，亦是買者之話。不意今皆

出於賣者之口，倒也有趣。」

只聽隸卒又說道：「老兄以高貨討賤價，反說小弟克己，豈不失了『忠恕之道』？凡事總要彼此無欺，方為公允。試問那個腹中無算盤，小弟又安能受人之愚哩！」談之許久，賣貨人執意不增，隸卒賭氣，照數付價，拿了一半貨物。剛要舉步，賣貨人那裡肯依，只說「價多貨少」，攔住不放。路旁走過兩個老翁，作好作歹，從公評定，令隸卒照價拿了八折貨物，這才交易而去。唐、多二人不覺暗暗點頭。

唐敖道：「如此看來，這幾個交易光景，豈非『好讓不爭』一幅行樂圖麼？我們還打聽什麼！且到前面再去暢遊。如此美地，領略領略風景，廣廣識見，也是好的。」只見路旁走過兩個老者，都是鶴髮童顏❸，滿面春風，舉止大雅。唐敖看罷，知非下等之人，忙侍立一旁。四人登時拱手見禮，問了名姓。原來這兩個老者都姓吳，乃同胞弟兄，一名吳之和，一名吳之祥。唐敖道：「不意二位老丈都是秦伯之後，失敬，失敬！」吳之和道：「請教二位貴鄉何處？來此有何貴幹？」多九公將鄉貫❹、來意說了。吳之祥躬身道：「原來是貴邦天朝！小子向聞天朝乃聖人之國，二位大賢榮列膠庠❺，為天朝清貴，今得幸遇，尤其難得。弟不知駕到，有失迎迓❻，尚求海涵！」唐、多二人連道：「豈敢！」吳之和道：「二位大賢由天朝至此，小子誼屬地主，意欲略展杯茗之敬，少敘片時，不知可肯枉駕？如蒙賞光，寒舍就在咫尺，敢勞玉趾一行❼。」二人聽了，甚覺欣然，於是隨著吳氏弟兄一路行來。

不多時，到了門前。只見兩扇柴扉，周圍籬牆，上面盤著許多青藤薜荔❽，門前一道池塘，塘內俱是菱蓮。進了柴扉，讓至一間敞廳，四人重復行禮讓坐。廳中懸著國王賜的小額，寫著「渭川別墅」。再向廳外一看，四面都是翠竹，把這敞廳團團圍住，甚覺清雅，小童獻茶。

唐敖問起吳氏昆仲事業❾，原來都是閒散進士。多九公忖道❿：「他兩個既非公卿大宦，為何國王卻替他題額？看來此人也就不凡了。」唐敖道：「小弟才同敝友瞻仰貴處風景，果然名不虛傳，真不愧『君子』二字！」吳之和躬身道：「敝鄉僻處海隅，略有知識，莫非天朝文章教化所致，得能不致隕越⓫，已屬草野之幸，何敢遽當『君子』二字。至於天朝乃聖人之邦，自古聖聖相傳，禮樂教化，久為八荒景仰⓬，無須小子再為稱頌。但貴處向有數事，愚弟兄草野固陋⓭，似多未解。今日難得二位大賢到此，意欲請示，不知可肯賜教？」唐敖道：「老丈所問，還是國家之事？還是我們世俗之事？」吳之和道：「如今天朝聖人在位，政治純美，中外久被其澤，所謂『巍巍蕩蕩，唯天為大，唯天朝則之』。國家之事，小子僻處海濱，毫無知識，不唯不敢言，亦無可言。今日所問，卻是世俗之事。」唐敖道：「既如此，請道其詳。倘有所知，無不盡言。」吳之和聽罷，隨即說出一番話來。

說文解字

❶人煙輳集：形容人口眾多，相當繁華。輳，聚集。❷隸卒：差役。❸鶴髮童顏：如鶴毛般的白髮，孩童般紅潤的臉色。形容老人氣色好、有精神，也作「童顏鶴髮」。❹鄉貫：籍貫、本籍。❺膠庠：泛指學校。膠，大學。庠，小學。❻迎迓：迎接。❼玉趾：尊稱他人的腳步。❽薜荔：植物名。果實浸出的黏液可製造涼粉、飲料或入藥，也作「木蓮」。❾昆仲：兄弟。❿忖：思量、揣度。⓫隕越：比喻失職。⓬八荒：天下。⓭草野：形容鄙陋、粗俗。

第二十三回 說酸話酒保咬文，講迂談腐儒嚼字

二人信步又到鬧市❶，觀玩許久。只見林之洋提著空包袱，笑嘻嘻趕來。唐敖道：「原來舅兄把貨物都賣了❷。」林之洋道：「俺雖賣了，就只賠了許多本錢。」多九公道：「這卻為何？」林之洋道：「俺進了書館，裡面是些生意，看了貨物，都要爭買。誰知這些窮酸，一錢如命，總要貪圖便宜，不肯十分出價。及至俺不賣要走，他又戀戀不捨，不放俺出來。扳談多時❸，許多貨物共總湊起來，不過增價一文。俺因那些窮酸又不添價，又不放走，他那戀戀不捨神情，令人看著可憐。俺本心慈面軟，又想起君子國交易光景，俺要學他樣子，只好吃些虧賣了。」多九公道：「林兄賣貨既不得利，為何滿面笑容？這笑必定有因。」

林之洋道：「俺生平從不談文，今日才談一句，就被眾人稱讚，一路想來，著實快活，不覺好笑。剛才那些生童同俺講價❹，因俺不戴儒巾，問俺向來可曾讀書。俺想妹夫常說，凡事總要謙恭，但俺腹中本無一物，若再謙恭，他們更看不起了。因此俺就說道：『俺是天朝人，幼年時節，經史子集，諸子百家，那樣不曾讀過！就是俺們本朝唐詩，也不知讀過多少！』俺只顧說大話，他們因俺讀過詩，就要教俺作詩，考俺的學問。俺聽這活，倒嚇一身冷汗。俺想俺林之洋又不是秀才，生平又未做甚歹事，為甚要受考的魔難❺？就是做甚歹事，也罪不至此。俺思忖多時，只得推辭俺要趲路❻，不能耽擱，再三支吾。偏偏這些刻薄鬼執意不肯，務要聽聽口氣，才肯放走。俺被他們逼勒不過，忽然想起素日聽得人說，搜索枯腸❼，就可作詩，俺因極力搜索。奈腹中只有盛飯的枯腸，並無盛詩的

枯腸，所以搜它不出。後來俺見有兩個小學生在那裡對對子[8]，先生出的是『雲中雁』，一個對『水上鷗』，一個對『水底魚』。俺趁勢說道：『今日偏偏「詩思」不在家，不知甚時才來。好在「詩思」雖不在家，「對思」卻在家，你們要聽口氣，俺對這個「雲中雁」罷。』他們都道：『如此甚好，不知對個什麼？』俺道：『鳥槍打。』他們聽了，都發愣不懂，求俺下個注解。俺道：『難為你們還是生童，連這意思也不懂？你們只知「雲中雁」拿那「水上鷗」、「水底魚」來對，請教：這些字面與那「雲中雁」有甚瓜葛？俺對的這個「鳥槍打」，卻從雲中雁生出的。』他們又問：『這三字為何從「雲中雁」生發的？倒要請教。』俺道：『一抬頭看見雲中雁，隨即就用鳥槍打，如何不從雲中雁生出的？』他們聽了，這才明白，都道：『果然用意甚奇，無怪他說諸子百家都讀過，據這意思，只怕還從《莊子》的「見彈而求鴞炙」，套出來的。』俺聽這話，猛然想起九公常同妹夫談論《莊子》、《老子》，約略必是一部大書，俺就說道：『不想俺的用意在這書上，竟被你們猜出，可見你們學問也是不凡的。幸虧俺用《莊子》，若用《老子》、《少子》，只怕也瞞不過了。』誰知他們聽了，又都問道：『向來只有《老子》，並未聽見有甚《少子》。不知這部《少子》何時出的？內中載著什麼？』俺被他們這樣一問，倒問住了。俺只當既有《老子》，一定該有《少子》。平時因聽你們談講《前漢書》、《後漢書》，又是什麼《文子》、《武子》，所以俺談《老子》，隨口帶出一部《少子》，以為多說一書，更覺好聽。那知剛把對子敷衍交卷，卻又鬧出岔頭。後來他們再三追問，定要把這《少子》說明，才肯放走。俺想來一想，登時得一脫身主意，因向他們道：『這部《少子》，乃聖朝太平之世出的，是俺天朝讀書人作的，這人就是老子後裔。老子做的是《道德經》，講的都是元虛奧妙；他這《少子》雖以遊戲為事，卻暗寓勸善之意，不外「風人之旨」，上面載著諸子百家、人物花鳥、書畫琴棋、醫卜星相[9]、音韻演算法，無一不備；還有各樣燈謎，諸般酒令，以及雙陸[10]、馬弔[11]、射鵠、蹴球[12]、鬥草[13]、投壺[14]，各種百戲之類，件件都可解得睡魔[15]，也可令人噴飯。這書俺們帶著許多，如不嫌汙目，俺就回去取來。』他們聽了，個個歡喜，都要觀看，將物價付俺，催俺上船取書，俺才逃了回來。」

唐敖笑道：「舅兄這個『鳥槍打』，幸而遇見這些生童；若教別人聽見，只怕嘴要打腫哩！」林之洋道：「俺嘴雖未腫，談了許多文，嘴裡著實發渴。剛才俺同生童討茶吃，他們那裡雖然有茶，並無茶葉，內中只有樹葉兩片。倒了多時，只得淺淺半杯，俺喝了一口，至今還覺發渴。這卻怎好？」多九公道：「老夫口裡也覺發乾，恰喜面前有個酒樓，我們何不前去沽飲三杯，就便問問風俗？」林之洋一聞此言，口中不覺垂涎道：「九公真是好人，說出話來莫不對人心路！」

三人進了酒樓，就在樓下揀個桌兒坐了。旁邊走過一個酒保，也是儒巾素服，面上戴著眼鏡，手中拿著摺扇，斯斯文文，走來向著三人打躬陪笑道：「三位先生光顧者，莫非飲酒乎？抑用菜乎？敢請明以教我。」林之洋道：「你是酒保，你臉上戴著眼鏡，已覺不配；你還滿嘴通文，這是甚意？剛才俺同那些生童講話，倒不見他有甚通文，誰知酒保倒通起文來，真是『整瓶不搖半瓶搖[16]』！你可曉得俺最猴急，耐不慣同你通文，有酒有菜，只管快快拿來！」酒保陪笑道：「請教先生，酒要一壺乎，兩壺乎？菜要一碟乎，兩碟乎？」林之洋把手朝桌上一拍道：「什麼『乎』不『乎』的！你只管取來就是了！你再『之乎者也』的，俺先給你一拳！」嚇得酒保連忙說道：「小子不敢[17]！小子改過！」隨即走去取了一壺酒，兩碟下酒之物，一碟青梅，一碟齏菜，三個酒杯，每人面前恭恭敬敬斟了一杯，退了下去。

林之洋素日以酒為命，見了酒，心花都開，望著二人說聲：「請了！」舉起杯來，一飲而盡。那酒方才下嚥，不覺緊皺雙眉，口水直流，捧著下巴喊道：「酒保，錯了！把醋拿來了！」只見旁邊座兒有個駝背老者，身穿儒服，面戴眼鏡，手中拿著剔牙杖⑱，坐在那裡，斯斯文文，自斟自飲。一面搖著身子，一面口中吟哦⑲，所吟無非『之乎者也』之類。正吟得高興，忽聽林之洋說酒保錯拿醋來，慌忙住了吟哦，連連搖手道：「吾兄既已飲矣，豈可言乎，你若言者，累及我也，我甚怕哉，故爾懇焉。兄耶，兄耶，切莫語之！」唐、多二人聽見這幾個虛字，不覺渾身發麻，暗暗笑個不了。林之洋道：「又是一個通文的！俺埋怨酒保拿醋算酒，與你何干？為甚累你？倒要請教。」老者聽罷，隨將右手食指、中指，放在鼻孔上擦了兩擦，道：「先生聽者，

今以酒醋論之。酒價賤之，醋價貴之。因何賤之？為甚貴之？
其所分之，在其味之。酒味淡之，故而賤之。醋味厚之，所以貴之。人皆買之，誰不知之。
他今錯之，必無心之。先生得之，樂何如之。第既飲之，不該言之。不獨言之，而謂誤之。
他若聞之，豈無語之。苟如語之，價必增之。先生增之，乃自討之。你自增之，誰來管之。
但你飲之，即我飲之。飲既類之，增應同之。向你討之，必我討之。你既增之，我安免之。
苟亦增之，豈非累之。既要累之，你替與之。你不與之，他安肯之。既不肯之，必尋我之。

我縱辯之，他豈聽之。他不聽之，勢必鬧之。倘鬧急之，我唯跑之。跑之，跑之，看你怎麼了之！」

唐、多二人聽了，唯有發笑。林之洋道：「你這幾個『之』字，盡是一派酸文，句句犯俺名字，把俺名字也弄酸了。隨你講去，俺也不懂。但俺口中這股酸氣，如何是好！」

桌上望了一望，只有兩碟青梅、齏菜，看罷，口內更覺發酸。因大聲叫道：「酒保！快把下酒多拿兩樣來！」酒保答應，又取四個碟子放在桌上，一碟鹽豆，一碟青豆，一碟豆芽，一碟豆瓣。林之洋道：「這幾樣俺吃不慣，再添幾樣來。」酒保答應，又添四樣，一碟豆腐乾，一碟豆腐皮，一碟醬豆腐，一碟糟豆腐⑳。林之洋道：「俺們並不吃素，為甚只管拿這素菜？還有什麼，快去取來！」酒保陪笑道：「此數餚也，以先生視之，固不堪入目矣。然以敝地論之，雖王公之尊，其所享者亦不過如斯數樣耳。先生鄙之，無乃過乎？止此而已，豈有它哉！」多九公道：「下酒菜業已夠了㉑，可有什麼好酒？」酒保道：「是酒也，非一類也，而有三等之分焉：上等者，其味醲㉒；次等者，其味淡；下等者，又其淡也。先生問之，得無喜其淡者乎？」唐敖道：「我們量窄，吃不慣醲的，你把淡的換一壺來。」酒保登時把酒換了。三人嘗了一嘗，雖覺微酸，還可吃得。林之洋道：「怪不得有人評論酒味，都說酸為上，苦次之，原來這話出在淑士國的。」

說文解字

❶信步：漫無目標的任意行走。❷舅兄：妻子之兄弟。❸扳談：閒談、交談，也作「扳話」。❹生童：指生員和童生。❺魔難：折磨、災難，也作「磨難」。❻趲路：趕路。❼搜索枯腸：比喻竭力思索。❽對子：對偶的詞句。❾醫卜

星相：醫士、卜者、星命、相術，在古代都是江湖術士之流。⑩雙陸：一種古代的賭博遊戲。類似下棋，盤上兩邊各置十二格，雙方各持十五枚黑或白色棒槌狀的馬子立於己邊，比賽時按擲骰子的點數行走，先走到對方區域者獲勝。也作「雙六」。⑪馬弔：一種賭具，現在的紙牌類、麻雀牌即由此演化。也作「馬吊」。⑫蹴球：一種古代的踢球遊戲，類似現今的踢足球。起源於黃帝時代，流行於漢唐，宋代發展至巔峰，明清逐漸衰微。也作「踢鞠」、「踢毬」、「踢圓」、「蹴踘」、「蹴圓」。⑬鬥草：一種古代的遊戲。有三種遊戲規則，一是以草鉤連拉扯，比賽誰的草強韌；二是先各自採集不同的花草，限時集合後，雙方鬥花草的種類，以獨得的花草多者爲贏；三是不僅鬥花草種類，還鬥名目對仗，講究平仄相當。⑭投壺：古代宴會時的娛樂活動，賓主依次投矢於壺中，以投中次數決定勝負，勝者斟酒給敗者喝。⑮睡魔：比喻強烈的睡意。⑯整瓶不搖半瓶搖：比喻飽學的人虛心不自滿，知識淺薄的人反而自以爲了不起。⑰小子：自稱的謙詞。⑱剔牙杖：牙籤。⑲吟哦：吟詠。⑳糟豆腐：以糟醃漬的豆腐，也作「腐乳」。㉑業已：既已、已經。㉒醲：酒味醇厚。

第三十二回　訪籌算暢遊智佳國，觀豔妝閒步女兒鄉

行了幾日，到了女兒國，船隻泊岸，多九公來約唐敖上去遊玩。唐敖因聞得太宗命唐三藏西天取經，路過女兒國，幾乎被國王留住，不得出來，所以不敢登岸。多九公笑道：「唐兄慮的固是，但這女兒國非那女兒國可比。若是唐三藏所過女兒國，不獨唐兄不應上去，就是林兄明知貨物得利，也不敢冒昧上去。此地女兒國卻另有不同，歷來本有男子，也是男女配合，與我們一樣。其所異於人的，男子反穿衣裙，作為婦人，以治內事；女子反穿靴帽，作為男人，以治外事。男女雖亦配偶，內外之分，卻與別處不同。」唐敖道：「男為婦人，以治內事，面上可脂粉？兩足可須纏裹？」林之洋道：

「聞得他們最喜纏足，無論大家小戶，都以小腳為貴，若講脂粉，更是不能缺的。幸虧俺生天朝，若生這裡，也教俺裹腳，那才坑死人哩！」因從懷中取出一張貨單道：「妹夫，你看，上面貨物就是這裡賣的。」唐敖接過，只見上面所開脂粉、梳篦等類❶，盡是婦女所用之物。看罷，將單遞還道：「當日我們嶺南起身，查點貨物，小弟見這物件帶得過多，甚覺不解，今日才知卻是為此。單內既將貨物開明，為何不將價錢寫上？」林之洋道：「海外賣貨，怎肯預先開價，須看他缺了那樣，俺就那樣貴。臨時見景生情，卻是俺們飄洋討巧處。」唐敖道：「此處雖有女兒國之名，並非純是婦人，為何要買這些物件？」多九公道：「此地向來風俗，自國王以至庶民，諸事儉樸，就只有個毛病，最喜打扮婦人。無論貧富，一經講到婦人穿戴，莫不興致勃勃，那怕手頭拮据，也要設法購求。林兄素知此處風氣，特帶這些貨物來賣。這個貨單拿到大戶人家，不過三兩日就可批完，臨期兌銀發貨。雖不能如長人國、小人國大獲其利，看來也不止兩三倍利息。」唐敖道：「小弟當日見古人書上有『女治外事，男治內事』一說，以為必無其事，那知今日竟得親到其地。這樣異鄉，定要上去領略領略風景。舅兄今日滿面紅光，必有非常喜事，大約貨物定是十分得彩，我們又要暢飲喜酒了。」林之洋道：「今日有兩隻喜鵲❷，只管朝俺亂噪；又有一對喜蛛，巧巧落俺腳上，只怕又像燕窩那樣財氣，也不可知。」拿了貨單，滿面笑容去了。

唐敖同多九公登岸進城，細看那些人，無老無少，並無鬍鬚；雖是男裝，卻是女音；兼之身段瘦小，裊裊婷婷❸。唐敖道：「九公，你看，他們原是好好婦人，卻要裝作男人，可謂矯揉造作了。」多九公笑道：「唐兄，你是這等說，只怕他們看見我們，也說我們放著好好婦人不做，卻矯揉造作，充作男人哩！」唐敖點頭道：「九公此話不錯，俗話說的『習慣成自然』。我們看他雖覺異樣，無如他們自古如此；他們看見我們，自然也以我們為非。此地男子如此，不知婦人又是怎樣？」多九公暗向旁邊指道：「唐兄，你看那個中年老嫗，拿著針線做鞋，豈非婦人麼？」唐敖看時，那邊有個小戶人家，門內坐著一個中年婦人，一頭青絲黑髮，油搽得雪亮，真可滑倒蒼蠅；頭上梳一盤龍鬏兒❹，鬢旁許多珠翠，真是耀花人眼睛；耳墜八寶金環；身穿玫瑰紫的長衫，下穿蔥綠裙兒；裙下露著小小金蓮，穿一雙大紅繡鞋，剛剛只得三寸；伸著一雙玉手，十指尖尖，在那裡繡花；一雙盈盈秀目，兩道高高蛾眉，面上許多脂粉；再朝嘴上一看，原來一部鬍鬚，是個絡腮鬍子！

看罷，忍不住撲嗤笑了一聲。那婦人停了針線，望著唐敖喊道：「你這婦人，敢是笑我麼？」這個聲音，老聲老氣，倒像破鑼一般，把唐敖嚇得拉著多九公朝前飛跑。那婦人還在那裡大聲說道：「你面上有鬚，明明是個婦人，你卻穿衣戴帽，混充男人！你也不管男女混雜！你明雖偷看婦女，你其實要偷看男人。你這臊貨！你去照照鏡子，你把本來面目都忘了！你這蹄子，也不怕羞！你今日幸虧遇見老娘，你若遇見別人，把你當作男人偷看婦女，只怕打個半死哩！」

唐敖聽了，見離婦人已遠，因向九公道：「原來此處語音卻還易懂。聽他所言，果然竟把我們當作婦人，他才罵我『蹄子』。大約自有男子以來，未有如此奇罵，這可算得『千古第一罵』。我那舅兄上去，但願他們把他當作男人才好。」多九公道：「此話怎講？」唐敖道：「舅兄本來生得面如傅粉❺，前在厭火國，又將鬍鬚燒去，更顯少壯，他們要把他當作婦人，豈不耽心麼❻？」多九公道：「此地國人向待鄰邦最是和睦，何況我們又從天朝來的，更要格外尊敬。唐兄只管放心。」唐敖道：

「你看路旁掛著一道榜文，圍著許多人在那裡高聲朗誦，我們何不前去看看？」

走近聽時，原來是為河道壅塞之事。唐敖意欲擠進觀看，多九公道：「此處河道與我們何干，唐兄看它怎麼？莫非要替他挑河，想酬勞麼？」唐敖道：「九公休得取笑。小弟素於河道絲毫不諳，適因此榜，偶然想起桂海地方每每寫字都寫本處俗字，即如『上大下坐』字就是我們所讀『穩』字，『上不下生』字就是『終』字，諸如此類，取意也還有些意思，所以小弟要去看看，不知此處文字怎樣。看在眼內，雖算不得學問，廣廣見識，也是好的。」分開眾人進去，看畢，出來道：「上面文理倒也通順，書法也好，就只有個『上不下長』字，不知怎講。」多九公道：「老夫記得桂海等處都以此字讀作『矮』字，想來必是高矮之意。」唐敖道：「他那榜上講的果是堤岸高『上不下長』之話，大約必是『矮』字無疑。今日又識一字，卻是女兒國長的學問，也不虛此一行了。」

又朝前走，街上也有婦人在內，舉止光景，同別處一樣，裙下都露小小金蓮，行動時腰肢顫顫巍巍。一時走到人煙叢雜處，也是躲躲閃閃，遮遮掩掩，那種嬌羞樣子，令人看著也覺生憐。也有懷抱小兒的，也有領著小兒同行的。內中許多中年婦人，也有鬍鬚多的，也有鬍鬚少的，還有沒鬚的。及至細看，那中年鬚的，因為要充少婦，唯恐有鬚顯老，所以撥得一毛不存。唐敖道：「九公，你看，這些拔鬚婦人，面上鬚孔猶存，倒也好看。但這人中下巴，被他拔得一乾二淨，可謂寸草不留，未免失了本來面目，必須另起一個新奇名字才好。」多九公道：「老夫記得《論語》有句『虎豹之鞹』。他這人中下巴，都拔得光光，莫若就叫『人鞹』罷❼。」唐敖笑道：「『鞹』是『皮去毛者也』，這『人鞹』二字，倒也確切。」多九公道：「老夫才見幾個有鬚婦人，那部鬍鬚都似銀針一般，他卻用藥染黑，面上微微還有墨痕，這人中下巴，被他塗得失了本來面目。唐兄何不也起一個新奇名字呢？」唐敖道：「小弟記得衛夫人講究書法，曾有『墨豬❽』之說。他們既是用墨塗的，莫若就叫『墨豬』罷。」多九公笑道：「唐兄這個名字不獨別致，並且很得『墨』字、『豬』字之神。」二人說笑，又到各處遊了多時。

說文解字

❶梳篦：梳子與篦子，也作「梳枇」。篦，用竹片、牛骨或金屬等製成的細齒梳子，用以除去髮垢，或插在頭上當髮飾。❷喜鵲：動物名。傳說聽見喜鵲鳴叫，表示將有喜事降臨，故命名之。❸裊裊婷婷：女子體態纖秀柔美的樣子，也作「嫋嫋娉娉」、「嫋嫋婷婷」、「嬝嬝婷婷」。❹鬏兒：頭髮盤成的髻。❺面如傅粉：形容人長得眉目清秀，也作「面如敷粉」。❻耽心：掛心、顧慮，也作「擔心」。❼鞟：皮革。❽墨豬：比喻書法字體，筆畫豐肥、臃腫而乏筋骨。因字如墨團，故命名之。

第三十三回　粉面郎纏足受困，長鬚女玩股垂情

話說林之洋來到國舅府❶，把貨單求管門的呈進。裡面傳出話道：「連年國主採選嬪妃，正須此貨。今將貨單替你轉呈，即隨來差同去，以便聽候批貨。」不多時，走出一個內使❷，拿了貨單，一同穿過幾層金門，走了許多玉路，處處有人把守，好不威嚴。來到內殿門首，內使立住道：「大嫂在此等候。我把貨單呈進，看是如何，再來回你。」走了進去，不多時出來道：「大嫂單內貨物並未開價，這卻怎好？」林之洋道：「各物價錢，俺都記得，如要那幾樣，等候批完，俺再一總開價。」內

使聽了進去，又走出道：「請問大嫂，胭脂每擔若干銀❸？香粉每擔若干銀？頭油每擔若干銀❹？頭繩每擔若干銀❺？」林之洋把價說了。內使走去，又出來道：「請問大嫂，翠花每盒若干銀？絨花每盒若干銀？香珠每盒若干銀？梳篦每盒若干銀？」林之洋又把價說了。

內使入去，又走出道：「大嫂單內各物，我們國主大約多寡不等，都要買些。就只價錢問來問去，恐有訛錯，必須面講，才好交易。國主因大嫂是天朝婦人，天朝是我們上邦，所以命你進內。大嫂須要小心！」林之洋道：「這個不消吩咐。」跟著內使走進內殿。見了國王，深深打了一躬，站在一旁。看那國王，雖有三旬以外，生得面白唇紅，極其美貌，旁邊圍著許多宮娥❻。國王十指尖尖，拿著貨單，又把各樣價錢，輕啟朱唇問了一遍。一面問話，一面只管細細上下打量。林之洋忖道：「這個國王為甚只管將俺細看，莫非不曾見過天朝人麼？」不多時，宮娥來請用膳。國王吩咐內使將貨單存下，先去回覆國舅，又命宮娥款待天朝婦人酒飯，轉身回宮。

遲了片時，有幾個宮娥把林之洋帶至一座樓上，擺了許多餚饌。剛把酒飯吃完，只聽下面鬧鬧吵吵，有許多宮娥跑上樓來，都口呼「娘娘」，嗑頭叩喜。隨後又有許多宮娥捧著鳳冠霞帔❼、玉帶蟒衫，並裙褲簪環首飾之類，不由分說，七手八腳，把林之洋內外衣服脫得乾乾淨淨。這些宮娥都是力大無窮，就如鷹拿燕雀一般，那裡由他作主。剛把衣履脫淨，早有宮娥預備香湯，替他洗浴。換了襖褲，穿了衫裙，把那一雙「大金蓮」暫且穿了綾襪；頭上梳了鬏兒，搽了許多頭油，戴上鳳釵；搽了一臉香粉，又把嘴唇染得通紅；手上戴了戒指，腕上戴了金鐲；把床帳安了，請林之洋上坐。此時林之洋倒像做夢一般，又像酒醉光景，只是發愣。細問宮娥，才知國王將他封為王妃，等選了吉日，就要進宮。

正在著慌，又有幾個中年宮娥走來，都是身高體壯，滿嘴鬍鬚。內中一個白鬚宮娥，手拿針線，走到床前跑下道：「稟娘娘，奉命穿耳。」早有四個宮娥上來，緊緊扶住。那白鬚宮娥上前，先把右耳用指將那穿針之處碾了幾碾，登時一針穿過。林之洋大叫一聲：「疼殺俺了！」往後一仰，幸虧宮娥扶住。又把左耳用手碾了幾碾，也是一針直過，林之洋只疼得喊叫連聲。兩耳穿過，用些鉛粉塗上，揉了幾揉，戴了一副八寶金環，白鬚宮娥把事辦畢退去。接著有個黑鬚宮人，手拿一匹白綾，也向床前跪下道：「稟娘娘，奉命纏足。」又上來兩個宮娥，都跪在地下，扶住「金蓮」，把綾襪脫去。那黑鬚宮娥取了一個矮凳，坐在下面，將白綾從中撕開，先把林之洋右足放在自己膝蓋上，用些白礬灑在腳縫內❽，將五個腳指緊緊靠在一處，又將腳面用力曲作彎弓一般，即用白綾纏裹。才纏了兩層，就有宮娥拏著針線上來密密縫口❾，一面狠纏，一面密縫。林之洋身旁既有四個宮娥緊緊靠定，又被兩個宮娥把腳扶住，絲毫不能轉動。及至纏完，只覺腳上如炭火燒的一般，陣陣疼痛，不覺一陣心酸，放聲大哭道：「坑死俺了！」兩足纏過，眾宮娥草草做了一雙軟底大紅鞋替他穿上。

林之洋哭了多時，左思右想，無計可施，只得央及眾人道：「奉求諸位老兄替俺在國王面前方便一聲，俺本有婦之夫，怎作王妃？俺的兩隻大腳，就如遊學秀才，多年未曾歲考❿，業已放蕩慣了，何能把他拘束？只求早早放俺出去，就是俺的妻子也要感激的。」眾宮娥道：「剛才國主業已吩咐，將足纏好，就請娘娘進宮，此時誰敢亂言！」不多時，宮娥掌燈送上晚餐⓫，真是肉山酒海，足足擺了一桌。林之洋那裡吃得下，都給眾人吃了。

一時忽要小解，因向宮娥道：「此時俺要撒尿，煩老兄領俺下樓走走。」宮娥答應，早把淨桶掇來。林之洋看了，無可奈何，意欲扎掙起來，無如兩足纏得緊緊，那裡走得動。只得扶著宮娥下床，坐上淨桶。小解後，把手淨了，宮娥掇了一盆熱水道：「請娘娘用水。」林之洋道：「俺才洗手，為甚又要用水？」宮娥道：「不是淨手，是下面用水。」林之洋道：「怎叫下面用水？俺倒不知。」宮娥道：「娘娘才從何處小解，此時就從何處用水。既怕動手，待奴婢替洗罷。」登時上來兩個胖大宮娥，一個替他解褪裡衣，一個用大紅綾帕蘸水，在他下身揩磨。林之洋喊道：「這個玩的不好！諸位莫亂動手！俺是男人，弄的俺下面發癢。不好，不好！越揩越癢！」那個宮娥聽了，自言自語道：「你說越揩越癢，俺還越癢越揩哩！」把水用過，坐在床上，只覺兩足痛不可當，支撐不住，只得倒在床上和衣而臥。

那中年宮娥上前稟道：「娘娘既覺身倦，就請盥漱安寢罷。」眾宮娥也有執著燭台的；也有執著漱盂的；也有捧著面盆的；也有捧著梳妝的；也有托著油盒的；也有托著粉盒的；也有提著手巾的；也有提著綾帕的，亂亂紛紛，圍在床前，只得依著眾人略略應酬。淨面後，有個宮娥又來搽粉，林之洋執意不肯。白鬚宮娥道：「這臨睡搽粉規矩最有好處，因粉能白潤皮膚，內多冰麝。王妃面上雖白，還欠香氣，所以這粉也是不可少的。久久搽上，不但面加白玉，還從白色中透出一般肉香，真是越白越香，越香越白；令人越聞越愛，越愛越聞，最是討人歡喜的。久後才知其中好處哩！」宮娥說之至再，那裡肯聽。眾人道：「娘娘如此任性，我們明日只好據實啟奏，請保母過來⑫，再作道理。」登時四面安歇。

到了夜間，林之洋被兩足不時疼醒，即將白綾左撕右解，費盡無窮之力，才扯了下來，把十個腳指個個舒開。這一暢快，非同小可，就如秀才免了歲考一般，好不鬆動，心中一爽，竟自沉沉睡去。次日起來，盥漱已罷，那黑鬚宮娥正要上前纏足，只見兩足已脫精光，連忙啟奏。國王教保母過來重責二十，並命在彼嚴行約束。保母領命，帶了四個手下，捧著竹板，來到樓上，跪下道：「王妃不遵約束，奉令打肉。」林之洋看了，原來是個長鬚婦人，手捧一塊竹板，約有三寸寬、八尺長，不覺吃了一嚇道：「怎麼叫作『打肉』？」只見保母手下四個微鬚婦人，一個個膀闊腰粗，走上前來，不由分說，輕輕拖翻，褪下裡衣。保母手舉竹板，一起一落，竟向屁股、大腿，一路打去。林之洋喊叫連聲，痛不可忍。剛打五板，業已肉綻皮開，血濺茵褥⑬。保母將手停住，向纏足宮娥道：「王妃下體甚嫩，才打五板，已是血流漂杵⑭。若打到二十，恐他貴體受傷，一時難愈，有誤吉期。拜煩姐姐先去替我轉奏，看國主鈞諭如何，再作道理。」纏足宮人答應去了。

保母手執竹板，自言自語道：「同是一樣皮膚，他這下體為何生得這樣又白又嫩？好不令人可愛！據我看來，這副尊臀，真可算得貌比潘安，顏如宋玉了！」因又說道：「貌比潘安，顏如宋玉，是說人的容貌之美，怎麼我將下身比他？未免不倫。」只見纏足宮人走來道：「奉國主鈞諭，問王妃此後可遵約束？如痛改前非，即免責放起。」林之洋怕打，只得說道：「都改過了。」眾人於是歇手。宮娥拿了綾帕，把下體血跡擦了。國王命人賜了一包棒瘡藥⑮，又送了一盞定痛人參湯。隨即敷藥，吃了人參湯，倒在床上歇息片時，果然立時止痛。纏足宮娥把足從新纏好⑯，教他下床來往走動。宮娥攙著走了幾步，棒瘡雖好，兩足甚痛，只想坐下歇息，無奈纏足宮娥唯恐誤了限期，毫不放鬆，剛要坐下，就要啟奏。只得勉強支持，走來走去，真如掙命一般。到了夜間，不時疼醒，每每整夜不能合眼。無論日夜，俱有宮娥輪流坐守，從無片刻離人，竟是絲毫不能放鬆。林之洋到了這個地位，只覺得湖海豪情，變作柔腸寸斷了。

說文解字

❶國舅：古時皇帝后妃的兄弟。❷內使：傳達皇帝詔令的內監。❸擔：量詞，計算成挑物品的單位。❹頭油：擦抹頭髮的油質化妝品。❺頭繩：用毛絨及棉絨等搓製而成的繩子，質地鬆軟，婦女多用以束髮。❻宮娥：宮女，也作「宮娃」。❼鳳冠霞帔：古時后妃的冠飾，明清時亦作爲嫁服。❽白礬：一種無機化合物，可用於止血及收斂劑。❾拏：執持。❿歲考：科舉學制，凡生員一年一次由提學官和學政主持的考試，以評定優劣、賞罰。⓫掌燈：點燈。⓬保母：古代宮廷中，撫育王室子弟的女師。⓭茵褥：床墊，也作「茵蓐」。⓮血流漂杵：原形容殺戮的慘酷，流得血足以浮起木杵，此處指血流成河。杵，木棒。⓯棒瘡：被棒擊打後引起的破傷潰爛，也作「杖瘡」。⓰從新：重新。

言外之意

❖荒謬現實

在空間跨度遙遠而又五光十色的《鏡花緣》中，李汝珍運用奇特的想像力、異乎尋常的虛構誇張，將自己對許多社會現象的深刻感受，融於虛擬異國風情的描繪之中，使這些現象以獨樹一格的表現形式，強烈展現荒謬的現實。例如，《鏡花緣》中描寫的兩面國，當地人民對待他人的態度完全取決於對方的衣著打扮。所以，當身穿綢衫的唐敖與其交談時，他們「和顏悅色，滿面謙恭」，使人感到「可愛可親，與別處迴不相同」。

但當身著布衫的林之洋上前問話時，他們卻「陡然變了樣子，臉上冷冷的，笑容也收了，謙恭也免了」，答話「無情無緒，半吞半吐」。當唐林二人互換衣服，再去相見時，他們又轉而對林之洋熱情，對唐敖冷淡。原來，兩面國的人生有兩面，不過背面被頭巾包著，所以只能看見其正面。當兩面人正滿面謙恭、和顏悅色地與林之洋交談時，唐敖從背後揭開其頭巾，馬上暴露出「一張惡臉，鼠眼鷹鼻，滿臉橫肉」，「把掃帚眉一皺，血盆口一張，伸出一條長舌，噴出一股毒氣，霎時陰風慘慘，黑霧漫漫」。其實，在現實社會中，我們也常常遇到此種面帶微笑卻心懷惡意的人，李汝珍便是透過幻想形式，反映這一社會現實。那張「和顏悅色，滿面謙恭」的臉就是人們可以看見的表面，那張兇神惡煞的臉則是這些人兇殘醜惡的內心。

再如，作者寫無腸國的「富家」收存糞便，「以備僕婢下頓之用」，以痛斥苛刻剝削，為富不仁。寫毛民國以諷刺吝嗇，寫靖人國以抨擊狡詐，寫翼民國以斥責阿諛逢迎，寫犬封國以嘲諷只知吃喝，一無所能的「酒囊」、「飯袋」等等，透過極度誇張與寓意結合的手法，對時弊痛下針砭。《鏡花緣》中對這些國家的描寫，荒誕、滑稽、離奇、怪異，裡面的人和事當然是不可能出現的，但我們讀後卻並不感到它虛假，反而覺得眞實可信。想必是因為李汝珍對世間的世故頗有感觸，因而在小說中以幻想的形式、虛構的形象，反映現實生活中的本質。

❖酸腐學風

而對於當時清代科舉所造成的酸腐空疏學風，李汝珍更是感到痛心和可笑，諷刺、鞭撻也毫不留情。例如，在白民國「詩人滿架，筆墨如林」的學館裡，有一位自誇學問高深的塾師，卻將「幼吾幼，以及人之幼」，讀成「切吾切，以反人之切」，將「庠者，養也；校者，教也；序者，射也」，讀成「羊者，良也；交者，孝也；予者，身也」，眞是聞所未聞的不通，見所未見的誤人子弟。至於淑士國那「儒巾素服」、滿口「之乎者也」的儒者，爲了說明醋比酒貴這麼一個簡單的問題，一連用上數十個「之」字，從他們身上所散發出的酸腐氣味，足以令人啼笑皆非。與此相反，李汝珍對黑齒國飽學多識的才女及其老師則頌揚備至，還借唐敖之口說：「世人只知『紗帽底下好題詩』，那裡曉得草野中每每埋沒許多鴻儒。」

❖男女平等

《鏡花緣》在批判種種不合理的社會現象時，也提出以提高女權爲主的理想。李汝珍曾借泣紅亭主人所作碑記，說明自己的創作意圖之一是「哀群芳之不傳，因筆志之」。而作者也採取獨特的視角和方式以傳「群芳」，使其不朽。

首先，此書突破了古代寫女子，必不離戀愛、婚姻爲中心的模式。作者將女子看作是一種有獨立價値，不以男子爲依附的角色。在作品中，女子的聰明才智被充分發掘，小說塑造出的一百位才女形象，個個聰慧絕倫，才識超群，有時甚至超越男子。例如，在黑齒國的兩個才女與博雅多聞的多九公談論學問時，從音韻訓詁到《論語》、《周易》，無所不曉，直把多九公問得「汗如雨下，無言可答」。

其次，透過對開女學、開女科等作爲的肯定描寫，表現女子應享有與男性相等權利的思想主張。

最後，透過對女子當權的女兒國，以逆向思維，大膽顚倒男尊女卑的傳統觀念。在女兒國中，「男子反穿衣裙，作爲婦人，以治內事；女子反穿靴帽，作爲男人，以治外事」。特別是對於林之洋被封爲王妃的一段描寫，使他作爲男權的象徵，將婦女們世世代代所受的穿耳、纏足等肉體痛苦和精神折磨，刹那間全加諸於他的身上。從林之洋的痛苦體驗中，突出強加給婦女身上的各種殘酷、荒謬的束縛。由此，表現出李汝珍對在傳統社會中，受壓迫、摧殘婦女的極大同情，使全書體現出尊重女權，祈許男女平等的思想。

❖藝術手法

在藝術手法上，《鏡花緣》在清代衆多小說中可謂獨樹一幟，具有自己的風格和特點。

其一，作者以古籍中相關神話的記載爲依據，展開豐富的想像，進行再創造。或取其特徵渲染誇張，或改頭換面、移花接木，賦予古代神話傳說新的故事內容和社會意義。如以《山海經》中《海外西經》和《大荒西經》中所記的女子國爲引，虛構了長篇的女兒國故事；據《海外西經》的白民國記載演化成白民國故事；據《海外東經》所載「其人好讓不爭」演敘成君子國故事；據《海外東經》和《博物志》相關描寫演化成大人國故事等等。李汝珍對諸如此類神話傳說的運用，既不囿於所載故事的梗概，更不受其原始意義的束縛，大都是以其爲媒介，展現作者的奇思異想，藉以抒發自己的憤鬱和社會理想，從而建構自成一家的風格。

其二，《鏡花緣》是一部將嚴肅的主題寓於趣味性與知識性相結合之架構的作品。魯迅將其歸入「以小說見才學者」之列，書中所包含的知識包羅萬象。在前五十回中，李汝珍描寫海外風情，各種軼聞趣事，令人應接不暇。往往由此及彼，或引申，或展開，或歸納，將各類知識熔爲一爐。但在後五十回中，吊書袋子的氛圍則越加濃厚，作者常常透過才女之口，論學說藝，引經據典，相互引發，各顯才智，尤其對古代各種遊藝活動的介紹更是長篇巨幅，勢如潑墨。反而因此忽視了情節展開和人物形象的塑造，也成爲後人所認爲的缺點之一。

在古典小說中，《鏡花緣》無論在故事內容或藝術手法上，都十分獨特，很難歸入任何一類，所以也被稱爲「雜家小說」，此處因全書講述許多奇人異事，所以姑且將它歸爲神魔小說。其形雜質清，寓莊於諧，想像奇特，輕鬆幽默，爲雅俗所共賞，影響已越出國界，被譯成英、法、德、俄、日等多種文字。

高手過招（*為多選題）

1.（　）閱讀下文，推斷最適合填入＿＿＿內的選項為何？

次日，林之洋同唐（敖）、多（九公）二人偶然說起：「那日同（女兒國）國王成親，虧俺給他一概弗得知，任他花容月貌，俺只認作害命鋼刀；若不捺了火性，那得有命回來？」唐敖道：「據這光景，舅兄竟是＿＿＿了。」（李汝珍《鏡花緣》第三十八回）

Ⓐ 柳下惠坐懷不亂。
Ⓑ 姜太公離水釣魚。
Ⓒ 藺相如完璧歸趙。
Ⓓ 諸葛亮唱空城記。

＊2.（　）請閱讀下列文字，關於下文列舉的六部古典文學作品之說明，何者正確？

「文學無國界，幻想無古今。」當前世界各地知名的電影或暢銷書籍，與中國的文化產物皆可找到同質關係。例如《魔戒》一書，介紹各方奇想的人種與國度，與李汝珍《鏡花緣》的取材頗為相似。《哈利波特》一套書籍，將西方各種神怪傳說彙整而出，與（甲）記神祇異物的特色，何其相近！史恩康納萊主演的《天降奇兵》，將「吸血鬼」、「隱形人」、「科學怪人」等科幻故事主角重新組合的手法，神似以歷史人物與神話人物摻合的《封神演義》。甚至《茶花女》與曾樸著名諷刺小說（乙）相較，不但都以特種營業場所為背景，兩本書的主人翁可悲可憫的遭遇，同樣令人深感悽愴。而《古墓奇兵》中女主角神勇的身影，在《紅線記》、《聶隱娘》的女主角身上，皆有似曾相識的感覺。

Ⓐ（甲）可填入《山海經》。
Ⓑ（乙）可填入《老殘遊記》。
Ⓒ上述六部作品都可列入魔幻小說。
Ⓓ《紅線記》、《聶隱娘》皆為文言短篇的傳奇小說。
Ⓔ《封神演義》為六部作品中，最晚成書的一部。

3.（　）閱讀下文，並判斷＿＿＿＿處依序應填入哪兩部典籍？

我幼年時候最喜歡的是《鏡花緣》。林之洋的冒險，大家都是賞識的，但是我所愛的是多九公，因為他能識得一切的奇事和異物。對於神異故事之原始的要求，長在我們的血脈裡，所以

______、《十洲記》、______之類千餘年前的著作，在現代人的心裡仍有一種新鮮的引力。（周作人〈論鏡花緣〉）

Ⓐ《夷堅志》、《水滸傳》
Ⓑ《搜神記》、《西廂記》
Ⓒ《封神榜》、《紅樓夢》
Ⓓ《山海經》、《博物志》

4.（　）下列引號中的詞語，何者前後語意不同？

Ⓐ 若悠悠地似做不做，如「捕風捉影」，有甚長進！（《朱子語類》第八卷）／世上傳留法術都只「捕風捉影」，有假無真。（《三遂平妖傳》第十一回）

Ⓑ 雖不免大家賴一回，終不免「水落石出」。（《紅樓夢》第七十三回）／列公，慢慢聽下去，少不得有個「水落石出」。（《兒女英雄傳》第二十三回）

Ⓒ 這樣好天氣，他先生正好到六橋探春光，「尋花問柳」，作西湖上的詩。（《儒林外史》第十七回）／韓道國與來保兩個，且不置貨，成日「尋花問柳」，飲酒宿娼。（《金瓶梅》第八十一回）

Ⓓ 半晌風流有何益？一般滋味不須誇。他時「禍起蕭牆」內，血污遊魂更可嗟。（《水滸傳》第二十五回）／第此時臣國西宮之患雖除，無如族人甚眾，良莠不齊，每每心懷異志，「禍起蕭牆」，若稍不留神，未有不遭其害。（《鏡花緣》第八十五回）

5.（　）李汝珍的《鏡花緣》中，有關唐敖遊海外部分，多取材自何書？

Ⓐ《神異經》
Ⓑ《幽明錄》
Ⓒ《山海經》
Ⓓ《古鏡記》

6.（　）大仁正在看一本古典小說，只知他讀到第六回，回目是「眾宰承宣遊上苑，百花獲譴降紅塵」。從以上線索推測，他正在讀什麼小說？

Ⓐ《鏡花緣》
Ⓑ《紅樓夢》
Ⓒ《孽海花》
Ⓓ《西遊記》

【解答】1. A　2. A D　3. D　4. C　5. C　6. A

老殘遊記

劉鶚

"吾人生今之時，有身世之感情、有家國之感情、有社會之感情、有宗教之感情。其感情愈深者，其哭泣愈痛，此鴻都百鍊生所以有老殘遊記之作也！棋局已殘，吾人將老，欲不哭泣也得乎？吾知海內千芳，人間萬豔，必有與吾同哭同悲者焉！"

作品通覽

❖ 作者簡介

《老殘遊記》的作者爲劉鶚，原名孟鵬，字雲摶，又字鐵雲，後字公約。生於清文宗咸豐七年，卒於遜帝宣統元年，享年五十二歲。江蘇丹徒人，生於六合，爲宋代名將劉延慶二十三世孫。其父劉成忠，科甲出身，官至監察禦史，在河南任職多年，幕中人才衆多，家中藏書甚豐。劉父育有子女五人，劉鶚乃么子，長兄劉孟熊對西學很有興趣，對劉鶚影響頗深。劉鶚十七歲時娶妻王氏，又有側室五人，三十五歲時王氏歿，四十四歲娶鄭安香爲繼室，膝下有六子一女。

劉鶚在世年間，國家正處於風雨飄搖，且內憂外患接連不斷的時候。自鴉片戰爭以來，清廷歷經太平天國、英法聯軍和中法戰爭等戰事，嚴重暴露列強侵略的野心及清廷的腐敗無能，同時也促使有識之士意識到西洋武器的優越性。自六〇至九〇年代，自強運動風起雲湧，洋務派主張「師夷之長以制夷」，藉充實軍備以圖謀自強。甲午戰爭後，洋務派從主張機器科學改革，轉而爲主張制度改革，但是，改革制度的維新運動卻成爲光緒帝與慈禧太后之間的權力之爭，最後，百日而終。

光緒二十六年，義和團在山東崛起，本以反清復明爲口號，後來山東地區德國勢力太過橫行，於是口號遂由反清轉爲反洋。義和團對一切洋貨深惡痛絕，凡是販賣或使用洋貨的，都被他們稱爲「二毛子」，抓到就殺。義和團在庚子年間擴大作亂，燒教堂、殺教民、毀鐵路、占領地，慈禧與義和團仇洋反教的心理一氣相通，聽聞義和團的行爲後，只派兩個文官溫和勸散，反而助長義和團的氣焰。從此，整個北京自晨及夜，都有教民的房屋被縱火焚毀。

最後，八國聯軍在七月進入北京，大舉屠殺，所到之處，姦殺擄掠，無所不至。慈禧無力抵抗，遂於西元一九〇一年九月簽下空前屈辱的《辛丑條約》。歷史的巨輪轉輾至此，已造成無可避免的「棋局已殘」頹勢，劉鶚寫作《老殘遊記》，正當此時。

面對覆巢危卵的局面，劉鶚對時代表露深切的的關懷。正如他在《老殘遊記》自序中所說：「吾人生今之時，有身世之情感、有家國之情感、有社會之情感、有宗教之情感。其感情愈深者，其哭泣愈痛，此鴻都百鍊生所以有老殘遊記之作也。棋局已殘，吾人將老，欲不哭泣也得乎？吾知海內千芳，人間萬豔，必有與吾同哭同悲者焉！」

由於劉鶚從小生長在仕宦家庭，因此對於政治、社會皆懷有深切的經世濟民之感，加上父兄的影響，又得以閱覽群書，因此思想較當時一般人進步開明。年少時，他胸懷大志，好與才俊之士往來，後又極力鑽研水利、天文、醫療、算數等等實用學問，並且將所學應用在生活之中。光緒十四年，鄭州黃河嚴重決堤，好幾名治河官員都無法補救。劉鶚聞訊，趕往河南投效河督吳大澂，參與治河工程。由於治河有功，聲名大噪，長官欲表揚他的功績，他卻辭讓不受，請歸讀書。

劉鶚也曾擔任知府，他上書朝廷，建議讓外資在山西築路開礦，卻被視爲漢奸，鄉民群起而攻之，他因此棄官從商。其實劉鶚的想法很單純，在當時卻顯得很新穎。他認爲當此萵目時艱，在國家無力開源，人民不能飽食的情況下，不如借外人之力以活國人。在一封劉鶚給友人的信提到：「晉鐵開則民得養，而國可富也。國無素蓄，不如任歐人開之，我嚴定其制，令三十年而全礦路歸我。如是，則彼之利在一時，而我之利在百世。」如此深謀遠慮的想法，卻不能爲人接受，更惹人攻訐，被目爲漢奸，怎能不令人唏噓！

八國聯軍之後，他以賤價向俄國人購買太倉糧，用以賑濟災民，卻在西元一九〇八年被袁世凱以擅散太倉糧的罪名，流放新疆，隔年病逝於迪化。

❖不以哭泣爲哭泣者

《老殘遊記》有初編二十回，二編九回，而外編則是散稿一篇。雖然劉鶚之子劉大紳在《關於老殘遊記》一文中說，劉鶚之所以寫作《老殘遊記》乃是，「一時興到筆墨，初無任何計畫宗旨，亦無組織結構，當時不過日寫數紙，贈諸友人」。後又提到以書稿贈人，乃是爲救友連夢青之急。但是，在劉鶚這部不經意之作中，已然灌注了他一生的思想和理念，以及他對社會國家的憂思與熱情。在《老殘遊記》第一回中，劉鶚便藉由帆船夢境一節，影射中國當時的處境與自身經歷，似乎也預視了自己的一生終將以悲劇收場。

劉鶚曾在初編自敘中提到「哭泣」，他說「哭泣」有兩類，一種是「無力」，一種是「有力」。如小孩丟了東西而哭泣，屬於無力之哭泣，而有力之哭泣又分「以哭泣爲哭泣者」及「不以哭泣爲哭泣者」。劉鶚在書中所表現的哭泣，即是他所謂「不以哭泣爲哭泣者」，當他面對清末殘局，又感嘆年命將逝，豈能不哭泣！《老殘遊記》中，老殘聽聞玉賢的殘酷，思及城中百姓的痛苦，曾掉下淚來；又聽聞翠環遭遇，也忍不住眼中泛淚。劉鶚就是這麼一個充滿熱情、同情弱者又憂國憂民的有識之士，面對龐大腐化的體系，他企圖以一己之力扭轉一二，但結果卻宛若蚍蜉撼樹。這種無力與悲憤全化作文字，一如《離騷》是屈原之哭泣，《史記》爲太史公之哭泣，《老殘遊記》就是劉鶚的哭泣。

以下節錄精彩章回

第一回　土不制水歷年成患，風能鼓浪到處可危

這日，老殘吃過午飯，因多喝了兩杯酒，覺得身子有些睏倦，就跑到自己房裡一張睡榻上躺下，

歇息歇息，才閉了眼睛，看外邊就走進兩個人來，一個叫文章伯，一個叫德慧生。這兩人本是老殘的至友，一齊說道：「這麼長天大日的，老殘，你蹲在家裡做甚？」老殘連忙起身讓坐，說：「我因為這兩天困於酒食，覺得怪膩的。」二人道：「我們現在要往登州府去，訪蓬萊閣的勝景，因此特來約你。車子已替你雇了，你趕緊收拾行李，就此動身罷。」老殘行李本不甚多，不過古書數卷，儀器幾件，收檢也極容易❶，頃刻之間便上了車。無非風餐露宿，不久便到了登州，就在蓬萊閣下覓了兩間客房，大家住下，也就玩賞玩賞海市的虛情，蜃樓的幻相。

次日，老殘向文、德二公說道：「人人都說日出好看，我們今夜何妨不睡，看一看日出何如？」二人說道：「老兄有此清興，弟等一定奉陪。」秋天雖是晝夜停勻時候❷，究竟日出日入，有蒙氣傳光，還覺得夜是短的。三人開了兩瓶酒，取出攜來的餚饌，一面吃酒，一面談心，不知不覺，那東方已漸漸發大光明了。其實離日出尚遠，這就是蒙氣傳光的道理❸。三人又略談片刻，德慧生道：「此刻也差不多是時候了，我們何妨先到閣子上頭去等呢？」文章伯說：「耳邊風聲甚急，上頭窗子太敞，恐怕寒冷，比不得這屋子裡暖和，須多穿兩件衣服上去。」

各人照樣辦了，又都帶了千里鏡❹，攜了毯子，由後面扶梯曲折上去。到了閣子中間，靠窗一張桌子旁邊坐下，朝東觀看，只見海中白浪如山，一望無際。東北青煙數點，最近的是長山島，再遠便是大竹、大黑等島了。那閣子旁邊，風聲呼呼價響❺，彷彿閣子都要搖動似的。天上雲氣一片一片價疊起，只見北邊有一片大雲飛到中間，將原有的雲壓將下去，並將東邊一片雲擠得越過越緊，越緊越不能相讓，情狀甚為譎詭。過了些時，也就變成一片紅光了。

慧生道：「殘兄，看此光景，今兒日出是看不著的了。」老殘道：「天風海水，能移我情，即是看不著日出，此行亦不為辜負。」章伯正在用遠鏡凝視，說道：「你們看！東邊有一絲黑影，隨波出沒，定是一隻輪船由此經過。」於是大家皆拿出遠鏡，對著觀看。看了一刻，說道：「是的，是的。你看，有極細一絲黑線，在那天水交界的地方，那不就是船身嗎？」大家看了一會，那輪船也就過去，看不見了。

慧生還拿遠鏡左右觀視，正在凝神，忽然大叫：「噯呀！噯呀！你瞧，那邊一隻帆船在那洪波巨浪之中，好不危險！」兩人道：「在什麼地方？」慧生道：「你望正東北瞧，那一片雪白浪花，不是長山島嗎？在長山島的這邊，漸漸來得近了。」兩人用遠鏡一看，都道：「噯呀！噯呀！實在危險得極！幸而是向這邊來，不過二三十里就可泊岸了。」

相隔不過一點鐘之久，那船來得業已甚近。三人用遠鏡凝神細看，原來船身長有二十三、四丈，原是隻很大的船。船主坐在舵樓之上，樓下四人專管轉舵的事。前後六枝桅杆，掛著六扇舊帆，又有兩枝新桅，掛著一扇簇新的帆，一扇半新不舊的帆，算來這船便有八枝桅了。船身吃載很重，想那艙裡一定裝的各項貨物。船面上坐的人口，男男女女，不計其數，卻無篷窗等件遮蓋風日❻，同那天津到北京火車的三等客位一樣，面上有北風吹著，身上有浪花濺著，又濕又寒，又飢又怕。看這船上的人都有民不聊生的氣象，那八扇帆下，備有兩人專營繩腳的事，船頭及船幫上有許多的人，彷彿水手的打扮。

這船雖有二十三、四丈長，卻是破壞的地方不少。東邊有一塊，約有三丈長短，已經破壞，浪花直灌進去。那旁，仍在東邊，又有一塊，約長一丈，水波亦漸漸侵入。其餘的地方，無一處沒有傷痕。那八個管帆的卻是認真的在那裡管，只是各人管各人的帆，彷彿在八隻船上似的，彼此不相關照。那水手只管在那坐船的男男女女隊裡亂竄，不知所做何事，用遠鏡仔細看去，方知道他在那裡搜他們男男女女所帶的乾糧，並剝那些人身上穿的衣服。章伯看得親切⑦，不禁狂叫道：「這些該死的奴才！你看，這船眼睜睜就要沉覆，他們不知想法敷衍著早點泊岸，反在那裡蹂躪好人，氣死我了！」慧生道：「章哥，不用著急，此船目下相距不過七八里路⑧，等它泊岸的時候，我們上去勸勸他們便是。」

正在說話之間，忽見那船上殺了幾個人，拋下海去，捩過舵來⑨，又向東邊去了。章伯氣得兩腳直跳，罵道：「好好的一船人，無窮性命，無緣無故斷送在這幾個駕駛的人手裡，豈不冤枉！」沉思了一下，又說道：「好在我們山腳下有的是漁船，何不駕一隻去，將那幾個駕駛的人打死，換上幾個，豈不救了一船人的性命？何等功德！何等痛快！」慧生道：「這個辦法雖然痛快，究竟未免魯莽，恐有未妥。請教殘哥以為何如？」

老殘笑向章伯道：「章哥此計甚妙，只是不知你帶幾營人去？」章伯憤道：「殘哥怎麼也這麼糊塗！此時人家正在性命交關，不過一時救急，自然是我們三個人去。那裡有幾營人來給你帶去！」老殘道：「既然如此，他們船上駕駛的不下頭二百人，我們三個人要去殺他，恐怕只會送死，不會成事罷。高明以為何如⑩？」章伯一想，理路卻也不錯⑪，便道：「依你該怎麼樣，難道白白地看他們死嗎？」老殘道：「依我看來，駕駛的人並未曾錯，只因兩個緣故，所以把這船就弄的狼狽不堪了。怎麼兩個緣故呢？一則他們是走「太平洋」的，只會過太平日子，若遇風平浪靜的時候，他駕駛的情狀亦有操縱自如之妙。不意今日遇見這大的風浪，所以都毛了手腳。二則他們未曾預備方針，平常晴天的時候，照著老法子去走，又有日月星辰可看，所以南北東西尚還不大很錯，這就叫作『靠天吃飯』。那知遇了這陰天，日月星辰都被雲氣遮了，所以他們就沒了依傍。心裡不是不想望好處去做，只是不知東南西北，所以越走越錯。為今之計，依章兄法子，駕隻漁艇追將上去，他的船重，我們的船輕，一定追得上的。到了之後，送他一個羅盤，他有了方向，便會走了。再將這有風浪與無風浪時駕駛不同之處告知船主，他們依了我們的話，豈不立刻就登彼岸了嗎？」慧生道：「老殘所說極是，我們就趕緊照樣辦去。不然，這一船人實在可危的極！」

說著，三人就下了閣子，吩咐從人看守行李物件⑫，那三人卻俱是空身，帶了一個最準的向盤⑬，一個紀限儀⑭，並幾件行船要用的物件。下了山，山腳下有個船塢⑮，都是漁船停泊之處，選了一隻輕快漁船，掛起帆來，一直追向前去。

幸喜本日颳的是北風，所以向東向西都是旁風，使帆很便當的⑯。一霎時，離大船已經不遠了，三人仍拿遠鏡不住細看。及至離大船十餘丈時，連船上人說話都聽得見了。

誰知道除那管船的人搜括眾人外，又有一種人在那裡高談闊論地演說，只聽他說道：「你們各人均是出了船錢坐船的，況且這船也就是你們祖遺的公司產業，現在已被這幾個駕駛人弄得破壞不堪，你們全家老幼性命都在船上，難道都在這裡等死不成？就不想個法兒挽回挽回嗎？真真該死奴才！」

眾人被他罵得頓口無言，內中便有數人出來說道：「你這先生所說的都是我們肺腑中欲說說不出的話，今日被先生喚醒，我們實在慚愧，感激的很！只是請教有什麼法子呢？」那人便道：「你們知道現在是非錢不行的世界了，你們大家斂幾個錢來⑰，我們捨出自己的精神，拚著幾個人流血，替你們掙個萬世安穩、自由的基業，你們看好不好呢？」眾人一齊拍掌稱快。

章伯遠遠聽見，對二人說道：「不想那船上竟有這等的英雄豪傑！早知如此，我們可以不必來了。」慧生道：「姑且將我們的帆落幾葉下來，不必追上那船，看他是如何的舉動。倘真有點道理，我們便可回去了。」老殘道：「慧哥所說甚是。依愚見看來，這等人恐怕不是辦事的人，只是用幾句文明的話頭騙幾個錢用用罷了！」

當時三人便將帆葉落小，緩緩地尾大船之後。只見那船上人斂了許多錢，交給演說的人，看他如何動手。誰知那演說的人斂了許多錢去，找了一塊眾人傷害不著的地方，立住了腳，便高聲叫道：「你們這些沒血性的人，涼血種類的畜生，還不趕緊去打那個掌舵的嗎？」又叫道：「你們還不去把這些管船的一個一個殺了嗎？」那知就有那不懂事的少年，依著他去打掌舵的，也有去罵船主的，俱被那旁邊人殺的殺了，拋下海的拋下海了。那個演說的人又在高處大叫，道：「你們為什麼沒有團體？若是全船人一齊動手，還怕打不過他們麼？」那船上人就有老年曉事的人，也高聲叫道：「諸位切不可亂動！倘若這樣做去，勝負未分，船先覆了！萬萬沒有這個辦法！」

慧生聽得此語，向章伯道：「原來這裡的英雄只管自己斂錢，叫別人流血的。」老殘道：「幸而尚有幾個老成持重的人，不然，這船覆得更快了。」說著，三人便將帆葉抽滿，頃刻便與大船相近。篙工用篙子鉤住大船⑱，三人便跳將上去，走至舵樓底下，深深地唱了一個喏，便將自己的向盤及紀限儀等項取出呈上。舵工看見，倒也和氣，便問：「此物怎樣用法？有何益處？」正在議論，那知那下等水手裡面，忽然起了咆哮，說道：「船主！船主！千萬不可為這人所惑！他們用的是外國向盤，一定是洋鬼子差遣來的漢奸！他們是天主教！他們將這隻大船已經賣與洋鬼子了，所以才有這個向盤。請船主趕緊將這三人綁去殺了，以除後患。倘與他們多說幾句話，再用了他的向盤，就算收了洋鬼子的定錢⑲，他就要來拿我們的船了！」誰知這一陣嘈嚷⑳，滿船的人俱為之震動，就是那演說的英雄豪傑也在那裡喊道：「這是賣船的漢奸！快殺，快殺！」

船主、舵工聽了，俱猶疑不定，內中有一個舵工，是船主的叔叔，說道：「你們來意甚善，只是眾怒難犯，趕快去罷！」三人垂淚，趕忙回了小船。那知大船上人餘怒未息，看三人上了小船，忙用被浪打碎了的斷樁破板打下船去。你想，一隻小小漁船，怎禁得幾百個人用力亂砸。頃刻之間，將那漁船打得粉碎，看著沉下海中去了。

說文解字

❶收檢：收拾整理。❷停匀：匀稱。❸蒙氣：古代指包圍地球外面的大氣。❹千里鏡：觀察天體或遠處物體的儀器，也作「望遠鏡」。❺價響：吳語（分布於江蘇南部及浙江的語言）中的語尾助詞，常附於形容詞之後，用法跟「的」字相當。❻篷窗：船窗。❼親切：仔細、準確。❽目下：現今、現在，也作「目即」、「目今」。❾捩：扭轉。❿高明：對他人的敬詞。⓫理路：道理、理論。⓬從人：侍從、隨從，也作「人從」。⓭向盤：羅盤，因用來定位方向，也稱為「向盤」。⓮紀限儀：古代用於測量六十度角以內，任意兩天體角距離的天文儀器。⓯船塢：用以停泊、建造或檢修船隻的建築設施。有控制水線高低的設備，可分為溼船塢、乾船塢、浮船塢、建造用船塢等。⓰便當：方便、便利。⓱斂：聚集、收集。⓲篙工：操篙的船夫。篙，撐船的竹竿或木棍。⓳定錢：定金。⓴嘈嚷：吵鬧。

第二回 歷山山下古帝遺蹤，明湖湖邊美人絕調

一路秋山紅葉，老圃黃花，頗不寂寞。到了濟南府，進得城來，家家泉水，戶戶垂楊，比那江南風景，覺得更為有趣。到了小布政司街，覓了一家客店，名叫高升店，將行李卸下，開發了車價酒錢❶，胡亂吃點晚飯，也就睡了。

次日清晨起來，吃點兒點心，便搖著串鈴滿街踅了一趟❷，虛應一應故事。午後便步行至鵲華橋邊，雇了一隻小船，蕩起雙槳，朝北不遠，便到歷下亭前。下船進去，入了大門，便是一個亭子，油漆已大半剝蝕。亭子上懸了一副對聯，寫的是「歷下此亭古，濟南名士多」，上寫著「杜工部句」，下寫著「道州何紹基書」。亭子旁邊雖有幾間房屋，也沒有什麼意思。復行下船，向西蕩去，不甚遠，又到了鐵公祠畔。你道鐵公是誰？就是明初與燕王為難的那個鐵鉉，後人敬他的忠義，所以至今春秋時節，土人尚不斷地來此進香。

到了鐵公祠前，朝南一望，只見對面千佛山上，梵宇僧樓與那蒼松翠柏，高下相間，紅的火紅，白的雪白，青的靛青，綠的碧綠，更有那一株半株的丹楓夾在裡面，彷彿宋人趙千里的一幅大畫，做了一架數十里長的屏風。正在嘆賞不絕，忽聽一聲漁唱，低頭看去，誰知那明湖業已澄淨的同鏡子一般，那千佛山的倒影映在湖裡，顯得明明白白，那樓台樹木，格外光彩，覺得比上頭的一個千佛山還要好看，還要清楚。這湖的南岸，上去便是街市，卻有一層蘆葦，密密遮住，現在正是開花的時候，一片白花映著帶水氣的斜陽，好似一條粉紅絨毯，做了上下兩個山的墊子，實在奇絕。

老殘心裡想道：「如此佳景，為何沒有什麼遊人？」看了一會兒，回轉身來，看那大門裡面楹柱上有副對聯，寫的是「四面荷花三面柳，一城山色半城湖」，暗暗點頭道：「真正不錯！」進了大門，正面便是鐵公享堂❸，朝東便是一個荷池。繞著曲折的迴廊，到了荷池東面就是個圓門。圓門東邊有三間舊房，有個破匾，上題「古水仙祠」四個字。祠前一副破舊對聯，寫的是「一盞寒泉薦秋菊，三更畫舫穿藕花」。過了水仙祠，仍舊上了船，蕩到歷下亭的後面，兩邊荷葉荷花將船夾住，那荷葉初枯，擦得船嗤嗤價響；那水鳥被人驚起，格格價飛；那已老的蓮蓬，不斷地蹦到船窗裡面來。老殘隨手摘了幾個蓮蓬，一面吃著，一面船已到了鵲華橋畔。

到了鵲華橋，才覺得人煙稠密，也有挑擔子的，也有推小車子的，也有坐二人抬小藍呢轎子的❹。轎子後面，一個跟班的戴個紅纓帽子，膀子底下夾個護書❺，拚命價奔，一面用手中擦汗，一面低著頭跑。街上五六歲的孩子不知避人，被那轎夫無意踢倒一個，他便哇哇地哭起。他的母親趕忙跑來問：「誰碰倒你的?誰碰倒你的？」那個孩子只是哇哇地哭，並不說話。問了半天，才帶哭說了一句道：「抬轎子的！」他母親抬頭看時，轎子早已跑得有二里多遠了。那婦人牽了孩子，嘴裡不住咭咭咕咕地罵著❻，就回去了。

老殘從鵲華橋往南，緩緩向小布政司街走去。一抬頭，見那牆上貼了一張黃紙，有一尺長，七八寸寬的光景，居中寫著「說鼓書」三個大字❼，旁邊一行小字是「二十四日明湖居」。那紙還未十分乾，心知是方才貼的，只不知道這是什麼事情，別處也沒有見過這樣招子❽。一路走著，一路盤算，只聽得耳邊有兩個挑擔子的說道：「明兒白妞說書，我們可以不必做生意，來聽書罷。」又走到街上，聽鋪子裡櫃台上有人說道：「前次白妞說書是你告假的[9]，明兒的書，應該我告假了。」一路行來，街談巷議，大半都是這話，心裡詫異道：「白妞是何許人？說的是何等樣書？為甚一紙招貼，便舉國若狂如此？」信步走來，不知不覺已到高升店口。

進得店去，茶房便來回道：「客人，用什麼夜膳？」老殘一一說過，就順便問道：「你們此地說鼓書是個什麼玩意兒，何以驚動這麼許多的人？」茶房說：「客人，你不知道。這說鼓書本是山東鄉下的土調，用一面鼓、兩片梨花簡，名叫『梨花大鼓』，演說些前人的故事，本也沒甚稀奇。自從王家出了這個白妞、黑妞姐妹兩個，這白妞名字叫作王小玉，此人是天生的怪物！他十二三歲時就學會了這說書的本事，他卻嫌這鄉下的調兒沒什麼出奇，他就常到戲園裡看戲。所有什麼西皮、二簧、梆子腔等唱[10]，一聽就會；什麼余三勝、程長庚、張二奎等人的調子，他一聽也就會唱。仗著他的喉嚨，要多高有多高；他的中氣，要多長有多長。他又把那南方的什麼崑腔、小曲，種種的腔調，他都拿來裝在這大鼓書的調兒裡面。不過二三年工夫，創出這個調兒，竟至無論南北高下的人，聽了他唱書，無不神魂顛倒。現在已有招子，明兒就唱，你不信，去聽一聽就知道了。只是要聽還要早去，他雖是一點鐘開唱，若到十點鐘去，便沒有坐位的。」老殘聽了，也不甚相信。

次日六點鐘起，先到南門內看了舜井[11]，又出南門，到歷山腳下，看看相傳大舜昔日耕田的地方。及至回店，已有九點鐘的光景，趕忙吃了飯，走到明湖居，才不過十點鐘時候。那明湖居本是個大戲園子，戲台前有一百多張桌子，那知進了園門，園子裡面已經坐得滿滿的了。只有中間七八張桌子還無人坐，桌子卻都貼著「撫院定」、「學院定」等類紅紙條兒。老殘看了半天，無處落腳，只好袖子裡送了看坐兒的二百個錢，才弄了一張短板凳，在人縫裡坐下。看那戲台上，只擺了一張半桌，桌子上放了一面板鼓，鼓上放了兩個鐵片兒，心裡知道這就是所謂梨花簡了。旁邊放了一個三弦子，半桌後面放了兩張椅子，並無一個人在台上。偌大的個戲台，空空洞洞，別無他物，看了不覺有些好笑。園子裡面，頂著籃子賣燒餅油條的有一二十個，都是為那不吃飯來的人買了充飢的。

到了十一點鐘，只見門口轎子漸漸擁擠，許多官員都著了便衣，帶著家人，陸續進來。不到十二點鐘，前面幾張空桌俱已滿了，不斷還有人來，看坐兒的也只是搬張短凳，在夾縫中安插。這一群人來了，彼此招呼，有打千兒的⑫，有作揖的，大半打千兒的多，高談闊論，說笑自如。這十幾張桌子外，看來都是做生意的人，又有些像是本地讀書人的樣子，大家都嘁嘁喳喳地在那裡說閒話⑬。因為人太多了，所以說的什麼話都聽不清楚，也不去管他。

到了十二點半鐘，看那台上，從後台簾子裡面出來一個男人，穿了一件藍布長衫，長長的臉兒，一臉疙瘩，彷彿風乾福橘皮似的⑭，甚為醜陋，但覺得那人氣味倒還沉靜。出得台來，並無一語，就往半桌後面左手一張椅子上坐下，慢慢地將三弦子取來，隨便和了和弦，彈了一兩個小調，人也不甚留神去聽。後來彈了一枝大調，也不知道叫什麼牌子，只是到後來全用輪指⑮，那抑揚頓挫，入耳動心，恍若有幾十根弦、幾百個指頭在那裡彈似的。這時，台下叫好的聲音不絕於耳，卻也壓不下那弦子去，這曲彈罷，就歇了手，旁邊有人送上茶來。

停了數分鐘時，簾子裡面出來一個姑娘，約有十六七歲，長長鴨蛋臉兒，梳了一個抓髻，戴了一副銀耳環，穿了一件藍布外褂兒，一條藍布褲子，都是黑布鑲滾的，雖是粗布衣裳，到十分潔淨。來到半桌後面右手椅子上坐下，那彈弦子的便取了弦子，錚錚鏦鏦彈起[16]。這姑娘便立起身來，左手取了梨花簡，夾在指頭縫裡，便丁丁當當地敲，與那弦子聲音相應。右手持了鼓捶子，凝神聽那弦子的節奏，忽羯鼓一聲，歌喉遽發，字字清脆，聲聲宛轉，如新鶯出谷，乳燕歸巢，每句七字，每段數十句，或緩或急，忽高忽低。其中轉腔換調之處，百變不窮，覺一切歌曲腔調俱出其下，以為觀止矣。

旁坐有兩人，其一人低聲問那人道：「此想必是白妞了罷？」其一人道：「不是。這人叫黑妞，是白妞的妹子。他的調門兒都是白妞教的，若比白妞，還不曉得差多遠呢！他的好處，人說得出，白妞的好處，人說不出；他的好處，人學得到，白妞的好處，人學不到。你想，這幾年來，好玩耍的誰不學他們的調兒呢？就是窯子裡的姑娘，也人人都學，只是頂多有一兩句到黑妞的地步。若白妞的好處，從沒有一個人能及他十分裡的一分的。」說著的時候，黑妞早唱完，後面去了。這時滿園子裡的人，談心的談心，說笑的說笑，賣瓜子、落花生、山裡紅[17]、核桃仁的，高聲喊叫著賣，滿園子裡聽來都是人聲。

正在熱鬧哄哄的時節，只見那後台裡又出來了一位姑娘，年紀約十八九歲，裝束與前一個毫無分別，瓜子臉兒，白淨面皮，相貌不過中人以上之姿，只覺得秀而不媚，清而不寒。半低著頭出來，立在半桌後面，把梨花簡丁當了幾聲。煞是奇怪，只是兩片頑鐵[18]，到他手裡，便有了五音十二律以的。又將鼓捶子輕輕地點了兩下，方抬起頭來，向台下一盼。那雙眼睛，如秋水，如寒星，如寶珠，如白水銀裡頭養著兩丸黑水銀，左右一顧一看，連那坐在遠遠牆角子裡的人都覺得王小玉看見我了，那坐得近的更不必說。就這一眼，滿園子裡便鴉雀無聲，比皇帝出來還要靜悄得多呢！連一根針跌在地下都聽得見響。

王小玉便啟朱唇，發皓齒，唱了幾句書兒。聲音初不甚大，只覺入耳有說不出來的妙境，五臟六腑裡，像熨斗熨過，無一處不伏貼，三萬六千個毛孔，像吃了人參果，無一個毛孔不暢快。唱了十數句之後，漸漸地越唱越高，忽然拔了一個尖兒，像一線鋼絲拋入天際，不禁暗暗叫絕。那知他於那極高的地方，尚能迴環轉折。幾轉之後，又高一層，接連有三四疊，節節高起，恍如由傲來峰西面攀登泰山的景象，初看傲來峰削壁千仞，以為上與天通；及至翻到傲來峰頂，才見扇子崖更在傲來峰上；及至翻到扇子崖，又見南天門更在扇子崖上，愈翻愈險，愈險愈奇。

那王小玉唱到極高的三四疊後，陡然一落，又極力騁其千迴百折的精神，如一條飛蛇在黃山三十六峰半中腰裡盤旋穿插。頃刻之間，周匝數遍，從此以後，愈唱愈低，愈低愈細，那聲音漸漸地就聽不見了。滿園子的人都屏氣凝神，不敢少動。約有兩三分鐘之久，彷彿有一點聲音從地底下發出，這一出之後，忽又揚起，像放那東洋煙火，一個彈子上天，隨化作千百道五色火光，縱橫散亂，這一聲飛起，即有無限聲音俱來並發。那彈弦子的亦全用輪指，忽大忽小，同他那聲音相和相合，有如花塢春曉，好鳥亂鳴，耳朵忙不過來，不曉得聽那一聲的為是。正在撩亂之際，忽聽霍然一聲，人弦俱寂。這時，台下叫好之聲，轟然雷動。

停了一會，鬧聲稍定，只聽那台下正座上有一個少年人，不到三十歲光景，是湖南口音，說道：「當年讀書，見古人形容歌聲的好處，有那『餘音繞梁，三日不絕』的話，我總不懂。空中設想，餘音怎樣會得繞梁呢？又怎會三日不絕呢？及至聽了小玉先生說書，才知古人措辭之妙。每次聽他說書之後，總有好幾天耳朵裡無非都是他的書，無論做什麼事，總不入神，反覺得『三日不絕』這『三日』二字下得太少，還是孔子『三月不知肉味』的『三月』二字，形容得透徹些！」旁邊人都說道：「夢湘先生論得透闢極了！『於我心有戚戚焉』。」

說著，那黑妞又上來說了一段，底下便又是白妞上場，這一段，聞旁邊人說，叫作「黑驢段」。聽了去，不過是一個士子見一個美人，騎了一個黑驢走過去的故事。將形容那美人，先形容那黑驢怎樣怎樣好法，待鋪敘到美人的好處，不過數語，這段書也就完了。其音節全是快板，越說越快。白香山詩云：「大珠小珠落玉盤。」可以盡之。其妙處在說得極快的時候，聽的人彷佛都趕不上聽，他卻字字清楚，無一字不送到人耳輪深處⑲。這是他的獨到，然比著前一段卻未免遜一籌了。

說文解字

❶開發：支付。❷踅：來回地走。❸享堂：供奉祖宗、神佛的地方。❹小藍呢轎子：四品以下官員所乘，由二人或三人交替肩抬的藍帷轎子。❺膀子：胳臂上部靠肩的部分，也指整個胳臂。護書：放置文件、書函的長方形木盒。❻咭咭咕咕：嘟噥，低聲說話。❼說鼓書：大鼓書。古代一邊說故事，一邊敲著鼓的民間技藝。❽招子：招牌、廣告、海報。❾告假：請假。❿西皮：以胡琴爲主要伴奏樂器，拍子有原板、慢板、快三眼、導板、搖板等。二簧：相傳起於安徽，傳至江西宜黃演變而成。以胡琴伴奏，曲調流暢平和，節奏穩定，有婉轉端凝的特色。與西皮腔合稱爲「皮黃」，也作「二黃」。梆子腔：起於陝西，盛行於中國北方。音樂風格高亢激越，文詞通俗易懂，因演唱時以梆子加強節奏，故稱之。⓫舜井：名列濟南七十二名泉之一，實則爲一口古井。據傳說，早年有一條蛟龍作惡，舜將其制服並封於此井之中。這也是爲什麼舜井常年有井蓋，並有鐵條封鎖的由來。⓬打千兒：清代男子下對上請安時，所通行的禮節。施禮者左膝前屈，大腿後彎，上體稍向前俯，右手下垂。⓭嘁嘁喳喳：狀聲詞，形容細碎的說話聲。⓮福橘：福建所產的橘子。⓯

輪指：一種琵琶、琴等弦樂器的彈奏指法。琵琶的輪指以大拇指挑弦，其餘四指依次彈弦；琴的輪指則用右手無名指、中指和食指次第彈弦，一般用在同一弦上，形成同音重複。⑯錚錚鏦鏦：形容清脆的聲響。⑰山裡紅：植物名。五、六月開花，果實長圓形，深紅色，可生食，又可糖漬和製成糕餅。⑱頑鐵：堅硬的鐵。⑲耳輪：耳朵。

第四回　宮保求賢愛才若渴，太尊治盜疾惡如仇

話說老殘從撫署出來，即將轎子辭去，步行在街上遊玩了一會兒，又在古玩店裡盤桓些時❶。傍晚回到店裡，店裡掌櫃的連忙跑進屋來說聲「恭喜」，老殘茫然不知道是何事。

掌櫃的道：「我適才聽說院上高大老爺親自來請你老，說是撫台要想見你老，因此一路進衙門的。你老真好造化！上房一個李老爺、一個張老爺，都拿著京城裡的信去見撫台，三次五次的見不著。偶然見著回把，這就要鬧脾氣、罵人，動不動就要拿片子送人到縣裡去打。像你老這樣，撫台央出文案來請老爺進去談談，這面子有多大！那怕不是立刻就有差使的嗎？怎麼樣不給你老道喜呢！」老殘道：「沒有的事，你聽他們胡說呢！高大老爺是我替他家醫治好了病，我說，撫台衙門裡有個珍珠泉，可能引我們去見識見識，所以昨日高大老爺偶然得空，來約我看泉水的。那裡有撫台來請我的話！」掌櫃的道：「我知道的，你老別騙我。先前高大老爺在這裡說話的時候，我聽他管家說，撫台進去吃飯，走從高大老爺房門口過，還嚷說：『你趕緊吃過飯就去約那個鐵公來哪！去遲，恐怕他出門，今兒就見不著了。』」老殘笑道：「你別信他們胡謅，沒有的事。」掌櫃的道：「你老放心，我不問你借錢。」

只聽外邊大嚷：「掌櫃的在那兒呢？」掌櫃的慌忙跑出去。只見一個人，戴了亮藍頂子，拖著花翎❷，穿了一雙抓地虎靴子、紫呢夾袍、天青哈喇馬褂，一手提著燈籠，一手拿了個雙紅名帖，嘴裡喊：「掌櫃的呢？」掌櫃的說：「在這兒，在這兒！你老啥事？」那人道：「你這兒有位鐵爺嗎？」掌櫃的道：「不錯，不錯，在這東廂房裡住著呢！我引你去。」

兩人走進來，掌櫃指著老殘道：「這就是鐵爺。」那人趕了一步，進前請了一個安，舉起手中帖子，口中說道：「宮保說，請鐵老爺的安。今晚因學台請吃飯，沒有能留鐵老爺在衙門裡吃飯，所以叫廚房裡趕緊辦了一桌酒席，叫立刻送過來。宮保說不中吃，請鐵老爺格外包涵些。」那人回頭道：「把酒席抬上來。」那後邊的兩個人抬著一個三屜的長方抬盒，揭了蓋子，頭屜是碟子小碗，第二屜是燕窩魚翅等類大碗，第三屜是一個燒小豬、一隻鴨子，還有兩碟點心。打開看過，那人就叫：「掌櫃的呢？」這時，掌櫃同茶房等人站在旁邊，久已看呆了，聽叫，忙應道：「啥事？」那人道：「你招呼著送到廚房裡去。」老殘忙道：「宮保這樣費心，是不敢當的。」一面讓那人房裡去坐坐吃茶，那人再三不肯。老殘固讓❸，那人才進房，在下首一個杌子上坐下。讓他上炕，死也不肯。

老殘拿茶壺，替他倒了碗茶。那人連忙立起，請了個安道謝，因說道：「聽官保吩咐，趕緊打掃南書房院子，請鐵老爺明後天進去住呢！將來有什麼差遣，只管到武巡捕房呼喚一聲，就過去伺候。」老殘道：「豈敢，豈敢！」那人便站起來，又請了個安，說：「告辭，要回衙消差，請賞個名片。」老殘一面叫茶房來，給了挑盒子的四百錢；一面寫了個領謝帖子，送那人出去。那人再三固讓，老殘仍送出大門，看那人上馬去了。

老殘從門口回來，掌櫃的笑迷迷地迎著說道[4]：「你老還要騙我！這不是撫台大人送了酒席來了嗎？剛才來的，我聽說是武巡捕赫大老爺，他是個參將呢！這二年裡，住在俺店裡的客，撫台也常有送酒席來的，都不過是尋常酒席，差個戈什來就算了[5]。像這樣尊重，俺這裡是頭一回呢！」老殘道：「那也不必管他，尋常也好，異常也好，只是這桌菜怎樣銷法呢？」掌櫃的道：「或者分送幾個至好朋友，或者今晚趕寫一個帖子，請幾位體面客，明兒帶到大明湖上去吃。撫台送的，比金子買的還榮耀的多呢！」老殘笑道：「既是比金子買的還要榮耀，可有人要買？我就賣他兩把金子來，抵還你的房飯錢罷。」掌櫃的道：「別忙，你老房飯錢，我很不怕，自有人來替你開發。你老不信，試試我的話，看靈不靈！」老殘道：「管他怎麼呢！只是今晚這桌菜，依我看，倒是轉送了你去請客罷。我很不願意吃它，怪煩的慌。」

二人講了些時，仍是老殘請客，就將這本店的住客都請到上房明間裡去。這上房住的，一個姓李，一個姓張，本是極倨傲的。今日見撫台如此契重，正在想法聯絡聯絡，以為托情謀保舉地步。卻遇老殘借他的外間請本店的人，自然是他二人上坐，喜歡的無可如何。所以這一席間，將個老殘恭維得渾身難受，十分沒法，也只好敷衍幾句。好容易一席酒完，各自散去。

那知這張李二公，又親自到廂房裡來道謝，一替一句，又奉承了半日。姓李的道：「老兄可以捐個同知，今年隨捐一個過班，明年春間大案，又是一個過班，秋天引見，就可得濟東泰武臨道。先署後補，是意中事。」姓張的道：「李兄是天津的首富，如老兄可以照應他得兩個保舉，這捐官之費，李兄可以拿出奉借。等老兄得了優差，再還不遲。」老殘道：「承兩位過愛，兄弟總算有造化的了。

只是目下尚無出山之志，將來如要出山，再為奉懇。」兩人又力勸了一回，各自回房安寢。

老殘心裡想道：「本想再為盤桓兩天，看這光景，恐無謂的糾纏要越逼越緊了。『三十六計，走為上計』。」當夜遂寫了一封書，托高紹殷代謝張宮保的厚誼。天未明即將店帳算清楚，雇了一輛二把手的小車，就出城去了。

出濟南府西門，北行十八里，有個鎮市，名叫雒口。當初黃河未併大清河的時候，凡城裡的七十二泉泉水，皆從此地入河，本是個極繁盛的所在。自從黃河併了，雖仍有貨船來往，究竟不過十分之一二，差得遠了。老殘到了雒口，雇了一隻小船，講明逆流送到曹州府屬董家口下船，先付了兩吊錢，船家買點柴米。卻好本日是東南風，掛起帆來，呼呼地去了，走到太陽將要落山，已到了齊河縣城，拋錨住下。第二日住在平陰，第三日住在壽張，第四日便到了董家口，仍在船上住了一夜，天明開發船錢，將行李搬在董家口一個店裡住下。

這董家口本是曹州府到大名府的一條大道，故很有幾家車店。這家店就叫個董二房老店，掌櫃的姓董，有六十多歲，人都叫他老董，只有一個夥計，名叫王三。老殘住在店內，本該雇車就往曹州府去，因想沿路打聽那玉賢的政績，故緩緩起行，以便察訪。

這日有辰牌時候，店裡住客連那起身極遲的也都走了。店夥打掃房屋，掌櫃的帳已寫完，在門口閒坐。老殘也在門口長凳上坐下，向老董說道：「聽說你們這府裡的大人，辦盜案好的很，究竟是個什麼情形？」那老董嘆口氣道：「玉大人官卻是個清官，辦案也實在盡力，只是手太辣些。初起還辦著幾個強盜，後來強盜摸著他的脾氣，這玉大人倒反做了強盜的兵器了。」

老殘道：「這話怎麼講呢？」老董道：「在我們此地西南角上，有個村莊，叫于家屯。這于家屯也有二百多戶人家。那莊上有個財主，叫于朝棟，生了兩個兒子、一個女兒。二子都娶了媳婦，養了兩個孫子，女兒也出了閣。這家人家過的日子很為安逸，不料禍事臨門，去年秋間，被強盜搶了一次。其實也不過搶去些衣服首飾，所值不過幾百吊錢。這家就報了案，經這玉大人極力的嚴拿，居然也拿住了兩個為從的強盜夥計，追出來的贓物不過幾件布衣服。那強盜頭腦早已不知跑到那裡去了。

「誰知因這一拿，強盜結了冤仇。到了今年春天，那強盜竟在府城裡面搶了一家子。玉大人雷厲風行的，幾天也沒有拿著一個人。過了幾天，又搶了一家子，搶過之後，大明大白地放火。你想，玉大人可能依呢？自然調起馬隊，追下來了。

「那強盜搶過之後，打著火把出城，手裡拿著洋槍，誰敢上前攔阻？出了東門，望北走了十幾里地，火把就滅了。玉大人調了馬隊，走到街上，地保❻、更夫就將這情形詳細稟報❼。當時放馬追出了城，遠遠還看見強盜的火把，追了二三十里，看見前面又有火光，帶著兩三聲槍響。玉大人聽了，怎能不氣呢？仗著膽子本來大，他手下又有二三十匹馬，都帶著洋槍，還怕什麼呢？一直的追去，不是火光，便是槍聲。到了天快明時，眼看離追上不遠了，那時也到了這于家屯了。過了于家屯再往前追，槍也沒有，火也沒有。

「玉大人心裡一想，說道：『不必往前追，這強盜一定在這村莊上了。』當時勒回了馬頭，到了莊上，在大街當中有個關帝廟下了馬，吩咐手下的馬隊，派了八個人，東南西北，一面兩匹馬把住，不許一個人出去，將地保、鄉約等人叫起。這時天已大明了，這玉大人自己帶著馬隊上的人，步行從南頭到北頭，挨家去搜，搜了半天，一些形跡沒有。又從東望西搜去，剛剛搜到這于朝棟家，搜出三枝土槍，又有幾把刀，十幾根竿子。

「玉大人大怒，說強盜一定在他家了，坐在廳上，叫地保來問：『這是什麼人家？』地保回道：『這家姓于。老頭子叫于朝棟，有兩個兒子，大兒子叫于學詩，二兒子叫于學禮，都是捐的監生❽。』玉大人立刻叫把這于家父子三個帶上來。你想，一個鄉下人，見了府裡大人來了，又是盛怒之下，那有不怕的道理呢？上得廳房裡，父子三個跪下，已經是颯颯地抖，那裡還能說話？

「玉大人說道：『你好大膽！你把強盜藏到那裡去了？』那老頭子早已嚇的說不出話來。還是他二兒子，在府城裡讀過兩年書，見過點世面，膽子稍為壯些，跪著伸直了腰，朝上回道：『監生家裡向來是良民，從沒有同強盜往來的，如何敢藏著強盜？』玉大人道：『既沒有勾當強盜，這軍器從那裡來的？』于學禮道：『因去年被盜之後，莊上不斷常有強盜來，所以買了幾根竿子，叫田戶、長工輪班來幾個保家。因強盜都有洋槍，鄉下洋槍沒有買處，也不敢買。所以從他們打鳥兒的回了兩三枝土槍，夜裡放兩聲，驚嚇驚嚇強盜的意思。』

「玉大人喝道：『胡說！那有良民敢置軍火的道理！你家一定是強盜！』回頭叫了一聲：『來！』那手下人便齊聲像打雷一樣答應了一聲：『嗏！』玉大人說：『你們把前後門都派人守了，替我切實地搜！』這些馬兵遂到他家，從上房裡搜起，衣箱櫥櫃全行抖擻一個盡，稍微輕便值錢一點的首飾就掖在腰裡去了，搜了半天，倒也沒有搜出什麼犯法的東西。那知搜到後來，在西北角上，有兩間堆破爛農器的一間屋子裡，搜出了一個包袱，裡頭有七八件衣裳，有三四件還是舊綢子的。馬兵拿到廳上，回說：『在堆東西的裡房搜出這個包袱，不像是自己的衣服，請大人驗看。』

「那玉大人看了，眉毛一皺，眼睛一凝，說道：『這幾件衣服，我記得彷彿是前天城裡失盜那一家子的。姑且帶回衙門去，照失單查對。』就指著衣服向于家父子道：『你說這衣服那裡來的？』于家父子面面相窺，都回不出。還是于學禮說：『這衣服實在不曉得那裡來的。』玉大人就立起身來，吩咐：『留下十二個馬兵，同地保將于家父子帶回城去聽審！』說著就出去。跟從的人拉過馬來，騎上了馬，帶著餘下的人先進城去。

「這裡于家父子同他家裡人抱頭痛哭。這十二個馬兵說：『我們跑了一夜，肚子裡很餓，你們趕緊給我們弄點吃的，趕緊走罷！大人的脾氣誰不知道，越遲去越不得了。』地保也慌張地回去交代一聲，收拾行李，叫于家預備了幾輛車子，大家坐了進去。趕到二更多天，才進了城。

「這裡于學禮的媳婦，是城裡吳舉人的姑娘，想著他丈夫同他公公、大伯子都被捉去的，斷不能鬆散。當時同他大嫂子商議，說：『他們爺兒三個都被拘了去，城裡不能沒個人照料。我想，家裡的事，大嫂子你老照管著。這裡我也趕忙追進城去，找俺爸爸想法子去。你看好不好？』他大嫂子說：『很好，很好，我正想著城裡不能沒人照應。這些管莊子的都是鄉下老兒，就差幾個去，到得城裡也跟傻子一樣，沒有用處的。』說著，吳氏就收拾收拾，選了一掛雙套飛車❾，趕進城去。到了他父親面前，嚎啕大哭。這時候不過一更多天，比他們父子三個，還早十幾里地呢！

「吳氏一頭哭著，一頭把飛災大禍告訴了他父親。他父親吳舉人一聽，渾身發抖，抖著說道：『犯著這位喪門星，事情可就大大的不妥了，我先去走一趟看罷！』連忙穿了衣服，到府衙門求見。號房上去回過，說：『大人說的，現在要辦盜案，無論什麼人，一應不見。』吳舉人同裡頭刑名師爺素來相好，連忙進去見了師爺，把這種種冤枉說了一遍。師爺說：『這案在別人手裡，斷然無事。但這位東家向來不照律例辦事的。如能交到兄弟書房裡來，包你無事。恐怕不交下來，那就沒法了。』

「吳舉人接連作了幾個揖，重托了出去。趕到東門口，等他親家、女婿進來。不過一盅茶的時候，那馬兵押著車子已到。吳舉人搶到面前，見他三人面無人色，于朝棟看了看，只說了一句：『親家救我。』那眼淚就同潮水一樣的直流下來。

「吳舉人方要開口，旁邊的馬兵嚷道：『大人久已坐在堂上等著呢！已經四五撥子馬來催過了，趕快走罷！』車子也並不敢停留，吳舉人便跟著車子走著，說道：『親家寬心！湯裡火裡，我但有法子，必去就是了。』說著，已到衙門口。只見衙裡許多公人出來催道：『趕緊帶上堂去罷！』當時來了幾個差人，用鐵鍊子將于家父子鎖好，帶上去。方跪下，玉大人拿了失單交下來，說：『你們還有得說的嗎？』于家父子方說得一聲『冤枉』，只聽堂上驚堂一拍，大嚷道：『人贓現獲，還喊冤枉！把他站起來！去！』左右差人連拖帶拽，拉下去了。」

說文解字

❶盤桓：逗留。❷花翎：清代官品的冠飾。以孔雀翎爲飾，故稱爲「花翎」。以翎眼的多寡區分官吏等級，五品以上，不待勛賞得捐納而戴之，唯限於一眼；大臣有特恩者二眼；宗臣，如親王貝勒等始戴三眼。❸固讓：堅決的再三謙讓。❹笑迷迷：微笑的樣子，也作「笑咪咪」。❺戈什：清朝文武官員身邊的護衛，也作「戈什哈」。❻地保：從前稱地方上的辦事人員爲「地保」，相當於現在的鄰里長。❼更夫：舊時打更巡夜的人，也作「更卒」。❽監生：明清兩代

在國子監讀書或取得進國子監讀書資格的人。具有此資格的人，就可以和秀才一樣應鄉試。取得資格的方法有兩種：一、廕監，即由祖先的勛勞資歷，按規定的制度取得。二、例監，即用捐納的方式取得。❾雙套飛車：用兩匹馬拉的快車。

第五回　烈婦有心殉節，鄉人無意逢殃

話說老董說到此處，老殘問道：「那不成就把這人家爺兒三個都站死了嗎？」老董道：「可不是呢！那吳舉人到府衙門請見的時候，他女兒，于學禮的媳婦，也跟到衙門口借了延生堂的藥鋪裡坐下，打聽消息。聽說府裡大人不見他父親，已到衙門裡頭求師爺去了。吳氏便知事體不好，立刻叫人把三班頭兒請來❶。

「那頭兒姓陳，名仁美，是曹州府著名的能吏❷。吳氏將他請來，把被屈的情形告訴了一遍，央他從中設法。陳仁美聽了，把頭連搖幾搖，說：『這是強盜報仇做的圈套。你們家又有上夜的❸，又有保家的，怎麼就讓強盜把贓物送到家中屋子裡還不知道？也算的個特等馬虎了！』吳氏就從手上抹下一副金鐲子遞給陳頭，說：『無論怎樣，總要頭兒費心！但能救得三人性命，無論花多少錢都願意。不怕將田地房產賣盡，咱一家子要飯吃去都使得。』

「陳頭兒道：『我去替少奶奶設法，做得成也別歡喜，做不成也別埋怨，俺有多少力量用多少力量就是了。這早晚，他爺兒三個恐怕要到了，大人已是坐在堂上等著呢！我趕快替少奶奶打點去。』說罷告辭。回到班房，把金鐲子望堂中桌上一擱，開口道：『諸位兄弟叔伯們，今兒于家這案明是冤枉，諸位有什麼法子，大家幫湊想想。如能救得他們三人性命，一則是件好事，二則大家也可沾潤幾

兩銀子。誰能想出妙計，這副鐲就是誰的。』大家答道：『那有一准的法子呢！只好相機行事，做到那裡說那裡話罷。』說過，各人先去通知已站在堂上的夥計們留神方便。

「這時于家父子三個已到堂上，玉大人叫把他們站起來。就有幾個差人橫拖倒拽，將他三人拉下堂去。這邊值日頭兒就走到公案面前，跪了一條腿，回道：『稟大人的話，今日站籠沒有空子❹，請大人示下。』那玉大人一聽，怒道：『胡說！我這兩天記得沒有站什麼人，怎會沒有空子呢？』值日差回道：『只有十二架站籠，三天已滿。請大人查簿子看。』大人一查簿子，用手在簿子上點著說：『一，二，三，昨兒是三個。一，二，三，四，五，前兒是五個。一，二，三，四，大前兒是四個。沒有空，倒也不錯的。』差人又回道：『今兒可否將他們先行收監，明天定有幾個死的，等站籠出了缺，將他們補上好不好？請大人示下！』

「玉大人凝了一凝神，說道：『我最恨這些東西！若要將他們收監，豈不是又被他多活了一天去了嗎？斷乎不行！你們去把大前天站的四個放下，拉來我看。』差人去將那四人放下，拉上堂去。大人親自下案，用手摸著四人鼻子，說道：『是還有點游氣。』復行坐上堂去，說：『每人打二千板子，看他死不死！』那知每人不消得幾十板子，那四個人就都死了。眾人沒法，只好將于家父子站起，卻在腳下選了三塊厚磚，讓他可以三四天不死，趕忙想法。誰知什麼法子都想到，仍是不濟。

「這吳氏真是好個賢惠婦人！他天天到站籠前來灌點參湯，灌了回去就哭，哭了就去求人，響頭不知磕了幾千，總沒有人挽回得動這玉大人的牛性❺。于朝棟究竟上了幾歲年紀，第三天就死了，于學詩到第四天也就差不多了。吳氏將于朝棟屍首領回，親視含殮，換了孝服，將他大伯、丈夫後事囑託了他父親，自己跪到府衙門口，對著于學禮哭了個死去活來。末後向他丈夫說道：『你慢慢地走，我替你先到地下收拾房子去！』說罷，袖中掏出一把飛利的小刀，向脖子上只一抹，就沒有了氣了。

「這裡三班頭腦陳仁美看見❻，說：『諸位，這吳少奶奶的節烈，可以請得旌表的。我看，倘若這時把于學禮放下來，還可以活。我們不如藉這個題目上去替他求一求罷。』眾人都說：『有理。』陳頭立刻進去找了稿案門上，把那吳氏怎樣節烈說了一遍，又說：『民間的意思說，這節婦為夫自盡，情實可憫。可否求大人將他丈夫放下，以慰烈婦幽魂？』稿案說：『這話很有理，我就替你回去。』抓了一頂大帽子戴上，走到簽押房，見了大人，把吳氏怎樣節烈，眾人怎樣乞恩，說了一遍。

「玉大人笑道：『你們倒好，忽然的慈悲起來了！你會慈悲于學禮，你就不會慈悲你主人嗎？這人無論冤枉不冤枉，若放下他，一定不能甘心，將來連我前程都保不住。俗語說的好，「斬草要除根」，就是這個道理。況這吳氏尤其可恨，他一肚子覺得我冤枉了他一家子。若不是個女人，他雖死了，我還要打他二千板子出出氣呢！你傳話出去，誰要再來替于家求情，就是得賄的憑據，不用上來回，就把這求情的人也用站籠站起來就完了！』稿案下來，一五一十將話告知了陳仁美。大家嘆口氣就散了。

「那裡吳家業已備了棺木前來收殮❼。到晚，于學詩、于學禮先後死了。一家四口棺木，都停在西門外觀音寺裡，我春間進城還去看了看呢！」

老殘道：「于家後來怎麼樣呢？就不想報仇嗎？」老董說道：「那有什麼法子呢！民家被官家害了，除卻忍受，更有什麼法子？倘若是上控，照例仍舊發回來審問，再落在他手裡，還不是又饒上一個嗎？

「那于朝棟的女婿倒是一個秀才。四個人死後，于學詩的媳婦也到城裡去了一趟，商議著要上控。就有那老年見過世面的人說：『不妥，不妥！你想叫誰去呢？外人去，叫作事不干己，先有個多事的罪名。若說叫于大奶奶去罷，兩個孫子還小，家裡偌大的事業，全靠他一人支撐呢！他再有個長短，這家業怕不是眾親族一分，這兩個小孩子誰來撫養？反把于家香煙絕了。』又有人說：『大奶奶是去不得的，倘若是姑老爺去走一趟，到沒有什麼不可。』他姑老爺說：『我去是很可以去，只是與正事無濟，反叫站籠裡多添個屈死鬼。你想，撫台一定發回原官審問，縱然派個委員前來會審，官官相護，他又拿著人家失單衣服來頂我們❽。我們不過說：『那是強盜的移贓。』他們問：『你瞧見強盜移的嗎？』你有什麼憑據？那時自然說不出來。他是官，我們是民；他是有失單為憑的，我們是憑空裡沒有證據的。你說，這官事打得贏打不贏呢？』眾人想想也是真沒有法子，只好罷了。

「後來聽得他們說，那移贓的強盜聽見這樣，都後悔的了不得，說：『我當初恨他報案，毀了我兩個弟兄，所以用個借刀殺人的法子，讓他家吃幾個月官事，不怕不毀他一兩千吊錢。誰知道就鬧的這麼利害，連傷了他四條人命！委實我同他家也沒有這大的仇隙❾。』」

老董說罷，復道：「你老想想，這不是給強盜做兵器嗎？」老殘道：「這強盜所說的話又是誰聽見的呢？」老董道：「那是陳仁美他們碰了頂子下來，看這于家死的實在可慘，又平白地受了人家一副金鐲子，心裡也有點過不去，所以大家動了公憤，齊心齊意要破這一案。又加著那鄰近地方，有些江湖上的英雄，也恨這夥強盜做得太毒，所以不到一個月，就捉住了五六個人。有三四個牽連著別的案情的，都站死了。有兩三個專只犯于家移贓這一案的，被玉大人都放了。」

老殘說：「玉賢這個酷吏，實在令人可恨！他除了這一案不算，別的案子辦得怎麼樣呢？」老董說：「多著呢！等我慢慢地說給你老聽。就咱這個本莊，就有一案，也是冤枉，不過條把人命就不算事了。我說給你老聽……」

說文解字

❶頭兒：舊時對衙役的尊稱，也作「衙役」。❷能吏：有才能的官吏。❸上夜：值班守夜，也作「上宿」。❹站籠：舊時的一種刑具。以木頭製籠，籠頂設枷，上有圓孔，可套於囚犯頸上，使囚犯直立籠中，受此刑者常數日即死。也作「立枷」。❺牛性：比喻脾氣很拗，性情倔強。也作「牛心」。❻頭腦：首領、首腦人物。❼收殮：把屍體裝到棺材裡去，也作「殮屍」。❽失單：事主報官查緝時，所呈報的失物單據。❾仇隙：因怨恨而生的裂痕。

第十六回 六千金買得凌遲罪，一封書驅走喪門星

這裡人瑞煙也吃完，老殘問道：「投到胡舉人家怎樣呢？」人瑞道：「這個鄉下糊塗老兒見了胡舉人，扒下地就磕頭，說：『如能救得我主人的，萬代封侯！』胡舉人道：『封侯不濟事，要有錢才能辦事呀！這大老爺，我在省城裡也與他同過席，是認得的。你先拿一千銀子來，我替你辦，我的酬勞再外。』那老兒便從懷裡摸出個皮靴頁兒來❶，取出五百一張的票子兩張，交與胡舉人。卻又道：『但能官司了結無事，就再花多少我也能辦。』胡舉人點點頭，吃過午飯就穿了衣冠來拜老剛。」

老殘拍著炕沿道：「不好了！」人瑞道：「這渾蛋的胡舉人來了呢！老剛就請見，見了略說了幾句套話❷。胡舉人就把這一千銀票子雙手捧上，說道：『這是賈魏氏那一案，魏家孝敬老公祖的❸，求老公祖格外成全。』」

老殘道：「一定翻了呀！」人瑞道：「翻了倒還好，卻是沒有翻。」老殘道：「怎麼樣呢？」人瑞道：「老剛卻笑嘻嘻地雙手接了，看了一看，說道：『是誰家的票子，可靠得住嗎？』胡舉人道：『這是同裕的票子，是敝縣第一個大錢莊，萬靠得住。』老剛道：『這麼大個案情，一千銀子那能行呢？』胡舉人道：『魏家人說，只要早早了結，沒事，就再花多些，他也願意。』老剛道：『十三條人命，一千銀子一條，也還值一萬三呢！也罷，既是老兄來，兄弟情願減半算，六千五百兩銀子罷。』胡舉人連聲答應道：『可以行得，可以行得。』

「老剛又道：『老兄不過是個介紹人，不可專主，請回去切實問他一問，也不必開票子來，只須老兄寫明云：「減半六五之數，前途願出。」兄弟憑此，明日就斷結了。』胡舉人歡喜的了不得，出去就與那鄉下老兒商議。鄉下老兒聽說官司可以了結無事，就擅專一回❹。諒多年賓東❺，不致遭怪，況且不要現銀子。就高高興興地寫了個五千五百兩的憑據交與胡舉人，又寫了個五百兩的憑據，為胡舉人的謝儀❻。

「這渾蛋胡舉人寫了一封信，並這五千五百兩憑據，一併送到縣衙門裡來。老剛收下，還給個收條。等到第二天升堂，本是同王子謹會審的，這些情節，子謹卻一絲也不知道。坐上堂去，喊了一聲『帶人』。那衙役們早將魏家父女帶到，卻都是死了一半的樣子。兩人跪到堂上，剛弼便從懷裡摸出那個一千兩銀票並那五千五百兩憑據，和那胡舉人的書子❼，先遞給子謹看了一遍。子謹不便措辭，心中卻暗暗地替魏家父女叫苦。

「剛弼等子謹看過，便問魏老兒道：『你認得字嗎？』魏老兒供❽：『本是讀書人，認得字。』又問賈魏氏：『認得字嗎？』供：『從小上過幾年學，認字不多。』老剛便將這銀票、筆據叫差人送與他父女們看。他父女回說：『不懂這是什麼原故。』剛弼道：『別的不懂，想必也是真不懂。這個憑據是誰的筆跡，下面註著名號，你也不認得嗎？』叫差人：『你再給那個老頭兒看！』魏老兒看過，供道：『這憑據是小的家裡管事的寫的，但不知他為什麼事寫的。』

「剛弼哈哈大笑說：『你不知道，等我來告訴你，你就知道了！昨兒有個胡舉人來拜我，先送一千兩銀子，說你們這一案，叫我設法兒開脫。又說如果開脫，銀子再要多些也肯。我想你們兩個窮凶極惡的人，前日頗能熬刑，不如趁勢討他個口氣罷，我就對胡舉人說：「你告訴他管事的去，說害了人家十三條性命，就是一千兩銀子一條，也該一萬三千兩。」胡舉人說：「恐怕一時拿不出許多。」我說：「只要他心裡明白，銀子便遲些日子不要緊的。如果一千銀子一條命不肯出，就是折半五百兩銀子一條命，也該六千五百兩，不能再少。」胡舉人連連答應。我還怕胡舉人孟浪❾，再三叮囑他，叫他把這折半的道理告訴你們管事的，如果心服情願，叫他寫個憑據來，銀子早遲不要緊的。第二天，果然寫了這個憑據來。我告訴你，我與你無冤無仇，我為什麼要陷害你們呢？你要摸心想一想，我是個朝廷家的官，又是撫台特特委我來幫著王大老爺來審這案子，我若得了你們的銀子，開脫了你們，不但辜負撫台的委任，那十三條冤魂肯依我嗎？我再詳細告訴你，倘若人命不是你謀害的，你家為什麼肯拿幾千兩銀子出來打點呢？這是第一據。在我這裡花的是六千五百兩，在別處花的且不知多少，我就不便深究了。倘人不是你害的，我告訴他照五百兩一條命計算，也應該六千五百兩。你那管事的就應該說：「人命實不是我家害的，如蒙委員代為昭雪，七千八千俱可，六千五百兩的數目卻不敢答應。」為什麼他毫無疑義，就照五百兩一條命算帳呢？是第二據。我勸你們早遲總得招認，免得饒上許多刑具的苦楚。』

「那父女兩個連連叩頭說：『青天大老爺！實在是冤枉！』剛弼把桌子一拍，大怒道：『我這樣開導你們，還是不招，再替我夾拶起來⑩！』底下差役炸雷似的答應了一聲：『嗄！』夾棍拶子望堂上一摔，驚魂動魄價響。

「正要動刑，剛弼又道：『慢著，行刑的差役上來，我對你講。』幾個差役走上幾步，跪一條腿，喊道：『請大老爺示。』剛弼道：『你們伎倆我全知道，你看那案子是不要緊的呢！你們得了錢，用刑就輕些，讓犯人不甚吃苦；你們看那案情重大，是翻不過來的了，你們得了錢，就猛一緊，把那犯人當堂治死，成全他個整屍首，本官又有個嚴刑斃命的處分，我是全曉得的。今日替我先拶賈魏氏，只不許拶得他發昏，但看神色不好就鬆刑，等他回過氣來再拶。預備十天工夫，無論你什麼好漢，也不怕你不招！』

「可憐一個賈魏氏，不到兩天，就真熬不過了，哭得一絲半氣的，又忍不得老父受刑，就說道：『不必用刑，我招就是了！人是我謀害的，父親委實不知情！』剛弼道：『你為什麼害他全家？』魏氏道：『我為妯娌不和，有心謀害。』剛弼道：『妯娌不和，你害他一個人很夠了，為什麼毒他一家子呢？』魏氏道：『我本想害他一人，因沒有法子，只好把毒藥放在月餅餡子裡。因為他最好吃月餅，讓他先毒死了，旁人必不至再受害了。』剛弼問：『月餅餡子裡，你放的什麼毒藥呢？』供：『是砒霜。』『那裡來的砒霜呢？』供：『叫人藥店裡買的。』『那家藥店裡買的呢？』『自己不曾上街，叫人買的，所以不曉得那家藥店。』問：『叫誰買的呢？』供：『就是婆家被毒死了的長工王二。』問：『既是王二替你買的，何以他又肯吃這月餅受毒死了呢？』供：『我叫他買砒的時候，只說為毒老鼠，所以他不知道。』問：『你說你父親不知情，你豈有個不同他商議的呢？』供：『這砒是在婆家買的，買得好多天了。正想趁個機會放在小罈吃食碗裡，值幾日都無隙可乘。恰好那日回娘家，看他們做月餅餡子，問他們何用，他們說送我家節禮。趁無人的時候，就把砒霜攪在餡子裡了。』

「剛弼點點頭道：『是了，是了。』又問道：『我看你人很直爽，所招的一絲不錯。只是我聽人說，你公公平常待你極為刻薄，是有的罷？』魏氏道：『公公待我如待親身女兒一般恩惠，沒有再厚的了。』剛弼道：『你公公橫豎已死，你何必替他迴護呢？』魏氏聽了，抬起頭來，柳眉倒豎，杏眼圓睜，大叫道：『剛大老爺！你不過要成就我個凌遲的罪名！現在我已遂了你的願了。既殺了公公，總是個凌遲！你又何必要坐成個故殺呢[11]！你家也有兒女呀！勸你退後些罷！』剛弼一笑道：『論做官的道理呢，原該追究個水盡山窮。然既已如此，先讓他把這個供畫了。』」

再說黃人瑞道：「這是前兩天的事，現在他還要算計那個老頭子呢！昨日我在縣衙門裡吃飯，王子謹氣得要死，逼得不好開口。一開口，彷彿得了魏家若干銀子似的，李太尊在此地，也覺得這案情不妥當，然也沒有法想，商議除非能把白太尊白子壽弄來才行。這瘟剛是以清廉自命的，白太尊的清廉，恐怕比他還靠得住些。白子壽的人品學問，為眾所推服，他還不敢藐視，捨此更無能制伏他的人了。只是一兩天內就要上詳[12]，宮保的性子又急[13]，若奏出去就不好設法了。只是沒法通到宮保面前去，凡我們同寅[14]，都要避點嫌疑。昨日我看見老哥，我從心眼裡歡喜出來，請你想個什麼法子。」

老殘道：「我也沒有長策。不過這種事情，其勢已迫，不能計出萬全的，只有就此情形，我詳細寫封信稟宮保，請宮保派白太尊來覆審。至於這一砲響不響，那就不能管了。天下事冤枉的多著呢！但是碰在我輩眼目中，盡心力替他做一下子就罷了。」人瑞道：「佩服，佩服。事不宜遲，筆墨紙張都預備好了，請你老人家就此動筆。翠環，你去點蠟燭、泡茶。」

老殘凝了一凝神，就到人瑞屋裡坐下，翠環把洋燭也點著了[15]。老殘揭開墨水匣，拔出筆來，鋪好了紙，拈筆便寫。那知墨水匣子已凍得像塊石頭，筆也凍得像個棗核子，半筆也寫不下去。翠環把墨水匣子捧到火盆上烘，老殘將筆拿在手裡，向著火盆一頭烘，一頭想。半霎功夫，墨水匣裡冒白氣，下半邊已烊了[16]。老殘蘸墨就寫，寫兩行，烘一烘，不過半個多時辰，信已寫好，加了個封皮[17]。打算問人瑞，信已寫妥，交給誰送去？對翠環道：「你請黃老爺進來。」

翠環把房門簾一揭，格格地笑個不止，低低喊道：「鐵老，你來瞧！」老殘望外一看，原來黃人瑞在南首，雙手抱著煙槍，頭歪在枕頭上，口裡拖三四寸長一條口涎，腿上卻蓋了一條狼皮褥子。再看那邊，翠花睡在虎皮毯上，兩隻腳都縮在衣服裡頭，兩隻手超在袖子裡，頭卻不在枕頭上，半個臉縮在衣服大襟裡，半個臉靠著袖子，兩個人都睡得實沉沉的了。

老殘看了說：「這可要不得，快點喊他們起來！」老殘就去拍人瑞，說：「醒醒罷，這樣要受病的！」人瑞驚覺，懵裡懵懂的，睜開眼說道：「呵，呵！信寫好了嗎？」老殘說：「寫好了。」人瑞掙扎著坐起。只見口邊那條涎水，由袖子上滾到煙盤裡，跌成幾段，原來久已化作一條冰了！老殘拍人瑞的時候，翠環卻到翠花身邊，先向他衣服摸著兩隻腳，用力往外一扯。翠花驚醒，連喊：「誰？誰？誰？」連忙揉揉眼睛，叫道：「可凍死我了！」

兩人起來，都奔向火盆就暖，那知火盆無人添炭，只剩一層白灰，幾星餘火，卻還有熱氣。翠環道：「屋裡火盆旺著呢！快向屋裡烘去罷。」四人遂同到裡邊屋來。翠花看鋪蓋，三分俱已攤得齊楚，就去看他縣裡送來的，卻是一床藍湖縐被、一床紅湖縐被、兩條大呢褥子、一個枕頭，指給老殘道：「你瞧這鋪蓋好不好？」老殘道：「太好了些。」便向人瑞道：「信寫完了，請你看看。」

人瑞一面烘火，一面取過信來，從頭至尾讀了一遍，說：「很切實的，我想總該靈罷。」老殘道：「怎樣送去呢？」人瑞腰裡摸出表來一看；說：「四下鐘，再等一刻，天亮了，我叫縣裡差個人去。」老殘道：「縣裡人都起身得遲，不如天明後，同店家商議，雇個人去更妥。只是這河難得過去。」人瑞道：「河裡昨晚就有人跑凌⑱，單身人過河很便當的。」大家烘著火，隨便閒話。

兩三點鐘工夫，極容易過，不知不覺，東方已自明瞭。人瑞喊起黃升，叫他向店家商議，雇個人到省城送信，說：「不過四十里地，如晌午以前送到，下午取得收條來，我賞銀十兩。」停了一刻，只見店夥同了一個人來說：「這是我兄弟，如大老爺送信，他可以去。他送過幾回信，頗在行，到衙門裡也敢進去，請大老爺放心。」當時人瑞就把上撫台的稟交給他，自收拾投遞去了。

這裡人瑞道：「我們這時該睡了。」黃、鐵睡在兩邊，二翠睡在當中，不多一刻都已齁齁地睡著。一覺醒來，已是午牌時候[19]。翠花家夥計早已在前面等候，接了他姐妹兩個回去，將鋪蓋捲了，一併掮著就走[20]。人瑞道：「傍晚就送他們姐兒倆來，我們這兒不派人去叫了。」夥計答應著「是」，便同兩人前去。翠環回過頭來眼淚汪汪地道：「停別忘了呵[21]！」人瑞、老殘俱笑著點點頭。

二人洗臉，歇了片刻就吃午飯。飯畢，已兩下多鐘，人瑞自進縣署去了，說：「倘有回信，喊我一聲。」老殘說：「知道，你請罷。」

人瑞去後，不到一個時辰，只見店家領那送信的人，一頭大汗，走進店來。懷裡取出一個馬封[22]，紫花大印。拆開，裡面回信兩封：一封是張宮保親筆，字比核桃還大；一封是內文案上袁希明的信，言：「白太尊現署泰安，即派人去代理，大約五七天可到。」並云：「宮保深盼閣下少候兩日，等白太尊到，商酌一切。」云云。老殘看了，對送信人說：「你歇著罷，晚上來領賞，喊黃二爺來。」店家說：「同黃大老爺進衙門去了。」老殘想：「這信交誰送去呢？不如親身去走一道罷。」就告店家，鎖了門，竟自投縣衙門來。

進了大門，見出出進進人役甚多，知有堂事。進了儀門，果見大堂上陰氣森森，許多差役兩旁立著。凝了一凝神，想道：「我何妨上去看看，什麼案情？」立在差役身後，卻看不見。

只聽堂上嚷道：「賈魏氏，你要明白你自己的死罪已定，自是無可挽回。你卻極力開脫你那父親，說他並不知情。這是你的一片孝心，本縣也沒有個不成全你的，但是你不招出你的姦夫來，你父親的命就保全不住了。你想，你那姦夫出的主意，把你害得這樣苦法，他到躲得遠遠的，連飯都不替你送一碗，這人的情義也就很薄的了，你卻抵死不肯招出他來，反令生身老父替他擔著死罪[23]。聖人云：『人盡夫也，父一而已。』原配丈夫，為了父親尚且顧不得他，何況一個相好的男人呢！我勸你招了的好。」只聽底下只是嚶嚶啜泣，又聽堂上喝道：「你還不招嗎？不招我又要動刑了！」

又聽底下一絲半氣地說了幾句，聽不出什麼話來。只聽堂上嚷道：「他說什麼？」聽一個書吏上去回道：「賈魏氏說，是他自己的事，大老爺怎樣吩咐，他怎樣招。叫他捏造一個姦夫出來，實實無從捏造。」

又聽堂上把驚堂一拍㉔，罵道：「這個淫婦，真正刁狡！拶起來！」堂下無限的人大叫了一聲「嗄」，只聽跑上幾個人去，把拶子往地下一摔，霍綽的一聲，驚心動魄。

老殘聽到這裡，怒氣上沖，也不管公堂重地，把站堂的差人用手分開，大叫一聲：「站開！讓我過去！」差人一閃，老殘走到中間，只見一個差人一手提著賈魏氏頭髮，將頭提起，兩個差人正抓他手在上拶子。老殘走上，將差人一扯，說道：「住手！」便大搖大擺走上暖閣㉕。見公案上坐著兩人，下首是王子謹，上首心知就是這剛弼了，先向剛弼打了一躬。

子謹見是老殘，慌忙立起。剛弼卻不認得，並不起身，喝道：「你是何人？敢來攪亂公堂！拉他下去！」未知老殘被拉下去後事如何，且聽下回分解。

說文解字

❶皮靴頁兒：專門放置文件票據，可塞入靴子裡的小皮夾。❷套話：普通應酬的習慣語。❸老公祖：古代對高級官吏的尊稱。❹擅專：獨斷獨行。❺賓東：古代主人的坐位在東，客人的坐位在西，因此稱賓主關係爲「賓東」。❻謝儀：表達謝意的財物，也作「謝禮」。❼書子：信函。❽供：受審者陳述案情。❾孟浪：言行輕率、冒失。❿拶：古代的

一種刑罰，以木條用力夾指。⑪故殺：法律上指故意殺人。⑫上詳：下級官員用文書向上級長官報告。⑬宮保：職官名，清代太子的老師之一。⑭同寅：同僚，共事的官吏。⑮洋燭：古代稱外國傳入的白色蠟燭。上下一樣粗細，如短棍型，較當時傳統使用的紅燭乾淨，光度也較強。⑯烊：鎔化金屬。⑰封皮：物件或書函的外皮。⑱跑凌：溜冰，滑冰。⑲午牌：中午。⑳掮：用肩扛東西。㉑儜：用於尊稱他人，也作「您」。㉒馬封：古代驛站致送公文所用的封套。㉓生身：親生。㉔驚堂：古代官吏審案時，置於公案上的長方形小木塊。用以拍擊桌面，發出響聲，以警戒受審人犯。㉕暖閣：官署大堂設案之閣。

言外之意

❖清官之惡

大多數的遊記都側重記敘旅遊時的所見所聞，但《老殘遊記》不僅藉由老殘的遊歷，帶讀者一睹山東地方的風土民情，更重要的是抒發作者對當時政治社會的不滿，以及一己之哲學思想。透過文字可以清晰地感受作者的滿腔悲情，體認作者生存的亂亡時代，以及他對於民生疾苦的同情。

基於這深切的同情，其對於揭露當代政治社會的流弊不遺餘力，尤其是批判酷吏，老殘指出「贓官可恨，人人知之，清官尤可恨，人多不知」。歷來小說多揭贓官之惡，揭清官之惡者始於《老殘遊記》。

書中最重要的兩名酷吏便是玉賢和剛弼。玉賢的事跡主要集中在第四回至第六回，老殘因聽聞玉賢治理的曹州府人人路不拾遺，又聽說他用站籠站殺幾千人，手段極其酷虐，因此決定親自前往曹州府查訪。沿途聽說玉賢一手造成的好幾宗大冤案，其中最著名的就是于家冤案。由於玉賢酷不入情的個性，使于朝棟一家三口加上媳婦吳氏含冤而死。就算玉賢明知冤殺，但爲顧及前途，寧可殺錯也不肯放人。老殘聽聞玉賢逼害良民的事跡後，氣得咬牙切齒，原來玉大人的政績皆是由良民的鮮血建築的。他對著門外的鳥雀與寒鴉，想到城中百姓所失去的希望與自由，忍不住掉下淚來，恨不得立刻將玉賢殺掉，以洩心頭之恨！

書中另一名酷吏剛弼，其殘酷程度不下於玉賢，人稱「瘟剛」。劉鶚藉齊東鎭賈家十三條血案描述剛弼殘忍無道、剛愎自用的性格，最後賈案出現了一名眞正的清官——白子壽，來主持公道，還魏氏父女清白。劉鶚藉著白子壽之口，對時下如剛弼一般自以爲清官的人有一段頗發人深省的言論：「清廉人原是最令人佩服的，只有一個脾氣不好，他總覺得天下人都是小人，只他一個人是君子。這個念頭最害事的，把天下大事不知害了多少！」

玉賢與剛弼兩人的所作所爲都是假清官之名行酷吏之實，一個是「急於做大官」，因此草菅人命，視民如盜；一個則「自以爲不要錢」，因此冤枉良民，剛愎自用，兩個都爲劉鶚所痛惡。作者藉小說揭露「清官」的假面，讓人們知道此種酷吏的行徑，因此《老殘遊記》也被後世視爲譴責小說。

❖寫作手法

《老殘遊記》中最爲人所稱道的，莫過於遊大明湖、四大名泉、明湖居聽書與黃河結冰等段。例如描繪千佛山風景的一段：

到了鐵公祠前，朝南一望，只見對面千佛山上，梵宇僧樓與那蒼松翠柏，高下相間，紅的火紅，白的雪白，青的靛青，綠的碧綠，更有那一株半株的丹楓夾在裡面，彷彿宋人趙千里的一幅大畫，做了一架數十里長的屏風。正在嘆賞不絕，忽聽一聲漁唱，低頭看去，誰知那明湖業已澄淨的同鏡子一般，那千佛山的倒影映在湖裡，顯得明明白白，那樓台樹木，格外光彩，覺得比上頭的一個千佛山還要好看，還要清楚。這湖的南岸，上去便是街市，卻有一層蘆葦，密密遮住，現在正是開花的時候，一片白花映著帶水氣的斜陽，好似一條粉紅絨毯，做了上下兩個山的墊子，實在奇絕。

這段敘述不僅有視覺的感受，更加入聽覺的吸引，頓時使畫面生動起來。另外，聽白妞說書一段，更是充分展現作者超凡的想像力。他用「一線鋼絲拋入天際」，形容樂聲飆到極高處；以「如一條飛蛇在黃山三十六峰半中腰裡盤旋穿插」，形容歌聲盤旋迴繞、愈唱愈低；又用「放那東洋煙火，一個彈子上天，隨化作千百道五色火光」，形容突然迸發的聲音。這些描寫都以極形象化的視覺想像，來形容音樂聽覺的感受，十分引人入勝。

《老殘遊記》中的寫景手法新穎，其中一個重要因素在於劉鶚對於小說文字的精確掌握，而這種特性來自於作者對客觀景物的觀察能力與透徹分析。在小說中，老殘站在河堤邊看黃河冰凌相互推擠的精彩描述，都是讀者耳熟能詳的片段，劉鶚自己也相當滿意這段描述。他說：「止水結冰是何情狀？流水結冰是何情狀？小河結冰是何情狀？大河結冰是何情狀？河南黃河結冰是何情狀？山東黃河結冰是何狀？須知前一卷所寫的是山東黃河結冰。」可見劉鶚是經過親身觀察，對於各種結冰情景都有相當深刻的體會，因此造就了《老殘遊記》特殊的文字風格。

高手過招

1.（　）小南在國文課上介紹《老殘遊記》一書，下列是他報告的內容，請指出有誤之處。

甲、《老殘遊記》是清末有名的白話章回小說，雖名為遊記，實屬社會諷刺小說，與《儒林外史》同樣長於諷刺科舉制度。乙、小說中的「老殘」實乃作者劉鶚的化身，以「老殘」為號，有棋殘人老，身世家國之痛。丙、書中多揭發當時政治之黑暗，揭露「貪官」之惡，也表彰「清官」之廉。丁、胡適曾讚賞《老殘遊記》一書裡寫人寫景的功力。戊、關於「王小玉說書」一段，劉鶚善用具體的事物為喻，描寫抽象的聲音。己、由於此書評價甚高，因此被列為「四大奇書」之一。

Ⓐ甲乙戊
Ⓑ甲丙己
Ⓒ乙丙己
Ⓓ丙丁戊

2.（　）有關老殘遊記的敘述，下列何者正確？

Ⓐ《老殘遊記》是一部以描寫神醫為主的章回小說。
Ⓑ作者為劉鶚，清初人，字鐵雲，筆名鄠都百鍊生。
Ⓒ《老殘遊記》是中國第一部研究甲骨文的專書。
Ⓓ《老殘遊記》的景物描寫精彩，情志抒發深刻，還隱含了對現實的批判及譴責。

題組3－4

吾人生今之時，有身世之感情，有家國之感情，有社會之感情，有宗教之感情。其感情愈深者，其哭泣愈痛，此鴻都百鍊生所以有《老殘遊記》之作也。棋局已殘，吾人將老，欲不哭泣也得乎？吾知海內千芳，人間萬豔，必有與吾同哭同悲者焉！

3.（　）閱讀上述《老殘遊記・自序》後，請問劉鶚創作《老殘遊記》的動機為何？
Ⓐ表達其人豐富的感情。
Ⓑ表現其人豐富的閱歷。
Ⓒ抒述對於國家社會的觀感，以及欲挽狂瀾的苦悶悲憤。
Ⓓ藉創作以發洩不遇的不平與殘年將盡的恐懼。

4.（　）閱讀上述《老殘遊記・自序》後，請問「棋局已殘」意指為何？
Ⓐ國家將亡。
Ⓑ殘生將盡。
Ⓒ事業無成。
Ⓓ人生有限。

5.（　）有關劉鶚的敘述，下列何者錯誤？

Ⓐ《老殘遊記・自序》曾云：「棋局已殘，吾人將老，欲不哭泣也得乎？」可知《老殘遊記》寫的是對於國家社會的情感。

Ⓑ《鐵雲藏龜》是研究金文的第一本專書，為考古學的知名作品。

Ⓒ《老殘遊記》是清末著名的章回小說，寫景清新自然，寫人栩栩如生。

Ⓓ劉鶚是通才型的文人，精通醫藥、數學、水利、佛道與小學。

6.（　）關於「明湖居聽書」一段的敘述，下列何者錯誤？

Ⓐ節選自《老殘遊記》，為晚清四大譴責小說之一。

Ⓑ作者劉鶚，在書中化名為老殘。

Ⓒ胡適極推崇本書之描寫技巧，無論寫人寫景，都不用套語濫調，總想鎔鑄新詞，作實際的描繪。

Ⓓ例如「五臟六腑裡，像熨斗熨過，無一處不伏貼」，便是以視覺來描寫聽覺。

Ⓔ除了「明湖居聽書」之外，白居易《赤壁賦》、歐陽脩《琵琶行》、蘇軾《秋聲賦》都曾以具體事物比喻抽象聲音。

7.（　）有關聲音的描寫，下列何者錯誤？

Ⓐ「其聲嗚嗚然：如怨、如慕、如泣、如訴。」（蘇軾《赤壁賦》）——以擬人及譬喻法來形容音樂

蘊含豐富情感。

Ⓑ「像放那東洋煙火，一個彈子上天，隨化作千百道五色火光，縱橫散亂。」（劉鶚「明湖居聽書」）——形容聲音的嘈雜混亂。

Ⓒ「如一條飛蛇在黃山三十六峰半中腰裡盤旋穿插，頃刻之間，周匝數遍。」（劉鶚「明湖居聽書」）——形容唱腔的迴環轉折。

Ⓓ「又如赴敵之兵，銜枚疾走，不聞號令，但聞人馬之行聲。」（歐陽修《秋聲賦》）——與前文「鏦鏦錚錚」等描繪語相連繫來看，此處乃描繪雖仍有秋聲，但聲響卻未若先前秋聲那般強烈，對比前後的變化。

8.（　）**若說《老殘遊記》第二回具備新聞最基本的元素——「六何」，也就是：何人、何地、何時、何事、何因、如何。請指出下列選項中，關於「六何」的說明何者錯誤？**

Ⓐ何人：老殘、黑妞、白妞、彈三弦子的男人、觀眾、夢湘先生。

Ⓑ何地：南京玄武湖。

Ⓒ何因：老殘因看到街上的招子及聽聞旁人的議論，於是到明湖居聽黑妞、白妞說書。

Ⓓ何事：說書過程及現場觀眾反應。

9.（　）**有關「明湖居聽書」一段寫作手法的說明，下列何者正確？**

Ⓐ本文最為人稱道的是，作者將白妞唱鼓書的聲音作形象化的書寫，使小說的敘事藝術與傳統說唱藝術完美結合。

Ⓑ刻畫人物時，先泛泛地讚美彈三弦的琴師其彈奏技巧，為下段出場的黑妞鋪墊；描寫黑妞出場說書的樣貌與身段，用來「陪襯」下面出場的白妞。

Ⓒ第三段末，作者掉轉筆頭寫滿園子裡談笑、叫賣等等嘈雜的人聲，看似閒筆，其實有意留下一段空白，好讓急切的讀者在期待的間歇裡，回味他已經寫過的，和懸想他將要寫到的。

Ⓓ文中出現兩次評論，首次評論以黑妞和白妞對比，並為下一段出場的白妞預作鋪陳，同時說出觀眾對白妞的期盼；第二次評論在白妞出場並表演完畢後，藉著觀眾的對話，再次肯定白妞說書的精妙，並藉旁觀者論點加深對白妞評價的客觀度。

Ⓔ文中以「如秋水，如寒星，如寶珠，如白水銀裡頭養著兩丸黑水銀」的「博喻」修辭，寫白妞的眼睛，「如秋水」喻眼光明澈有神、瀲灩有情；「如寒星」喻眼光清澈晶亮；「如寶珠」喻眼神圓潤而光彩照人；「如白水銀裡頭養著兩丸黑水銀」喻眼珠黑白分明。

【解答】 1.B　2.D　3.C　4.A　5.B　6.DE　7.B　8.B　9.E

國家圖書館出版品預行編目資料

學測國文讀力關鍵：15級分必讀經典小說52篇／鄧鵬飛著 . --初版. --新北市：典藏閣，采舍國際有限公司發行, 2025.04 面； 公分· -- (經典今點；13)

ISBN 978-626-405-017-3 （平裝）

1.CST: 國文科 2.CST: 古典小說 3.CST: 中等教育

524.31　　114001266

典藏閣

學測國文讀力關鍵

出版者 ◤ 典藏閣
編著 ◤ 鄧鵬飛
總編輯 ◤ 歐綾纖　　出版總監 ◤ 王天晴
文字編輯 ◤ Helen　　美術設計 ◤ May

台灣出版中心 ◤ 新北市中和區中山路2段366巷10號10樓
電話 ◤（02）2248-7896　　傳真 ◤（02）2248-7758
ISBN ◤ 978-626-405-017-3
出版年度 ◤ 2025年4月初版

全球華文市場總代理／采舍國際
地址 ◤ 新北市中和區中山路2段366巷10號3樓
電話 ◤（02）8245-8786　　傳真 ◤（02）8245-8718

港澳地區總經銷／和平圖書
地址 ◤ 香港柴灣嘉業街12號百樂門大廈17樓
電話 ◤（852）2804-6687　　傳真 ◤（852）2804-6409

全系列書系特約展示
新絲路網路書店
地址 ◤ 新北市中和區中山路2段366巷10號10樓
電話 ◤（02）8245-9896
網址 ◤ www.silkbook.com

本書採減碳印製流程，碳足跡追蹤，並使用優質中性紙（Acid & Alkali Free）通過綠色環保認證，最符環保要求。